普通高等院校机械工程学科“卓越工程师教育培养计划”系列规划教材

汽车服务工程

主编　刘树伟　郑利民

北京理工大学出版社
BEIJING INSTITUTE OF TECHNOLOGY PRESS

内容简介

本书从工程和管理角度出发，全面而系统地阐述了汽车服务所包含的主要内容。全书共10章，主要包括汽车厂商的售后服务、汽车营销服务、汽车维修服务、汽车配件服务、汽车保险与理赔服务、汽车美容服务、二手车服务、汽车再生服务、消费信贷以及汽车租赁服务等其他服务内容。

本书内容丰富、全面，实用性强，可作为高等院校汽车服务工程和交通运输工程相关专业的本科生教材，也可作为汽车行业从业人员的参考资料和工具书。

图书在版编目（CIP）数据

汽车服务工程/刘树伟，郑利民主编．—北京：北京理工大学出版社，2015.9（2015.10重印）

ISBN 978-7-5640-9039-5

Ⅰ.①汽…　Ⅱ.①刘…②郑…　Ⅲ.①汽车工业-销售管理-商业服务-高等学校-教材　Ⅳ.①F407.471.5

中国版本图书馆CIP数据核字（2014）第059025号

出版发行／北京理工大学出版社有限责任公司
社　　址／北京市海淀区中关村南大街5号
邮　　编／100081
电　　话／（010）68914775（总编室）
　　　　　82562903（教材售后服务热线）
　　　　　68948351（其他图书服务热线）
网　　址／http：//www. bitpress. com. cn
经　　销／全国各地新华书店
印　　刷／北京富达印务有限公司
开　　本／787毫米×1092毫米　1/16
印　　张／19
字　　数／430千字
版　　次／2015年9月第1版　2015年10月第2次印刷
定　　价／39.80元

责任编辑／张慧峰
文案编辑／张慧峰
责任校对／周瑞红
责任印制／马振武

编委会名单

编写说明

根据教育部教高［2011］5号《关于“十二五”普通高等教育本科教材建设的若干意见》文件和“卓越工程师教育培养计划”的精神要求。为全面推进高等教育理工科院校“质量工程”的实施，将教学改革的成果和教学实践的积累体现到教材建设和教学资源统合的实际工作中去，以满足不断深化的教学改革的需要，更好地为学校教学改革、人才培养与课程建设服务，确保高质量教材进课堂。为此，由辽宁工程技术大学机械工程学院、沈阳工业大学机械工程学院、大连交通大学机械工程学院、大连工业大学机械工程与自动化学院、辽宁科技大学机械工程与自动化学院、辽宁工业大学机械工程与自动化学院、辽宁工业大学汽车与交通工程学院、辽宁石油化工大学机械工程学院、沈阳航空航天大学机电工程学院、沈阳化工大学机械工程学院、沈阳理工大学机械工程学院、沈阳理工大学汽车与交通学院、沈阳建筑大学交通与机械工程学院等辽宁省11所理工科院校机械工程学科教学单位组建的专委会和编委会组织主导，经北京理工大学出版社、辽宁省11所理工科院校机械工程学科专委会各位专家近两年的精心组织、工作准备和调研沟通，以创新、合作、融合、共赢、整合跨院校优质资源的工作方式，结合辽宁省11所理工科院校对机械工程学科和课程教学理念、学科建设和体系搭建等研究建设成果，按照当今最新的教材理念和立体化教材开发技术，本着“整体规划、制作精品、分步实施、落实到位”的原则确定编写机械设计与制造、机械电子工程及车辆工程等机械工程学科课程体系教材。

本套丛书力求结构严谨、逻辑清晰、叙述详细、通俗易懂．全书有较多的例题，便于自学，同时注意尽量多给出一些应用实例。

本书可供高等院校理工科类各专业的学生使用，也可供广大教师、工程技术人员参考。

辽宁省11所理工科院校机械工程学科建设及教材编写专委会和编委会

前言

Qianyan

汽车服务是指从新车出厂进入销售流通领域，直至其使用后回收报废各个环节所涉及的全部技术的和非技术的各类服务工作组成的有机服务体系。它主要包括维修保养、车内装饰（或改装）、事故保险、索赔咨询、旧车转让、废车回收、销售咨询、广告宣传、贷款与保险资讯、事故救援和汽车文化等内容。因此，汽车服务工程主要涉及的是服务性工作，以其服务产品为基本特征，因而属于第三产业范畴。

随着我国汽车制造业的迅猛发展，我国汽车保有量迅速上升。根据公安部交管局统计数据，截至2012年底，全国机动车保有量约为2.4亿辆，其中汽车保有量1.2亿辆，年增长1 510万辆，增长量超过1999年底全国汽车保有量；18个大中城市汽车保有量超过百万。汽车保有量的快速增长无疑给汽车服务业带来前所未有的活力。根据美国《新闻周刊》和英国《经济学家》对世界排名前十位汽车公司近10年的利润情况的分析，在一个完全成熟的国际化汽车市场，汽车销售利润约占整个汽车利润的20%，零部件供应利润约占20%，而剩下的60%是在汽车服务领域产生的，因此汽车服务已成为汽车价值链上最大的“奶酪”。而根据国际惯例，一个完全成熟的国际化汽车市场，二手车的销售量应为新车销售量的2至3倍。据中国汽车工业协会公布数据，2012年，全国汽车产销分别为1 927.18万辆和1 930.64万辆，而二手车销售量仅为479.14万辆，因此我国汽车市场仍属于不成熟的汽车市场。据预测，2014年前后，中国市场二手车交易总规模将有望达到1 000万辆；2020年，中国汽车市场逐步进入成熟期，新车、二手车的交易规模会达到1:1，规模总量达到3 500万~3 600万辆的水平，全国汽车保有量有可能达到3亿辆。巨大的汽车保有量和由此产生的汽车服务对我国汽车服务行业形成了巨大的挑战。我国的汽车服务业虽然经过几十年的发展，形成了一个职能比较全面、内容比较丰富的服务体系，已经在当前的汽车服务领域发挥着较好的服务功能。但是，与国际先进水平相比，无论是服务的项目种类，还是服务的质量水平，都有很大差距，缺乏进行国际竞争的实力。伴随着我国汽车市场的不断成熟，对于汽车服务人才的需求也会迅速增加。因此，为满足社会对汽车服务业人才的迫切需求，编者根据多年汽车服务工程专业的教学经验，编写了此教材。

本书从工程和管理角度出发，采用理论与实践相结合的方法，全面而系统地阐述了汽车服务所包含的主要内容：涉及汽车厂商的售后服务、汽车营销服务、汽车维修服务、汽车配件服务、汽车保险与理赔服务、汽车美容服务、二手车服务、汽车再生服务、消费信贷以及汽车租赁服务、汽车驾驶培训服务、汽车广告及汽车展览等其他服务内容。同时，本书融合了汽车运用、企事业管理、信息、贸易、物流及保险等学科所涉及的广泛的交叉和边缘知识，对于中国汽车服务业在今后较长一段时间内的经营与管理都具有十分重要的指导意义和参考价值。

本书由辽宁工业大学、沈阳理工大学的根据各自长期从事汽车服务专业教学和实践的知识积累进行编写。辽宁工业大学刘树伟、郑利民任主编并统稿，参加编写工作的有：辽宁工业大学的温锦海、高伟江、张忠洋等人，沈阳理工大学的王靖岳。

本书在编写过程中，得到了许多汽车服务企业的大力支持，还参阅了大量的图书和文献资料以及国家新颁布的汽车相关技术法规。在此，谨代表本书全体撰写者向上述人士、有关单位以及参考文献的原作（著）者们，一并表示诚挚的谢意。

由于编者水平有限，书中的缺点和错漏之处再所难免，恳请广大读者批评指正。

编　者

Contents

目 录

目 录

Contents

Contents 目录

目 录 Contents

Contents

目 录

目 录

Contents

第1章 绪 论

【本章知识点】

本章主要阐述汽车服务的含义和特点，汽车服务的分类及其主要内容；从国外和国内两方面介绍了汽车服务业的发展现状和趋势；阐述了我国有关汽车服务的政策法规。

1.1 汽车服务概述

1.1.1 汽车服务的含义及特点

1. 汽车服务的含义

提起汽车服务，人们首先会联想到汽车的售后服务，尤其是汽车的维修服务。其实汽车服务涵盖的内容非常广泛，不仅仅是指汽车的售后服务，而且随着人们对汽车消费水平的提高，对汽车服务也会提出更多更高的要求，所以汽车服务的内容及其工作水准处于不断的发展之中。因此结合汽车行业和服务行业的特点，可以将汽车服务定义为：汽车服务是指将与汽车相关的要素同顾客（客户）进行交互或由顾客对其占有的活动的集合。

目前，人们依据汽车在使用过程中服务范围不同对汽车服务进行了分类，有广义和狭义之分。狭义的汽车服务是指从新车出厂进入销售流通领域，直至其使用后回收报废各个环节所涉及的全部技术的和非技术的各类服务，包括销售咨询、广告宣传、贷款与保险资讯等营销服务，以及整车出售及售后与汽车使用相关的服务，包括维修保养、车内装饰（或改装）、金融服务、事故保险、索赔咨询、旧车转让、废车回收、事故救援和汽车文化等。广义的汽车服务则可延伸至汽车生产领域，如原材料供应、产品开发、设计、质量控制、产品外包装设计以及市场调研等。具体的广义汽车服务与狭义汽车服务关系见图 1－1。

2. 汽车服务的特点

（1）系统性

系统性是汽车服务的主要特点。汽车本身就是一个复杂的系统。汽车服务主要是由原材料和配件供应、物流配送、售后服务、维修检测、美容装饰、智能交通和回收解体等相互关联组成的一个有机整体。它运用系统的思想和现代化的科学管理方法以及最新手段，将分散的、各自为政的局部利益巧妙地连接在一起，形成了一个各部分有机结合的系统服务工程。

（2）广泛性

汽车服务系统涉及的因素很多，涉及的学科领域较为广泛，例如行为科学、工程学、数

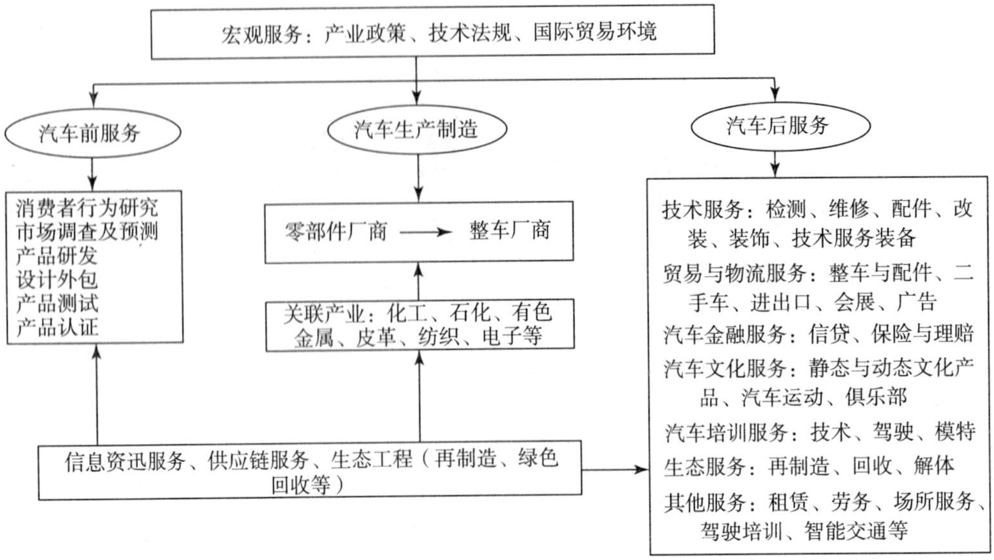

图 1－1　广义汽车服务与狭义汽车服务关系

学、环境学、法律学、管理学和经济学等。从逻辑学的层面上讲，涉及了系统设计、系统综合、系统优化和最优决策等各个方面；从时间关系看，包括了规划、拟定、分析和运筹等各个阶段。

（3）经济性

国际汽车市场上，汽车销售和售后服务的利润水平都很高。国际著名咨询公司麦肯锡的研究结果显示，从销售额看，在成熟的汽车市场中，服务占 33%，配件占 39%，零售占 7%，而制造商仅占 21%。汽车售后服务业，在美国被誉为“黄金产业”。美国汽车售后服务业从业人员 350 多万人，年产值高达 1 400 亿美元，汽车维修业的利润达到 27%。通用汽车和福特汽车信贷公司的资料显示，汽车金融服务的赢利占两大集团全部利润的 36%。欧洲汽车售后服务业也是汽车产业获利的主要来源。汽车服务业的利润来源，成为汽车产业可持续发展的重要支柱。2011 年，中国汽车售后市场产值约为 4 000 亿，预计到 2015 年可达 7 000 亿，而美国汽车售后市场产值每年稳定在 2 800 亿美元左右。目前，中国汽车保有量已超过 1 亿辆，中国汽车售后市场的利润争夺刚刚开始。

（4）后进性

汽车服务活动作为客观存在的实体已经有很长的时间了，自汽车诞生之日起就有汽车服务活动的发生，但汽车服务工程的形成却只有短短的几十年的时间。汽车服务技术的发展落后于汽车制造技术的发展，汽车服务工程的产生要比汽车运用和制造的历史短暂，因此我们称之为后进性。究其原因，主要有两个方面：

1）随着生产水平的提高和科技水平的发展，汽车服务水平也在不断提高，逐步地走向现代化，如传统的依靠人工经验来进行汽车故障的检测，已演变成依靠智能化仪器来自动进行汽车故障的检测，但其从属地位没有发生改变，极大地限制了汽车服务的发展。直到生产高度发展和产品较为丰富的时期，服务成本相对上升的矛盾突出后，汽车服务工程的重要性才被人们认识，从而促进汽车服务工程的研究和发展。也就是说，汽车服务工程是在生产发展到一定水平之后，适应社会经济的需要才产生的，这是形成汽车服务工程后进性的根本原因。

2）汽车服务工程是融合了许多相邻学科的成果以后逐渐形成和发展的，如电子技术、系统工程和技术经济学等都是汽车服务工程学科形成的重要基础。汽车服务工程学科对实践的指导作用，对社会经济和生产发展的价值体现，也必然依赖于相关学科的支持才能得以实现。因此，汽车服务工程只能在这些学科出现之后才能得以形成和发展。

1.1.2 汽车服务的分类及内容

1. 汽车服务的分类

汽车服务的分类方式很多，常见的有以下几种。

（1）按照服务的技术密集程度分类

汽车服务可以分为技术型服务和非技术型服务。技术型服务包括汽车厂商的售后服务、汽车维修检测与美容养护服务、智能交通服务、汽车故障救援服务等，其他服务为非技术型服务。

（2）按照服务的资金密集程度分类

汽车服务可以分为金融类服务和非金融类服务。金融类服务包括汽车消费信贷服务、汽车租赁服务和汽车保险服务等，其他服务为非金融类服务。

（3）按照服务的知识密集程度分类

汽车服务可以分为知识密集型服务和劳务密集型服务。知识密集型服务包括售后服务、维修检测服务、智能交通服务、信息咨询服务、汽车广告服务和汽车文化服务等，劳务密集型服务则包括汽车物流服务、废旧汽车的回收与拆解服务、汽车驾驶培训服务、汽车会展服务、场地使用服务和代办各种服务手续的代理服务等，其他服务则是介于知识密集型服务和劳务密集型服务之间的服务。

（4）按照服务的作业特性分类

汽车服务可以分为生产作业型的服务、交易经营型的服务和实体经营型的服务。生产作业型的服务包括汽车物流服务、售后服务、维修检测服务、美容装饰服务、废旧汽车的回收与拆解服务、汽车故障救援服务等，交易经营型的服务包括汽车厂商及其经销商的新车销售服务、二手车交易服务、汽车配件营销与精品销售服务等，其他服务为实体（企业）经营型的服务。

（5）按照服务的载体特性分类

汽车服务可以分为物质载体型的服务和非物质载体型的服务。物质载体型的服务是通过一定的物质载体（实物商品或设备设施）实现的服务，如上述的技术服务、生产作业型的服务、交易经营型的服务、汽车租赁服务、汽车广告服务、汽车文化服务、会展服务、场地使用服务等。非物质载体型的服务没有明确的服务物质载体，如汽车信贷服务、保险服务、汽车信息咨询服务、汽车俱乐部等。

（6）按照服务的内容特征分类

汽车服务可分为销售服务、维修服务、使用服务和延伸服务。汽车销售服务包括新车销售、二手车销售、交易服务等，汽车维修服务包括汽车配件供应服务、汽车维修服务、汽车检测服务、汽车故障救援服务等，汽车使用服务包括汽车维护及美容装饰服务、汽车驾驶培训服务、智能交通服务、汽车保险服务、汽车信息服务、汽车资讯服务、汽车租赁服务、汽车回收拆解服务等，汽车延伸服务包括汽车信贷服务、汽车法律服务、汽车文化服务等。

2. 汽车服务的主要内容

（1）汽车厂商的分销流通及物流配送

汽车厂商的分销流通及物流配送指汽车厂商为了分销自己的产品而建立的区域性、全国性乃至全球性的产品销售网络和物流配送网络。其服务主体主要包括以汽车厂商的销售管理部门为龙头的销售渠道体系、加入销售渠道体系的分销商、经销商、代理商和服务商，以及提供运输、仓储、保管、产品配送和养护服务的物流服务者。主要服务内容有汽车与配件的包装、装卸搬运、配送，汽车原材料的配送，以及物流信息管理等。

（2）汽车厂商的售后服务

汽车厂商的售后服务指汽车厂商为了让用户使用好自己的产品而提供的以产品质量保修为核心的服务。其服务主要内容包括产品的质量保修、技术培训、技术咨询、产品养护、故障维修、备件（配件）供应、产品选装、客户关系管理、信息反馈与加工、服务网络或网点的建设与管理等。此类服务的主体包括以汽车厂商的售后服务管理部门为龙头的4S店以及各类特约维修站或服务代理商。

（3）维修、检测、养护、美容与装饰服务

维修、检测、养护、美容与装饰服务指汽车厂商售后服务体系以外的社会上独立提供的汽车维修、检测、养护、美容与装饰装潢等服务。服务主体是社会上独立存在的以上述服务为其主要经营内容的汽车服务机构或个人，他们或者提供单一服务，或者提供此类综合服务。服务内容主要有汽车养护、汽车故障诊断、汽车维修、汽车性能检测、汽车清洗、打蜡、漆面护理，汽车内部、外部装饰装潢，以及汽车部件的改装或增设等。

（4）汽车配件经营与精品销售

汽车配件经营与精品销售指汽车厂商售后服务备件（配件）供应体系以外的汽车配件、汽车相关产品（如润滑油、脂及有关化工产品等）与汽车精品（如汽车养护用品、装饰装潢用品等）的销售服务。服务主体主要是社会上独立存在的、不属于汽车厂商服务体系的、以上述产品为经营内容的各类销售服务机构或个人。服务内容主要有汽车配件销售与安装，汽车用品销售与安装。

（5）智能交通服务

智能交通服务指向广大汽车驾驶者提供以交通导航为核心，旨在提高汽车用户（尤其是城市用户）出行效率的服务。服务主体主要是提供交通导航的服务机构。服务内容主要有介绍天气状况、提供地面交通信息、寻址服务、自动生成从用户出发地至目的地的路线选择方案、诱导路面交通流量、紧急事故救援等，最终实现交通导航的目的。

（6）汽车再生服务

汽车再生服务指依据国家有关报废汽车管理的规定，对达到报废规定的汽车从用户手中回收，然后进行拆解，并将拆卸下来的旧件进行分门别类处理的服务，属于绿色环保服务。服务主体为从事上述环节工作的服务机构或个人。内容包括废旧汽车回收、兑现国家政策（按规定的回收标准向用户支付回收费用）、废旧汽车拆卸、废旧零件分类、旧件重复利用（尚有使用价值的旧件）、废弃物资移送（对不能重复使用的废弃零部件及相关产品，分类送交炼钢厂或橡胶化工企业）及相关的保管物流服务等。

（7）汽车金融服务

汽车金融服务指向广大汽车购买者提供金融支持的服务。服务主体是向汽车买主提供金融服务的机构，包括银行机构和非银行机构（如提供购车消费贷款的汽车财务公司）。主要服务内容为提供客户的资信调查与评估、提出贷款担保的方式和方案、拟订贷款合同和还款计划、适时发放消费贷款、帮助客户选择合适的金融服务产品、承担一定范围内的合理金融风险等服务。

（8）汽车租赁服务

汽车租赁服务指向短期的或临时性的汽车用户提供使用车辆，并以计时或计程方式收取相应租金的服务。服务主体是提供汽车租赁服务的各类机构。主要服务内容为审查用户提供的资信凭证、拟订租赁合同、提供技术状况完好的租赁车辆和车辆上路需要的有关证照、提供用户需要的其他合理服务。

（9）汽车保险服务

汽车保险服务指合理设计并向广大汽车用户销售汽车保险产品，为车主提供金融保险的服务。服务主体是提供与汽车使用环节有关的各种保险的金融服务机构（保险公司）。服务内容包括设计合适的保险品种（如车辆盗窃险、挡风玻璃损坏险等）、推销保险产品、拟订保险合同、收取保险费用等服务。

（10）汽车置换和二手车交易服务

汽车置换和二手车交易服务指向汽车车主及二手车汽车需求者提供交易方便，以二手车交易为服务内容的各种服务。服务主体是提供汽车交易服务的各类机构或个人。服务内容有货源收购、二手车售卖、买卖代理、信息服务、交易中介、撮合交易、拟定合同、车辆评估、价值确定、代办手续、收缴税费，乃至车况检测和必要的维修服务。

（11）汽车驾驶培训服务

汽车驾驶培训服务指向广大汽车爱好者提供车辆驾驶教学、帮助他们提高汽车驾驶技术和考试领取汽车驾驶执照能力的服务。服务主体为各类汽车驾驶学校或培训中心。服务内容主要包括提供驾驶培训车辆、驾驶教练和必要的驾驶场地、训练驾驶技术、教授上路行车经验、培训交通管理法规和必要的汽车机械常识、代办驾驶执照及其年审手续等服务。

（12）汽车信息资讯服务

汽车信息资讯服务指向各类汽车服务商提供行业资讯的服务和向消费者个人提供汽车导购的信息服务。服务主体为提供各类汽车咨询的服务机构或个人。服务内容包括市场调查、市场分析、行业动态跟踪、统计分析、信息加工、汽车导购、竞争力评价、政策法规宣传与咨询等服务。

（13）汽车市场与场地服务

汽车市场与场地服务指以场地、场所及其建筑物的有偿使用为核心经营内容的，向汽车厂商、汽车服务商和汽车消费者个人提供使用场地或场所的服务。服务主体为提供有偿使用场地、场所的服务机构，如汽车交易市场、配件交易市场（商城）、公共停车场、会馆及展览馆等。服务内容主要是贯彻国家和地方的有关政策法规、商户入场资格审查、必要的辅助交易服务、市场的物业管理、代收代缴有关规费、提车服务、车辆看管、疏导场内交通服务。

（14）汽车故障救援服务

汽车故障救援服务指向汽车驾驶者提供因为突发的车辆故障而导致车辆不能正常行驶，

从而需要紧急救助的服务。服务主体为提供汽车救援服务的机构或个人，通常是汽车俱乐部或其他汽车服务商等。服务内容为汽车因燃油耗尽而不能行驶的临时加油服务、因技术故障导致停车的现场故障诊断和抢修服务（针对已排故障和常见小故障）、拖车服务（针对不能现场排除的故障）、交通事故报案和协助公安交通管理机关处理交通事故（针对交通肇事）等服务。

（15）汽车广告与展览服务

汽车广告与展览服务指以产品和服务的市场推广为核心，培养忠诚客户，向汽车生产经营者提供广告类服务和产品展示类的服务。服务主体主要有各种企业策划机构、广告代理商、广告创作人、广告制作人、大众传媒、会展服务商、展览馆等。服务内容主要为企业咨询与策划、产品（服务）与企业形象包装、广告设计与创作、广告代理与制作、大众信息传媒信息传播、展会组织与服务、产品（服务）市场推介和汽车知识服务等。

（16）汽车文化服务

汽车文化服务指向广大汽车爱好者提供与汽车相关的以文化消费为主题的各类服务。服务主体是汽车爱好者俱乐部、汽车传媒、各种专业的和非专业的汽车文化产品制作人、汽车文化产品及服务的经营者。服务内容有汽车博物馆、汽车展览、汽车影院、汽车报刊、汽车书籍、汽车服饰、汽车模特、汽车旅游、汽车运动等服务。

（17）汽车俱乐部服务

汽车俱乐部服务指以会员制形式，向加盟会员提供能够满足会员要求的与汽车相关的各类服务。服务主体为提供会员服务的各类汽车俱乐部，他们通常是汽车厂商、汽车经营者、社会团体、汽车爱好者组织的，一般属于社团型组织。服务内容包括汽车各项服务、汽车代驾、汽车文化娱乐、交友谈心等服务。

（18）汽车定损理赔服务

汽车定损理赔服务指对汽车事故提供现场勘查、定损、理赔服务。服务主体主要有保险公司、公估行、汽车事故鉴定机构等。服务内容为事故现场勘查、事故损失和责任鉴定、办理理赔手续。

当然，汽车服务内容还很多，不能尽数。结合当前汽车服务行业发展和汽车服务工程专业特点，本书主要从汽车厂商的售后服务、汽车营销服务、汽车维修服务、汽车配件服务、汽车保险与理赔服务、汽车美容服务、二手车服务、汽车再生服务等展开论述。

1.2 国内外汽车服务业发展现状

1.2.1 国外汽车服务业发展现状

1. 国际汽车服务业的形成

汽车工业在全世界获得了迅速的发展，成为很多国家的支柱产业，带动了汽车服务业的形成和发展。发达国家早就进入到了汽车服务时代，汽车租赁、二手车交易、汽车维修和汽车金融等业务，被称之为“黄金产业”。据权威资料统计，近几年，美、英、德等国的二手车交易量都已达到新车销售量的2倍以上，二手车交易的利润也超过了新车销售的利润。全球汽车租赁业的年营业额已超过1 000亿美元。以美国最为典型，每9个工人中就有1人从事与汽车有关的生产、销售、服务等工作。

美国的汽车服务概念形成于20世纪初期。20世纪20年代开始出现专业的汽车服务商，从事汽车的维修、配件、用品销售、清洁养护等工作，如著名的Pep Boys、Auto zone、NAPA等连锁服务商。例如美国Pep Boys已经拥有500多家大型汽车服务超市，每家面积2 000m^2，被称作汽车服务行业的沃尔玛；Auto zone发展了3 000多家700～800m^2的汽车服务中心；而NAPA的终端则达到10 000多家。进入20世纪70年代，世界性的石油危机和外国汽车的大量涌入，给美国的汽车工业带来了巨大冲击，同时也引起了美国汽车售后服务市场的巨变：经营内容大大扩展，服务理念也大大改变，汽车服务开始向低成本经营转变，注重发展连锁店和专卖店的服务形式。连锁技术的充分应用是美国汽车服务业最大的特点，不但能满足汽车服务行业发展与扩张的需要，而且能保证服务的专业化、简单化、标准化和统一化，得到了从业者和消费者的普遍欢迎。美国除了有数千平方米的大型卖场和一站式汽车服务中心外，还有各式各样的专业店，比如专业贴膜、专业喷漆、专业装音响等。多种业态各有优势、相互补充，可以满足不同层次消费者的不同需要，各有自己的生存与发展空间。例如，在美国，一家Pep Boys的大卖场周围一般都会聚集很多小店，每间100～200m^2，有修换轮胎的、改装底盘的、贴太阳膜的等。每家小店都充分地把自己的优势发挥到极致，又与其他的商家相结合，成行成市，同时满足消费者的要求，分工已经从生产领域扩展到了服务领域，消费者更依赖专业化，而不再相信全能。有资料表明，经过近百年的发展，美国的汽车服务业已经在汽车产业链中占据重要位置，其规模达到近2 800亿美元，而且是整个汽车产业链中利润最丰厚的部分，汽车维修服务业已经成为美国仅次于餐饮业的第二大服务产业，并连续30年保持持续高速增长，是美国服务行业的骨干。

亚洲的日本和韩国，都属于在“二战”后迅速崛起的国家。“二战”结束后，他们一方面得到了以美国为代表的西方发达国家的大力援助，另一方面，自身抓住了发展的机遇，在其汽车服务业发展的过程中，直接吸收了当时欧美国家的先进汽车服务理念，并加以成功应用。其中，具有代表性的事件是日本1994年颁布了《产品责任法》和韩国颁布《缺陷物保修责任法》。在日本，对于汽车售后的修、换、退行为，政府没有政策上的规定，是企业根据市场竞争决定的。但经过一个时期的市场调整、磨合，现在各大集团都制定了大致相同的修、换规定。在日本，汽车质量保证期为3年或6万km，重要部件质量保证期为5年或10万km。日本颁布的《产品责任法》规定由于产品的缺陷引起人身安全损害的，要追究责任，并明确规定用户无需举证缺陷的原因。韩国《缺陷物保修责任法》规定在对产品的缺陷确认后，要给用户赔偿，并规定对产品的重要部件修理3次仍未修好的，应予以更换。根据汽车的特点，韩国的厂商将发动机、变速器等列为重要部件，三次修不好可以换车。在韩国，汽车的质量保证期是2年或4万km，发动机、变速器等的质量保证期是3年或6万km。

2. 国际汽车服务业发展的一些新趋势

(1) 品牌化经营

车辆的交易是一次性的，但是优秀的品牌会赢得顾客一生的信赖，这就是品牌的价值所在。品牌可以使商品卖更好的价钱，为企业创造更大的市场；品牌比产品的生命更为持久，好的品牌可以创造牢固的客户关系，形成稳定的市场。

品牌经营是一种艺术。品牌经营要求企业告别平庸，打动顾客。有人认为汽车工业是重工业中唯一涉及时尚的行业，因为汽车代表着厂家的形象，也代表着用户的形象。品牌对经营者是一种耐心的考验。品牌如同一个精美的瓷花瓶，烧制不易，价值连城，但是失手打破却是再简单不过的事。一个汽车公司或一家经销商，每天有成千上万次接触顾客的机会，每次机会都可能产生重大影响。在国外，著名汽车厂家的产品商标同时也是服务商标，特别是在汽车修理方面，如果挂出某一大公司的商标，就意味着提供的服务是经过该公司确认的，使用商标是经过该公司许可的。而国内只认识产品商标，以服务作为品牌，国内还远远没有认识到。近年，德尔福宣称在中国树立汽车品牌服务形象，应该说是国外品牌服务向国内进军的开始；美国快修业到中国推行连锁加盟计划，实际上就是以品牌带动服务网络建设。

（2）从修理为主转向维护为主

汽车坏了就修理并不是真正的服务，真正的服务是要保证用户的正常使用，通过服务给客户增加价值。厂家在产品制造上提出了零修理概念，售后服务的重点转向了维护。20 世纪 80 年代，美国汽车维修市场开始萎缩，修理工厂锐减了 31.5 万家，而与此同时，专业汽车养护中心出现爆炸性增长，仅 1995 年一年就增加了 3.1 万家。目前，美国的汽车养护业已经占到美国汽车维修行业的 80%，年均收入超过 100 亿美元。

（3）电子化和信息化

随着汽车技术的发展，汽车的电子化水平越来越高，一些汽车产品已经实现了全车几乎所有功能的电脑控制，如动力系统、制动系统、悬架系统、空调系统、转向系统、座椅系统、灯光系统、音响系统等，车载通信系统、车载上网系统、车载电子导航系统等也得到越来越多的应用。因此汽车的维修越来越复杂，维修人员凭经验判断故障所在的时代早已经过去，现在汽车的维修需要通过专门仪器进行检测，运用专用设备进行调整。汽车修理所需要的产品数据也以电脑网络、数据光盘的形式提供，不再需要大量的修理手册。汽车厂商和修理商也会提供网上咨询，帮助用户及时解决使用中的问题。

（4）规模化经营和规范化经营

汽车维修行业的规模化经营与汽车制造业不同，不是通过建立大规模的汽车修理厂或汽车维修中心，而是通过连锁、分支机构实施经营。美国的保标快修业在美国本土就有 1 000 家加盟店，并在全世界扩展自己的网络系统。规模化经营同规范化经营是密不可分的：在同一连锁系统内，采用相同的店面设计、人员培训、管理培训，统一服务标识，统一服务标准，统一服务价格，统一管理规则，统一技术支持，中心采用物流配送，减少物资储存和资金占用，降低运营成本。

汽车产品的复杂化导致了维修技术越来越复杂，难度越来越高，维修的设备价值也越来越高，已经不能像原来那样每个维修服务点都购置一套。为此，国外汽车公司开始实行销售和售后服务的分离，即在一个城市之间有几家规模较大的维修服务中心，备有全套的修理器材，而一般销售点只进行简易的修理和维护作业。

在汽车厂家提供越来越周到的售后服务的同时，汽车的维修行业也出现专业化的经营趋势，如专营玻璃、轮胎、润滑油、美容品、音响、空调等。专业化经营具有专业技术水平高、产品规格全、价格相对比较低等优势。与此同时，综合化（一站式）经营也发展很快，如加油站同时提供洗车、小修、一般维护、配件供应等服务。

（5）服务的精细化分工

汽车服务项目将逐渐被细化和专业化，原先由销售商“捎带”的一些细小业务，被逐渐细分出去，并且随着专业化程度的提高，细小业务也不断地成长，甚至形成新的企业，创造出新的市场空间。汽车修理服务也将从汽车修理厂这种长期单一的汽车服务模式演化出有别于传统修理的汽车养护、汽车美容、汽车装潢、汽车改装等很多新兴产业，即使是汽车修理业务，也将分化出具体部件维修和专业项目维修。这种经营模式采用专业化的服务培训和完善的管理网络，传播企业的经营管理理念，规范经营网络的服务标准，形成面向市场的标准化服务形象。这些内在的经营管理所直接产生的竞争优势又恰恰与汽车服务产业的发展特点相吻合，特别是其管理现代化、资源规模化、资本集约化、品牌统一化和人员专业化所产生的优势集中地满足了汽车服务产业的市场需求，有利于产业健康快速地发展。

市场竞争在不断升级，客户对售后服务的要求也不断提高，良好的服务成为整个汽车服务产业厂商在激烈的市场竞争环境中保持不败的关键。只有真正把客户当做一种战略资源进行管理，以科学的组织形式、专业的售后技术和统一的服务形象为客户提供标准化和专业化的优质服务，才能取得竞争优势。

（6）消费需求个性化的实现程度提高

随着市场的日益成熟和消费水平的逐步提高，消费者开始追求汽车服务的个性化。汽车服务也相应地从简单地满足客户所需的最基本服务，转向满足客户的个性化需求。这种需求日益多样化和个性化对汽车配件的类别、品种、规格和等级的丰富程度提出了更高的要求，从而决定了汽车服务企业必须有品种丰富、数量可观的库存来支持，但汽车配件的价格绝非一般生活用品可比，它所需要的资金及技术、个性化服务等对小规模的企业来说是无法满足的。因此，只有产业内部加强联合，形成专业优势，才能满足消费者多样化、个性化的全方位需求。

1.2.2 国内汽车服务业发展现状

1. 我国汽车服务业的发展历程

我国汽车服务行业的发展，根据政府职能部门对该行业的影响程度，大致可以分为4个阶段。

（1）萌芽阶段

这个阶段是指汽车开始进入中国的1901年至1949年。中国从1901年开始有了进口汽车，到1936年1月，湖南长沙机械厂试制出了25辆“衡阳牌”汽车用于长途客运，初步具备了现代汽车服务的某些特征。在这个历史阶段，并没有真正意义的汽车服务业的出现，汽车的主要社会功能是体现拥有者的尊严和地位，而汽车服务功能更多地体现在达官贵人通过对汽车的使用而获得的一种尊贵的感觉。

（2）满足阶段

本阶段是指从1949年到1978年。1956年，新中国第一辆“解放牌”货车下线，标志着新中国有了自己的汽车工业。汽车用户对以汽车维修为基本内容的汽车服务产生了需要，从此我国汽车服务业的发展拉开了序幕。在当时的经济环境下，汽车服务业是在高度的计划经济体制下运行的。汽车一直作为一种重要的战略物资，实行高度的计划分配，由国家物资部门统一进行调拨、销售和供应。另外，当时的汽车生产品种单一，主要集中在货车的生产上，汽车配件的品种也很单一，此时的汽车服务更多地集中在汽车维修上。交通部门下设的汽车维修企业，是当时全社会汽车维修的主要承担者。在这个阶段，我国的汽车服务业实现了从无到有的历史性跨越，积累了一定的服务经验，特别是在汽车维修方面，形成了规模较大的汽车维修体系，为以后汽车服务业的发展奠定了基础；在汽车运输方面，形成了一批有一定规模的运输车队，为现代物流业的发展打下了良好的基础。

（3）销售阶段

1978—1993 年称为我国汽车业的“销售阶段”。该阶段以 1984 年国家实施城市经济体制改革为分界点，1984 年以前称为“观念转型”阶段，此后称为“销售观念”阶段。

改革开放以来，中国从过去严格的国家计划体制开始逐步过渡到以计划经济为主、市场调节为辅的经济运行体制。与汽车服务相关的各类经济主体的利益开始得到承认，各类经济主体得到了一定程度的经营自主权，允许在计划范围以外生产和销售部分产品。在管理体制上，由过去的中央管理为主的单层管理体制，演变为中央管理为主、地方管理为辅的双层管理体制。在汽车服务领域，由于国家的指令性计划的比重有所下降，汽车产品的指令性计划由 1980 年的 92.7% 下降到了 1984 年的 58.3%，汽车厂商为了满足其用户的需求，争取更多的市场份额，开始在一些中心城市建立自己的特约服务站，售后服务这种新的服务模式在中国得以诞生。

1985—1993 年，我国的汽车服务业进入了一个较快的发展时期。国家肯定了个人和私营企业拥有汽车及其汽车服务业的合法性，汽车运输市场和汽车消费市场相继开放，汽车保有量迅速增加，一些新的服务项目相继出现。

在汽车流通领域，市场机制的作用日益扩大，由政府和市场共同作用的双轨制过渡到以市场为主的单轨制，标志着市场机制成为汽车产品流通的主要运行机制。1988 年，国家指令性计划只占当年国产汽车产销量的 20%，1993 年进一步下降到不足 10%。汽车流通体制也开始呈现出多元化的态势，出现了以汽车厂商的销售公司及其联合销售机构为代表的企业自销系统等多种形式的汽车销售模式。企业自销系统的出现，对后来我国汽车流通体制的演变产生了重要的影响。

在汽车配件流通领域，国家对汽车配件经营的放权更大，使得配件市场呈现出一片繁荣景象。根据地理优势，各地兴建了一批区域性和全国性的汽车配件交易市场，极大地方便了买主，有效地降低了订货的成本，受到汽车配件买主的欢迎。

在售后服务领域，由于国家对城市经济体制进行改革，国内的汽车生产厂商广泛建立了自己的售后服务系统，与社会上的汽车维修企业联合建立自己的特约服务站。而特约服务站反过来又增加了汽车维修企业的商机，由于可以得到汽车生产厂商直接的技术支持和正宗的配件供应，提高了维修企业在市场上的竞争力，从而吸引更多的维修企业纷纷加入到汽车生产厂商的售后服务系统中。

在这个阶段，汽车生产企业虽然强调了产品的销售环节，但仍然没有逾越“以产定销”的框框，虽然汽车生产厂商有效拓宽了销售的渠道，但却没有能力对其分销体系进行统一的规划和管理。这个阶段的汽车销售商，只提供单一的销售服务，基本上不提供其他服务。特别是一些国有汽车生产企业，将销售和营销混为一谈，缺乏有效组织市场的方法和技巧。

（4）营销阶段

自 1994 年开始，我国政府颁布并实施了第一个《汽车工业产业政策》，标志着我国汽车服务业发展开始驶入快车道。为了抑制“泡沫经济”对我国经济发展的影响，国家实行了一系列“软着陆”政策，使汽车市场彻底由卖方市场转入买方市场。在汽车生产厂商的生产能力得到大幅度提高的同时，受宏观调控政策的影响，汽车市场的有效需求相对不足，市场竞争空前激烈，使得原有的汽车服务体系的局限性开始显现出来，那些经营观念和经营手段落后的汽车服务企业，在市场价值规律的作用下，不得不进行有效的经营策略的改革或直接退出历史舞台。而一些与外国企业合作的汽车厂商，因其推出了先进的服务理念，通过对原有代理商进行改造，以及提供整车销售（Sale）、零配件（Spare part）、售后服务（Service）、信息咨询等（Survey）“4S”服务，推进了销售服务网与售后服务网统一的进程，提高了服务效率，降低了服务成本，在汽车服务领域的影响力和控制力不断增强，使汽车服务从“销售阶段”上升为“营销阶段”。当前，汽车的物流配送、旧车交易、汽车文化、汽车俱乐部等服务形式相继出现，服务由单一朝向多样化发展，极大地丰富了我国汽车服务业的内涵。

2. 我国汽车服务业发展现状

（1）底子薄且基础差

受到传统计划经济体制的影响，国内汽车服务市场缺乏来自内部的竞争和价值规律强有力的杠杆作用。在改革开放初期，我国的汽车用户主要是公务机构和各类社会团体，对汽车服务的要求不高，不能够对汽车服务业发展形成足够的压力。同时，汽车服务业一直受到国家的保护，缺乏外来竞争。目前，我国的汽车服务业虽然得到了很大程度的发展，但仍然存在一些服务“盲点”，许多汽车生产厂商建立的销售系统还不能有效地和社会服务系统进行有机整合，其他服务类别也是各自为政。

（2）相关法律和法规有待完善

国内汽车行业由于制造及销售环节的暴利持续时间过长，对汽车售后服务的关注严重不足，甚至有许多不规范的情况发生，说明我国的汽车售后服务市场急需建立诚信机制。要建立诚信机制，单靠相关人员的自律是不够的，还需要有法律保障，有了制度的保障和规范，汽车售后服务行业才能真正走上良性的发展轨道。

（3）多种机制并行

从目前的汽车服务方式分析，我国汽车售后服务主要有两大经营模式，即“四位一体”和“连锁经营”。

“四位一体”即目前盛行的4S店。这一模式在前几年我国汽车工业发展的初期阶段是比较适用的，因为当时少数几种品牌占据了绝对的控制地位。但是，在目前新车迭出的中国车市，这种方式已经渐渐显露其弊端，加上在实际实施中的许多不规范做法，“四位一体”的生存空间正在不断缩小。比如，国内消费者对一些4S店反映较多的问题是“一流的装潢，三流的服务”，服务水平、维修技术名不副实。2005年年底，曾经有专业机构对国内汽车售后服务市场做过一项调查。调查显示，国内近50%的汽车消费者认为目前汽车企业售后服务一般；25.8%的消费者认为维修费用高；14.43%的消费者认为服务收费不合理；14.3%的消费者认为汽车零配件价格不合理；9.77%的消费者认为排除故障不及时。

另一种模式是以美国为代表的连锁经营模式。这种服务方式在美国兴起的时间并不长，但是在最近20多年时间里却迅速发展起来，而且正向着走品牌化经营之路、观念从修理转向维护、高科技不断渗透等方向快速发展。连锁经营的发起者不是整车厂，而是定位于汽车售后市场的集配件供应、汽车维修和快速养护为一体的综合性汽车服务商。这种模式整合了各品牌汽车零配件的资源，打破了纵向的垄断，在价格服务透明化的基础上，提供汽车保养、维修、快修、美容和零配件供应“一条龙”服务，可以一站式解决问题。我国目前的快修美容店也正在不断地成长中。我们应该大力发展“连锁经营”，将之作为目前4S方式必不可少的有益补充加以推广，并向着数量多、分布广、维修质量好、效率高、形式多样、可选择性强的方向发展，全面提高汽车服务水平。

（4）市场秩序混乱

当前汽车服务市场秩序混乱主要表现为以下三个方面：一是市场运作混乱，尤其是流通领域，混乱发展的局面十分明显；二是价格体系和执行混乱，在汽车流通领域、汽车维修服务领域、汽车保险领域和厂商的质量维修环节普遍存在着服务透明度低，收费混乱的现象；三是市场竞争秩序混乱，汽车服务业门槛低，导致从业者数量众多，竞争手段贫乏，为达到吸引客户的目的，不惜采取低价恶性竞争手段，这也是汽车服务产业诸多问题的重要根源。

（5）品牌优势不突出

国内汽车服务市场最显著的特点是企业规模较小、持续经营能力差、品牌优势不突出。与国外连锁化汽车服务巨头相比，我国的汽车服务提供商普遍缺乏较成熟的服务品牌，对企业通过差异化服务实现可持续发展产生较大影响。

（6）专业人才不足

人员知识结构的不合理，制约了汽车服务贸易快速发展。由于汽车业发展相对较快和相关培训较少，从业人员不能及时进行自我知识更新，造成目前汽车服务贸易专业人才紧缺。企业缺乏提高服务标准的推动力，因而不能满足消费者日益提升的汽车服务需求。

（7）服务理念落后

与国外的汽车服务相比，我国汽车服务的意识相对落后：国外售后服务的立足点是提高保质期限，保证正常使用期，推行“保姆式”品牌服务，而我国售后服务的立足点是“坏了保证修理”；国外售后服务项目多，零部件、销售、维修和保养“一条龙”，而我国则是维修服务单一。

3. 我国汽车服务业的发展趋势

（1）运作规范化

随着我国市场经济日益成熟，在考虑我国汽车业以及汽车服务业发展的内在要求，并借鉴国外汽车服务业发展成功经验的前提下，主管部门对我国汽车服务业制定了一系列专门的规章制度，对汽车服务业组织形式、工商登记、纳税、从业人员以及质量控制、责任界定等，都提供了严密科学的法律要求和保障，从而促进我国汽车服务业在法制化的轨道上运作与发展。

（2）业务多元化

目前我国汽车服务业的主要业务过于集中在维修方面，而汽车美容、二手车交易、汽车租赁等业务处于起步发展阶段。随着消费者对汽车产品服务多元化需求的增加，特别是政府日益放松非战略行业的投资限制，打破地区间、部门间的限制与垄断，更多的企业必将在汽车服务方面大显身手，开展多元化业务。

（3）发展规模化

从整个国内汽车服务业发展状况看，规模化程度相对较低，难以形成规模优势，无法满足消费者需求，很难在规模层面上与跨国汽车服务业巨头展开竞争。为此，国家应通过适当的产业政策加以引导、扶持，以培育产业基础好、服务水平高以及规模适度的汽车服务企业走规模化发展之路。

（4）合作国际化

国内汽车市场的全面开放以及我国进一步扩大对外开放的程度，既为跨国汽车服务企业进入国内汽车市场提供了契机，同时也为国内汽车服务企业开展国际合作提供了机遇。通过合资经营、合作经营等国际合作形式，使国内汽车服务企业在管理水平、运作机制、服务质量等方面缩小与跨国企业的差距，为国内汽车服务企业走出国门，参与国际市场竞争创造条件。

1.3 汽车服务相关政策法规

汽车服务政策法规是有关汽车服务的法律、法规、规章、政策和国家有关标准规范的总称。在我国汽车服务业的发展历史中，政策法规起到了重要的促进作用，并已具备了相当的规模和特点，初步形成了以法律为基础、法规为依据、辅以若干政策规定的体系框架。

1.3.1 汽车技术服务管理政策法规

1.《汽车维修行业管理办法》

由国家交通部、国家经委、国家工商行政管理局于1986年联合发布，并于当年的12月12日开始实施。主要内容包括汽车维修企业和个体维修户的开业和歇业；汽车维修企业和个体维修户开业技术条件；维修质量和收费管理；维修车辆的管理；汽车维修行业的业务管理等内容。

2.《汽车运输业车辆技术管理规定》

由国家交通部于1990年发布，当年的10月1日起开始实施。其主要内容有：车辆管理；车辆选配和使用的前期管理；车辆的基础管理；车辆使用（车辆在一般条件下使用、车辆在特殊条件下使用的要求、车辆驾驶操作基本要求和日常维护工作）；车辆检测诊断与维修；车辆改装、改造、更新与报废等。

3.《汽车维修质量管理办法》

由国家交通部根据《汽车维修行业管理办法》制定并于1991年6月1日开始实施，用于加强汽车维修行业管理、保证维修质量。主要规定了汽车维修企业和个体维修户在维修生产中必须遵循的法规和标准，例如机动车运行安全技术条件、机动车允许噪声及测量方法、汽、柴油排放标准和方法等。

4.《汽车运输车辆综合性能检测站管理办法》

由国家交通部1991年发布，并于当年的10月1日起开始实施。其主要内容有：检测站的职责、检测站分级、检测站基本条件、检测站的认定等。

1.3.2 汽车服务贸易管理政策法规

1.《汽车贸易政策》

商务部2005年16号令颁布并于2005年8月10日开始实施。主要目的为建立统一、开放、竞争、有序的汽车市场，维护汽车消费者合法权益，促进我国汽车产业健康发展。该政策主要包括汽车销售、二手车流通、汽车配件流通、汽车报废与报废汽车回收、汽车对外贸易等相关政策。

2.《二手车流通管理办法》

由商务部、公安部、工商总局、税务总局2005年颁布，主要目的是加强二手车流通管理，规范二手车经营行为，保障二手车交易双方的合法权益，促进二手车流通健康发展。主要内容包括二手车交易主体、二手车经营行为等相关要求和标准。

3.《二手车交易规范》

商务部2006年第22号颁布执行。主要目的是规范二手车交易行为，指导交易各方进行二手车交易及相关活动，根据《二手车流通管理办法》，制定了二手车收购和销售、拍卖、经纪、直接交易、交易市场管理等规范。

4.《汽车租赁管理暂行规定》

由交通部、国家发展计划委员会于1998年4月1日开始颁布实施。其目的是加强汽车租赁业管理，保护汽车租赁业经营人（以下简称“租赁经营人”）和使用租赁汽车的承租人（以下简称“承租人”）的合法权益，促进汽车租赁业的健康发展。主要对租赁企业开、停业管理；租赁活动的管理；租赁企业设置与业务流程等进行了详细规定。

1.3.3 汽车服务金融管理方面的政策法规

1.《汽车金融公司管理办法》

《汽车金融公司管理办法》是经国务院批准，由中国银行业监督管理委员会颁布，于2003年10月3日起正式实施的。《汽车金融公司管理办法》对汽车金融公司的功能定位、出资人资格要求、机构的设立、变更与终止及业务规范等方面提出了监督管理要求，并对违规经营的行为做出了具体处罚规定。其主要内容为：汽车金融公司的设立、变更与终止；汽车金融公司的业务范围和监督管理。

2.《汽车贷款管理办法》

《汽车贷款管理办法》于2004年10月1日起实施。目的是促进汽车贷款业务健康发展，规范汽车贷款业务管理，防范汽车贷款风险，维护借贷双方的合法权益。主要包括以下内容：个人汽车贷款；经销商汽车贷款；机构汽车贷款。

3.《中华人民共和国保险法》

《中华人民共和国保险法》从1995年10月1日开始施行。其中对保险标的、重复投保、第三者保险标的相关内容进行了说明。

4.《机动车辆保险条款》

《机动车辆保险条款》中对什么原因造成的保险车辆损失，保险人负责赔偿或不负责赔偿都有严格的界定；明确附加险是两种主险的附加险，投保了主险的车辆方可投保相应的附加险等内容。

由中国保险行业协会制定的《机动车交通事故责任强制保险条款》也已经实行。《机动车交通事故责任强制保险条款》包括总则、定义、保险责任、垫付与追偿、责任免除、保险期间、投保人与被保险人义务、赔偿处理、合同变更与终止、附则10项内容共27条。确定交强险按机动车种类、使用性质分为家庭自用汽车、非营业客车、营业客车、非营业货车、营业货车、特种车、摩托车和拖拉机8种类型，不同的类型采用不同的费率。对于被保险机动车被依法注销登记、被保险机动车办理停驶的和被保险机动车经公安机关证实丢失的这3种情况，投保人可以要求解除交强险合同等内容。

除上述政策外，各大保险公司的《机动车辆第三者责任保险条款》、《家庭自用汽车损失保险条款》、《分期付款购车合同履约保险条款》及《机动车辆保险（修订版）费率规章》都为保障汽车保险行业规范、稳健地发展奠定了基础。

5.《汽车消费信贷保证保险》

保监会在2000年1月发布的《关于规范汽车消费贷款保险业务有关问题的通知》，规定贷款购车首付款不得低于净车价的30%；各保险公司可根据投保人的风险状况确定承保期限，原则上不得超过3年；车贷险应仅限于承保消费性车辆；保险责任生效必须以投保人向被保险人提供有效担保为前提。

1.3.4 汽车流通方面的法律法规

1.《汽车产业发展政策》

我国先后实施了两部汽车产业政策，即《汽车工业产业政策》和《汽车产业发展政策》，并且《汽车产业发展政策》在2009年进行了修订。与国务院1994年颁布的《汽车工业产业政策》相比，《汽车产业发展政策》具有7个方面的特点。

①取消了与世贸组织规则和我国加入世贸组织所做承诺不一致的内容，如取消了外汇平衡、国产化比例和出口实绩等要求；

②大幅度减少行政审批，依靠法规和技术标准，引导产业健康发展；

③提出了品牌战略，鼓励开发具有自主知识产权的产品，为汽车工业自主发展明确政策导向；

④引导现有汽车生产企业兼并、重组，促进国内汽车企业集团做大做强；

⑤要求汽车生产企业重视建立品牌销售和服务体系，消除消费者的后顾之忧；

⑥引导和鼓励发展节能环保型汽车和新型燃料汽车；

⑦对创造更好的消费环境提出了指导性意见。

2.《缺陷汽车产品召回管理规定》

为了加强对缺陷汽车产品召回事项的管理，消除汽车产品对使用者及公共财产安全造成的不合理危险，维护公共安全、公共利益和社会经济秩序，2004年3月15日由国家质量监督检验检疫总局、国家发展和改革委员会、商务部和海关总署共同制定的《缺陷汽车产品召回管理规定》正式发布，并于2004年10月1日起正式实施。我国以缺陷汽车产品为试点首次实施召回制度，有利于维护公共安全、公共利益和社会经济秩序。《规定》共8章46条，其主要内容有：叙述了制定产品召回管理规定的目的，规定了召回管理制度，规定了经营者及相关各方的义务，指出了汽车产品缺陷的报告、调查和确认，规定了缺陷汽车产品召回程序，指出了相关处罚手段等。

3.《家用汽车产品修理、更换、退货责任规定》

为了保护家用汽车产品消费者的合法权益，明确家用汽车产品销售商、制造商、修理商的修理、更换、退货（以下称三包）责任，根据《中华人民共和国产品质量法》《中华人民共和国消费者权益保护法》等有关法律法规制定本规定，并于 2013 年 10 月 1 日开始执行。同时，在汽车三包规定中，严重安全性能故障是影响汽车产品更换、退货的重要条件之一，但对严重安全性能故障的判断依据此前并不明晰。为了更好地配合三包规定的贯彻实施，汽车三包专业技术委员会研究制定了《家用汽车产品严重安全性能故障判断指南》，已正式发布，细化了三包的标准，为严重安全性能故障的判断提供参考依据。

思考与习题

1. 汽车服务的定义和主要特征是什么？
2. 汽车服务如何分类？
3. 阐述汽车服务的主要内容。
4. 阐述我国和国外汽车服务业的发展趋势。

第 2 章　汽车厂商的售后服务

【本章知识点】

本章主要介绍了售后服务的概念与作用，售后服务的模式和发展趋势，分析了典型的汽车售后服务机构的设置与职能。重点讲述了汽车厂商售后服务的工作内容，售后服务网络网点的布局原则，售后服务网络的建设依据及条件、建设程序以及管理内容。

2.1　售后服务概述

2.1.1　售后服务的概念与作用

21 世纪是新经济的时代，新经济本质上属于服务经济。有形产品在满足消费者需求中的比重正在逐步下降，而服务的价值正变得越来越重要，可以说，我们进入了服务制胜的时代。以服务为导向的经营和创新战略已经成为现代企业的基本战略选择，越来越多的企业都将竞争核心向服务靠拢，而在整个服务中售后服务处于尤为重要的地位。因此，企业必须树立以客户为中心的核心价值观念，塑造和培育以客户为中心的企业文化，需要用客户服务的理念、方法、行为规范来指导企业的客户服务实践，从而使企业在竞争中站稳脚跟、实现企业的营销目标。

1. 售后服务的概念

就企业在销售活动过程中的服务来说，一般存在售前服务、售中服务和售后服务三种形式。企业营销的售前服务是通过营销人员把企业产品的相关信息发送给目标顾客，包括产品的技术指标、主要性能、配置和价位等信息；售中服务则是为顾客提供咨询、购物参谋、产品介绍、产品示范、订购、结算等现场服务；售后服务则包括与产品销售配套的包装服务、送货服务、安装服务、三包服务、排除技术故障、提供技术支持、激发产品改进或升级信息、与客户保持经常性的联系、产品使用联系及建立客户档案、收集整理客户信息资料等服务。

企业营销中“售后服务”的出现，是市场竞争的必然结果。当企业产品发展到一定程度，制造技术已相差无几，企业的市场营销战略就从产品转向服务。售后服务是企业营销中的一部分，没有售后服务的企业营销，在顾客的眼里是没有信用的销售；没有售后服务的商品，是一种最没有保障的商品；而不能提供售后服务的营销人员，是不可交的朋友。所以，做好、做细产品售后服务的企业感动了顾客的心，提升了顾客的满意度，也赢得了市场。由此可见，售后服务在企业营销中的重要性。产品的售后服务在整个企业营销过程中有着特殊的“使命”，对企业产品和服务走入市场化起着积极的过渡与推动作用，更是企业在营销过程中体现差异化服务、提升市场占有率的又一法宝。

售后服务，就是在商品出售以后所提供的各种服务活动。从推销工作来看，售后服务本身同时也是一种促销手段。在追踪跟进阶段，推销人员要采取各种形式的配合步骤，通过售后服务来提高企业的信誉，扩大产品的市场占有率，提高推销工作的效率及效益。

成功的销售员把成交之后继续维护客户关系视为销售的关键。如丰田汽车公司的准则就是：“真正的销售始于售后，销售的最好机会是在客户购买之后，往往最能够打动客户的不是产品而是售后服务，服务既能够决定产品的价值，同时又能够更好地带动潜在客户，因为销售使我们与客户相识，并且通过服务可以与客户成为朋友，客户的朋友又会成为我们的潜在客户，优良的服务就是优良的销售”。“要想与那些优秀的销售员竞争，就应多关心你的客户，让他在你这儿有宾至如归的感觉。销售人员要让客户的朋友也能够记住你的名字，当他们的朋友或者同事想要购买产品时他们会介绍他的同事或朋友与你联系”。要实现这一切，方法只有一个，就是必须为客户提供优质的售后服务。

2. 售后服务在企业中的作用

售后服务的目标是实现客户满意度的最大化。“观念决定行动，思路决定出路”是现代成功企业的经验总结。售后服务企业也需要树立正确的观念，尤其要正确认识和利用客户对企业发展的影响和作用。客户满意度决定企业的今天和明天。客户满意度是否积极或消极，很显然会影响到企业的服务工作计划和服务工作的效率、质量，同时会影响到企业售后服务之后的发展方向和思路。客户满意度不是从天而降的，也不是一成不变的，而是源于企业的优质服务。企业应正确认识产品和服务的关系：产品是硬产品，售后服务是软产品，硬产品和软产品相互作用，互为前提，缺一不可。软产品不到位或跟不上，硬产品的功能和价值就要降损；硬产品不过关（达不到客户需求），软产品就难有用武之地。为此，企业都要引用和提倡一种理念——客户满意度决定了企业的今天和明天，客户满意度取决于企业的产品和服务。

客户满意度可以说是以客户为中心的服务价值观在实际中所要达到的终极目标，是企业的经营宗旨所在，也是从实践结果的角度对企业是否在服务工作中真正奉行了以客户为中心的服务理念的一种检验。世界上许多优秀的企业无不把客户满意度作为企业的基本目标，如沃尔玛公司始终把“让顾客满意”列为第一位目标，“顾客满意是保证我们未来成功与成长的最好投资”就是该公司的基本理念；日本松下公司也认为：“只有当我们的产品被送到顾客手上被他们使用并感到满意时，我们才算完成了我们的使命”。

今天，市场竞争的性质已经发生了革命性的变化，对于众多企业来讲，重要的问题不是数据分析出来的市场占有率而是拥有多少对企业满意度高的忠诚客户，也就是说企业之间竞争的目标由追求市场份额的数量（市场占有率）转向市场份额的质量（忠诚的客户数量）。研究表明，若把企业的客户划分为新客户与老客户两类，则争取一名新客户所花的成本是保住一名老客户的6倍，所以能使客户满意，提高客户满意度就可维系住老客户，进而使其发展成长期支持企业的忠诚客户。而忠诚客户每增加50%，企业产生的利润增幅可达到25%～85%，因此，我们可以说，客户满意度的高低决定了企业的生存与发展，是企业长期稳定发展的根本保证。

因此，售后服务对提高客户满意度、实现企业营销目标有着不可估量的作用。

(1) 售后服务是买方市场条件下企业参与市场竞争的尖锐武器

随着科学技术的飞速发展，几乎所有行业都相继出现了生产能力过剩的状况。从汽车工业到化学工业，从食品制造业到日用消费品的生产，从通信业到计算机网络行业，当然也包括各行各业的售后服务方面，都面临着强劲的竞争对手。各企业生产的产品在功能与品质上极为相近，在品牌竞争质量差异越来越小的情况下，价格大战已使众多企业精疲力竭，有形产品的可比性越来越小，企业只有寻找无形服务来进行差异化竞争，所以说优质的售后服务是企业确定市场定位和赢得市场竞争优势的尖锐利器。

(2) 售后服务是保证顾客权益的最后一道防线

企业向消费者提供经济实用、优质、安全可靠的产品和售后服务是维护其本身的生存和发展的前提条件，虽然企业寻求差异化售后服务的水准越来越高，但是要做到万无一失目前尚无良策。由于消费者的使用不当或工作人员的疏忽，各种产品的问题时有发生，再优秀的生产企业都不能够保证绝对没有错误发生或顾客投诉，因而及时补救失误、改正错误，有效地处理客户的投诉等售后服务措施成了保证消费者权益的最有效途径。因此，我们可以说，售后服务是保证消费者权益与利益的最后防线。

(3) 售后服务是有效保持客户满意度与忠诚度的有效举措

消费者对产品和服务的利益追求包括功能性和非功能性两方面。前者更多的体现了消费者对产品功能质量的需要；后者则更多的体现精神、情感等心理方面的需要，如精美的包装、和谐完善的服务过程，及时周到的服务效果等。随着社会经济的发展和消费者自身收入水平的提高，顾客对非功能性的利益越来越重视，在很多情况下甚至超越了对功能性利益的关注。在现时高速发展的市场经济环境下，企业要想长期盈利走向强盛，就必须赢得长期合作的顾客，保持顾客忠诚度、提高客户满意度。企业在实施这一举措过程中使客户满意的售后服务是企业长期发展，最终走向成熟的有效措施之一。

3. 汽车售后服务的内容

汽车售后服务的内容很多，既包括汽车生产商、汽车经销商和汽车维修企业所提供的质量保修和汽车维修维护等服务，也包括社会其他机构为满足汽车用户的各种需求提供的汽车保险、汽车信贷等服务。而我们本章所讨论的主要内容为汽车厂商的售后服务。

汽车生产厂商售后服务的主要内容是技术培训、质量保修、配件供应、售后服务网络的建立以及形象的建立等，我们将在下一节中进行详细的介绍。

2.1.2　售后服务的模式和发展趋势

1. 国内汽车售后服务管理体系的现状

在整个汽车产业链中，从经营关系上讲，生产、销售和售后服务应该是一体的，但目前，国内许多品牌汽车的生产、销售和售后服务是脱节的，这种脱节是汽车售后服务不尽人意的根本原因。

首先，部分厂家与其经销商的关系还不是很紧密，仅仅是一种经济利益行为的供销关系。经销商通常采用预付款的方式买断经营，厂家基本上把市场风险转嫁给经销商。由于销售领域不规范，经销商数量过多，市场竞争激烈，经销商几乎把厂家给的商务利润全让给消费者，而主要收益则来自于厂家按销量给予的年终返利、奖励及新车销售的装饰、美容、保险等相应销售环节的服务。因此，经销商要想获得更多的返利及经营收益，只能想方设法增加销量。在部分经销商眼里，服务承诺只不过是增加销售的一种策略，经销商为了多卖车，往往提高服务承诺，扩大服务范围，把服务承诺当作扩大销售的砝码和手段。虽然这些承诺对扩大销售确实有促进作用，但经销商过多的服务承诺无形中提高了消费者对售后服务的期望值，实际上有些服务承诺根本做不到，造成消费者对售后的不满。

其次，售后服务与经销商及厂家脱节。尽管近一两年来厂家大力推广包括售后服务在内的“4S”模式的汽车专卖服务体系，但汽车作为高价值的大宗消费品，其售后服务投入成本较高，许多销售商的经济实力根本达不到“4S”所要求的售后服务。而目前厂家的目的是扩大销售，多卖车。因此，许多经销商只管卖车，售后服务由厂家指定或特约的维修站承担。经销商与售后服务脱节，部分经销商认为售后服务是维修站的事，与经销商没有关系，使消费者所期望的服务质量大打折扣。目前，许多品牌的售后服务机构主要是厂家指定或特约的维修站，厂家一般只对维修站进行技术指导或技术培训，具体的服务则由维修站实施。而实际上，许多厂家很少能做到对维修站人员进行专业系统培训，二者的关系主要表现在不规范的经济利益关系上。由于与售后服务机构的关系不规范，对维修站的管理不到位，厂家对维修站根本没有约束力，在具体的售后服务中，部分维修站往往在“工时费、材料费”上做文章，所谓的维修保养往往表现在热衷于“换件”上，部分维修人员甚至故意扩大维修范围误导消费者，尤其是部分维修站受经济利益驱动，在维修、换件时往往使用假冒伪劣的配件或以旧代新来蒙骗消费者，这不但增加了消费者的负担，引起他们对厂家售后服务的不满，也很容易让消费者对产品质量产生怀疑，企业产品的信誉下降。

2. 国外汽车售后服务管理体系的状况

与我国汽车售后服务管理体系相比，西方发达国家主要存在以下优势。

1）销售体系的建立以生产企业为中心，形成一种唇齿相依、休戚与共的产销衔接关系。一般依靠合同把销售活动与双方的利益紧密联系在一起，采用的是受控于厂家的专卖店制，这些专卖店都是“四位一体”，售后服务是其主要业务之一。在这种利益共同体中，一个环节的失误会造成整体利润的下降，因此，在所有环节都会不遗余力地使顾客满意。

2）服务理念先进。国外汽车售后服务的理念是“以人为本，顾客至上”，能主动、热情、及时地处理用户意见，并根据用户要求设立服务项目。并且售后服务不再局限于为消费者提供方便，而是更多地加入了快乐消费、安全消费和文化消费等内容。

3）从业人员素质高。科技的发展使汽车的技术含量越来越高，在德国，一辆汽车进入维修厂，首先必须接受专门智能仪器的检测，然后根据检测结果用专用设备进行调整和修理。此外，汽车修理所需要的维修资料也以网络、数据光盘的形式提供；几乎所有的汽车维修人员都接受过汽车维修专业的职业教育。这种学制为3年的正规职业教育，重理论，但更重实践，未经过正规职业教育的从业人员寥寥无几。德国维修人员技术和综合素质高，他们在作业时会严格按照有关资料上的规定对客户的汽车进行维护保养，很少提前更换一些尚未达到使用周期的零配件，更不会利用顾客的无知故意夸大故障，让顾客花冤枉钱。

3. 国外汽车售后服务管理模式及与国内的比较

目前，国际上汽车售后服务市场最具代表性的经营模式有“四位一体”和“连锁经营”。

“四位一体”，即目前已传入我国的“4S”模式，包括整车销售、售后服务、零件供应和信息反馈。这种模式源于欧洲。欧洲城市密集，城间距离短，交通便利，汽车工业发达，各种服务设施完备。车型集中，每种车型有较大的保有量，故“四位一体”的经营模式得以生存和发展。

另外一种模式是以美国为代表的连锁经营。汽车连锁服务在美国兴起的时间并不长，但在最近 20 年时间里得到迅速发展。连锁的发起者不是整车生产厂，而是定位于汽车售后服务市场的集汽车配件供应、维修、快速养护为一体的综合性服务商。目前，美国超过 500 家以上连锁店的零配件公司有近 20 家。这种模式整合了各品牌汽车零配件的资源，打破了纵向垄断，在价格服务透明化的基础上，提供汽车保养、维修、美容和零配件供应一条龙服务，车主可以一站式解决问题。

与我国如火如荼兴建“4S”店的现象相反，美国、欧洲的专营店网络正因为各种原因不断萎缩：庞大的经销网络消耗了巨额运营成本，而最终却需要消费者买单；欧洲的专营销售网点过于密集，利润空间逐年减少，经销商无利可图，只能合并或破产。

中国的汽车“4S”店具有选择性、排他性和垄断性。在买方市场下，“4S”专卖店面临着一系列挑战。据调查，一家大品牌“4S”店的固定资产投资在 1 000 万 ~ 2 000 万元，流动资金要求在 1 000 万元。由于近年来汽车销售市场萎缩，一些小品牌的“4S”店开始退缩，随着竞争的加剧和投资的逐步增大，市场销量有限的车，其“4S”店根本不足以支撑其成本。新建“4S”店的前期投入在不断加大，虽然规模加大，但利润却在缩水。现实的市场是新品不断增多，各种车型价格纷纷“跳水”，这些都导致“4S”店的市场利润降低。据行家介绍，在整个汽车获利过程中，整车销售、配件、维修厂的比例结构为 2:1:4，维修服务获利才是汽车获利的主要部分，汽车“4S”店前期靠汽车销售赢得利润，长期靠服务赢得源源不断的利润，这是“4S”店长期发展之路。“4S”店若能坚持这一点，应该说是前途无量。

4. 汽车售后服务业的发展趋势

随着科技的不断发展和人们服务意识的增强，汽车售后服务业将呈现三大发展趋势。

1）品牌化经营。主要分为汽车制造商和专业汽配维修商两类。国外大的汽车生产商往往也是售后服务市场的主力，这类维修厂规模较大，生产设备精良，维修人员受过统一培训，在技术上具有权威性，服务对象主要是定点维修品牌车。而专业汽配维修商则自创服务品牌。

2）从修理转向维护。汽车坏了再修理不是真正的服务，真正的服务是要保证用户的正常使用，售后服务的重点将转向维护保养。

3）高科技不断渗透。随着技术的发展，汽车的电子化水平越来越高，汽车保修越来越复杂，大批高科技维修设备应用于汽车维修行业，如汽车本身的高科技化、汽车维修检测设备的高科技化、汽车维修资讯的高科技化、汽车维修技术人才的高科技化及汽车维修电脑管理的高科技化等。随着汽车维修网络技术的发展，企业随时可以在网上获得维修资料、诊断数据、电路图和修理流程等，缩小了不同规模维修企业在获取技术信息方面的差异。

2.1.3　汽车厂商售后服务机构的设置与职能

1. 售后服务机构的部门设置及职能

对于汽车生产商而言，售后服务部门一般隶属于企业的销售部，其业务范围很广，内部的机构设置也比较复杂，一般售后服务部门包括以下几个部门。

1）计算机中心。计算机中心一般分两个，一个负责用户档案管理和用户质量信息的分析处理，另一个用于对配件库进行统一的管理。计算机中心同时负责售后服务的财务、人事等行政事务的计算机化管理。

2）技术服务部。技术服务部负责质量保修政策的实施，为用户提供现场服务、技术咨询、用户赔偿的最后鉴定和最终技术仲裁。技术服务部还负责质量信息的汇总、分析处理，向用户的设计、生产制造、采购供应部门提供反馈信息。

3）技术培训部。企业应该建立培训基地，设立技术培训部，并配备相关的教学设备和教学模型。由技术部负责对企业内部员工、大用户的技术骨干、代理商和经销商的营销人员和技术人员进行各项培训，为新产品推向市场做准备。培训部还应该负责培训教材的编写和选择，制作教学课件和培训模型等。

4）非技术服务部。非技术服务部负责代理商的经营指导直至经营介入，以帮助他们提高业绩，还负责代理商的厂房建设、设备配套及外观形象设计的支持、指导，增强他们对企业的凝聚力和荣誉感，最终将他们紧密团结在企业的周围，忠诚地为企业服务。

5）配件供应部和仓库。配件供应部和仓库是售后服务部的直接经营部门，负责进行市场预测、价格制定、物流管理、配件计划和采购、接受订单和指示发货、仓储管理和运输组织、技术设备服务等。配件供应管理实行统购统销，与供应商签订供货协议，要求供应商服从企业配件控制的要求，保护消费者、汽车制造商和供应商的共同利益。

每一个汽车厂商都将根据他自身的条件和需要设置售后服务机构，但通常都是销售部下属的一个部门。下面介绍几个汽车厂商售后服务部门的设置。

2. 雷诺公司的售后服务机构的设置

雷诺汽车公司售后服务管理总部的机构设置如图 2－1 所示。由此可见，雷诺公司服务管理总部是按照职能专业化设置的。而在管理总部的各职能部门内，又分别依据产品、地区、市场，进一步划分其下设机构，如图 2－2 所示。

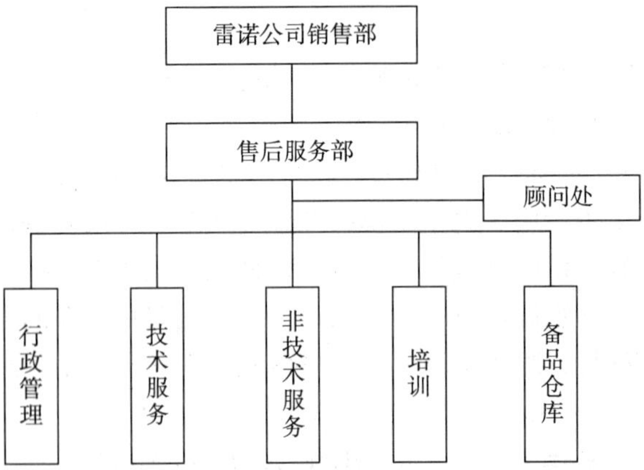

图 2－1　雷诺汽车公司售后服务管理总部的机构设置

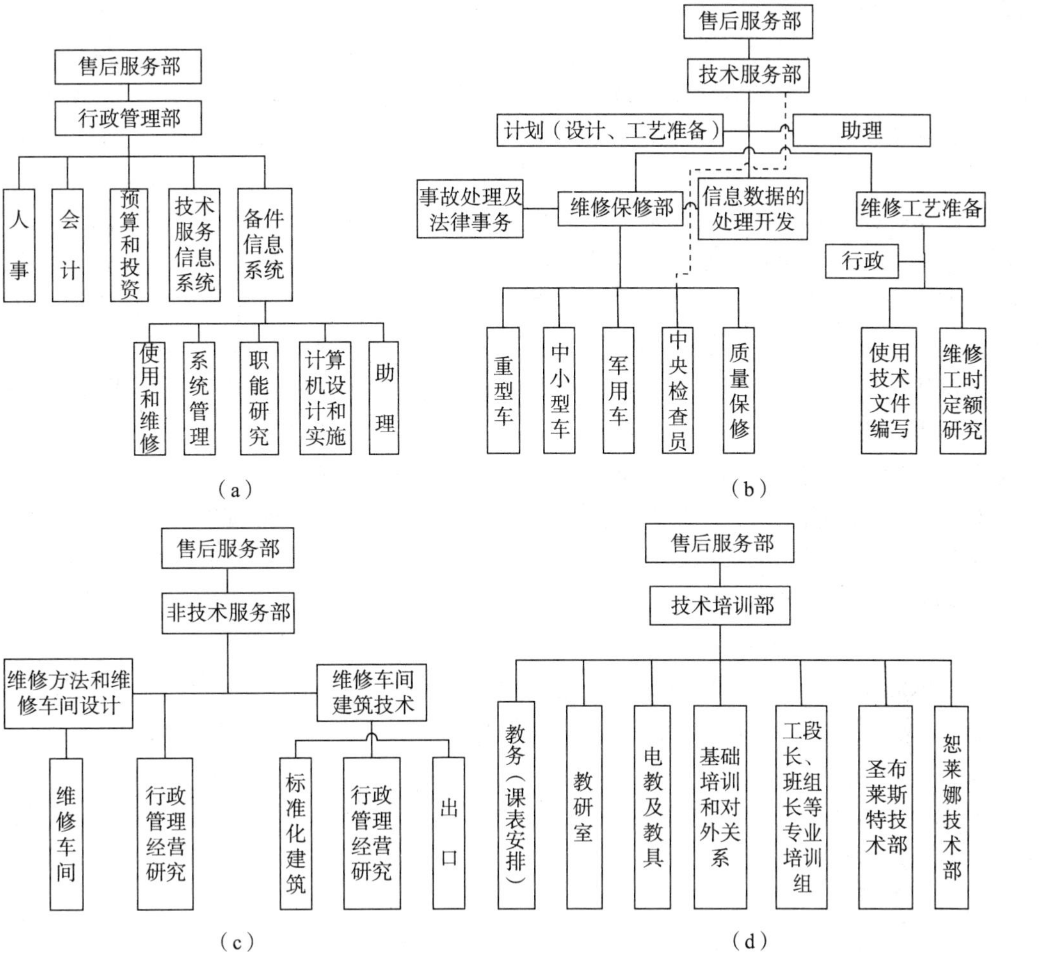

图 2－2　雷诺公司售后服务部分职能部门的机构设置

(a) 雷诺公司售后服务部行政管理部机构职能；(b) 雷诺公司售后服务部技术服务部机构职能；
(c) 雷诺公司售后服务部非技术服务部机构职能；(d) 雷诺公司售后服务部技术培训部机构职能

雷诺公司是欧洲开展售后服务工作最早的企业之一，其售后服务机构的设置模式十分标准、规范、成熟，在国际上具有较好的代表性。雷诺公司服务机构设置有以下特点。

1）雷诺公司售后服务部门设立了两个信息中心，一个在技术服务部，一个在备品部。技术服务部的信息中心用于全球用户档案管理和用户质量信息的分析处理。备品部的信息中心与设在法国本土的五个备件中心库联网，统一指挥五个中心库的备件管理。

雷诺公司十分重视信息（网络）中心的建设和应用，其售后服务部的“行政管理”部门实质上是信息（网络）应用的综合和管理部门，并通过计算机系统，完成财务、人事等行政事务的管理。20 世纪 80 年代初期，微型计算机在法国还刚开始普及，雷诺公司便决定，售后服务部的所有中层干部都必须轮流到行政管理部门工作，目的就是学习计算机的使用和操作，学习期限通常是半年，半年后调回原岗位，这一举措对普及计算机应用起了重要推动作用。

2）技术服务部门，实际上是雷诺公司质量保修（保证）政策的执行部门。雷诺公司委托服务代理商具体实施质量保修工作，处理与用户的纠纷，但雷诺公司保留质量保修的最终技术仲裁权。由于雷诺公司的产品覆盖面很宽，销售市场面向全球，为及时、慎重和准确地处理用户报修要求，雷诺公司在其技术服务部门里专门设置了中央监察员部门。这个部门集中了一批对雷诺公司的产品十分熟悉，处理故障十分有经验的技师和工程师，他们的职责是专门处理发生在各地的各种疑难质量故障。

技术服务部门虽然不直接受理用户的质量赔偿要求，但是要完成用户赔偿的最后鉴定和最终技术仲裁。最后鉴定既是一项管理工作，也是产品质量信息的汇总。所谓管理是要肯定和确认服务商的工作成绩，指明工作中的失误，指导服务代理商不断提高工作水平。在质量信息的整理、分析及信息反馈工作中，雷诺公司规定技术服务部门和公司质量部每月要联合召开一次质量信息发布会，各生产部门和有质量问题的供应商必须到会听取质量分析报告，并研究对策，之后有问题的单位把问题带回去，限期解决。在这个部门里，还设置有损坏样品陈列间，专门陈列各种典型的损坏样品和重要的质量问题样品。

3）技术培训部门。法国法律规定，任何企业必须将其营业额的2‰用于职工的继续教育和培训，对使用不完的培训经费要上交国库。因此，法国企业十分重视技术教育，从公司领导到秘书，从管理人员到工厂工人，都要到企业的各类培训中心（包括售后服务培训中心）接受培训。在这一背景下，雷诺公司特别注重对客户和服务代理商的技术培训，并承担来自全球的受训人员在法国本土培训期间的全部费用。通过培训代理商，技术培训还可以向全球宣传雷诺公司的新产品，所以从某种角度讲，技术培训部也是雷诺公司新技术的集散地和宣传橱窗。

雷诺公司售后服务培训包括以下几个机制：一是建立售后服务的培训基地（里昂培训中心、圣布莱斯培训中心和恕莱娜培训中心），二是建立培训教研室，三是开展教学方法研究（包括电教手段、教学设备、教学模型等）。

雷诺公司售后服务直接培训的重点对象是服务代理商和大用户的车管人员，通过他们再去培训维修网点的技术工人和驾驶员。里昂培训中心虽然只有几名教员，但要负责标准培训教材的编写，要与电教部门合作制作多媒体教学资料，要负责向全世界的服务代理商和大用户提供培训教材、录像带、电影胶片、录音带、幻灯片、教学模式、教学挂图等。该中心设有一个培训车间（样品陈列室），陈列了雷诺公司新投放市场的所有车型及其总成、代表雷诺公司传统技术特征的主要总成（这些总成的数量较多，作为教具用于用户培训）、代表雷诺公司技术进步的新科技成果的总成及一些重要的大型教学模型（如电子喷射供油系统、电子防爆系统、感载阀防爆系统、柴油供油系统、大客车的空气悬挂系统、电子电器系统等）。这些陈列既满足了教学的要求，又展示了公司的技术实力。

陈列间除供教学观摩、教学拆装实习外，它还是技术服务部门、培训部门研究维修工艺、演示工具使用和确定维修工时（定额）的场所。陈列间为技术培训提供了丰富的教学内容，为编写维修手册提供了科学依据，为质量保修工时定额的确定提供了操作检验。

4）“非技术”服务部门，其职责是代表雷诺公司对服务代理商进行经营指导，制定服务厂房建设、设备配套及外观形象建设的规范。所以“非技术”服务，意味着指导代理商正确开展经营和摆脱经营危机，强制推进雷诺公司制定的代理商外观形象、维修厂房建设、服务设备配置等标准和规范，培植代理商网络对雷诺公司形成持久的热爱和凝聚力。

5）备件供应部门和仓库，是售后服务的一个经商部门，其职能是备件市场预测、备件价格制定、备件物流管理（仓储管理和运输组织）、备件计划和采购、备件订单处理、备件发货指示、备件使用文件制定、备件质量管理及备件质量赔偿等。

雷诺公司和其他国际汽车公司一样，实行备件专控、执行采购、统销政策。零部件供应商必须与雷诺公司签订备件专控协议（法律文书）。备件管理的订单受理（无人化管理）、计划采购、备件出库等环节，均实行计算机管理，现代化的信息手段保证了备件管理的高速、高效，从服务总部接受订单到向仓库发出发货指令，通常只需 10 余秒钟。备件部实行两种订货方式，一是紧急订货，雷诺公司确保 24h 把备件送到订货者手中，这种订货费用较高，由用户承担可能发生的空运和专门运输工具的费用。另一种是正常储备订货，雷诺公司确保不超过 3 个月的供应周期，订货者不承担这种方式的运费。

雷诺公司向全世界公开统一的备件价格本，原则上每年对价格进行一次微调。在具体执行过程中，对不同地区、不同的代理商实行不同的优惠价格（价格折扣），折扣率虽不公开，但通常都执行销售量越大折扣率越高的政策，以保护服务商经营备件的积极性。

3. 美国福特公司售后服务机构的设置

福特公司售后服务和备件设置在一个部门中，而且和国际售后服务部门设置在一起。图 2－3 描述了福特公司售后服务总部的各职能部门的机构设置情况。

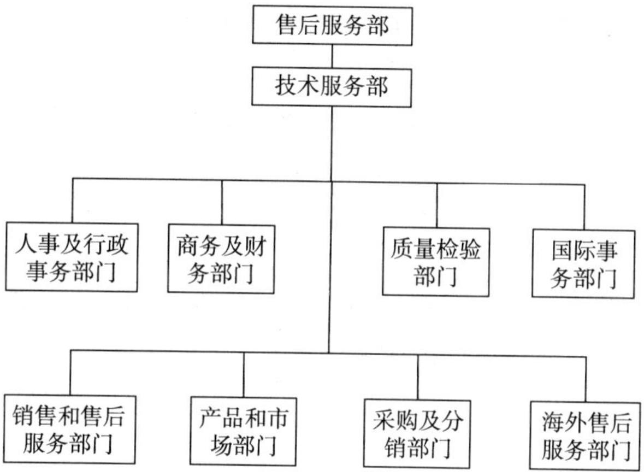

图 2－3 福特公司售后服务总部的机构设置图

美国是汽车工业最发达的国家，其汽车公司的销售与售后服务的组织机构也特别地细致（甚至近于复杂），表现了企业对这一部分工作的高度重视。

福特公司售后服务机构设置的最大特点是形成了整体组合（集产品销售、售后服务、备件、海外服务于一体），这样的设置方案比较容易调动内部各方面力量去应付比较复杂的服务局面。由于美国的法律比较健全，各厂商面临的法律事务较多，所以福特公司在其销售部门里还专门设置了法律室、标准与法规室等。此外，像美国其他公司一样，福特也建立了专门的部门以研究售后服务的商业化，即扩大有偿服务的市场覆盖面，以尽可能满足用户日益增长的服务要求。

4. 售后服务特约服务站的机构设置

特约服务站是具体执行售后服务的基层组织，是汽车厂商售后服务网络的网点。由于职能简单，业务种类不多，故特约服务站的机构一般按照职能专业化的单层次结构设置，

图 2－4 所示的大众轿车特约服务站的机构设置，具有普遍代表性。

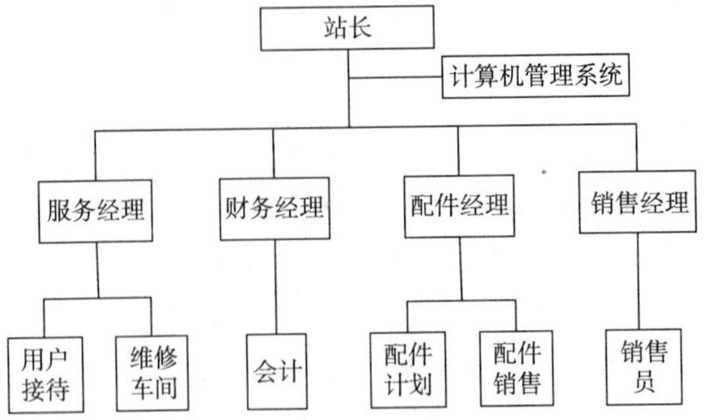

图 2－4　大众轿车特约服务站的机构设置

2.2　汽车厂商售后服务的工作内容

越来越多的汽车生产厂家将提高自身售后服务质量作为维护品牌、发展客户的手段。针对服务，汽车生产商提出了不同的口号：如一汽大众公司，2004 年提出了一个新的服务理念——“懂车，更懂你”，这是对之前推出的“用心服务，永久呵护”的服务理念赋予了更专业，更人性化的内涵；南京菲亚特则提出“营造国际水准销售服务体系”；别克则强调“关怀”服务；上海斯柯达提出“睿智感悟恒之魅力”关爱服务；北京吉普也重磅推出了“Friend——全心全意对朋友”的服务品牌。

售后服务是一项技术性很强的工作，正确认识售后服务的作用，明确售后服务的工作内容，采取适当的手段，才能取得应有的结果。汽车生产厂商售后服务的主要内容是技术培训、质量保修、配件供应、售后服务网络的建立以及形象的建立等。

2.2.1　技术培训

技术培训不仅包括对用户的技术指导、使用训练、咨询解答，更主要的是对售后服务网络（网点）进行各种技术的培训。任何一个企业或产品的售后服务都必须从技术培训开始，“技术培训是先导”揭示的就是这个道理。

1. 用户培训

用户培训主要集中于销售环节。对于社会已经熟悉的汽车产品，由于用户已经具有汽车使用知识，因而用户培训一般较为简单。通常情况下，用户提车时经销商会要求将新车开到服务站进行交车前的检查，此刻可以根据用户的具体情况进行一些有针对性的简单培训，如讲解售后服务相关政策、合理科学地使用汽车、简易故障以及排除方法等。这类培训可以分散进行。

对于汽车新产品，在局部范围试销时，一般对用户进行集中培训，要按照统一的口径、统一的内容、统一的教材进行标准化讲解。

2. 服务网络的培训

服务网络（网点）的培训，是汽车厂商售后服务总部所要培训的主要对象，通常是以服务站的技术骨干为主。对他们的培训，内容上通常要深一些、广一些，以帮助服务站形成能够排除各种使用故障的能力。

对服务站的培训，主要内容有：

1）汽车结构及技术内容；

2）常见故障，典型故障和突发故障现象、形成机理及排除方法；

3）新产品的技术培训，做到“先培训后投放”；

4）汽车厂商售后服务尤其质量保修的管理政策和业务流程；

5）其他内容，如服务站的经营管理、大型促销活动的准备等。

3. 技术培训的组织

要做好技术培训，首先要组织好培训教材，教材除了文字形式外，还应该包括幻灯片、教学挂图、声像教材甚至实物教材等形式，以增强教材的示范性、针对性和实用性。技术培训教材大部分需要培训部门组织编写，少部分可以借助其他教材，或委托其他力量（如汽车专业院校）进行编写。

其次要选好一批培训教师。培训部可以自己承担一部分教学任务，也可以在企业内外聘请一些专业人员担任教员。总的来讲，培训教师应该具备必要的理论知识和较强的实践操作技能，并有一定的培训经验。

最后要注重培训能力的建设。培训部门的能力包括：

1）培训基地接纳学员学习的能力，如有必要的一般培训教室、专业培训教室、实习车间、样品陈列室等；

2）现代教学能力，如电教能力、多媒体教学能力、远程教育或网上教学能力等；

3）标准、规范和技术政策的研究能力，如新产品维修工艺方法、最佳工艺设施配置、维修工时制定等，均需要培训部门与产品设计部门共同研究。

2.2.2　质量保修

质量保修，又称质量保证、质量担保、质量赔偿等，我国俗称“三包”（包赔、保修、包换之意），其基本含义是指处理用户的质量索赔要求，进行质量鉴定、决定和实施赔偿行为，并向厂商反馈用户质量信息。在我国的汽车行业内，质量保修的过程通常是由第一线的售后网络（服务站）受理用户的质量索赔要求，决定是否赔偿，厂商售后服务总部对服务站的赔偿进行赔偿鉴定，复核赔偿的准确性，并进行质量动态的综合分析，向生产和采购部门反馈产品的质量信息。

质量保修具有极强的政策性和技术性。政策性强，指的是保护消费者（用户）权益的法律法规越来越多，保护力度越来越大，厂商的生产经营活动必须遵守有关政策和法律的规定，切实履行自己的义务。另外，社会舆论对保护消费者（用户）权益的影响也越来越大，厂商也必须顾及自己的社会形象。为了适应这种形势需要，国际上各大汽车公司都建立了自己的车辆召回制度（有的国家还颁布了车辆召回法），对存在质量隐患的已售出车辆，实行无条件召回，进行零部件更换，消除质量隐患，并承担全部的经济损失。近年来，在我国销售的一些进口品牌汽车屡屡被迫召回，闹得沸沸扬扬，舆论反响强烈。我国目前已颁布车辆召回法律或法规。

技术性强，指的是汽车产品有其特殊性，由于其结构复杂，零部件数量极多，生产配套厂家多，用户的使用条件千差万别，汽车故障千奇百怪。而汽车故障究竟是属于产品质量故障，还是用户使用不当故障，一般需要进行较为复杂的调查和鉴定（有时甚至鉴定不清），这些工作又不是简单依靠某个法律条文或某某机构就能够解决或鉴定的。通常情况下，汽车厂商负责产品质量故障的调查和鉴定，与用户进行赔偿协商。只在故障鉴定意见与用户意见出现严重分歧，双方不能达成共识时，才提请公安交通管理部门、技术监督部门、汽车专业机构（如研究院所、高校）或其他法定监督部门予以调查和鉴定，并最终协商解决。目前国内汽车厂商大都声明保留最终的技术仲裁权，并声称只对企业本身质量原因造成的直接损坏零件进行赔偿，不负担相关损失的赔偿，这些做法与国际惯例还有一定差距，其合法性和合理性都是值得商榷的（但在我国现实条件下还难以立即发生根本改变）。

质量保修工作的要点有三：一是“准确”，指准确地做出质量故障鉴定，既要维护企业的利益，又要维护用户的利益。“准确”是贯彻质量保修政策的前提，也是整个售后服务工作的基础；二是“快速”，指对用户的求救要迅速处理，快速服务，国际上各大汽车公司都保证24h之内，把质量保修零件送到用户手中，并向全世界公布其服务热线电话。“快速”要求售后服务必须克服工作量大、技术性强的障碍；三是“厚待”，指售后服务人员要善待用户，对用户的愤慨、怨恨、不满，应始终保持一种平和的心态，认真解决产品的质量故障。因为质量保修面对的是企业的产品质量缺陷，如果售后服务人员用负疚的心情面对用户的损失，既可以缓解用户的不满，又可以维护企业的形象。总之，质量保修工作是贯彻和体现厂商服务理念的关键环节，没有准确、快速和正确对待用户的意见，也就没有售后服务。

质量保修是售后服务工作的核心，是售后服务的意义所在，质量保修的好坏，对企业的形象和声誉有很大影响。质量保修的工作内容主要有两个，质量保修规范的制定和质量信息的分析处理。

1. *质量保修规范的制定*

制定质量保修规范，包括制定整车（零部件）的保修历程或保修时间，制定质量故障的受理、签订和赔偿程序，即质量保修流程。

表2－1简明给出了某汽车公司关于质量保修的规定（表中的特别补偿只针对动力部分）。目前国内外汽车厂商一般只针对质量保修范围内被损坏的汽车零件进行免费更换，不承担因为故障导致的相关损失的赔偿。

表2－1　某汽车厂商质量保修表

按汽车载重量	一般补偿	特别补偿
小型车：1～3t	不超过60 000km或3年	不超过100 000km或5年
中型车：4～8t	不超过20 000km或1年	不超过50 000km或1年
大型车：8～12t	不超过20 000km或1年	

有的公司还针对不同的零部件给予不同的保修规定，例如对发动机的保修规定就与底盘零件的保修规定不同。此外，有的零部件因属于配套件，供应商也有他们的质量保修规定。

质量保修规定的制定是汽车（零部件）厂商依据其生产质量控制水平、产品使用故障规律、有关法律法规或技术标准规定，并参照行业内同类产品的质量保修规定等因素，综合确定的。需要说明的是，汽车厂商在确定质量保修里程或时间时，应充分考虑用户的利益及市场竞争的需要，目前经常有汽车用户对一些厂商偏低的质量保修规定予以指责。

关于汽车产品质量保修的赔偿工作流程，一般如图2－5所示。

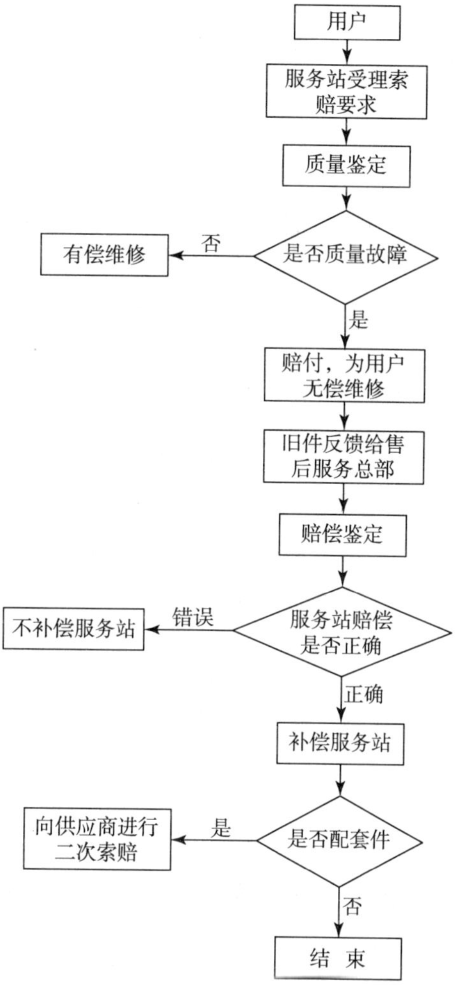

图2－5　汽车产品质量保修赔偿工作流程图

用户在质量保修期限内出现产品故障时，首先向当地或就近的厂商特约服务站（售后服务网点）提出质量故障鉴定或赔偿要求，服务站无条件地受理用户的请求，然后进行质量故障鉴定，确定故障责任和是否进行赔偿，并处理与用户的意见分歧。如果属于产品质量故障，则进行免费换件，也不收取工时费用（劳务费用），否则进行有偿的维修服务。服务站负责回收质量保修更换下来的旧件，填写有关质量保修表格材料，建立车辆质量保修档案，并将旧件和有关证明材料寄送给汽车厂商售后服务的理赔部门。理赔部门依据旧件和有关证明材料，对质量故障进行再鉴定，确定服务站的赔偿是否正确，对服务站的正确赔付，转入结算程序，将配件金额及工时劳务费用打入服务站的账户；对服务站的错误赔付，则不予结算，其损失由服务站自理。如果发生质量故障的零部件属于配套件（采购件），那么厂商的理赔部门再向供应商进行二次索赔，其程序与上述过程相似。

在上述流程中，厂商对服务站正确的质量保修（含厂商委托服务站进行的活动服务）所付出的工时、人力和配件成本必须进行补偿，整个补偿过程的操作、监督称为质量保修费用结算。下面以我国某汽车厂商的结算流程为例说明质量保修费用结算的一般过程，其流程图如图 2-6 所示。

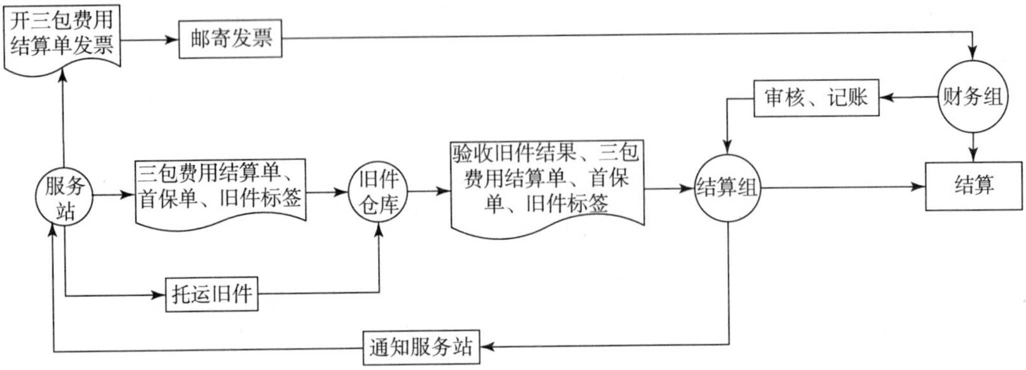

图 2-6　汽车产品质量保修费用结算流程图

质量保修费用结算过程，一般包括以下几个步骤：

1）服务商定期（通常每月一次）将质量保修结算单据，包括用户签字的费用结算单、首保单或二保单、旧件标签（用以记载更换旧件信息的小卡片），以及更换下来的旧件，一并寄回给厂商售后服务站的理赔部门。

2）厂商售后服务部的旧件验收人员，验收寄回的旧件是否正宗、故障原因是否属于质量保修范围，如正常则将单据及验收结果交给结算组，由结算人员予以结算；如发现旧件不属于本公司出品或旧件故障不属于质量保修范围，则该旧件工时费、零件费不予结算。

3）结算组根据标准工时及零件费用进行结算，并由财务人员审核结算结果。

4）审核无误后，由结算人员通知服务站开出发票（既是服务站的收据，又是厂商的支付凭证），财务人员收到发票后，将费用划拨到服务站的账户（账户上的余额通常用以支付服务站今后的备件采购）。

服务站的售后服务作业，除了质量保修外，还包括对用户的有偿服务和受厂商委托的活动服务。前者指为用户进行的质量保修范围以外的维修、保养等服务，这类服务要向用户收取相关的服务费用；后者指由于厂商或服务站本身通过开展宣传活动，给用户提供额外利益的免费服务（不属于质量保修的概念范畴）。

2. 质量信息的分析处理

质量保修为企业收集、分析和研究自己的产品质量状况，了解质量变化动态提供了最有说服力的素材。当今的汽车厂商都十分注重通过质量保修工作收集、整理其产品质量信息，并使用计算机手段对质量保修信息进行分析、加工和利用，以便掌握产品的质量动态。通常在汽车市场活跃（畅销）时，质量保修信息可以及时反映厂商的生产质量动态，而在汽车市场平淡（滞销）时，质量保修信息则反映的是数月前的生产质量情况。

汽车厂商要想获得高质量的信息，必须要有规范的信息载体和收集完整的信息内容。通常可以以质量赔偿鉴定单和重要质量信息反馈单作为信息载体。而信息内容一般应包括汽车车型号、底盘号、发动机号、生产日期、销售日期、用户使用性质（是否是专业的运输机构、是否带拖挂、是否自用等）、驾驶员的年龄与文化程度、发生故障时已行驶里程、当时的工作状况（载荷、车速等）、发生故障的地点及地形（道路）特征、故障发生的日期、故障总成及其生产序号、故障零部件的生产厂家、故障状态、故障编码、造成故障的原因（机加工、热处理、铸造、设计、装机等）、使用责任单位、质量故障赔偿金额及故障排除费用（含总成或零部件的价值金额、工时劳务费、辅料费、救急费、差旅费等）、服务站鉴定员对故障的判断分析和处理方法、用户对故障的意见等。这些信息要作为车辆质量保修档案进行管理，通常应保存数年的时间，并借助计算机进行管理。

在对信息内容规范的基础上，还需要对信息的收集、分析和处理等环节予以规范，设计合理的信息流程。图2-7给出了汽车产品质量信息的收集、分析和处理的一般流程。售后服务的质量保修部门在收到质量保修信息后，要及时输入计算机质量保修管理系统，建立车辆质量保修档案，对质量故障信息进行分类统计，形成初步的质量分析报告，并将这些信息及时反馈给生产厂商的有关质量责任部门和质量管理部门，并由他们具体研究和改进质量工作。

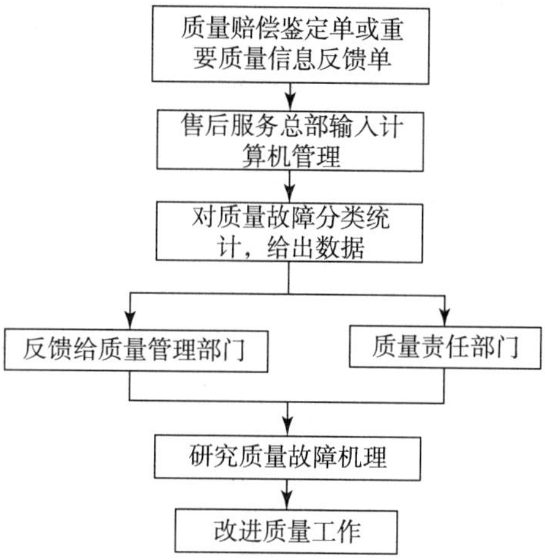

图2-7 产品质量信息处理流程图

通过计算机质量保修管理系统，可对质量信息进行分析处理，包括如下的常规统计分析：

1）汽车厂商历年单车平均赔偿金额（元/辆）。其计算方法是用厂商当年质量保修赔偿的总金额（元）除以厂商当年的汽车总销售量（辆）。需说明的是，这个指标是我国汽车行业过去的传统统计项目，现在有弱化的趋势。

2）汽车厂商历年100车赔偿率（%）。其计算方法是用厂商当年质量保修赔偿的总车辆数（辆）除以厂商当年的汽车总销售量（辆）。这个指标是国内外汽车厂商重要的统计项目，其控制目标通常在6%以内。

3）主要质量故障发生频次历年对比。每年在年中比较上半年发生的20种（次）频率最高的质量问题，年终一般比较60~80种当年发生频次最高的质量问题，分析当年的变化。对发生频次最高的几项质量问题还将列出历年“100车发生频率（频次）”，进行对比研究

（因每年产销量不同，尽管发生频次绝对值可能较高，但不一定表明100车发生的频率或频次也高）。

4）历年各个质量责任部门质量赔偿发生频次（次）和金额（元）。指按各个质量责任部门分别统计的质量赔偿的频次数（次）和赔偿的金额数（元）。

5）各大总成发生的质量赔偿频次占总频次比例（%）。指按汽车结构的各大总成分别统计的质量故障发生的赔偿频次数占总赔偿频次数的比例。

6）某一重要质量故障按生产月份发生的频次分布。指某种质量故障按生产月份发生的赔偿频次的分布。此项统计主要用于检查不同的生产月份，发生同类质量故障的情况，然后找出在该月引发质量故障的原因。

7）某一重要质量故障按生产序号发生的频次分布。指某种质量故障按生产序号发生的赔偿频次的分布。此项统计主要用于检查新产品生产初期的生产质量情况，监视某种质量故障是否由高到低，直至趋于稳定或消失。

8）某一重要质量故障按汽车行驶里程发生的频次分布。指某种质量故障按汽车行驶里程发生的赔偿频次的统计分布。该项统计反映了某一质量故障与行驶里程的变化关系，可以用于研究汽车的可靠性以及进行故障预测。

9）按故障原因发生的赔偿频次。指某种质量故障按汽车生产环节（故障导致原因）发生的赔偿频次。该项统计可以用于研究某一质量故障的产生机理（原因），找出质量控制的关键环节。

10）按产品使用地域统计的赔偿频次。指某种质量故障按产品使用地区发生的赔偿频次分布。该项统计可以用于研究某一质量故障与使用地区的分布变化，找出其与地域特点的关系，从而使得供应商可以针对地区特点投放不同的产品品种。

11）故障总频次与汽车行驶里程的分布。指某一行驶里程所发生的全部故障赔偿频次的总和。该项目统计反映了各个行驶里程所对应的全部故障频次总数，可以用于研究总体质量故障与里程的变化关系。

12）3 000km范围内故障频次与汽车行驶里程的关系。此项统计是对前一统计的细化，主要研究3 000km范围内的质量故障频次与行驶里程的变化关系。

2.2.3 配件供应

备件（配件），在我国被广泛地称作汽车配件。备件（配件）供应就是配件营销，它是售后服务工作的关键。备件（配件）供应具有两大职能：一是为维持本企业汽车正常运转提供“粮草”，是维持汽车处于良好技术状况的保障条件；二是汽车厂商以备件让利形式，通过支持其服务站开展备件（配件）经营，取得效益，以促进售后服务网络的运转和发展。需要做好的工作主要包括：需求的科学预测、现代仓储管理技术和IT技术、推进备件（配件）供应工作的现代化等。

1. 备件（配件）供应的经营机制

长期以来，美国、日本及欧盟等汽车工业发达国家，一直实行备件（配件）专营制度。据介绍，推行这一制度的理由除了保护售后服务网络的利益外，还有：①汽车零部件开发、生产技术、结构图纸等均属于汽车厂商的工业产权范畴，他们为了保护自己的知识产权，有权只向其供应商提供相关技术、并要求供应商不得随意扩散技术；②只有实行备件的专营专控，才能保证备件（配件）的数量、质量和价格。如按照售后服务的需要控制各种零部件的产量，敦促供应商严格把握备件质量，规范备件的市场流通渠道，维持备件的市场价格。

在备件专营制度下，汽车厂商一般不直接面向普通最终用户供应，也不向售后服务网站以外的汽车维修站和配件经营商供货，而是保障其售后服务网络的备件需要，促进服务站提高正宗备件的市场占有率和维修业务的市场占有率。

需要说明的是，以上备件（配件）专营制度在欧盟范围内已被打破，欧盟委员会已从2002年10月开始，废除汽车的特许经营制度，迫使制造商向独立维修店（不属于汽车厂商的售后服务体系）提供汽车配件和维修设备，保证独立维修点与制造商的售后服务网络体系之间展开正常竞争，允许汽车零部件厂家自有营销而不再依附于汽车主机企业等。当然，这些政策的实施效果如何，是否真正起到保护消费者利益的作用，它将对全球的汽车营销和服务贸易产生何种影响等问题，有待密切关注。但可以肯定的是，由于欧盟的市场经济比我国市场经济发育成熟得多，各种制度比较完善，国民素质和全社会商业道德水准较高，其汽车服务市场开放的情况不同于我国长期存在的汽车服务市场的混乱状况。

我国国情决定了广大用户的汽车保养和维修，可以不完全依靠汽车厂商的售后服务网络体系。一般规模较大的单位用户（集团用户）都有自己的专业汽车修理班组，全社会也存在大量的独立维修企业或维修店，他们独立地向全社会自由采购维修配件。但同时也存在假冒伪劣配件和非法生产配件充斥市场的现象，让人真假难辨，汽车用户的利益同样缺乏保障。预计这种局面还将维持较长时间，我国很难在所有的汽车产品上推行备件（配件）专营制度，只有通过汽车厂商的售后服务网络与社会独立维修机构之间充分竞争，让大家“比质量、比服务、比价格”，争取汽车用户，才能打破假冒伪劣配件和非法生产配件充斥市场的局面。

按配件的使用性质，通常可以把配件分成以下几类：

1）消耗品：指在汽车运行中会出现自然老化、失效和到期必须更换的零部件，如各种皮带、胶管、密封垫、电器零件（火花塞、传感器等）、各种滤芯、轮胎、蓄电池等。

2）易损件：指在汽车运行中因为自然磨损而失效的零部件，如轴瓦、活塞环、活塞、缸套、气阀、导管、主销、主销衬套、轮毂、制动液、各种油封、钢板销、套类零件等。

3）维修零件：指汽车运行一定的周期后必须更换的零部件，如各种轴、齿类、各种运动件的紧固件，以及在一定使用寿命中必须更换的零件，如一些安装紧固件、转向轴、半轴套管等。

4）基础件：指组成汽车的一些主要总成的基础性结构件。此类零部件的价值较高，原则上应当是全寿命的零件，但可能会因特殊使用条件而造成损坏，通常应予以修复，但也可以更换新件，如曲轴、缸体、缸盖、凸轮轴、车架、桥壳、变速器壳等。

5）肇事件：指通常因为交通肇事而损坏的零部件，如前梁（保险杠）、车身覆盖件、驾驶室、传动轴、水箱等。

配件供应的基本业务流程是：汽车厂商的服务站通过网络、电话及传真向汽车厂商售后服务的备件（配件）部门订购备件，备件部门收到需求信息后，马上查询所需备件的库存情况，如果数量充足，就立即办理备件交易手续并及时出库发货。如果某些配件库存不足，便立即向制造厂商或供应商发出采购订单。

2. 备件（配件）的仓储作业

备件（配件）仓储中心的主要任务是储存备件。备件（配件）仓储中心通常依据备件物流进行合理布局，并划分为若干区域，各区域的作业任务分别为：

1）接受检查区。这是备件（配件）仓储中心的第一个区域，在备件入库时将进行备件（配件）的检查，包括数量清查、配套协作件的质量抽检（通常按 10% 的比例抽样）或普检等。

2）仓储区。通常按不同车型、不同总成、不同用途或备件的周转速度分区存放，以优化备件物流。目前，备件仓储多采用立体化仓库，甚至自动化仓库，并实行计算机控制盒进行库存管理。备件进出库一般应遵循“先进先出”的原则，即进库时间早的备件，应当优先出库。

3）取货区。主要是仓库的通道，应保证通道通畅、干净。通常根据需要在这一区域合理布置一些自动小车（轨道或电脑导行），或者人力取货小车（铲车）等。

4）防锈包装区。防锈处理通常指对备件（配件）的加工表面进行的涂敷处理。而包装包括收货包装和发货包装，收货包装是对外协配套件更换原标记、更换材料的作业；发货包装是在收到发货指令后，根据发货数量进行的运输包装。包装是一项专业性较强的工作，既要满足保护备件不受损坏的要求，又要能够起到防伪、品种数量醒目的作用，还要做到艺术性强以便宣传企业文化。在备件专控条件下，汽车厂商发出的备件，无论其原产地是否为汽车厂商本身，一律视作汽车厂商的原厂出品，汽车厂商向用户承担产品质量责任，因而对配套采购件、协作件，必须要拆除供应商的原包装，进行统一的再包装。

5）发货区。应有一定的装卸作业场地，发货方式通常有铁路运输、公路运输、水上运输等方式。目前备件的集装箱运输形式日益被广泛使用。发货区的发货台、搬运设备等设施，必须与运输方式相适应，要有利于备件货物的装运，尽量减少中转和节约装运劳动。

以上是仓储中心的基本作业。目前，一些较大型的汽车厂商因其产品市场范围较广，为了保证各地的服务站及时得到备件，通常在本部以外的适当区域设有备件仓库。分库的各种业务受总库管理，其在入库及库内作业与总库是一样的。

现在还有一种现象，即有的厂商自己不设备件（配件）仓库，将仓储任务完全交给供应商，汽车厂商需要备件时，临时向供应商进货（供应商的仓库甚至设在汽车厂商工厂内）。

3. 备件（配件）营销的现代化管理

备件（配件）营销现代化管理涉及较多内容，这里只简要强调两个方面。

一是做好备件需求的科学预测，合理储存各种备件的数量，包括车型停产后社会在用车辆继续需要的备件的储存。

充足的备件（配件）供应能给用户以安全感和亲切感，对开拓和巩固市场无疑起到促进作用。但备件（配件）的储存数量也不是越大越好，储存过多会导致备件功能失效，而且会增加企业的流动资金占用，增加存储费用，不利于节约营销成本。因而企业应当保持合理的经济储备，做到既满足社会对备件的需要，又节约仓库费用。要达到这一目标就不能离开备件的科学预测，为此企业要积累各地区在用汽车的车辆数、地区使用特点、汽车行驶平均里程、各种备件的历史消耗等资料，采用科学的预测方法，认真测算各种备件的合理存储规模。做好这些工作越来越容易，因为现代计算机技术和数据库技术的应用日益深入和普及，很容易记录各种备件的历史数据，并对其进行统计分析。

为了做好备件需求的科学预测，建立一定的数学模型，进行定量预测是必要的。目前，定量预测的数学方法很多，可以找到预测效果较好的模型。通常，厂商可以依据某种车型的某种零件100车的年消耗量，根据其车型的社会保有量和平均车况，采用趋势外推法进行简单的数学预算；也可以按备件部门历年的某种备件的实际供应量，采取移动平均法进行预算，这些简单的数学方法一般可以满足备件预测的要求。这些预测数据，既是汽车厂商备件年度供应计划的依据，又是售后服务网络开展备件经营的依据。

二是要引入计算机技术、数据库技术、信息识别技术、通信技术及互联网技术等现代信息技术手段，实现仓储业务作业和管理的现代化。

抓好备件的经营管理及分析研究相应的营销策略，理顺从备件计划、订货、采购、接受、入库、质检、仓储、定价、合同、发货、运送、交付等诸环节的关系，力求提高功率、降低成本、促进周转、方便用户、更好地服务于整车市场是汽车厂商在备件工作上的目标。但由于备件品种极其复杂，需求差异较大，信息处理量极大，不采用以上现代科技手段几乎难以完成任务。现代化汽车厂商营销已全部采用计算机管理，管理覆盖范围包括计划、合同、采购、进货、出库、发票、结算、市场分析、用户管理，总库与分库全部联网管理等。与此同时，现代化通信如程控电话、传真、网络传输等技术，信息识别如条形码技术、防伪技术等，都可以为做好备件经营服务。

备件（配件）营销的现代化管理还应包括备件（配件）订货方式的规范化。订货通常实行正常储存订货和紧急订货两种方式。正常储存订货方式，指按商定的供货价格供货（汽车厂商通常每年公布1～2次备件价格，按价格本规定的期限执行规定的价格），供货周期相对长一些（通常为2～3个月），适合正常的备件供应。紧急订货方式，指按商定的供货价格的2～3倍供货，供货周期通常为1～2天，适合紧急需求的备件供应。

关于备件的定价，也有多种策略。一种策略是执行统一的备件价格，其好处是定价简单，便于公开，但其缺点是不利于激励规模大的服务站经营备件的积极性。另一种策略是执行有差别的备件价格，汽车厂商对不同地区、不同车型、不同特征的代理商，给予不同的折扣率（属于商业机密），但一般都是按备件营业额的多少，执行不同的折扣百分点，或者是针对合同基数以上的销售额加大折扣率（基数内执行统一价格），这种定价方法的优缺点与统一定价正好相反。总之，备件定价要有利于保护售后服务网点取得效益，有利于打击伪劣假冒备件，保护自己的工业产权或知识产权，要有利于给用户以实惠。

2.2.4　售后服务网络的建立与管理

售后服务网络是执行售后服务的平台，这个网络所包括的网点是完成售后服务工作的基本单元，其形式除了“四位一体”的经销商（服务网点）外，还包括各种特约服务站。本节主要讨论售后服务网络（网点）的规划与布局、建设与管理。

1. 售后服务网络（网点）的规划与布局

售后服务网络（网点）是伴随汽车厂商生产经营的发展而不断发展的。其建设与发展首先就是要合理确立整个服务网络的网点规模（数量）和布局。

（1）售后服务网络（网点）规模的确定

售后服务网络的规模，主要是指网点的数目，即平均服务能力下的网点数量。这个规模应与全社会对本企业售后服务的需要相适应。售后服务网络（网点）规模的大小，取决于以下因素：

1）本企业产品的社会保有量（Q）；

2）每车每年平均所需的服务次数（F）及每次服务的平均工时（H）。其中服务工时主要取决于服务设备的生产率；

3）本企业售后服务网络（网点）对本企业产品的服务占有率（r），即对本企业产品而言，售后服务网络每年完成的服务频次数与服务总额次数之比；

4）服务站的平均设计服务能力（P），它取决于服务站的设计工位数及工作时间；

5）服务站的平均服务能力利用系数（ε）。

那么，全售后服务网络的规模（服务站数目M）可由公式（2－1）确定

$$M = \frac{Q \cdot F \cdot H \cdot r}{P \cdot \varepsilon} \tag{2-1}$$

汽车厂商要依据以上因素对自己的服务站进行测算，大体确定自己的服务规模，并通过市场调查或用户调查，了解其服务网点的数量是否能够充分满足用户对售后服务的需要。规模过小，产品就不能得到良好的售后服务，就会增加用户等待服务的时间，降低用户对售后服务的满意水平；反之，规模过大，出现服务站的业务不足的情况，导致服务站的效益下降。

（2）售后服务网络网点的布局

售后服务网络网点的布局指汽车厂商根据全社会对本企业售后服务需求的地理分布及企业今后开拓市场需要，对服务站进行地理布置和确定组建顺序的工作过程。布局必须坚持以下原则：

1）统一规划、分别建设相统一的原则。首先，汽车厂商必须根据自己市场营销的战略需要，对全售后服务网络做出总体上的战略安排，对未来一定时期内全售后服务网络的规模、功能进行统一规划。其次，由于建立健全、完善的服务网络需要投入必要的人力、财力和时间，建网工作不能一蹴而就。这时，企业就必须对需要建网的地区、网点排出顺序，分别建设。

2）现实需要与市场开拓相统一的原则。售后服务网络既要充分满足现有用户的需要，又要充分满足潜在用户的需要。尤其是汽车厂商准备开拓一个新的目标市场时，售后服务必须首先到位，以解除用户的后顾之忧。此时，要考虑在新的市场地区建立必要的服务网点，但不可一时建得太多。

3）服务能力与服务地域相统一的原则。服务站的服务能力必须与其服务地域的范围相统一。

各服务站的服务地域不可过大，范围过大可能会导致：

①给用户造成不便，要么延长了服务时间，要么减少了服务站的服务市场占有率；

②服务站的服务压力过大，同样会诱发以上后果；

③增加服务站上门服务的费用和服务成本，削减服务站的经济效益。

相反，服务地域范围也不可过小，范围过小又会导致：

①服务站服务能力闲置，削减服务收入和经济效益；

②服务站服务规模偏小，不能获得服务规模效益；

③所需服务站数目增多，增加了服务网点建设的压力。

因此，汽车厂商必须对服务站的合理密度、服务地域范围、服务站规模做出合理设计。

汽车厂商要根据其市场营销的需要，做好售后服务网点的规划与布局，确定服务网点的规模（服务能力）、数量及其比例关系。对于传统目标市场，由于本企业的汽车保有数量较多，因而服务网点的数量要多一些，且要考虑不同规模网点的搭配，以便各司其职，相互协作，相互补充，而不是相互恶意竞争。随着汽车维修理念向着“立等修理”“快修”“零修”“换件修理”“总成更换”等修理方式转变，售后服务网点的平均规模趋于缩小，网点数目趋于增加，要求售后服务网点尽量贴近市场、贴近用户。对于企业拟开拓的新型目标市场，服务网点的建设必须先于产品的实际投放，以便支持市场开拓。但由于服务的业务可能不大，因而网点的规模不宜太大，数量也不宜过多。

2. 售后服务网络（网点）的建设

汽车厂商对其售后服务网络（网点）体系进行规划之后，就要具体发展网点成员（特约维修站），并对网点实施规范管理。售后服务网络（网点）的建设与管理，指汽车厂商根据其营销战略和具体服务需要，对售后服务网点的进行选建、考评、撤并和优化的过程。

（1）建点依据

欧洲各汽车厂商往往在自己国家就布置4 000 ~6 000个服务站，服务站的数目多于经销点的数目。而我国由于种种原因，发展尚不规范，情况正好相反，在一个新的目标市场往往是先有经销商后有服务站，总体来说服务站的数目少于经销商的数目。

服务站选点主要考虑的是目标市场保有量、辐射周边城市的能力，同时对发展中的目标市场和主要竞争对手的重点市场加以倾斜。

（2）建站条件

服务站必须具备以下的资质条件：

1）具备一定的组织机构条件，一般要求财务独立、维修场地独立、组织机构独立。

2）硬件条件，要求具有足够的场地和专业的维修设备，表2 -2是汽车厂商对其服务站的设备要求清单。

表2 -2　某汽车厂商对其服务站的设备要求清单

设备类别	包括的设备
通用设备类	车床、砂轮机、座式台钻、气（电）焊、起吊设备（单臂吊、卧式千斤顶等）、技术服务车
专用设备类	镗缸机、气阀研磨机、研磨机、制动鼓镗机、制动摩擦片光磨机、车架车身整形设备★、车轮拆装机★、车身维修用电焊机★、调（喷、烤）漆设备★、清洗槽★、压床半轴套管拆装机、U形螺栓拆装机、车轮螺旋栓拆装机、双立柱举升器★、车身维修用电焊机★
检测设备类	曲轴动平衡机、传动轴动平衡机、万能电器试验台、前轮定位仪、弹簧压力检测仪、探伤仪、废气分析仪、灯光检测仪、高压油泵试验台、喷油嘴试验器、硬度计、车轮动平衡仪、柴油机烟度仪、发动机检测仪
台架类	发动机冷、热磨试验台、制动摩擦片钻铆作业台、发动机装配作业台、减速器拆装台、小车减速器检修台、变速器吊架、变速器检修台、发动机吊架、离合器作业台、油泵（水泵、气泵）试验台、传动轴作业台
电教、通信设备类	程控电话、复印机、电视机、打字机、录像机、传真机、照相机、投影仪、计算机、标准屏幕
注：有★为轿车专用设备	

3）服务人员条件，特别是维修技术人员（技工、技师）、质量故障鉴定人员及必要的经营管理人员等数量和资质必须符合汽车厂商的要求。

（3）建站程序

服务商要进入汽车厂商的售后服务体系，通常要遵照以下程序：

1）申请。社会独立维修店（维修企业）向汽车厂商的地区管理机构提交建站申请书，并接受汽车厂商的大区管理/办事处（汽车厂商在其市场地区设立的销售服务管理分支机构）对其硬件设施进行考察。同时，服务站还需申报一些相关材料，如公司结构、经营规模、股本比例、经营项目、经营历史和业绩、公司内外照片等。

2）初审。汽车厂商的网点管理部门根据服务站申报的材料和其分支机构（大区管理/办事处）的考察报告，结合服务网络规划方案，审查其是否符合自己的售后服务网络体系布局发展规划，将符合条件（资质条件满足且所在区域内没有足够的授权服务网点）的服务站定级，并要求服务站在规定时间建设服务站。

3）建设。通过初审的服务站应根据汽车厂商的统一标准委托当地设计院进行设计，经厂商的网点管理部门认可后，进行服务场所建筑主体的建设，包括：

①工程规划：服务站的规模与功能、场地规划、业务大厅、修理车间、配件仓库、照明等；

②标记与标识：标识、灯箱、标记牌、色谱、宣传画等。工程规划竣工后，再进行组织与人员的建设和工具与设备建设。轿车厂商一般还要求有计算机管理系统的规划建设。

4）审批和签约。建设完毕后，汽车厂商的服务管理总部将再次按照事先确立的验收规范，对服务站进行全面考察、考评和验收，通过后报经售后服务主管领导审批。审批后，由厂商的网点管理部门或大区管理/办事处与验收合格的服务站签订合同书。正式签订合同后，该服务站就成为汽车厂商服务网络的一员（特约服务站），享受相应的权利，履行相应义务。以上程序如图 2－8 所示。

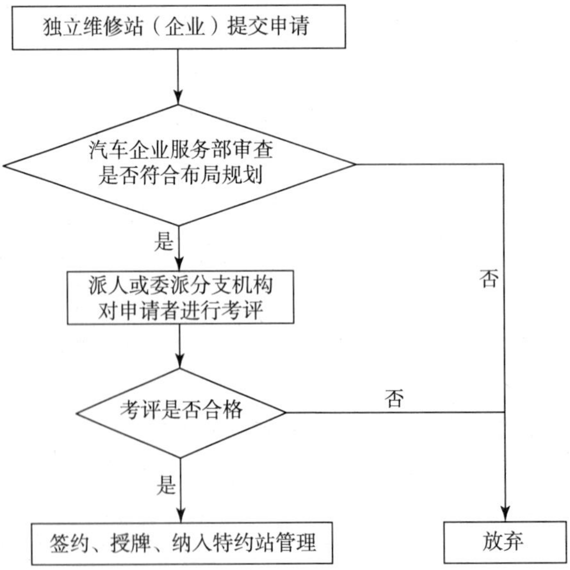

图 2－8　汽车厂商特约维修站的建设程序

汽车厂商在建立新网点时，应严格按照申请、调查、评论、审批的程序建设，避免人为因素干扰，保证网点的成功建设，从而形成售后服务建站管理的科学规范。

（4）网点管理

汽车厂商不仅要注重服务网络的建设，也要注重对整个服务网点的管理，包括对网点进行业务培训、日常管理、定期考核与优化调整等，实施网点的动态管理。

1）培训。由于服务站存在的复杂性和功能的复杂性，培训内容应该较宽，可以是产品技术的，或是某一专业技术的，或是经营方面的，也可以是服务站专业人员方面的（质量保修鉴定、财务、备件或配件经营等）。

2）日常管理。汽车厂商的地区机构负责协助服务站搞好售后服务工作，监督服务站做好以下方面的工作：

①以标准价格保养、维修汽车；

②热情周到的为用户服务；

③按时按量完成各种报表、信息收集与传达；

④积极配合汽车厂商的服务宣传、促销活动；

⑤保证服务站经营的配件都是由厂商提供或认可的。

3）考核。各厂商对服务站的考核项目不尽相同，基本的考核项目主要有以下几点：

①服务站组织结构：主要考核服务站是否有独立的财务、人员编制和作业场地，人员配置是否达到厂商要求。

②人员培训和服务站形象建设：主要考核服务站的培训工作是否符合要求，服务站是否有统一的企业形象、标识、灯箱、宣传画等。

③服务站工作环境：主要考核服务站整体布局是否符合厂商要求，出入口设计是否合理，维修车间、工具设备是否标准等。

④优质服务：主要考核服务站是否按照业务流程规定的要求服务用户。这一项目通常采用实地观察或秘密考察的方式完成。

⑤服务站内部管理：主要考核服务站着装、文具、文档是否符合标准，从业人员是否接受了符合厂商要求的培训和是否有专业资质证明（证书）等。

⑥信息反馈与广告宣传：主要考核服务站对质量信息、当地市场信息等信息的反馈是否及时、准确，各类报表完成质量如何，服务站的广告、宣传工作是否符合要求，对统一安排的宣传、优惠活动配合度如何，等等。

⑦配件管理和索赔工作：主要考核服务站配件经营管理水平，服务站索赔工作是否符合规定，数据传递、索赔质量以及旧件的回收保管工作等。

⑧档案资料：主要考核服务站是否齐全，是否准时上报给厂商。

⑨用户调查和访问：主要考核服务站的服务态度、服务水平以及整个服务体系在用户心目中的形象等。这一项目通常采用市场调查法予以考核。

⑩环境保护：主要考核服务站的消防灭火设施、绿化、废气排放、废油、废液处理等是否符合要求。

汽车厂商对其服务网点通常实施年度管理，即对全部售后服务网络成员进行年度审查，将年审的结果或等次作为对网点成员进行奖惩、升降级、撤并的依据，以保证全售后服务网络体系的不断优化。

2.2.5 汽车厂商售后服务的管理

1. 售后服务的物流管理

售后服务的物流涉及备件物流和质量保修更换下来的旧件物流。备件物流的流向是从汽车厂商的备件仓库或地区分库，向特约服务站流动；而旧件物流的流向是从特约服务站，向汽车厂商进而向零部件供应商（限协作件或配套件）流动。

关于备件（配件）的物流管理，前面已经对备件的需求预测、计划、经营、订货、储运及包装等内容，进行了叙述，这里从略。下面只对旧件的物流管理进行叙述。

汽车厂商一般都规定，质量保修更换下来的旧件必须全部保存，进行严格的编号、挂标签，以便能很方便地查找和与赔偿单核对。除非经过售后服务部总部定期巡视人员的同意，批准销毁和指定寄回部分重要样品外，特约维修站不得随意将旧件进行处理和遗弃。对属于协作、配套性质的旧件必须100%返回汽车厂商的售后服务总部，以保证这些样品能全部返还供应商进行“二次索赔”，并为他们改进产品质量提供样品。

汽车厂商之所以对旧件的保管做出以上规定，主要是因为旧件的缺陷部位客观地记录着零部件损坏的原因，是质量保修中故障责任鉴定的重要物证。汽车厂商作为质量赔偿的承担者，自然有权要求特约维修站保管好旧件，并进行必要的旧件样品审查。

当然旧件样品的搜集和陈列，还具有其他作用，如旧件样品可以充当质量保修专业人员技术培训的实物教材，同时它们也以实物的形式记录着企业产品改进、质量改进的发展历程。

对于重要部件、保安件的损坏件，典型损坏件，首发、偶发损坏件，必须及时寄回汽车厂商的售后服务总部，通常采用邮政、铁路托运或公路托运等较快速的运送方式。

2. 售后服务的信息管理

售后服务的各个工作环节都凝聚着大量的信息，这些信息是企业的宝贵资源。售后服务的信息管理，除了前述的质量保修信息管理、备件经营的信息管理外，还应包含更广泛的含义。例如，各种信息载体形成的规范问题、信息收集的固定机制问题、信息传递的畅通性问题、信息去伪存真的处理问题、信息价值的分析挖掘问题等，都需要科学管理，这里着重强调以下几个问题。

（1）信息处理分析

对搜集到的信息必须加以分析，信息才能被真正利用。一般采用定性分析、定量分析和定时分析相结合的方法来分析市场信息。定性分析多用来对市场的宏观环境、管理体制、市场组织、分销渠道等加以分析，定量分析多用来对成本、利润、购销数量、市场占有率等加以分析；定时分析则对同一时间内的市场情况及变化趋势进行分析，它通常和定性分析、定量分析相结合使用，分析某一特定时间内市场变化。

信息处理的步骤包括：

①筛选。通过不同渠道收集的信息有一个“去粗存细、去伪存真”的过程，企业需要根据信息的重要性和真实程度去掉不重要的信息。既可以根据需要按时间先后对信息弃旧取新，也可以按产品、售后服务、质量信息、市场信息等分类对比，决定取舍，还可以利用专业知识和经验对信息进行选择。

②分类。筛选过的信息需要确定为某一类别，如用户信息、配件信息、质量信息、经销商信息等，分类的方法根据企业实际情况而定，各企业分类方法各不相同。

③分析处理。即对信息进行人为加工，以进一步找出信息间的联系和事物的发展趋势。

（2）质量保修费用结算与监控

这个系统为企业售后服务费用管理服务，它可以实现售后服务费用本地或异地自动结算，并建立质量保修费用分析系统，对费用构成（零件费、工时费、走保费所占比例）、年平均维修频次、年平均维修费用、平均每次维修费用、重大质量事故赔偿额进行分析，还可对相邻或路况特征相近的区域进行费用比较，以增加质量保修费用赔付的真实性。

（3）配件供应，仓库与推销管理

这个系统为配件日常业务服务，既可以实现自动制定月度配件采购计划、减少采购的盲目性、对仓库实现计算机管理、降低库存，又可以提高对客户的满足率、缩短结算时间、减少客户购买配件时间，从而改善和加强售后服务工作。

（4）车辆用户信息管理

车辆用户信息管理系统，应当包括车辆用户档案系统、车辆用户服务跟踪系统、车辆用户分析研究系统等。档案系统是基础，为其他系统提供原始翔实的数据；服务跟踪系统记录着在用车辆及用户的服务信息，是企业推行“主动服务”不可或缺的助手；分析研究系统可以帮助企业研究自己的客户群体，客户使用产品和购买产品的特点，客户将产生新的需求的时间等，它是企业充分挖掘客户价值，不断发现新商机的秘密武器。

3. 售后服务的风险管理

汽车厂商售后服务的风险主要来自以下两个领域：一是备件储存不够科学合理，导致备件缺货不能满足服务需求，降低服务质量；导致备件储备过多，长期积压，占用企业的流动资金，增加售后服务成本。二是质量赔偿过程中，不能对售后服务商（特约维修站）进行有效监控，不能杜绝服务商的欺诈行为。

质量赔偿风险主要有以下四种表现：

①对于可以互换的零部件，服务商在报告质量故障部位时，将那些维修工时少的零部件报告为维修工时多的零部件，从而可以从汽车厂商那里结算更多的服务工时费用；

②尽管汽车厂商对所有的质量赔偿要进行鉴定，但是有的质量故障是不容易进行鉴定的，服务商将一些非质量保修范围的故障（如因用户使用原因导致的故障）描述为故障质量保修范围内的故障，例如汽车电路的线束烧结，就非常不容易鉴定具故障原因；

③对于刚过质量保修期（里程）不久发生的质量故障，服务商将其列入质量保修期（里程）内的质量故障，汽车厂商很难鉴定故障是否发生在质量保修期内；

④服务商串通少数用户，将已过质量保修期车辆的故障报告为质量保修期内车辆的质量故障，即张冠李戴，将此车的故障报告为彼车的质量故障。

以上所列的第二、三种情形，服务商还常常双重获益，一方面依照汽车厂商关于质量保修的有关规定说服用户，向用户收取备件费用和服务工时费用；另一方面又向汽车厂商办理质量赔偿。

在不过多增加服务管理成本的前提下，汽车厂商要做到完全杜绝上述风险，通常是不现实的。但是，汽车厂商依然可以通过一些有效措施加强对服务商的监管，尽量减少上述风险造成的损失。这些措施包括：

①根据厂商内部产生质量的变化水平，研究判断各类质量故障赔偿动态是否与生产质量变动的趋势相矛盾，重点研究逆势变化的故障赔偿，例如内部产生质量在提高，而赔偿也在增加的情况；

②利用计算机和现代化信息处理手段，对各个服务商的各类质量赔偿进行对比研究，对高于平均赔偿水平的服务商要进行重点调查，要求其做出合理解释，重点查出那些某种质量赔偿（平均单车）明显高于统一地区其他服务商的服务商；

③利用计算机和现代化信息处理手段，对多个服务商的各类质量赔偿进行历史数据的对比研究，重点调查那些某种质量赔偿（平均单车）突然明显增加的服务商；

④建立稽查机制，汽车厂商可以从质量保修用户中抽取一些赔偿样本，进行用户抽样调查，调查质量保修的真实性和是否收取有关费用；

⑤建立严厉的欺诈处罚制度，对经查实的欺诈行为，给予服务商一定（或较高）的经济处罚，直接停止其特约服务商的资格。

4. 售后服务的活动管理

汽车厂商经常需要通过其售后服务网络开展各式各样的服务活动，例如为新产品批量投放市场进行保驾护航的活动；应对激烈竞争，争取竞争主动地位的服务让利活动（质量保修范围外的额外优惠活动）；支持社会公益事业，树立良好企业形象的活动；开展车辆召回活动（汽车厂商对其存在故障隐患的车辆召回至其服务商，进行免费更换零部件或进行维修的活动）等。汽车厂商通常要为这些活动承担费用，对服务网点给予一定的活动补偿经费（一般采取记入服务商质量保修账户的支付方式）。

要做好售后服务的活动管理，关键是要合理确定和明确活动的目的、选择开展活动的方式，策划活动的方案、概算和保障活动的费用、全面评估（预估算）活动的效果等，具体内容还涉及活动开始的时间和持续的时间、活动的组织领导、活动的应急预案、活动的宣传报道等。

2.2.6 企业形象的建设

售后服务除了以上工作内容外，还肩负着企业形象建设的重任。影响消费者形成对企业形象的主要因素有：产品的使用性能及厂商的售后服务质量、企业窗口部门的工作质量及其外观形象、企业的实力及企业的社会口碑等。显然汽车厂商售后服务网络（网点）是用户经常“打交道”的窗口，对汽车企业的形象建设负有重要的责任。

就售后服务网络而言，企业形象建设的主要手段有：售后服务企业外观形象的建设、公共关系、提高以质量保修为核心的全部售后服务内容的工作质量等。目前，国内外汽车服务企业的外观形象建设已经从悬挂汽车主机企业的厂旗、厂徽、厂标，发展到厂容、厂貌、色彩、员工着装的标准化和统一化，厂房厂区建设的规范化以及设备配置的标准化等。

上述汽车厂商的售后服务内容是有机联系的，特别是现代信息技术的发展使得计算机网络技术和信息处理与分析加工技术在售后服务领域得以广泛应用。综合来讲，以上各个内容之间的关系可以概括为“技术培训是先导，质量保修是核心，配件供应是关键，网店建设是平台，管理机制是保障，信息技术是手段，形象建设是文化”。

思考与习题

1. 简述售后服务的概念与作用。
2. 简述售后服务的模式和发展趋势。
3. 分析典型的汽车售后服务机构的设置与职能。
4. 简述汽车厂商售后服务的工作内容。
5. 简述技术培训的主要内容。
6. 简述质量保修的主要内容。
7. 简述汽车厂商配件供应的主要内容。
8. 简述售后服务网络网点的布局原则。
9. 简述售后服务网络的建设依据及条件。
10. 简述售后服务网络的建设程序。
11. 简述售后服务网络的管理内容。

第3章　汽车营销服务

【本章知识点】

本章主要讲述了汽车市场营销的相关内容。主要包括汽车市场营销环境、我国汽车市场特点、影响用户购买行为的因素、市场营销调研、市场营销预测以及一些市场营销的基本策略。同时还介绍了汽车4S店的基本销售流程并分析了我国汽车电子商务的现状、优势和发展趋势。

3.1　概　述

3.1.1　汽车营销的含义及内容

汽车市场营销是汽车企业为了更好地满足市场需求，达到汽车企业营业目标而进行的一系列活动。在汽车市场营销产生的很长一段时间内，很多人都认为汽车市场营销就是推销汽车。在我国，甚至在汽车市场营销十分发达的美国，仍有很多人持有这种看法。其实，汽车营销并不是推销，推销只是汽车营销的一个职能（并且常常不是最重要的职能）。汽车营销研究的内容是识别目前汽车市场未满足的需求和欲望，估量和确定需求量的大小，选择和决定汽车企业能最好地为之服务的目标市场，并且决定适当的汽车产品、劳务和计划（或方案），以便为汽车目标市场服务。也就是说，汽车市场营销的目的，就在于了解汽车消费者的需求，按照消费者的需求来设计和生产适销对路的汽车产品，同时选择销售渠道，做好定价及促销等工作，从而使汽车产品可以轻而易举地销售出去。因此，汽车市场营销作为汽车企业的一项经营管理活动，包含如下几个基本任务：

1. 发现和了解顾客需求

现代市场营销观念强调市场营销要以顾客为中心，汽车企业也只有通过不断地满足顾客的需求，才能实现企业的最终目标。因此，发现和了解消费者的需求是市场营销的首要任务。

2. 指导企业制定战略决策

企业的战略决策正确与否是企业成败的关键，企业要谋求生存和发展，必须制定成功的经营决策。企业应该通过市场营销活动，分析外部环境的动向，了解消费者的需求和欲望，了解竞争者的现状和发展趋势，并结合自身的资源条件，指导企业在产品、价格、分销、促销和服务等方面做出相应的科学的决策。

3. 开拓市场

开拓市场就是通过对消费者现在需求和潜在需求的调查、了解和分析，充分把握和捕捉市场机会，积极开发产品，建立更多的分销渠道以及采用更多的促销形式开拓市场，增加销售。

4. 满足顾客需求

满足顾客需求与欲望是企业市场营销的出发点和中心，也是市场营销的基本任务。企业通过市场营销活动，合理地组织企业的人力、物力和财力资源，为顾客提供适销对路的产品，搞好产品售后的各种服务，让顾客获得最大的满意。

3.1.2 汽车营销环境分析

汽车市场营销环境是汽车企业生存要予以适应和利用的重要因素，目前我国汽车市场正处于高速发展的时期，竞争日益激烈，各汽车企业在发展中机遇与挑战并存。如何做到结合自身实际扬长避短，抓住市场机遇，规避风险，是各汽车企业都必须面临的问题。因此，对汽车市场营销环境的研究具有极其重要的意义。

1. 汽车市场营销环境的概念

所谓的市场营销环境是指那些对企业的营销活动产生重要影响的全部因素。企业作为社会的经济细胞，其营销活动不可避免地要受到企业内、外部因素的影响。这些因素构成市场营销活动的前提。在汽车营销过程中，一方面汽车生产厂家是社会经济活动的基本单位，具有相对的独立性，但它同时又是整个社会生活的有机组成部分，在生产、销售、原料、能源、资金、劳力、信息、技术等许多方面与广阔的社会之间存在着千丝万缕的联系。就我国而言，随着经济和政治体制的深入发展，这种联系还会日益广泛和密切。可以说，现代企业已经是一个高度开放的社会技术系统，每时每刻都处在与环境的相互作用之中。

影响汽车营销的环境可以划分为宏观环境和微观环境两种类型。微观环境是指企业的内部因素和企业外部的活动者等因素。外部活动者主要包括供应者、营销中介组织、竞争者、顾客及有关公众等。宏观环境是指那些对企业营销活动产生重要影响而又不为企业的营销职能所控制的全部因素，一般包括人口环境、自然和地理环境、经济环境、科技环境、政策与法律环境以及社会文化环境六大类。一般地说，企业对各种微观环境因素可以施加不同的影响；对各种宏观环境因素，企业只能适应，却不能改变，它对企业的营销活动具有强制性、不确定性和不可控性等特点。

环境对企业的影响可以是积极的，我们称之为“机遇”，即影响企业市场营销的有利因素；也可能是消极的，我们称之为“风险”，即影响企业市场营销的不利因素。无论是机遇或者风险，都是不以企业意志为转移的客观存在。但是，这并不意味着企业在宏观环境面前是无能为力的。只要我们掌握了这些因素发挥作用的规律，因时制宜、因地制宜，制定出相应的营销对策，不但可以使企业抓住机遇，乘风而上，产生梦笔生花的营销效果，而且可以使企业迎接挑战，化险为夷，产生绝处逢生的理想结果。

2. 汽车市场营销宏观环境

企业及其所处的微观环境，都受宏观环境控制。这些宏观力量及其发展变化给企业的市场营销提供了机会，同时也会对企业造成威胁。

（1）人口环境

人口环境是指一个国家和地区（企业目标市场）的人口数量、人口质量、家庭结构、人口年龄分布及地域分布等因素的现状及其变化趋势。

人口环境对企业的市场需求规模、产品的品种结构、档次以及用户购买行为等市场特征具有决定性影响。例如：如果人口老龄化现象严重，由于老年人购买汽车更加注重汽车的安全性、操纵方便性和舒适性，因而供老年人使用的汽车就应在安全、方便、舒适等方面满足老年人的需要，而不必过于强调汽车的最高车速和设计上的标新立异。同时，老龄化现象严重也决定了适合老年人消费的汽车的市场规模也较大。

（2）自然环境与汽车使用环境

1）自然环境。自然环境是指影响社会生产的自然因素，主要包括自然资源和生态环境。自然环境对汽车企业市场营销的影响是：由于汽车生产和使用需要消耗大量的自然资源，汽车工业越发达，汽车普及程度越高，汽车生产消耗的自然资源也就越多；而自然资源总的变化趋势是日益短缺，因而自然资源的减少将成为汽车企业的市场营销活动的一个长期约束条件；再者，生态与人类生存环境总的变化趋势也是日趋恶化，环境保护将日趋严格，而汽车的大量使用又会明显地产生环境污染，因而环境保护对汽车的性能要求将日趋严厉，这对企业的产品开发等市场营销活动将产生重要影响。

2）汽车使用环境。汽车使用环境是指影响汽车使用的各种客观因素，一般包括自然气候、地理因素、车用燃油、公路交通和城市道路交通等因素。

自然气候对汽车使用时的冷却、润滑、启动、充气效率、制动等性能以及对汽车机件的正常工作和使用寿命产生直接影响。因而汽车企业在市场营销的过程中，应向目标市场推出适合当地气候特点的汽车，并做好销售技术服务，及时解除用户的使用困难，使用户科学地使用本企业的产品。

地理因素主要包括一个地区的地形地貌、山川河流等自然地理因素和交通运输结构等经济地理因素。经济地理的现状及其变化，决定了一个地区公路运输的作用和地位的现状及其变化，它对企业寻找目标市场以及目标市场的规模、需求特点产生影响；自然地理对经济地理，尤其对公路质量（如道路宽度、坡度、弯区、平坦度、表面质量、坚固度、隧涵及道路桥梁等）具有决定性影响，从而对汽车产品的具体性能有着不同的要求。因而汽车企业应向不同地区推出性能不同的汽车产品。

车用燃油对汽车企业营销活动的影响主要有以下几点：一是车用燃油受世界石油资源不断减少的影响，将对汽车企业市场营销及汽车工业发展起着显著的制约作用；二是车用燃油中汽油和柴油的供给比例影响到汽车工业的产品结构，进而影响到具体汽车企业的产品结构；三是车用燃油的品质高低对汽车企业的产品决策具有重要影响。由于燃油品质总的变化趋势是不断提高，因而汽车产品的燃料燃烧性能亦应不断提高。

公路交通是指一个国家或地区公路运输的作用，各等级公路的里程及比例、公路质量、公路交通量及紧张程度、公路网布局、主要附属设施如停车场、维修网、加油站及公路沿线附属设施等因素的现状及其变化。城市道路交通是汽车使用环境的又一重要因素。它包括城市的道路面积占城市面积的比例、城市交通体系及结构、道路质量、道路交通流量、道路立体交叉、车均道路密度以及车辆使用附属设施等因素的现状及其变化。公路环境和城市道路交通环境对汽车营销的影响也是不可忽视的因素。

（3）科技环境

科技环境指一个国家和地区整体科技水平的现状及其变化。当今世界各国竞争的实质和焦点在于科技竞争，科技竞争的目的是提高本国综合实力，经济实力的增长又为企业创造更多的营销机会。

汽车工业的科技进步，可以直接促进汽车生产和汽车产品本身的发展，从而增加了汽车企业的市场营销机会。大批量生产技术在汽车生产中的应用，大大地降低了汽车产品的成本，使得汽车市场的需求规模不断扩大。而今，世界各大汽车公司为了满足需求差异日益明显的市场需要，小批量、多品种生产汽车的现象日益明显，这些同样离不开组装自动化、柔性加工等现代生产技术的发展和应用。再从汽车产品看，汽车在科技进步作用下，已经经历了原始、初级和完善提高等几个发展阶段，汽车产品在性能、质量、外观设计等方面获得了长足的发展。

科技进步促进了汽车企业市场营销手段的现代化，引发了市场营销手段和营销方式的变革，极大地提高了汽车企业的市场营销能力。例如，企业市场营销信息系统、营销环境监测系统以及预警系统等技术的应用，提高了汽车企业把握市场变化的能力；现代设计技术、测试技术以及试验技术，加快了汽车新产品开发的步伐和提高了产品的性能、质量；现代通信技术、办公自动化技术，提高了企业市场营销的工作效率和效果等。

当今世界汽车市场的竞争日趋激烈，各大汽车公司十分注重高新技术的研究和应用，以赢得未来市场竞争的主动。相对世界汽车工业而言，我国汽车工业科技水平的落后状况尚很明显，科技进步的潜力十分巨大，我国汽车企业应不断地加强科技研究和加大科技投入，缩小同世界汽车工业先进水平的差距，以谋求更多的营销机会。

（4）经济环境

经济环境指社会购买力，包括消费者个人购买力和社会集团购买力的总和。经济环境的宽与松关系着汽车产品的市场需求的大与小，从而对汽车企业的市场营销造成最重要和最直接的影响。

个人购买力指全社会所有居民和家庭拥有的现实和潜在购买力的总和。其大小主要受消费者收入、消费者支出、消费者信贷、居民储蓄等因素的影响。一般来说，随着其收入的增加，消费者用于食物消费的支出比例会下降，而用于服装、交通、住房、保健、娱乐、教育及储蓄等方面的支出比例会增加。因而，汽车营销者应注重研究我国居民恩格尔系数的变化趋势，甚至各社会阶层、各地区居民的消费支出结构的变化，研究的越充分越有利于企业把握市场走势和营销机会。一般来说，随着我国公费医疗、劳动人事、住房和教育等制度改革的深入，我国居民在近期内将会增加对医疗保健、养老保险、子女教育、住房和电话等消费和相应储蓄的支出。但从长远看，包括购买家用轿车在内的个人交通消费支出必将增加，汽车营销者将面临越来越多的市场营销机会。事实上，近些年来我国私人购车及私人汽车保有量的比例正在迅速增加，私人购车甚至在部分汽车企业和部分汽车品种的销售量中占据主导地位，而家用轿车已部分地进入了高收入阶层和经济发达地区居民的家庭，家用轿车进入家庭已经开始成为一种普遍现象。

社会集团购买力指全社会的经济、社会组织或机构拥有的现实和潜在购买力的总和。从经济基础角度看，社会集团购买力的大小主要受国民经济形势，即国民经济运行速度、投资规模与结构、信贷规模与结构、财政支出及各组织的预算外收入等因素的影响。由于汽车产品的购买者既包括个人购买者，又包括社会集团购买者，因而社会集团购买力对汽车市场营销具有重要影响。对于经济尚不发达、汽车普及程度低的国家和地区而言，社会集团购买力的大小甚至是汽车市场需求规模的主要决定因素。

（5）政策与法律环境

政策环境指对汽车产品的营销活动产生明显影响的政府有关方针、政策的统称。从形式上来看，它包括中央政府和地方政府颁布的政府令、暂行条例、管理办法、实施意见等多种形式的行政法规；从性质上看，包括鼓励性政策和限制性政策；从政策与经济活动的关系看，包括经济政策和非经济政策，等等。政策由政府部门颁布并贯彻实施，要求所辖区内的有关组织或个人遵守，并对违反者给予行政处罚。营销者的营销活动应当符合政策规定，并注意其倾向性、稳定性和连续性。此外，营销者还应注意一个国家的政体、政局、社会矛盾及与邻国的关系等因素的现状及其变化。

法律指由国家及地方立法机关（我国为人民代表大会及其常务委员会）制定的更为科学的、更为稳定的“政策”。所有具有责任能力的公民和社会组织都必须在法律的约束下活动，违法者将受到相应的惩罚。法律的贯彻实施者主要是司法机关（我国为公、检、法机关）。市场营销法律环境指对企业市场营销产生重要影响的各项法律之总和。此外，产品的技术法规、技术标准以及商业惯例等，也是市场营销法律环境的重要组成部分。营销者必须认真研究本企业市场营销有关的法律、法规、标准和商业惯例等法律环境的内容、特点和影响，正确地展开营销活动。

（6）社会文化环境

社会文化环境指一个国家、地区或民族的传统文化（如风俗习惯、伦理道德观念和价值取向等）。它包括核心文化和亚文化。核心文化是人们持久不变的核心信仰和价值观。它具有世代相传，并由社会机构（如学校、教会、社团等组织）予以强化和不易改变等特点。亚文化是指按民族、经济、年龄、职业、性别、地理、受教育程度等因素划分的特定群体所具有的文化现象。它虽根植于核心文化，但比核心文化容易改变。

3. 汽车市场营销微观环境

（1）企业内部环境

企业内部环境指企业的类型、组织模式、组织机构及企业文化等因素。其中企业组织机构，即企业职能分配、部门设置及各部门之间的关系，是企业内部环境最重要的因素。企业内部环境的好坏对企业市场营销的工作效率和效果的高低有着十分重要的影响。因此，企业管理者应强化企业管理，为市场营销创造良好的营销内部环境。

（2）生产供应者

生产供应者指向企业提供生产经营所需资源（如设备、能源、原材料和配套件等）的组织或个人。生产供应者对企业的市场营销有实质性影响，直接关系着企业产品的质量、数量和成本。对汽车企业的市场营销而言，企业的零部件（配套协作件）供应者尤为重要。汽车企业不仅应选择和规划好自己的零部件供应者，而且还应从维护本企业市场营销的长远利益出发，配合国家有关部门对汽车零部件工业和相关工业的发展施加积极影响，促进其发展，以改变目前我国的汽车零部件工业和相关产业发展相对滞后的状况，满足本企业生产经营未来发展的配套要求。

（3）营销中介

营销中介是指协助汽车企业从事市场营销的组织或个人。它包括有关中间商、实体分配公司（如仓储、运输公司等）、营销服务机构（如广告、咨询、调研、经纪商、代理商和期货公司等）和财务中间机构（如银行、财务公司、售托和保险等组织）等。

营销中介对企业市场营销的影响很大，如关系到企业的市场覆盖面、营销效率、经营风险和资金融通等。因而企业应重视营销中介的作用，获得他们的帮助，以弥补企业市场营销能力的不足和不断地改善企业财务状况。

（4）顾客

顾客是企业产品销售的市场，是企业赖以生存和发展的“衣食父母”。企业市场营销的起点和终点都是满足顾客的需要。汽车企业必须充分研究各种汽车用户的需要及其变化。

（5）行业竞争

任何一个企业的市场营销活动都要受到其竞争者的挑战，这是市场营销的又一重要微观环境。现代市场营销理论认为，竞争者有各种不同的类型，企业应针对不同类型的竞争者分别采取不同的竞争策略。

（6）公众

公众是指对企业的营销活动有实际的潜在利害关系和影响力的一切团体和个人，一般包括融资机构、新闻媒介、政府机关、协会等团体组织以及一般群众。公众对企业市场营销的活动规范、对企业及其产品的信念等有实质性影响。现代市场营销理论要求企业采取有效措施与重要公众保持良好关系，树立良好企业形象。为此，企业应适时开展正确的公共关系活动。

3.2 汽车消费市场与购买行为分析

汽车产品不同于服装或者日用品，本身具有消费品和生产品双重特征，所以汽车市场主要可分为汽车消费市场和汽车业务市场。汽车购买行为不仅包括汽车消费者购买行为，也包括汽车业务市场购买行为，这两个市场的购买行为虽然存在一些相似之处，但也各有特点。汽车购买行为分析主要是研究个人、集团和组织如何选择、购买、使用汽车和获得相关服务，以满足汽车生产企业的需要。

3.2.1 汽车消费市场的主要特点

汽车消费市场是一个特殊的消费市场，与其他消费品市场相比有其自身的特点。

1. 市场容量极大

无论是从发达国家的发展历史来看，还是从我国近几年的国家政策及汽车销售数量的增长来看，我国的私人汽车消费市场在不断地壮大，而且将成为我国汽车消费的主体市场。

2. 汽车消费品属耐用的选购品

消费者在挑选和购买此类商品的过程中要特别比较其适用性、质量、价格和样式等特性。因此，消费者在购买汽车产品时，往往会跑多家商店去比较其品质、价格和样式。

3. 消费者市场差异性大

因为消费者市场范围广、人数多，个人的购买因年龄、收入、地理环境、气候条件、文化教育和心理状况等的不同而呈现很大的差异性。因此，汽车企业在组织生产和确定货源时，必须把整个市场进行细分，不能把消费者市场只看做一个包罗万象的统一大市场。

4. 消费者市场属非专业购买

大多数消费者购买汽车商品都缺乏汽车方面的专门知识，一般消费者很难判断各种汽车产品的质量优劣或质价是否相当，很容易受广告宣传或其他促销方法的影响。因此，企业必须十分注意广告及其他促销工作，并努力创建名牌，建立良好的信誉，这都有助于产品销路的扩大，有助于市场竞争地位的巩固；同时也要坚决反对利用消费者市场非专业购买这一特点欺骗顾客、坑害消费者的行为。

3.2.2 消费者购买行为

1. 汽车消费用户购买行为

汽车消费用户是指为了消费而购买和使用汽车商品的人。它包括个体消费用户和家庭消费用户两类，具体表现为个人消费，故也称作汽车消费者。从这个角度来讲，这里的汽车商品是最终消费品，它不用于再生产。随着经济的发展和人们生活水平的提高，人们开始追求更好的生活需求，汽车逐渐进入了普通人的家庭，早在2007年，我国私人购车用户比例已经达到了80%以上。因此，研究私人汽车市场的发展规律及购买特点，对汽车企业而言具有非常重要的意义。

（1）汽车消费者购买行为类型

汽车消费者购车受到很多因素的影响，这些因素主要有经济因素、政治因素、文化因素、社会因素、个人因素和心理因素等。但是根据我国汽车市场的基本情况，按消费者的购买动机和个性特点，汽车市场的消费者购买行为可以分为如下4类。

1）理智型。理智型购买是指经过冷静思考，而并非凭感情所采取的购买行动。它是从产品长期使用的角度出发，经过一系列深思熟虑之后才做出的购买决定。一般来说，购买者在做出这种购买决定前，他们通常要进行广泛的信息收集和比较，充分了解商品的相关知识，在不同的品牌之间进行充分的调查、慎重挑选、反复权衡比较，在最终做出决策后，还会进行购后评价，这属于典型的完整的购买过程。

对于一般家庭来说购车是一项比较大的消费支出，因此我国的私人汽车消费者的购买行为多属于这种理智型。对于这样的消费顾客，汽车企业营销者应该制定策略帮助消费者掌握汽车相关知识，借助多种渠道进行产品宣传，发动营销人员乃至顾客的相关群体对顾客施加影响，简化购买过程。

2）感情型。这是指出于感情上的理由，即感情动机而产生的购买行动，主要有自信型和冲动型购买者。自信型购买者也会先了解产品的相关信息，但是他们有很强的自信心，有明确的自我标准和理由，是某一品牌的忠实用户，其他企业的营销人员很难改变这种类型的消费者的原来的购买计划。冲动型是容易受到别人影响和诱导而迅速做出购买决策的人，消费者一般资金雄厚，容易受到外界环境的诱导，有时候会被商品的某一特征所吸引而缺乏慎重考虑，容易在购后怀疑自己决策的正确性。因此汽车企业应该针对这种用户提供较好的售后服务，树立他们对本公司产品的良好信念。当然，汽车在我国尚属于高价格的耐用品，这种购买行为不多见。

3）习惯型。这是指有的消费者，对某些商品往往只偏爱其中一种或数种品牌，购买商品时，多数习惯于选取自己熟知的品牌。因此作为企业，应针对这一类型的消费者，努力提高产品质量，加强广告推销宣传，创名牌、保名牌，在消费者心中树立良好的产品形象，使其成为消费者偏爱、习惯购买的对象。

4）经济型。经济型的购买模式看上去与理智型购买模型相类似，其实不完全相同。理智型的购买，虽然价格高低也是一种决定因素，却是经过质价等比较，看是否值得买。比如说，目前市场上奥迪 A6 和风神蓝鸟两款车，在性能上不相伯仲、各有所长，而在价格上奥迪 A6 稍贵，但奥迪 A6 的市场销售情况非常理想，有些人经过比较宁愿购买它而非风神蓝鸟。而经济型的购买行为，则特别重视价格，专选廉价的买。因此，企业应适应市场的需要，生产或经营一定的经济实惠品种，以满足这些人的需求。

（2）汽车消费者的购买决策过程

一般来说，私人汽车消费者购买决策过程分五个阶段：确认需要、收集信息、评估选择、购买行为和购后行为，如图 3－1 所示。这是一个复杂的过程，这一购买过程表明，购买过程不但在购买行为发生之前就已经开始，而且还要延续到购后行为才能结束。

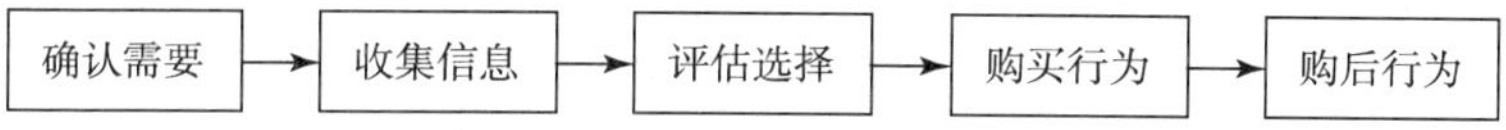

图 3－1　汽车消费者购买决策过程

消费者在发生购买行为时总是要首先确认自己需要什么，也就是购买的动机。任何购买行为都是由动机所支配的，而动机又由“需要”所引发，因此，“需要”是购买过程的起点。“需要”一般可以由内在的或外在的刺激引起，比如有的消费者由于接送子女上学交通不便而确实需要汽车，这就属于内在的刺激。如果这种“需要”是由于企业营销宣传活动引起的，那就属于外在刺激。可见，汽车销售人员应当进行详细的市场调查，了解人们的需要并根据人们的需要提供合适的汽车产品。

消费者的需要一旦被确认，同时，他又有满足这个需要的能力，接下来将进入信息收集这个阶段。通过信息的收集，他可以确定是否需要实行某种购买行动，以及购买什么样的品牌或品种。

消费者进行信息收集的过程中，一定会形成一种或者几种备选方案。评估选择就是对已经形成的备选方案加以细分和对比，从而做出评估选择。消费者在评估选择过程中所考虑的首要问题是产品性能，不同的消费者对产品的各种性能重视程度不同，或者评估标准不同。大多数消费者的评估选择过程是将实际产品同理想产品相比较。

做出购买决定和实现购买，是购买决策过程的中心环节。消费者对商品信息进行比较和评价后，已经形成购买意图，然而从购买意图到购买决定之间，还受到两个因素的影响。第一个因素是他人的态度，例如，某人已经决定购买某品牌的汽车，但是他的家人和亲友持反对意见，就会影响购买意图。反对态度越强烈，或者反对者与购买者的关系越亲密，修改购买意图的可能性就越大。第二个因素是意外情况，如失业、涨价等，则很可能会改变购买意图。

消费者购买之后的行为主要表现在购后的满意程度和购后的有关活动。消费者购买汽车后会投入使用，并且通过使用或与其他使用者交换意见，从而产生对这种产品的十分满意、基本满意和不满意的感觉。这种购后感受对企业的市场营销有着重要的意义。消费者购买和使用商品后，根据满意程度的不同会进行相关的活动。十分满意者会成为该品牌的志愿宣传员，其赞美之词会迅速在同一个生活圈子的人中扩散，并可能成为该品牌的忠实消费者。感到基本满意的消费者也会扩散对这种品牌的好感，但也在注意其他品牌的情况，一旦满意度下降就不再忠诚于该产品，如果满意程度上升就会成为十分满意的消费者。不满意的消费者往往会进行投诉，对汽车企业形成负面影响。

2. 汽车产业用户购买行为

产业用户也称再生产者，即购买和使用商品或服务是为了进一步生产其他商品或劳务的生产企业和其他社会单位。汽车产品的产业用户主要是指购买和使用汽车产品为企业生产和社会服务的社会经济组织和其他汽车新产品生产企业，如汽车改装厂、汽车运输公司、旅游公司、公交公司、建筑公司、个体运输户、中间商用户和政府用户等。

产业用户购买汽车的种类几乎涉及所有的汽车品种，其中以重型、中型车和轿车为主要品种，重型车、中型车的基本用户就是产业用户。因此，研究产业用户的购买行为对汽车生产企业和中间商有着非常重要的意义。

（1）汽车产品产业市场的特点

汽车产品产业市场与消费者市场有明显的差别。它有以下特点：

1）客户数量少，销量大。产业市场的购买者一般不是个人，而是购买汽车产品的企业，所以相对于个人消费者，数量较少，但是需求量往往相对较大。尤其是汽车运输公司、出租车公司等一些企业。

2）产业市场在地理上十分集中。在我国，产业用户往往主要集中在经济发达地区，各大中城市。产业市场地域的相对集中性，有助于降低销售成本。

3）产业市场的需求大多属于衍生需求。对产业市场汽车产品的需求最终是由消费者的需求衍生出来的。例如汽车运输企业购买汽车，往往是因为运输市场发展的需要。当购买者运输需求增加时，会导致汽车购买量的增加；反之汽车的购买量就会减少。

4）在短期内，汽车产品市场的需求缺乏弹性。因为这一市场的需求大多属于衍生需求，所以对汽车产品的需求不会因汽车产品的涨价而不购买，也不会因汽车的降价而大量购进汽车产品。尤其是在短期内这种需求的弹性就更小。

5）市场的波动性较大。这一市场受国家政策、市场需求的影响很大，而这些因素往往随时间有着较大的波动性。

6）供购双方关系密切。产业购买者人数较少，但数量相对较大，对供应商来说更具有权威性和重要性，所以在产业市场中供购双方关系比较密切，购买者总是希望供应商按照自己的要求提供产品，而供应方则更会想方设法去接近并搞好与购买方的关系。

7）购买人员专业化。把汽车作为工业品来购买，购买者往往会选择那些经过专业训练的采购人员去购买。他们对要购买的汽车在性能、质量、规格以及技术细节上的要求都较为明了，除此，他们在专业方法的运用、谈判技巧方面都较老练。这就要求产业市场营销者必须对他们的产品提供大量的技术资料和特殊服务。

（2）产业用户的购买行为过程

产业用户购买汽车产品，是为了维持其生产经营活动的正常进行，其购买过程一般可分为 8 个阶段，但是具体过程依不同的购买类型而定，直接重购和修正重购可能跳过某些阶段，新购则会完整地经历各个阶段，见表 3 – 1。

表 3 – 1　产业用户购买决策过程

购买阶段	购买类型		
	新购	修正重购	直接重购
认识需要	是	可能	否
确定需求	是	可能	否
说明需求	是	是	是
物色供应商	是	可能	否
征求供应建议书	是	可能	否
选择供应商	是	可能	否
签订合约	是	可能	否
绩效评价	是	是	是

认识需要，指产业用户认识自己的需要，明确所要解决的问题。认识需要是产业用户购买决策的起点，它可以由内在刺激或外在刺激引起。

确定需求和说明需求，指产生需求后，采购者就要拟出的一份需求要项说明书，说明所需汽车的特点，并根据生产经营规模的需要，决定需求数量。在这一阶段，采购人员可能要与其他人员，如工程师、使用者、技术顾问等一起来做出决定。他们将对汽车产品的可靠性、耐用程度、价格和其他应有的属性，据其重要性，加以先后排队。例如汽车运输公司要开辟一条新的运输线路，在购车前就必须先确定购买哪一种类汽车，该车应具有什么特点才能满足生产经营需要以及要使这条线路正常运转需要多少辆车。在这一阶段，机灵的营销者可站在购买者的角度协助采购员决定其需求，并提供有关不同产品特点所具价值的信息。

物色供应商，指采购人员根据产品技术说明书的要求寻找最佳供应商。如果是新购，需求品种复杂，产业用户为此花费的时间就会较长。调查表明，企业采购部门信息来源及重要性的排列顺序是：内部信息，如采购档案、其他部门信息和采购指南，推销员的电话访问和亲自访问；外部信息，如卖方的产品质量调查、其他公司的采购信息、新闻报道、广告、产品目录、电话簿、商品展览等。供应商应当进入“工商企业名录”和计算机信息系统，制订强有力的广告宣传计划，寻找潜在和现实的购买者。

征求供应建议书，指的是邀请合格的供应商提交供应建议书。对于复杂和花费大的项目，买方会要求每一潜在供应商提出详细的书面建议，经选择淘汰后，请余下的供应商提出正式供应建议书。卖方的营销人员必须擅长调查研究、写报告和提建议。这些建议应当是营销文件而不仅仅是技术文件，能够坚定买方的信心，使本公司在竞争中脱颖而出。

选择供应商，指产业用户对供应建议书加以分析评价，确定供应商。评价内容包括供应商的产品质量、性能、产量、技术、价格、信誉、服务和交货能力等。产业用户在做出决定前，还可能与较为中意的供应商谈判，以争取较低的价格和较好的供应条件。供应商的营销人员要制定应对策略以防止对方压价和提出过高要求。产业用户会同时保持几条供应渠道，以免受制于人，并促使卖方展开竞争。供应商要及时了解竞争者的动向，制定竞争策略。对于汽车产品来说，购买者在评估时更加注重供应商在业绩方面的标准。

签订合约，指产业用户在确定了供应商之后，通常情况下，都要与之签订供应合同。这是因为产业用户对购买汽车产品规格、供应时间、供应量等都有明确的要求，加之需求量大，涉及价值高，产业用户需要用合同的形式将双方的关系固定下来，以保证企业的生产经营需要和防止对企业利益造成损害的事件发生。

绩效评价，指产业用户对各个供应商的绩效加以评价，以决定维持、修正或中止供货关系。评价方法是询问使用者或按若干标准加权评估等。供应商必须关注该产品的采购者和使用者是否使用同一标准进行绩效评价，以保证评价的客观性和正确性。

3. 汽车政府用户购买行为

政府市场是指为执行政府的主要职能而采购或租用产品的各级政府机关。他们在市场上的活动是购买和租用产品，以实现政府的主要职能。一个国家的政府机关庞大而复杂，我国更是如此。各国政府通过税收、财政预算，掌握了大量的财政收入。这些收入往往要通过预算支出，用来购买政府机关运转及实现其职能所需的各种产品和劳务，或者用于建设为国民服务的各种设施，这样就形成了很大的市场。政府机关采购的产品包罗万象，它也和生产者市场、中间商市场一样，是一个庞大而复杂的市场。

（1）政府用户的汽车市场

政府用户市场的购买者是指中央政府和地方各级政府的采购者。在这些政府用户中，军队所采购的汽车数量最为集中，也最多；中央人民政府由于组成部门众多，职能复杂，也有较大的需求量；而乡级人民政府由于管理事务范围有限、组成人员较少，加之目前我国实行的财政包干，使乡级人民政府经济承受能力有限，因此它对汽车的购买量在政府用户中最少。所以营销工作要注意研究政府用户市场中各种机构的采购模式和需求特点，做到有针对性的营销。政府用户为了履行其职能，购买汽车的品种很多，但主要可分为 4 类：轿车、轻型车、专用车和军用汽车。

（2）政府用户购买行为过程

政府用户购买行为的实施过程与产业用户的行为过程基本相同，但也有区别之处，具体如图 3 - 2 所示。

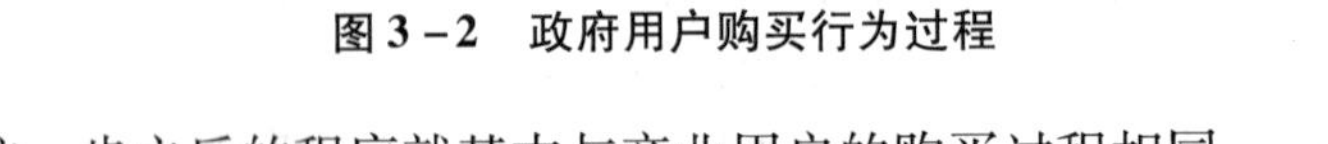

图 3 - 2　政府用户购买行为过程

在“购买”这一步之后的程序就基本与产业用户的购买过程相同。

（3）政府用户购买汽车的方式

1）公开招标采购。政府在报刊上刊登广告或发出信函，写出具体要采购产品的品种、规格、数量等，要求卖方在规定期限内报出价格或其他服务项目进行投标。如果某企业有条件并有意向投标，就在规定期限内填好标书。标书中标明可供产品的名称、品种、规格、数量、交货日期、价格和服务等项目，密封送达政府的采购机构（招标人）。标书到达标准日期时，政府就在公开场合开标，选出报价最合理、服务最好、最有利的供应商成交。这种采购方式适用于货源比较充足、卖方竞争激烈的产品。政府在采用这种方式采购时，处于主动地位，不需要和卖方反复磋商，也可节约采购费用。

2）议订合同采购。这种采购方式是政府采购机构和一个或几个企业接触，最后只和其中一个企业谈判协商签订合同，进行交易。这种采购方式主要适合于购买风险较大，需仔细计划的产品。

一般情况下，政府机构的采购业务很复杂，生产供应企业要和政府取得联系，通过政府发布的各种信息渠道，如“日报”“指南”“协会”等，以获得政府的需求动向和购买程序，从而达到签订合同的目的。

3.3　汽车市场营销调研与预测

市场营销面对的是市场，而市场是在不断变化着的。同时，在市场中企业还将面临各种各样的竞争，企业每一步的决策都将对企业的发展产生很大的影响。因而，为了企业的发展，企业在做出决策之前，必须通过对市场的调研和预测，掌握市场的走势，从中寻找营销机会，避开和减少风险，并在此基础上做出企业的营销决策。

3.3.1　汽车市场营销调研

孙子曰：“知己知彼，百战不殆。”市场也是如此，不事先做好准备，是不可能搞好销售的。当今困扰企业营销的有四大问题，分别是多变的外部环境、快速发展的科学技术、挑剔的客户、强大的竞争对手。企业要解决这些问题，就需要对市场进行营销调研。

1. 市场营销调研的基本概念

所谓市场营销调研，就是指运用科学的方法，有目的、有计划、系统客观地判断、收集、分析、整理有关营销方面的信息，找出市场变化的规律和趋势，分析企业存在的问题并发现市场机会。目的在于为企业的营销决策提供科学的依据。它包含了以下三方面的含义：

1）市场营销调研是一种有目的、有意识的认识活动。

2）市场营销调研的对象是整个市场体系，其中特别要把对市场体系具有决定性作用的消费者市场作为研究对象。

3）市场营销调研的方法包括感性认识的方法和理性认识的方法。

2. 汽车市场营销调研的种类

常见的汽车市场营销调研有以下几类：

1）根据汽车市场商品消费目的的不同划分。包括：消费者市场营销调研和生产者市场营销调研。这两个市场是相互联系的，它们之间最基本的关系，就是生产者市场的购销活动要以消费者市场为基础。因而，即使产品不与最终消费者发生直接关系，也要对消费者市场进行市场调查。譬如在经济萧条时，汽车以经济型为主，则零配件商也要相应地生产较低价的零配件。

2）根据汽车市场调研内容划分。包括：汽车市场营销环境调研和营销组合策略调研。

如调查价格走势、产品开发与技术发展趋势、产品与售后服务质量状况、竞争对手调研、用户购车心理与购买行为调研等。

3）根据汽车市场调研的地域空间层次的不同划分。包括：国际性市场调查、全国性市场调查和地方性市场调查。各个不同地区对汽车型号、价格的要求有很大的区别。

4）根据汽车产品是否已经进入市场划分。包括：产品进入市场前调研和产品进入市场后调研。汽车产品进入市场前的营销调研主要应弄清目标市场是什么、如何进行产品定位、主要竞争者是谁、他们的营销策略怎样、市场结构与购买特点如何、有哪些有利与不利因素以及生产发展趋势等问题；而汽车产品进入市场后的营销调研则应着重对本企业产品的市场规模、市场结构、市场占有率、与竞争对手相比在营销组合策略上存在的差距以及营销环境的新变化等问题。

3. 营销调研计划

营销调研要取得预期的效果，就必须有一个完整的、切实可行的计划。一般说来，营销调研步骤的制定包括分析市场情况、确定调研目标、确定调研项目、选择资料收集的方法、预算调研经费和调研计划的评估六个方面的内容。

（1）分析市场情况

分析市场情况主要是针对一个地区、一个企业或一种商品，找出在企业市场营销中出现的问题，然后对症下药，寻求解决问题的方法。通常采用初步情况分析和非正式调查两种方法，将调研的问题减少或缩小范围，以便最后确定调研内容。

（2）确定调研目标

企业要从自己的战略目标出发，根据企业内外部条件的变化及调研目标要达到的程度，确定调研目标。调研目标主要回答为什么调研，希望得到什么结果等问题。同时，企业要相应地确定调查地点、对象、方法等，以便进行调查表的设计。

（3）确定调研项目

这是营销调研计划的基本内容。企业可以根据其调研目标制定调研项目。调研项目的基本内容包括：

1）需要收集哪些资料和数据。

2）资料来源，包括第一手资料（即企业通过调查直接从消费者、生产企业、中间商和竞争者等方面收集到的最初的资料）和第二手资料（即企业通过查阅有关的资料或通过专业的信息服务机构获得的资料）。

3）获得资料并证实资料的准确性。

（4）选择资料收集的方法

企业应该根据不同的调研项目而采用不同的调查方法，以获得最佳的调查效果。因为资料的来源很多，所以企业必须从优选择。一般而言，市场营销调研的方法可以分为间接资料调研方法和直接资料调研方法。

间接资料调研方法是从各种文献档案中收集资料，因而间接资料又称二手资料。它的优点是调研的费用低、速度快、范围广，而且既不受时间、空间的限制，也不受调研人员和调研人员主观的干扰，其反映的信息内容较为真实、客观。但它也有很明显的缺点，如调研的目的性没有直接资料调研强，获得的资料也有可能时效性不强，而且获得的资料也需要进行进一步的加工处理，其数量分析工作的难度也较高，等等。另外由于间接资料是各个企业都有可能获得的，因而在市场营销调研中，更多的是采用直接资料调研的方法。

直接资料调研即通过调查收集的资料来进行调研分析，因而直接资料也称一手资料。一般地，直接资料调研又分为访问法、观察法和实验法。其中最常用的是访问法，又称询问法，它包括直接询问和间接询问。直接询问即直接向被调查者提出问题；间接询问则是迂回地向被调查者询问。有时通过间接询问，更能了解到被调查者不愿说明的真实原因。

访问法是收集原始资料最主要的方法，具体形式可分为面谈、电话访问、邮寄问卷、留置调查等多种形式。各种形式各有优缺点，调查者可根据具体情况选择使用。一般来说，面谈直接灵活、资料可信度和回收率高，但费用高、时间长，适用于内容多而复杂的调研，而且对调研者的要求较高；电话访问可以节省时间，但被调研的母体较不完整，调研结果的差别程度也不清楚，因而一般电话访问中的问题应采用"是否法"为宜，而且要求调研人员的语言要流畅；邮寄问卷成本低、调研范围广，但缺点在于问卷的回收率低，所以企业往往采用抽奖等形式来刺激回收率；留置调查即问卷定期回收的调研方法，优点在于被调查者可以有充裕的时间来考虑问题，且问卷的回收率较高，但它调研的区域有限，费用较高，且不利于对调查人员的有效监督。

除访问法外，企业对有的营销调研也可采取市场实验的调研方式。它是从自然科学的实验求证理论移植到市场调研中来的。它的优点在于可以获得第一手的资料，数据比较客观、可信度较高；而缺点在于实践中可能存在有不可控制的实验因素，因而会在一定程度上影响实验的效果。另外，实验法只适用于对当前市场现象的影响分析，它对历史情况和未来变化的影响较小，因而它的应用受到限制。一般来说，改变商品品质、变换商品包装、调整商品价格、推出新产品等均可用实验法来测试其效果。如通过对新产品的试销收集市场信息，观察市场反应与企业营销组合要素之间的因果关系等。这类调研对改进和制定更科学的营销策略，效果十分明显。

另外较常用的市场营销调研方法还有观察法。这种方法的优点在于可以观察到人们不愿意透露的情报，而缺点在于时间长、成本高。它经常被应用于产品的营业现场，如汽车销售现场等。

调查者除了应注意选择效果好的调研形式外，还应根据调研目标的不同，结合具体调查特点选择使用一种或几种方法。

（5）预算调研经费

企业采取不同的调查方案和调查方法，其调查费用也不一样。企业营销调研的目的是提高企业的经济效益，调查费用过高，就会得不偿失，造成不必要的浪费。因此，企业必须结合调研要达到的效果，从严控制调研经费开支。

（6）调研计划的评估

市场调研计划确定后，主管部门应对计划进行评估。评估的内容包括调查目的是否符合要求、调查项目是否完整、调查方法是否实用、时间和费用是否合理等四个方面。

4. 营销计划的实施和控制

营销计划制订完毕并经主管部门审批之后，就直接进入计划的实施和控制阶段。这个阶段的主要任务是组织和培训调查人员、资料的收集、资料的分析和整理以及编写调查报告四个方面。

（1）组织和培训调查人员

企业应当根据调查的任务和范围，确定参加人员的多少并对参加调查人员的素质和业务能力进行考核。然后组织专业培训，集中进行学习，主要是让调查人员明确调查的任务、内容、步骤和方法等。

（2）资料的收集

收集的目的是要找到能帮助达到调查目标的任何有用信息。在实地收集资料时，企业应该加强对调查人员的监督，否则将会由于没有按照调研计划去执行资料的收集而功亏一篑。因此，在调查过程中，企业必须经常检查和监督资料的收集人员，同他们保持密切的联系。

（3）资料的分析和整理

调研的价值在于获得有用信息，但企业所得的信息往往是分散的、片面的，甚至是不真实的。对此企业必须分析整理所得资料，去粗取精，去伪存真，这样才能反映调查事物的内在联系和本质，从而正确地预测其发展趋势，实现调研的价值。

（4）编写调查报告

调查报告通常有两种形式，即专题报告和综合报告。关键的资料需做一个简要的总结解释。调查报告应对调研过程、资料和结论做详细的解释。

营销调研计划是企业实行正确营销决策的基础，是制定企业销售计划的重要依据，也是实现营销控制的重要条件。令人遗憾的是，尽管每个企业都明白营销调研计划的重要性，但似乎很少有企业能够正确地实施、控制计划过程。也有许多企业误把一些与计划有关的工作程序认为是营销调研计划，这种方法可能在短期内有效，但很难把营销中所有要素组成一个有意义的整体。

3.3.2　汽车市场营销预测

兵法上讲："兵无常势，水无恒形。能因敌变化而取胜者，谓之神。"市场需求没有固定不变的形态，对于企业的营销管理人员来说，正确、合理地预测能使企业永葆青春；而错误、失误的预测会使企业陷入困境。我国的汽车市场比较特别，其运行规律极为复杂。汽车市场经常出现剧烈波动，并且经常会向汽车生产、经销企业反馈一些虚假信息，给汽车营销工作带来了很多困难。因而，在加强研究我国汽车市场运行规律的基础上做好预测工作，对于提高市场营销水平具有重要的现实意义。

1. 市场营销预测的基本概念

所谓市场预测就是在市场调研基础上，利用预测理论、方法和手段，对未来一定时期内决策者关心的市场需求、供给趋势和营销的影响因素的变化趋势和可能水平做出判断，为营销决策提供依据的科学化服务过程。它具有服务性、描述性和系统性的特点。市场营销预测的作用可归结为以下几点：

1）市场营销预测有利于适应和满足消费需要；

2）市场营销预测有利于提高企业的经营管理和决策水平；

3）市场营销预测有利于提高企业的经济效益；

4）市场营销预测有利于加深企业对市场机制的利用程度。

科学的营销决策，不仅要以营销调研为基础，而且要以市场预测为依据。市场预测大致包括市场需求预测、市场商品供给预测、产品价格预测、科学技术发展趋向预测、企业生产经营能力预测、竞争形势预测、企业财务及环境意外事件预测等。对企业而言，最主要的是市场需求预测。

市场营销预测的步骤一般可分为明确预测目标、搜集资料、对资料进行分析判断，建立预测模型，并在此基础上做出预测等三个步骤。

迄今为止，以预测理论为基础，产生了很多预测方法，目前有约 400 种，但常用的方法并不多，大约有十几种。归纳起来，预测方法大体可分为两大类：一类是定性预测方法，即质的预测方法；另一类是定量预测方法，即量的预测方法。前者容易把握事物的发展方向，对数字要求不高，能节省时间，费用小，便于推广，但又往往带有主观片面性，数量不明确；后者则相反。人们在实际预测活动中，往往将两种方法相结合，即定量预测的结论必须接受定性分析的指导。唯有如此，才能更好地把握汽车市场的变动趋势。

2. 定性预测方法

定性预测亦称经验判断预测。预测人员根据掌握的调查资料和自身的经验、判断能力对预测对象未来的发展变化情况进行预测和推测。因此，定性预测结果的准确性主要取决于预测人员的经验、知识、业务水平和判断能力。

（1）直接市场调查法

直接市场调查法即预测人员直接通过市场调查，收集有关资料和信息，对商品的需求变化发展趋势做出预计和推测。

（2）集合意见法

集合意见法即预测主持者邀请有关单位、有关人员（如生产、销售、咨询单位、专家、领导、业务人员、消费者等）集中在一起共同探讨市场的发展变化。预测主持者将大家的意见集中起来，发挥“三个臭皮匠顶个诸葛亮”的效应，进行综合判断预测的方法。

集合意见法简便易行，参加预测的人员都有一定的实践经验和专业知识，因此提出的意见和看法对预测有重要的参考价值。集合意见法在实践中应用较多，但大家在讨论过程中容易受一些心理因素和社会因素的干扰从而影响预测结果的准确性，如权威性、自尊心、从众心理等因素的影响。

如果是数据资料，集合意见法最后可用算术平均法或加权平均法对大家的意见进行综合计算，得出综合预测值作为预测结果。

（3）专家意见法

企业利用诸如经销商、分销商、供应商及其他一些专家的意见进行预测。由于这种方法是以专家为索取信息的对象，用这种方法进行预测的准确性，主要取决于专家的专业知识和与此相关的科学知识基础，以及专家对市场变化情况的洞悉程度，因此依靠的专家必须具备较高的水平。

利用专家意见有多种方式。如组织一个专家小组进行某项预测，这些专家提出各自的估计，然后交换意见，最后经过综合，提出小组的预测。这种方式的缺点是，小组成员容易屈从于某个权威或者大多数人的意见（即使这些意见并不正确），不愿提出不同的看法；或者虽然认识到自己的意见错了，但碍于情面不愿意当众承认。

现在应用较普遍的方法是德尔菲法，是美国著名的兰德咨询公司率先提出并推广使用的一种方法。这种方法是采用通信方式，将所需预测的问题征询专家意见，经过多次信息交换，逐步取得比较一致的预测结果。

德尔菲法与前面介绍的集合意见法相比，至少有以下三个明显的特点：一是匿名，不公开预测专家的姓名与职务；二是采用函询的方式，专家们不必集中到一起讨论，通过函件往来发表自己意见和了解别人的意见；三是反馈，预测主持人将收集的各位专家的意见，加以集中整理后，再反馈给各位专家，让专家们参照别人的意见不断修正自己的判断，经过数次反馈后，专家们的意见相对集中，预测主持人再进行统计分析，计算综合预测值。一般以平均数或中位数来表示专家们意见的倾向性。

总之，随着社会经济及科学技术的发展，预测方法也在不断地发展和完善，汽车市场营销预测人员应不断加强理论学习，并通过预测，总结出一些实用方法。

3. 定量预测方法

定量预测方法是依据必要的统计资料，借助数学方法特别是数理统计方法，通过建立数学模型，对预测对象未来在数量上的表现进行预测等方法的总称。汽车市场定量预测方法有：

（1）时间序列预测法

时间序列是指各种经济指标统计数据，按时间先后顺序排列而成的数列。时间序列预测法，就是将购买力增长、经济发展等变数相同的一组观察值，按时间的顺序加以排列，构成同级的时间序列，并运用一定的数学方法使之向外延伸，由此预计时差带来的发展变化趋势，最终确定市场预测值。它具有以下特点：

1）假定事物的过去会同样延续到未来；

2）时间序列的数据变动同时存在着规律性和不规律性；

3）不考虑市场发展的因果关系。

时间序列预测模型有多种，这里只介绍常用的简易平均法和指数平滑法两种。

①简易平均法。

简易平均法是以一定观察期的时间序列数据求得平均数，以平均数为基础确定预测值的方法。这是市场营销预测中最简单的定量预测方法。简易平均法有很多种，最常用的有算术平均法、加权平均法和几何平均法等。

a. 算术平均法即对 n 个观察值计算平均值来作为预测值。它最大的优点是计算十分方便。算术平均法的数学模型为

$$X = \overline{X} = \sum_{i=1}^{n} X_i$$

b. 加权平均法是在预测中根据每个预测值的重要性给予不同的权数，而算术平均法对所有观察值不论新旧在预测中一律同等对待，这是不符合市场发展的实际情况的。加权平均法的数学模型为

$$X = X_w = \frac{\sum_{i=1}^{n} W_i X_i}{\sum_{i=1}^{n} W_i}$$

c. 几何平均法又称比例预测法，其前提条件是预测对象的发展过程一贯上升或下降，同时其上升或下降的速度大体接近。几何平均法的数学模型为

$$X = G = \sqrt[n]{X_1 X_2 \cdots X_n}$$

②指数平滑法。

指数平滑法的原理就是认为最新的观察值包含了最多的未来信息，因而应赋予最大的权重，越远离现在的观察值则应赋予越小的权重。通过这种加权的方式，平滑掉观察值序列中的随机信息，找出发展的主要趋势。指数平滑法的主要过程是：

a. 选择数学模型。

指数平滑法的数学模型为

$$S_t^{(1)} = \alpha Y_{t-1} + (1-\alpha) S_{t-1}^{(1)}$$

式中　$S_t^{(1)}$——第 t 期的平滑值；

Y_t——第 t 期的观察值；

α——加权系数。

指数平滑法可分为一次、二次和高次平滑。一次平滑即是对原始观察值的平滑；二次平滑即对一次平滑值再平滑；高次平滑的概念依此类推。

b. 建立指数平滑模型。

指数平滑模型的建立包括加权系数的选择、初始值的确定和模型系数的计算。

α 表明了预测人员对近期观察值信息的倚重程度。经验表明，α 一般应在由预测人员利用公式计算的 α 值附近。选择不同的 α 值，其原则是使检验误差最小。其计算公式为

$$\alpha = \frac{2}{N+1}$$

式中　N——观察值数目。

在选择 α 的过程中，若依据下列原则，则有利于尽快找到合适的 α 值：若观察值的发展趋势比较稳定，应选择小一点的 α 值，以包含长一些的时间序列信息；若观察值的发展趋势已发生了系统的改变（如有拐点）或有理由认为近期数据更好地反映了发展趋势，则应选择大一些的 α 值。

指数平滑法模型是一个迭代计算过程，所以首先必须确定初始值 S_0。对于初始值 S_0 的确定，既可利用一定的数学方法进行计算，又可根据经验直接给定。利用数学方法计算一般比较复杂，且有赖于足够的观察值数目，意义通常不大。更多情况下，可以采用直接将前几个观察值的平均值作为初始值的方法。

c. 模型系数的计算。

在 α 和初始值确定之后，模型中的系数就可以根据公式计算了。

指数平滑法的特点，一是需存储的数据少，二是能够用于中短期预测。

（2）因果分析预测法

因果分析预测法是从事物变化的因果关系出发，寻找市场发展变化的原因，分析原因与结果之间的联系结构，建立数学模型，据以预测市场未来的发展变化趋势和可能水平。

因果分析预测法中最常用的有回归预测模型和经济计量预测模型，这里我们只以回归预测模型为例进行说明。

回归预测模型是基于惯性和相关理论的统计学模型，是最常用的预测模型之一。通常情况下，只选用一元线性回归预测模型。

一元回归分析法，是在考虑预测对象发展变化本质基础上，分析变量随一个自变量变化而变化的关联形态，借助回归分析，建立它们之间因果关系的回归方程式，描述它们之间的

平均变化数量关系，并以此进行预测的方法。

1）回归预测模型的建立与检验。

一元线性回归预测模型的标准形式（回归直线方程）为

$$Y = AX + B$$

模型的检验通常包括相关系数检验、模型的 T 检验与 F 检验，对一元线性回归模型而言，这些检验是等价的。这里我们选择相关系数检验。

相关系数有两种定义形式，分别为拟合优度形式和相关系数形式。

①拟合优度形式为：

$$R = \frac{\sum_{i=1}^{n} (Y_i - \bar{Y})^2}{\sum_{i=1}^{n} (X_i - \bar{X})^2}$$

②相关系数形式为：

$$R^2 = \frac{\frac{1}{n}\sum_{i=1}^{n} X_i Y_i - XY}{\sqrt{\frac{1}{n}\sum_{i=1}^{n} X_i^2 - X^2}\sqrt{\frac{1}{n}\sum_{i=1}^{n} Y_i^2 - Y^2}}$$

R 值越大，表明回归方程的线性程度越显著。

2）一元线性回归预测的步骤。

①确定预测目标和影响因素。根据决策目的的需要，明确进行预测的具体目标，分析寻找影响预测目标的相关因素，并判断选出主要的影响因素，也就是决定自变量和因变量；

②收集整理自变量和因变量观察样本资料，即纵断面观察样本资料或横断面观察样本资料；

③建立一元回归方程预测模型；

④进行相关分析、方差分析和显著性检验；

⑤根据模型进行预测。

经过了相关分析与显著性检验后，利用达到某一显著水平的一元回归分析方程预测模型进行实际预测，包括计算预测值和置信区间。

（3）类比预测法

该方法是以某个国家或地区为类比对象，研究预测目标与某个指标之间的数量关系，然后根据本国或本地区该指标的发展变化，测算预测目标值，从而达到预测目的。例如某汽车公司与研究机构曾经以部分国家为类比对象，通过研究人均国民收入和人口数量两个指标与轿车保有量之间的关系，预测我国未来第 t 年的轿车保有量。其类比预测模型为：

$$\left.\begin{aligned} Y_t &= P_t Q_0 R_t \\ R_t &= \frac{C_{1t}}{I_0 (1+i)^2} \\ C_{1t} &= C_{10}(1+q)^n \end{aligned}\right\}$$

式中 Y_t——第 t 年轿车保有量（辆）；

P_t——第 t 年人口预测数（千人）；

Q_0 ——类比国人均轿车保有量（辆/千人）；

R_t ——轿车保有量修正系数；

I_0 ——类比国人均国民收入（美元）；

C_{1t} ——第 t 年人均国民收入（美元）；

i ——类比国年均通货膨胀率；

q ——人均国民收入增长率；

n ——类比年份与基准年份时差。

如已知类比国基准年份的人均国民收入与人均轿车保有量 Q_0，我国目前的人均国民收入 C_{1t}（美元），以及未来的增长速度 q，即可以计算出未来第 t 年我国的国民收入，将此 C_{1t} 折算到基准年份后除以类比国人均国民收入 I_0，即可得到 R_t，然后乘以我国第 t 年的人口预测数以及类比国的人均保有量，即可求出我国未来第 t 年的轿车保有量。

除此之外定量预测法还有很多，大家可以查阅相关资料，在此不一一赘述。

4. 市场预测结果的调整

在做出市场营销预测结果之后，并不意味着这将是一成不变的“终结果实”，好的企业的市场营销者会根据市场的变化和社会的进步，不断地做新的市场营销调研，不断地及时调整已有的市场营销预测方案，以此来指导企业的发展。如果做不到这一点，企业就无法得到长期发展。

美国福特汽车公司在早期正是通过对美国汽车市场的调研和预测，引入生产流水线而大大降低了汽车的生产成本，并因此降低了汽车的价格，扩大了市场的占有率，成为世界最大的汽车生产商。当时巨大的市场渴求量使福特声称：“让消费者的需求见鬼去吧，我们只生产黑色的车！”随着福特汽车不断普及，美国汽车市场的需求发生了很大的变化：汽车保有量的提高使消费者不再满足于有车，还要有自己喜欢的车。对于这一点，福特没有重视，缺乏对市场的进一步掌握。而就在同一时期，美国的通用汽车公司通过生产不同样式、不同颜色的车而崛起，渐渐取代福特而成为世界第一大汽车生产商。这就是及时调整市场营销调研和预测结果的重要价值。

3.4 汽车营销策略

3.4.1 汽车产品的定价策略

价格是价值的货币表现。但是，价格不但是表现价值的尺度，而且具有促销的功能。而现在的产品定价，已经成为一项重要的和基本的管理策略。无论是在企业的营销组合中，还是在企业的促销组合中，无不具有举足轻重的作用。

汽车产品的价格是其价值的货币表现，是由社会必要劳动时间决定的。产品的价格是价值的外在表现，是一个具体的、确定的货币量，而价值则是内在的、不确定的和模糊的。价格围绕价值上下波动，这种波动是由产品供求关系引起。汽车产品在市场上的价格往往随供求关系的变化而变化。反过来，汽车价格又常常是一只调节市场供求关系的“无形的手”，直接关系着产品受市场接受的程度，影响着市场需求量、销售额和企业利润，涉及生产者、经销者、用户等多方利益，因此，确定价格仍将是市场营销过程中一个非常重要、敏感的环节。

1. 影响汽车产品价格的主要因素

价格是一个变量，它受到诸多因素的影响和制约。一般来说，我们可以把这些因素区分为企业的内部因素和外部因素。内部因素主要有定价目标、成本、产品特点、分销渠道和促销策略等；外部因素主要有市场和需求情况、货币流通情况、竞争情况、政策环境和社会心理等。给汽车产品定价时必须综合考虑这些因素的影响，并据此选择定价策略。

（1）定价目标

任何汽车企业都不能孤立地制定价格，而必须按照汽车企业的目标市场战略及市场定位战略的要求来进行。不同的汽车企业，不同的汽车产品，其市场地位不同，自然定价策略也是不一样的。企业定价目标主要有以下几种：

1）维持生存：如果汽车企业产量过剩，或销路不畅，或产品滞存，或汽车企业资金面临严重不足，或企业面临激烈竞争，或谋求改变消费者的需求，则需要把维持生存作为主要定价目标。此时汽车企业应制定较低的价格，有时甚至制定低于成本的价格以便迅速收回资金再投资。这种定价目标只适合企业短期生有。

2）当期利润最大化：即汽车企业以追求当期利润最大化为定价目标。此时一般产品所定的价格较高，因此要求被定价的产品必须市场信誉高，在目标市场上占有优势地位。这种定价目标比较适合于处于成熟期的名牌汽车产品。

3）市场占有率最大化：一般来说，一个汽车企业赢得最高的市场占有率之后将享有最低成本和最高的成长利润。市场占有率的高低对汽车企业来说是非常重要的，保持和提高市场占有率是汽车企业的一个十分重要的目标。当具备下述条件之一时，汽车企业可以考虑通过低价来实现市场占有率的提高：因为市场对价格高度敏感，因此低价能刺激需求的迅速增长；生产与分销的单位成本会随着生产经验的积累而下降；低价能吓退已有的和潜在的竞争者。这种定价目标比较适合于新产品或不为市场所熟悉的产品。

4）产品质量最优化：为实现产品质量最优，汽车企业在开发、生产和市场营销过程中的成本就会相对较高，同时售后服务的要求也高。这就要求汽车产品的价格也相应较高，以弥补高成本，即常说的“优质优价”。这种定价目标适合于市场信誉度高的名牌产品。

5）应付和防止竞争：即汽车企业有意识地通过产品定价去应付或避免竞争的定价策略。以此为目标的汽车企业制定价格时，以对市场有决定影响的竞争者价格为基础，故意将价格定得比竞争对手低，或比竞争对手高（在条件优越，实力雄厚时）。这种定价目标比较适合于目标实现的可能性很大，而且实力雄厚的企业。

6）保持良好的分销渠道：保持分销渠道畅通是保证汽车企业良好经营效果的重要条件之一。对那些需经中间商推销汽车产品的企业，为了在激烈的市场竞争中保住完整的销售渠道，促进销售，往往以良好的渠道为定价目标。为此，汽车企业必须研究价格对中间商的影响，让中间商有充分的积极性去推销产品。

（2）汽车产品的成本

汽车产品的成本是汽车企业为研究开发、生产和销售产品所支付的全部实际费用，以及汽车企业为产品承担风险所付出的代价的总和。如果说，市场供需决定了汽车产品的最高价格，而成本则决定了汽车产品的最低价格。“成本 + 利润 + 税金”就构成了汽车产品的出厂价。因此，成本是价格中最基本、最主要的因素，成本低则产品价格竞争力就强。

成本是影响汽车价格的实体因素。汽车成本包括汽车生产成本、汽车销售成本和汽车储运成本。汽车企业为了保证再生产的实现，通过市场销售，既要收回汽车成本，同时也要形成一定的盈利。

（3）市场需求的性质和状况

市场需求是影响企业定价最重要的外部因素，它规定了产品价格的最高上限。因此，在定价之前，营销人员必须了解汽车产品的价格和需求之间的关系。

在一般情况下，尤其是在自由竞争市场条件下，市场价格随市场供给与需求的关系的变化而变化。供不应求时，市场表现为卖方市场，价格上涨，企业利润丰厚，市场刺激生产；当商品供过于求，进入买方市场，价格下降，利润变薄，缺乏竞争力的企业将被淘汰。由于汽车市场是一种垄断市场，其价格形成机制虽然也服从供求规律，但在表现形式上却有其自身特点，因而汽车企业具有选择定价策略和定价方法的必要与可能。

从我国目前的汽车市场现状来看，虽然市场（尤其是私家车市场）容量和潜力都非常大，但已是一个买方市场。因此，企业应走营销导向之路。

影响产品定价的因素还有很多，诸如经济情况、营销组合策略、政府因素等。其中政府因素是一个影响定价决策的重要外在因素。营销人员必须了解影响定价的有关法律，并确定其定价政策是否合法。

2. 汽车产品的基本定价方法

汽车企业制定汽车产品价格是一项很复杂的工作。价格的高低要受市场需求、成本费用和竞争情况等多方面因素的影响和制约。汽车企业制定价格时应全盘考虑，但在实际工作中往往是不可能的。为方便起见，企业常用的定价方法有三种：成本导向定价方法、需求导向定价方法和竞争导向定价方法。

（1）成本导向定价法

成本导向定价法是以产品的总成本为中心来制定价格。这其中又有成本加成定价法和目标定价法两种。

1）成本加成定价法。成本加成定价法是按产品单位成本加上一定比例的毛利，定出销售价。对于汽车营销单位而言是进价加上一定比例的毛利。其计算公式为：

$$P = C \times (1 + R)$$

式中 P——单位产品价格；

C——单位产品成本；

R——成本加成率。

一般来说，成本加成定价法为企业界所欢迎，这是因为将价格盯住单位成本，可以大大简化企业定价程序，不必按需求情况的瞬息万变而做调整。只要同一行业的企业都采用这一定价法，则价格在成本与加成相近的情况下也大致相近，价格竞争也减少至最低限度。此外，成本加成定价法对交易双方都比较公平，当买方需求旺盛时，卖方不利用这一条件谋取额外的利益，而仍可获得公平的投资报酬。

2）目标定价法。所谓目标定价法，是指根据估计的总销售收入（销售额）和估计的产量（销售量）来制定价格的一种方法。具体做法是，企业以估计的销售量求出应制定的价格，但价格恰恰是影响销售量的重要因素，因此这种做法有很大的缺陷。

（2）需求导向定价法

需求导向定价法是一种以市场需求强度及消费者感受为主要依据的定价方法。这种方法比较符合营销导向型企业的做法。需求导向定价法有好多种，下面主要介绍一下感受价值定价法。

所谓“感受价值”（亦称为理解价值）是指购买方根据自己的经验、标准或观念对产品产生的认同价值。根据这种价值制定的价格称为感受价值价格。感受价值定价法的基本步骤如下：

1）通过调查确定消费者的感受价值，决定商品的初始价格。

2）预测商品的销售量，在估计的初始价格条件下，可能实现的销售量。

3）预测目标成本。其公式为：

目标成本总额 = 销售收入总额 − 目标利润总额 − 税金总额

4）决策。把预测的目标与实际成本进行对比，来确定价格。

需求导向定价法所确定的价格代表了大多数用户的感受价位。这种方法如果运用得当，会给汽车企业带来许多好处，可提高汽车企业或产品的身价，增加企业的收益。对于高级、豪华的汽车产品，优异的质量、独特的性能、豪华的特色是用户产生感受价值的基础，为此，汽车企业可以“不惜工本”，优质优价。这种定价方法，关键是要找到比较准确的感受价值。因此，汽车企业在定价前必须认真做好营销调研工作，从而对感受价值做出准确估计。

（3）竞争导向定价法

此法是根据竞争者的价格来定价，定价时可高于或低于主要竞争者的价格，当然也可与之相同。其主要形式是“随行就市”，按照行业的平均现行价格水平来定价，可反映本行业的市场供求关系，还有利于处理好同行业的关系。汽车营销单位多用此法定价，特别是各单位集中办业务的汽车交易市场，通常都用此法定价。

此外，还有一种投标定价法，此法常采用公开招标，也就是采购机构（买方）在报刊上登广告或发出信函，说明需采购的产品品种、规格、数量、性能等具体要求，邀请供应商（卖方）在规定的期限内投标。采购机构在规定的日期内开标，评选出质量好、报价低、售后服务好的供应商成交。企业若想做这笔生意，就必须在规定的时间内填写好标书，写明产品的名称、规格、价格（单价与总价）、数量、交货日期、售后服务等承诺，送抵招标单位。供货企业的目的在于赢得合同，报价是极其重要的内容。这种价格通常不是按企业成本或市场需求来确定的（但也应作参考），而是根据竞争对手的报价而估计确定的。但企业绝不会使报价低于成本价，但若报价过高，将会降低取得合同的机会。

上述基本定价法是汽车企业定价的基本做法。但价格一经确定，并非意味着就不可变化，汽车企业应根据各种具体的营销特点，在基本价格水平上灵活地进行浮动，这就是价格调整策略。

3.4.2 汽车产品的分销策略

1. 分销渠道的职能和类型

汽车企业生产出来的产品，只有通过一定的市场营销渠道，才能在适当的时间、地点，以适当的价格供应给用户，从而克服生产者与消费者之间的差异和矛盾，满足市场需要，实现企业的市场营销目标。分销是营销组合中的重要一环，也是产品通向市场的“瓶颈”之一。

分销渠道的基本职能在于把自然界提供的不同原料，根据人类的需要转换成有意义的产品组合。其主要职能有如下几种：

1）售卖，即将汽车产品卖给最终用户。这是分销渠道最基本的职能和作用。

2）投放，即决定将何种汽车产品、以何种数量、在何时投放到哪个市场上去，以实现企业的营销目标，并获取最佳效益的功能。

3）物流，也称实体储运职能，即保质保量地将汽车产品在指定时间送达指定地点的功能。

4）研究，即收集市场信息，进行市场预测。

5）促销，即进行关于所供应的物品的说明性沟通。

6）接洽，即寻找可能的购买者并与之进行沟通。

7）融资，即为补偿渠道工作的成本费用而对资金的取得与支出。

8）服务，即为用户提供满意的服务，对汽车产品来说，售后服务是很重要的。

9）风险承担，即承担与渠道工作有关的全部风险。

此外，销售渠道还有信息反馈、自我管理和谈判等功能。

2. 分销渠道的模式与结构

分销渠道按其有无中间环节和中间环节的多少，即按渠道长度不同，可分为以下四种基本类型。

（1）直接渠道（Ⅰ型：生产者→消费者）

汽车生产企业直接把产品销售给签约用户。直接渠道的具体形式有推销员上门推销、设立自销机构、通过订货会或展销会与用户直接签约供货等形式。日本汽车企业在早期所采取的主要就是这种分销策略，并且取得了很大的成功。

（2）一级渠道（Ⅱ型：生产者→零售商→消费者）

汽车生产企业和用户之间只通过一层中间环节，即汽车生产企业把产品销售给直接面对用户的零售商或代理商。我国许多汽车生产企业都采用这种分销形式，比如专用汽车生产企业、重型车生产企业等。

（3）二级渠道（Ⅲ型：生产者→批发商→零售商→消费者）

汽车生产企业把产品批发给批发商或交给代理商，由他们再销售给零售商，最后销售给用户，生产企业与用户之间经过两层中间环节。这种分销渠道在我国的大、中型汽车生产企业的市场营销中比较常见，如上海大众汽车公司、东风汽车公司等基本上都采用这种形式。

（4）三级渠道（Ⅳ型：生产者→代理商→批发商→零售商→消费者）

三级渠道指含有三个或三个以上中介机构的分销渠道。这种分销渠道比较适合于生活用品的销售，不太适合汽车产品的销售。

以上四种渠道模式，也可以概括为直接渠道（Ⅰ型）和间接渠道（后三种）两种类型。直接和间接两种渠道各有优劣。直接渠道既然是供需见面，显然具有信息沟通准确、感情交流深刻、分销成本低廉、交易容易达成等优点；但是，由于受到时间和空间的限制，供需见面的概率较低，产品分销的效率也因此受到限制。一般来说，直接渠道更加适合用户数量相对较少的生产资料产品的分销。间接渠道既然要经过或多或少的中间环节，为利所驱，这些环节无疑都是产品分销的有生力量。显然，这对于扩大产品销量，扩充产品市场都非常有利。但是，由于产品价格层层加码，却又会降低产品的市场竞争力。一般来说，间接渠道更加适合顾客数量相对较多的生活资料产品的分销。

3. 中间商的类型

所谓中间商是指在商品从生产者转移到消费者的过程中，参与商品流通，促进买卖行为的发生和实现的个人和经济组织。汽车中间商是汽车产品销售给最终消费者和用户的中间环节。西方国家称之为中间商，在我国习惯称其为经销单位或流通企业。中间商是社会分工和社会化大生产的必然产物，是商品经济、合理流通的必要条件。它一头连接着生产者，一头连接着商品的最终消费者，具有平衡市场需求、扩散商品和集中商品的功能，在商品流通中发挥着重要作用。下面介绍一下常见的中间商类型。

（1）批发商

汽车产品批发商是以批发后再销售为目的，实现汽车产品在空间和时间上的转移的中间商。根据其是否拥有汽车商品的所有权可分为三种类型：独立批发商、销售代理商、制造商的分销机构和销售办事处。

独立批发商是指批量购进并批量销售的中间商。它拥有汽车商品的所有权并以获取批发利润为目的。其购进对象通常是生产者或其他批发商，售出对象则多数为零售商。例如，我国目前汽车分销中的汽车贸易公司、机电公司中的汽车批发部门等都属于此类。

销售代理商是指接受委托人的委托，替委托人推销汽车商品的中间商。他们不拥有汽车商品的所有权，以取得佣金为目的，促使买卖的实现。

制造商的分销机构和销售办事处。制造商的分销机构和销售办事处隶属制造商所有，是制造商专门经销其产品，进行批发销售业务的独立商业机构，如美国汽车企业国内汽车销售的地区管理分公司、韩国汽车生产厂的销售店、我国汽车制造企业自建的销售公司和各地的分销中心，以及国外汽车制造商在我国设立的销售办事处等。

（2）零售商

零售商是将产品和服务销售给最终消费者的中间商。它一般拥有产品的所有权，具有形式多样、数量庞大、分布广泛的特征。汽车产品的零售商按其经营范围可分为专营零售商、兼营零售商和零售代理商。

专营零售商，即只经营单一品牌汽车产品的零售商。国外大型汽车生产企业销售系统中的零售商大多属于此类，我国各地的汽车专卖店也是一种专营零售商。

兼营零售商，即经营多家品牌汽车产品的零售商。我国汽车贸易中的中汽贸易系统以及原国有物资部门和各级机电公司等企业的整车销售和大多数汽车零部件零售企业都采用兼营零售的方式。

零售代理商，即不拥有汽车产品的产权，仅从销售代理商处取得代理权，或者是销售代理商设立的零售机构，比如各地的汽车销售代理处、代理店等。

4. 国内汽车销售模式及存在的问题

汽车销售模式有多种，主要有代理制、特训经营制、品牌专营、汽车超市、汽车城和汽车大道等。随着我国经济的发展，汽车销售模式也在不断扩展，但我国现在最主流的汽车销售模式还是品牌专营中的四位一体制，也就是通常说的4S店。

多渠道、多网络销售是我国汽车销售模式的最大特点。随着汽车工业的发展，特别是汽车市场从卖方市场转向买方市场，购车对象从公款车为主转向私人车为主，这种多渠道、多网络的销售体制出现了不可回避的矛盾。最突出的矛盾是无序竞争，对畅销的汽车相互争抢货源，甚至达到不择手段的程度；对滞销的汽车则相互推诿，或者以生产压销售，或者以销售压生产。经销商普遍存在短期行为，缺少必要的促销手段，未能与用户建立密切的联系，与用户的关系大多停留在买卖关系上。还有些经销商不能满足经销汽车的要求，无论对生产厂商或用户都不能提供有效的服务。这种状况使得汽车厂家与经销商之间互不信任，未能真正建立同命运的关系，使顾客对经销商缺乏信任感，从而难以下决心购买汽车；使许多经销商存在危机感，难以发展销售业务和取得较好效益。

3.4.3　汽车产品的促销策略

1. 促销及促销组合

（1）促销的含义

促销是促进产品销售的简称。从市场营销的角度看，促销是企业通过人员和非人员的方式，沟通企业与消费者之间的信息，引发、刺激消费者的消费欲望和兴趣，使其产生购买行为的活动。

促销工作的核心是沟通信息，没有信息的沟通，企业不把汽车产品和购买途径等信息传递给目标客户，也就谈不上购买行为的发生。因此促销的一切活动都以信息传递为起点，完成销售，最后又以信息反馈为终点。

促销的目的是引发、刺激消费者产生购买行为。在消费者可支配收入既定的条件下，消费者是否产生购买行为主要取决于消费者的购买欲望，而消费者购买欲望又与外界的刺激、诱导密不可分。促销就是利用这一特点，激发用户的购买兴趣，强化购买欲望，甚至创造需求来实现最终目的。

促销的方式有人员促销和非人员促销两类。人员促销，亦称直接促销或人员推销，是企业运用推销人员向消费者推销商品或劳务的一种促销活动，主要适用于消费者数量少、比较集中的情况。非人员促销，又称间接促销或非人员推销，是企业通过一定的媒体传递产品或劳务等有关信息，以促使消费者产生购买欲望、发生购买行为的一系列促销活动，包括广告、公关和营业推广等，适合于消费者数量多、比较分散的情况。通常，企业在促销活动中将人员促销和非人员促销结合运用。

（2）各种促销方式的特点

促销方式有直接促销和间接促销两种，又可分为人员推销、广告、营业推广和公共关系四种。不同的促销方式各有不同的效果，概括地说，各种促销方式的主要特点如下：

人员推销，即汽车企业利用推销人员推销汽车产品，也称为直接推销。对汽车企业而言，主要是派出推销人员与客户直接面谈沟通信息。人员推销方式具有直接、准确、推销过程灵活、易于与客户建立长期的友好合作关系以及双向沟通的特点。但这种方式成本较高，对促销人员的素质要求也较高。

广告，是通过报纸、杂志、广播、电视、广告牌等广告传播媒体向目标用户传递信息。

采用广告宣传可以使广大用户对企业的产品、商标、服务等加强认识，并产生好感。有关统计表明，在各主要的汽车生产国，汽车业是做广告最多、费用最高的行业之一。如德国，1995 年，全国销售汽车 331 万辆，宣传广告费达 29 亿马克，平均每辆车广告费 875 马克。广告的特点是可以更为广泛地宣传企业及其商品，传递信息面广，不受客户分散的约束，同时广告还能起到倡导消费，引导潮流的作用。

营业推广，又称销售促进，是指汽车企业运用各种短期诱因鼓励消费者和中间商购买、经销或代理汽车产品或服务的促销活动。其特点是可以有效地吸引客户，刺激购买欲望，较好地促进销售。但它有贬低产品之意，因此只能是一种辅助性促销方式。

公共关系，是指汽车企业在从事市场营销活动中正确建立企业与社会公众的关系，以便树立良好的形象，从而促进产品销售的一种活动。公共关系是一种创造“人和”的艺术，它不以短期促销效果为目标，通过公共关系使公众对汽车企业及其产品产生好感，树立良好的企业形象，并以此来激发消费者的需求。它是一种长期的活动，着眼于未来。

各种促销方式的优缺点见表 3－2。

表 3－2　各种促销方式的优缺点

促销方式	优点	缺点
人员推销	推销方式灵活，针对性强，容易促成及时成交	对人员素质要求较高，费用较大
广告	信息传播面广，易引起注意，形式多样	说服力小，不能直接成交
营业推广	吸引力大，效果明显	只能是短期使用，有贬低产品的意味
公共关系	影响面大，对消费者印象深刻	促销效果间接，产生促销效果所需时间长，活动开展艺术性强

（3）促销组合及促销组合策略

四种促销方式各有优点和缺点，在促销过程中，汽车企业常常将多种促销方式同时并用。所谓促销组合，就是企业根据汽车产品的特点和营销目标综合各种影响因素，选择、编配和运用各种促销方式。促销组合是促销策略的前提，在促销组合的基础上，才能制定相应的促销策略。因此，促销策略也称为促销组合策略。

影响促销组合策略制定的因素主要有以下几个方面：

1）产品种类和市场类型：例如，重型汽车因使用相对较少，市场也比较集中，因而人员推销对促进重型汽车的销售效果较好；而轻型汽车、微型汽车由于市场分散，所以广告对促进这类汽车销售的效果就更好。

2）促销目标：在汽车企业营销的不同阶段和适应市场活动的不断变化中，要求有不同的促销目标。因此，促销组合和促销策略的制定，要符合汽车企业的促销目标，根据不同的促销目标，采用不同的促销组合和促销策略。

3）产品生命周期的阶段：当产品处于导入期时，需要进行广泛的宣传，以提高知名度，因而广告的效果最佳，营业推广也有相当作用；当产品处于成长期时，广告和公共关系仍需加强，营业推广则可相对减少；产品进入成熟期时，应增加营业推广，削弱广告，因为此时大多数用户已经了解这一产品，在此阶段应大力进行人员推销，以便与竞争对手争夺客户；产品进入衰退期时，某些营业推广措施仍可适当保持，广告则可以停止。

4）促销预算：任何汽车企业用于促销的费用总是有限的，这有限的费用自然会影响营销组合的选择，因此，汽车企业在选择促销组合时，首先要根据本企业的财力及其他情况进行促销预算；其次要对各种促销方式进行比较，以尽可能低的费用取得尽可能好的促销效果；最后还要考虑到促销费用的分摊。

2. 人员推销策略

（1）人员推销的应用条件

人员推销具有能有效地发现并接近顾客、推销宣传针对性强、推销策略灵活机动、信息交流双向性、便于密切汽车企业与用户的关系等优点。但它也具有推销成本高、对推销人员的素质要求高、管理难度大等缺陷。因此人员推销并非适用于一切产品，它受到行业和市场环境的限制。对汽车产品来说，也有根据产品种类选择人员推销对象的问题。如对于农用车、摩托车、一般的汽车配件等品种，人员推销仅适用于对中间商的促销，而不适用于对消费者的推销；而对于专用车辆、大型车辆、产业用户、集团消费等却可能是最好的促销方式。

（2）人员推销的基本形式

1）上门推销，是指由汽车推销人员携带汽车产品的说明书、广告传单和订单等走访顾客，推销产品。这种形式是一种积极主动的推销形式。

2）柜台推销，又称门市推销，是指汽车企业在适当地点设置固定的门市、专卖店等，由营业员接待进入门市的顾客，推销产品。门市的营业员是广义的推销员。柜台推销与上门推销正好相反，它是等客上门式的推销方式。因为汽车商品是贵重、大件商品，故采用这种方式是比较合适的。

3）会议推销，指的是利用各种会议向与会人员宣传和介绍产品，开展推销活动。比如，在订货会、交易会、展览会上推销产品。这种推销形式接触面广，推销集中，可以同时向多个对象推销产品，成交额较大，推销效果较好。近年来国内各大城市先后推出的汽车博览会就属于这种推销方式。汽车博览会现在已不仅是推销汽车的极好形式，而且已成为各大城市提高城市知名度、带动消费和吸引商机的极好形式。比如杭州从2000年开始的每年一度的“西博会”期间，汽车展是重头戏之一。

（3）人员推销的基本策略

1）寻找新客户策略。从营销的角度看，新客户是指那些具有购买能力、能决策的潜在需求者。要想获得推销的成功，寻找新客户是第一步。

2）接近客户策略。寻找到新客户以后，接下来的任务就是要接近客户，获得客户的好感，以便进一步实施产品推销。要想接近客户，首先必须做好接近客户的准备工作，这些准备工作主要包括调查客户情况（这是最主要的）、了解汽车企业及其产品的最新情况等，做到知己知彼。

“销售从不被拒绝开始”，丰田汽车公司销售人员手册中雷塔曼的这句名言告诉我们，让客户接受推销人员是最终能够达成交易的开始，所以给客户留下良好印象是格外重要的。为了给客户留下良好印象，推销人员必须通过自己良好的衣着、言谈和举止，让客户感到诚实可信、礼貌大方，并愿意继续与之交谈和交往。在这一过程中，推销人员一定要注意交往技巧。

3）说服客户的策略。在买方市场下，要想说服客户，达成交易的确不是一件易事。因此，说服客户就成了推销的关键环节之一。常用的说服方法有提示说服法和演示说服法两种。

提示说服法就是通过直接或间接、积极或消极的提示，激发起客户购车的欲望，由此促使客户做出购买选择，如进行获益分析等。演示说服法是通过产品的文字、图片、影视、音像和证明等资料去引导客户做出购买决策，如丰田汽车公司为推销人员特制的样品目录、彩色样本以及各种文字资料等。

在说服过程中应注意认真听取并分析客户的意见，找出问题的关键点和客户的真实目的，做出针对性的反应。要做到事实充分、证据有力、态度诚恳、不卑不亢，切忌同客户发生冲突。

3. 营业推广策略

近10年来，营业推广在市场营销组合中占有越来越重要的地位。在汽车市场中，营业推广也是一种行之有效的促销手段。针对不同的销售对象，营业推广的策略也有所不同。

（1）针对消费者的营业推广策略

1）有奖销售。所谓有奖销售，是指通过抽奖、赠送奖品的形式销售产品。企业希望利用这种形式能有效地刺激购买欲望，提高产品的销量。如某汽车店，推出了“购车送VCD＋口袋行动”的促销方案，即每购一辆车送一台VCD，还有机会抽到电视、手机、电烤箱等奖品，使售车数量激增。

2）赠送消费卡和代价券。神龙汽车公司2009年下半年推出购一辆神龙汽车，可获得一年免费保养，10万km内保修，并赠送8 000元消费卡等一系列措施。

3）提供优质服务。这是国内外汽车公司都普遍推行的做法。尤其是汽车产品，因其产品的特殊性，客户对优质服务的要求也就更高。在产品同质的情况下，客户往往选择能提供优质服务的商家。

4）分期付款和以租代销。由于汽车价格一般比较高，普通消费用户一次付款较难承受，因此，世界各汽车公司都有分期付款和以租代销等业务。

统计表明，目前美国以分期付款方式出售的汽车约占总销售量的70%，日本也有50%左右。在我国汽车市场，从1997年开始，这种促销方式也得到了充分应用。比如一汽、神龙等汽车公司都先后推出了各种特色的分期付款购车方式。

5）价格折扣和价格保证策略。价格折扣是指在一些特殊的时间（如淡季、重大节假日等）给购车者以一定的价格优惠，或给一些特殊的顾客以一定的价格优惠，比如给一次付清车款的客户2%或更多的优惠等。价格折扣易给人以低调处理的味道，尤其是在当前我国正在打价格战的时候，一定要慎用价格折扣。

所谓价格保证是指企业保证用户现在购车的价格在一定时期内是最低的，如果降价，企业应保证退还差额。价格保证在我国汽车市场中目前还未得到有效的应用。

6）以旧换新。“以旧换新”的销售方式在西方发达国家的汽车销售中是非常流行的。据资料显示，目前我国个别汽车公司也采用了这种方法。

7）使用奖励。这是指企业为了促进销售，对使用企业产品的优秀用户予以精神和物质上的奖励。比如，20世纪80年代，东风汽车公司就曾在全国范围内，对驾驶东风牌载货汽车、行驶里程达到数万千米，且从未出过事故的驾驶员给予奖励。

当然，在汽车促销活动中，营业推广的形式是非常多的，以上只是介绍其中一些。各企业可以根据不同的情况，择其良者而用之。

（2）针对中间商的营业推广策略

汽车中间商在汽车企业的产品销售中占有重要地位，而中间商往往是独立的法人，有着独立的经营权，因此，汽车企业提高他们的积极性是很重要的。汽车企业通常可以采用以下几种形式促进销售：

1）交易折扣。汽车企业通过价格折扣或赠品方式，对中间商在产品的价格和支付的条件等方面给予优惠，以促进双方的合作。比如，一汽大众对其产品的专营公司（店），免费提供广告宣传资料、优先满足紧缺产品的供应和优先培训等。

2）销售竞赛。制造商为了刺激中间商推销企业产品的积极性而规定一个具体的销售目标，对完成销售目标的中间商给予一定的奖励。但这个目标应该是中间商有可能达到，又必须是经过努力才能达到的，否则对中间商的刺激作用不大。

3）产品展销和订货会议。制造商通过展销和订货会议向中间商展示其生产的汽车产品的优点和特征，以引起中间商的经销兴趣，从而扩大产品的销售。

以上两大类都是针对企业外部的促销，而在企业的实际工作中还有一类，那就是对企业内部的促销，其目的是发挥员工的销售积极性和提高员工的销售技能，在这一方面，企业也要引起足够的重视。

汽车市场营销策略有着非常丰富的内容，因篇幅所限，在此就不一一赘述。但要特别强调的一点是，市场营销策略不是一成不变，更不是万能的。它要求营销人员在使用过程中灵活运用，切忌盲目照搬，以免贻误营销时机。从这个角度来讲，汽车市场营销是一门艺术。

3.5　汽车销售流程

对世界汽车行业影响比较大的公司在进行市场调研时，有相当一部分是基于汽车销售的流程和规范进行的。因此规范汽车的销售流程、提升销售人员的营销技能和客户满意度，成为当今各汽车服务企业以及各4S店的追求。汽车销售的过程不是单纯地卖汽车，而是一个比较复杂的过程，汽车销售流程从客户开发一直到最后的售后跟踪，一般分为9个环节，如图3－3所示。

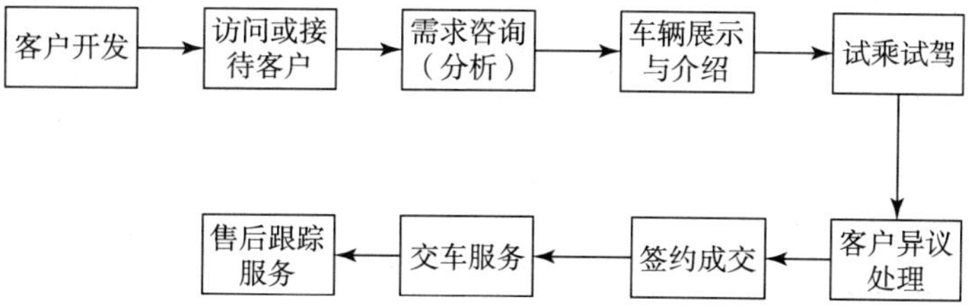

图3－3　4S店汽车销售流程

3.5.1 客户开发与接待

客户开发主要是挖掘潜在的客户，主要是通过一些网络途径，或者是其他人的推荐进行客户的开发。在销售过程中的潜在客户开发步骤中，最重要的是通过了解潜在客户的购买需求和他们建立一种友好的关系。只有当销售人员确认关系建立后，才能对潜在客户进行邀约。

访问客户和接待客户在工作内容和性质上大体相同，不同的是，访问客户主要是推销人员上门主动接近客户，而接待客户主要是销售人员在展厅与客户进行沟通。因此，二者在工作内容上既有相似之处，又会因场景不同而表现出不同的特点。

无论是访问客户还是接待客户，其核心工作都是接近客户并有效地吸引客户对汽车产品或公司或销售员个人产生兴趣，为进一步销售产品做好铺垫。当然，因为访问客户是销售人员主动接触客户的过程，所以还要做好访问前的约见客户的工作。

1. 约见客户

为了提高访问客户的效率，在与客户见面之前应先约见客户，约见客户应做好以下几方面的工作。

（1）拟定访问计划

为了顺利达到访问的目的，需要制订周密的访问计划。访问计划的内容必须具体，应包括如下内容：

1）选择好当天或第二天要访问的具体客户；

2）确定已联系好的客户的访问时间与地点；

3）拟定现场作业计划；

4）准备好推销工具。

访问计划应尽可能周到一些，把面谈时可能遇到的情景和问题尽可能都考虑到，做到心中有数，不至于临场时出现忙乱。

（2）明确访问的事由

尽管推销访问的目的在于向客户推销产品，但销售人员的使命不仅仅是推销产品，而且还肩负着向社会传播科学技术和社会文明，进行市场调查、搜集、整理、传递，并反馈信息，以及服务客户等多项重任。另外，有时如果直接以推销产品为目的与客户见面，容易使客户产生戒备心理，因此在约见客户时并不一定要以销售产品为目的。一般来说，约见客户的目的和事由不外乎以下几个方面，我们可以根据实际情况，以及客户的实情来加以选择。

1）以进行正式推销为由；

2）以从事市场调查为由；

3）以提供服务为由；

4）以签订交易合同为由；

5）以收取货款为由；

6）以走访潜在用户为由。

（3）约见客户的方法

约见客户的方法有很多，下面介绍几种常用的方法。销售人员在选择时，应以提高约见效率为准则。

1）电话约见法。这是一种实用的、效率很高的约见方法，而且可以避免当面被拒绝的尴尬。当然在运用这种方法时还应注意一些细节上的问题。

2）信函约见法。信函是比电话更为有效的媒体，它的优点是比较正式，便于保存和备查，同时随信还可寄上广告、商品目录等小册子。但它与电话约见相比，在时效性上较差，回收率也是个问题。

通常情况下信件的内容包括问候、寄信的宗旨、拟拜访的时间，同时附上广告小册子。一般信件约见的写法是："……届时倘有不便，请在信封所附明信片上，指定适当的时间……"，并且在明信片上，先写上"×月×日，上午/下午×时"。只要请被访问对象在明信片上填上指定日期、时间并寄回即可。这样做在实践中可获得更好的效果。当然，运用信件约见必须事先仔细研究与选择。

3）访问约见法。这是一种在与具有决定权者直接面谈之前的试探访问。使用这种约见法可以提高与具有决定权的客户进行面谈的成功率。

2. 接近销售

约见客户之后，接下来就是接近客户，与客户面对面地交流了。无论是展厅销售还是上门推销，接近客户是不可避免的，而且是销售人员所希望的。只有接近客户，与客户面对面的交流，才可以发现客户之所需，销售重点之所在，才可以有针对性地进行销售说服活动。那种怕见客户的心理，对销售人员来说是极其有害的。

关于客户购买过程的模式和理论的研究有很多，无论是哪种模式，客户购买汽车的过程不外乎6个步骤，即引起注意，产生兴趣，产生联想，激起购车欲望，比较产品和下决心购买。

在接近客户这一过程中，尤其是初次接触客户，关键要做到的就是引起客户注意，给客户留下深刻印象，使其对产品、公司及销售人员产生良好的印象，进而发生兴趣。对此，销售员要设计出新意独到的方法，下面着重介绍几种便于接近客户的方法。

1）使用别出心裁的名片接近法。名片如果和一般人使用的大同小异，那么就无法传达特殊信息而引起潜在客户的注意。相反，如果你的名片设计独特，能传达一些特殊信息，必能引起潜在客户对销售员的注意。对此，销售员可以针对不同的对象，设计使用不同风格的名片来吸引初次见面的潜在客户。

2）采用精彩的开场白接近法。面对初次见面的客户，开场白的设计非常重要，设计精彩的开场白，可以迅速实现与客户的沟通，给客户留下一个深刻的印象。与客户接触的最初3min至关重要，此时，精彩的开场白往往能最终决定一笔生意的成败。那么该如何准备精彩的开场白呢？一般来说精彩的开场白没有固定的模式，他需要销售人员具有很深的功底，能随机应变，根据不同的客户，不同的情景来设计这些精彩的开场白。但总原则有3个，一是通过精彩的开场白，能引起客户的注意，拉近与客户之间的心理距离；二是开场白应以寒暄为主，尽量不直奔主题，以免引起反感；三是开场白应力求与情景和客户的特点相吻合。一般来说精彩的开场白多以公共话题为主要内容，例如，可以从客户进店前开的车、带的人、衣着打扮、谈吐以及彼此关系等一些公共话题中，发掘出精彩实用的开场白。

3）请客户提意见接近法。人有各种想法，但有些想法人们在平时并不会注意到，也不会使用到的。可是当别人问起某个问题时，人的思考就会立刻集中在这个问题上，相关的信息也会突然涌入脑际，人也会集中注意力思索及表达对该问题的看法。

销售员请客户提意见，是吸引潜在客户注意的一个很好的方法，特别是能找出一些与业务相关的问题。一方面，当客户表达看法时，不但能引起其周围客户的注意，同时也能了解客户的想法；另一方面也满足了该客户被人请教的优越感。

4）迅速告诉客户能获得哪些利益接近法。从心理学的角度分析，人们都希望从交易中迅速获利。因此，迅速地告诉潜在客户能立即获得哪些重大利益，是引起客户注意的一个好办法。这种方法在上门推销时经常运用。

5）告诉潜在客户一些有用的信息接近法。每个人对身边发生了什么事情，都非常关心、非常注意，这就是新闻节目一直维持最高的收视率的原因。因此，可以收集一些汽车行业、人物或事件等最新信息，在接待客户时告诉客户，以引起潜在客户注意。

6）提出能协助解决潜在客户面临的问题接近法。当客户表现顾虑或提出问题时，如果能迅速解决，客户会注意你所说的每一句话。

以上六个方法，如果在销售中能恰当地运用，相信会收到很好的效果。在此要强调的是，在初次与客户接近时，第一印象非常重要，要记住这时重要的不是立刻销售汽车，而是与客户建立关系，并且你的每一句话都应亲近易懂。

3.5.2 车辆展示与介绍

车辆展示是汽车销售过程中非常重要的一步，也是说服客户的关键一步。通过调研发现，在展示过程中做出购买决策的占最终购买的70%。通过车辆展示，可以充分地向客户展示汽车的特性，尤其是它的不同于其他汽车产品的独到之处和它能满足客户需求的不可替代之处。然而，要完美地展示车辆却不是那么容易，它需要独特的技巧和销售人员非凡慧眼才能做到。

汽车销售人员在汽车展示过程中，需要注意4个方面的问题：

1）显示自我的服务意识和态度；

2）显示寻找客户需求并满足其需求的热情；

3）显示丰富的专业知识以及业务知识；

4）显示产品的利益和价值，尤其是那些从外表不容易看到的价值点。

作为汽车销售人员，尤其是汽车行业内的销售顾问，在介绍汽车时，没有必要将汽车的所有特点都事无巨细地向客户一一介绍，而应有针对性地将产品的各种特征概括为五个方面，而且一定要努力让客户接受这个理念——在看汽车的时候，首先要想到的就是这五个方面。这五个方面也是销售顾问必须了解和熟记于心的。

这五个方面指的是汽车的造型与美观、动力与操控、舒适实用性、安全能力、超值能力。作为销售人员，对所销售的汽车在这五个方面的特性一定要熟记于胸，每一个方面至少还应能陈述出3个具体的要点，具体的要点可以从以下几个方面考虑。

造型与美观：流线型车身的设计、车灯的设计、形状设计等；

动力与操控：发动机动力、油耗、驱动性、悬挂性能设计等；

舒适实用性：储物空间、人员空间、车门开启、进入的难易等；

安全能力：主动安全、被动安全、安全新技术的应用；

超值能力：空调区域、品牌、品质等。

车行展厅中展示车辆，时常有一个标准的流程，这个流程就是我们常说的6方位销售步骤，也称为环绕介绍法。所谓环绕介绍法，就是环绕汽车产品对汽车的6个部位（发动机舱、前脸的设计、驾驶室、后排乘客室、后备厢、车侧）进行介绍，以此来展示汽车产品。

3.5.3　试乘试驾

试乘试驾是对第四个环节的延伸，客户可以通过试乘试驾的亲身体验和感受以及对产品感兴趣的地方进行逐一的确认。这样可以充分地了解该款汽车的优良性能，从而增加客户的购买欲望。

3.5.4　异议的处理

在销售洽谈过程中，当销售人员以各种形式向客户介绍和示范商品后，在一般的情况下客户总是会有反应的。客户的反应不外乎两种：一是同意购买，但在实际销售活动中，这种反应是较少见的；二是提出各种各样的购买异议，这种反应是很普遍的，不可避免的。销售员只有正确地认识和把握客户异议，采取不同的策略，才能促成交易。因此，正确对待和妥善处理客户异议，是销售人员必备的基本功，也是每个销售人员必须掌握的技能。在这一环节，销售人员的主要任务就是解决问题，解决客户在购买环节上的一些不同的意见。如果这一环节处理得好，就可以顺利地进入下一环节，也就是说，可以与客户签订合同了。如果在处理异议这个问题上处理得不好，销售人员就应回头去检查一下到底问题出在哪里，为什么客户不购买你的车。

3.5.5　签约与交车服务

销售最终是为了成交，因此销售人员应抓住一切机会促成交易。一般而言，当客户对产品有了充分的了解或是在销售人员的鼓动之下，有所反应，尤其是提出一系列的异议，一般来说这就是缔结成交的信号。此时销售人员就应抓住成交的时机，及时运用各种技巧来达成交易。

交车是客户最兴奋的时刻，在这个过程中，必须要信守承诺，保证交车的时间、尽量帮助客户顺利拿车，并且拿到的是质量可以保证的车。这样既增强客户的信任感，也是建立友好关系最关键的一步。此时需要注意的是，交车时间有限，销售人员应抓紧时间回答客户询问的任何问题。如果不能按照原来预定的时间交车，一定要诚恳地向客户道歉。

要赢得顾客的满意，交车前的检查是非常重要的工作。顾客对于新车的期望值很大，如果顾客的期望没有被满足，例如，车身有刮痕、粗制滥造等将会引起顾客极度的不满，并会严重影响到新车的销售。

所谓PDI就是新车送交顾客之前进行的一种检查，英文是PDI（Pre－delivery Inspection）。PDI是交车体系的一部分，该体系包括一系列在新车交货前需要完成的工作，其中大部分项目是由服务部门来完成的。服务部门的责任是正确迅速地执行PDI，以便使车辆完美无缺地交到用户手中。保质保量地交一辆完美无缺的车是让用户满意的首要条件。

3.5.6 售后跟踪

汽车销售出去了，但销售过程并未就此结束，销售人员还应做好跟踪服务工作。跟踪服务包括两方面的内容，一方面是信息跟踪，以维护客户关系，另一方面就是做好售后服务工作。售后服务是汽车销售的一部分，而且是非常重要的一部分，这是由汽车这种产品的特殊性所决定的，没有售后服务的汽车销售是不可能获得客户的信任的。

1. 客户维系

跟踪服务的一项重要工作就是搜集反馈客户关于产品、企业、销售人员等各方面的信息，一方面，这些信息有利于企业进一步完善经营活动；另一方面通过信息的跟踪，与客户进一步沟通，从而维系好与老客户的关系。

国外有调查显示，创建一个新客户所需的费用是维持一个老客户所需费用的 10 ~ 15 倍；同时，客户尤其是高级客户也期望销售人员能主动与他们联系。由此可见，维系与老客户的关系是非常重要的，也是很有必要的。

销售员与客户通过交易而发生的人际关系，是一种很自然而融洽的关系，人们常常因为买东西而与卖方交上朋友，销售员及其销售商同样因为与客户的交易促成了深厚的友谊，这种友谊需要通过感情联络来维系。一般与客户感情联络的方法有如下几种。

（1）拜访

经常去拜访客户是很重要的事，拜访不一定非要推销，主要是让客户觉得销售员关心也愿意对所销售的商品负责。在行动上有一个原则，那就是尽可能把拜访做得自然不要使客户觉得销售员的出现只是有意讨好，更不要因拜访对客户的生活造成干扰，给工作带来不良后果。

（2）书信电话联络

书信、电话都是联络感情的工具，我们在日常生活中用得很多。销售员利用书信的机会亦不少，譬如有些新的资料要送给客户时，可以书信方式附上便笺；客户个人、家庭及工作上有喜事出现时，致函示意，贺年、贺节、贺生日等，通常客户对销售员的函件会感到意外和喜悦。以电话与客户联络所发挥的效果是不容忽视的，偶尔简短几句问候的电话，会使客户觉得很高兴，当然交谊性的电话，用词要适当，问话要得体。

（3）赠送纪念品

赠送纪念品，是一种常见的招徕手法，有些销售商对其客户一直做着很周到的服务，一有什么纪念品立刻会致赠给老客户，纪念品不一定很珍贵，但可表达人的心意。赠送纪念品这种方式基本上可产生两种功能：一是满足人们的心理需求；二是可以借着它作为再次访问及探知情报的手段或借口，这是成功推销的捷径之一。

（4）提供商品资料

把有关公司、汽车产品等最新的资料及时地提供给老客户。这不仅是维系老客户的最好方法，同时也是开拓新客户的有效手段。有许多商品，其销售资料常以报道性的文件记载，销售员可把它作为赠送客户、联络感情的工具。每上市一款新车，及时把其资料寄给客户，一方面可以给客户参考，另一方面借以报道商情，不断地供给商品资料，可以让客户对商品有持续的好感，起到间接宣传效果，以吸引更多的客户。

2. 汽车的售后服务

跟踪服务除了联络感情外，另一个重要的方面就是做好售后服务工作。跟踪服务的全部过程称为售后服务。

当然，售后服务也能起到联络客户感情的作用，除此外，售后服务的主要作用可以概括如下：

首先，售后服务起到维护商品信誉的作用，这种作用一方面表现在对商品品质的保证上。如汽车售出后，定期对汽车进行检查维护能使客户对企业和产品产生安全感，另一方面则是履行对服务中（或销售中）的承诺。如有时汽车销售员，在说服客户时，为了达成交易，会提出一些优惠条件，那么这些优惠条件和承诺就应该在售后服务中履行，从而起到维护商品和企业信誉的作用。

其次，售后服务可以提供汽车技术服务，一旦客户的汽车出现技术故障，还可以通过售后服务来安抚用户，为客户解除后顾之忧。

最后通过售后服务与客户直接接触，还可以搜集情报，了解客户背景，甚至达到连锁销售的目的。关于售后服务我们将在下一章中详细地介绍。

3.6 汽车电子商务与网络营销

3.6.1 汽车电子商务

在经历了几十年的标准化、规模化的大生产后，目前世界范围内汽车生产相对过剩、利润率严重下降。汽车业作为昔日传统行业的巨人，在信息业蓬勃发展的今天，还能重振雄风吗？对于这个问题，世界各大厂商见解不一，但有一点他们的看法却是一致的，即汽车市场电子化是帮助汽车企业渡过难关的关键。

Internet以其特有的优势正逐渐得到传统产业的重视，各行各业相继推出符合自身特点的电子商务解决方案，汽车业也不例外。业内人士都希望能有一个好的电子商务解决方案用到采购、生产和销售的各个环节中，以提高效率，最大限度地降低成本。但目前能适用于汽车业的电子商务相关产品非常少，且很不完善，使得众多业内人士因为找不到在这场信息革命中的切入点而心神不安，担心竞争对手利用电子商务捷足先登，将自己抛在后面。

国外的一些汽车厂商首先意识到了这种紧迫性，2001年上半年通用、福特与戴姆勒-克莱斯勒宣布合作建立世界最大的电子商务交易平台就是例证。相比之下，我国的汽车企业对发展电子商务行动较迟缓。虽然，大多数大型汽车企业都接通了Internet，但他们仍主要停留在企业简介、产品样本的初级阶段。有的汽车企业的主页虽有网上销售内容，但却没有一套可以实施的操作方案。

1. 汽车电子商务基本功能

汽车企业利用电子商务所获得的效益突出表现在两个方向：一是提高对顾客的服务水平；二是降低企业的经营成本。实施供应链管理的第一步，就是实现供应商与零售商、企业内各部门之间的信息沟通与共享，这样就可以将顾客的需求信息迅速地传递到制造商手中，使供应链上的各个环节都能对顾客的需求变化迅速做出反应，从而最大限度地满足顾客的需求。由于信息沟通方式的变化，导致了交易方式及交易流程的变化，从而大大缩短了交易周期，降低了供应链上每个环节的库存，避免了浪费，降低了企业经营成本。虽然汽车电子商务的关键环节对所有的汽车企业来说都是相同的，但每个企业应以不同的方法来实现各自的供应链管理。这种变化的多样性是由买卖双方根据市场及顾客需求所确定的各自的供求关系决定的。

根据我国国情和汽车业的特点，应用任何汽车行业的电子商务解决方案，除了具备企业形象及产品信息的宣传功能外，还必须实现以下基本功能：

1）灵活的商品目录管理功能。作为零售商，在商品目录管理系统上，能够创建包括任何厂商、任何商品类别、任意数量的自建商品目录。这些目录里的商品信息的任何更改，都可以实时反映在系统中。而对于供应商来说，不仅可以通过建立包含了任意商品类别的公开商品目录向零售商发布产品信息，也可以创建只供指定零售商查看的商品目录。在这些目录中，甚至可以提供特殊的优惠而不用担心被其他供应商或者未被指定的零售商看到。

2）网上洽谈功能。当零售商发现一个感兴趣的商品，或者供应商寻找到零售商发布的采购目录后，网上洽谈功能可以帮助零售商、供应商进行实时交流，而且所有的洽谈记录都将存放到数据库中，以备查询。

3）订单管理功能。根据用户的实际需要，自动将发生在供应商、零售商之间的订单草稿以及洽谈形成的采购意向集合到一起，并且组合成一个订单发送给供应商。另外，对于经常交易的双方来说，由于相互之间比较信任，也可以不经过任何洽谈就直接发送订单。这样就极大地提高了采购、供应的效率。

4）基于角色的权限和个性化页面功能。规定各种角色之间的权限和安全的继承性，如：一个系统管理员的账号可以创建和管理销售、采购经理的账号；而销售、采购经理的账号可以创建许多属于他领导的业务员，这些业务员的权限也各不相同。同时，基于这些用户定制并提供的个性化功能，对于不同角色，其操作是不一样的，同一个角色不同账号之间的内容也可以完全不一样。

2. 我国汽车电子商务的现状和展望

科技部在“十五规划”开始时，就把电子商务和现代物流作为科技攻关项目，目前正搭建汽车行业共同的采购平台，采用现代化物流手段降低汽车企业物流成本。电子商务对汽车行业的意义很重大。国内企业不能简单引进国际管理，而要通过降低库存，降低积压，把利润让给用户。此外，国际化采购并不意味着国内企业可以在同一起跑线与国际企业竞争。我国单一品牌汽车产量较小，如果能通过电子采购明朗化，把几家品牌共性的采购放在一起就能降低采购成本。一汽、二汽等大型国内汽车企业已就联合进行国际化电子采购达成意向。

不可否认，我国汽车工业的信息化总体应用水平还相当低，尤其是企业间的数据交换、企业集团内部位于不同地理位置上的分公司之间的信息交流和企业之间的数据确认等。除了极少数企业应用了 EDI 系统，更多的则还是以传真加电话的方式进行联系和沟通，数据交换、商业合同等多以书面或其他介质为主，同时辅以电子邮件。企业之间设计信息的传送更多的仍以最原始的图纸传送方式为主，配备 CAD 系统的企业则以数据磁带的方式进行传递，只有少量的信息借助互联网进行传送。资源共享率低、运作成本高和产品开发周期长的问题没能得到很好的解决。

汽车企业实施电子商务，成效最显著的是在汽车产品供应链两端——上游零部件的供应和下游汽车产品的销售服务。汽车部件的供应十分复杂，分为好几层。如福特公司，它将大型集成系统、座椅、车轮和制动器等列为第一层，第二层是向第一层提供部件的公司，此外还有第三层供应商。目前福特已经通过它的电子数据交换系统，同第一层供应商建立了密切的联系，同第二层供应商的联系也正在加速进行，最终他想同所有的供应商联网，互通信息。据统计，美国22 600家汽车经销商中的65%已经设立了一名专职的互联网销售人员，61%设立了自己的网站，40%参与了在线购买服务。网络化将是汽车工业的又一次革命。本就落后的中国汽车工业要及时清醒地认识到网络革命的到来，积极投身到网络革命的浪潮中去。

汽车生产企业的信息化是一项长期、综合的系统工程，是实施电子商务的核心。企业信息化任务包括硬件建设和软件建设两个方面。

硬件方面包括：网络的综合布线、Internet 的连通、Intranet 的构建；办公、科研、生产、营销等各种应用软件系统的集成或开发；企业内外部信息资源的挖掘与综合利用；信息中心的组建以及信息技术、信息经济与信息管理人才的培养。

软件方面包括：相关的标准规范问题以及安全保密问题的研究与解决；信息系统的使用与操作以及数据的录入与更新的制度化；全体员工信息化意识的教育与信息化技能的培训；与信息化相适应的管理机制、经营模式和业务流程的调整。

为了实现广域的网络采购，汽车企业要分离出许多零部件生产协作配套厂，使它们成为供应商，从而减少公司的投资。最终汽车企业将变成一个几乎不生产汽车部件的企业，它们只是将供应商送来的汽车部件进行最后组装，然后打上自己的品牌。汽车企业应致力于汽车的设计和研究。汽车企业与汽车部件供应商将组成一个有效的供应链。

随着 Internet 的发展，汽车的销售模式发生了变化。Internet 削弱了传统销售渠道的中间环节，汽车生产企业从传统多级销售体系的身后走出来，直接面对消费者。通过完善的客户关系管理与消费者联系，掌握信息，提供符合消费者需要的汽车和相关服务，形成“批量定制”，最后转变为“批量生产”，形成所谓的“拉动”模式。汽车企业将直接接受消费者网上订货，然后组装汽车，就像目前消费者在网上直接向戴尔计算机公司订购组装计算机一样。因此，现有的营销渠道要加强服务功能，完善物流配送服务系统。营销所涉及的地区越大，要求的物流配送系统就越大，要让消费者真正享受到足不出户就可以得到想要的一切。

由于我国的电子商务发展与发达国家还存在较大差距，不可能迅速实现网上交易，因此，目前比较理想的操作模式是电子商务与传统模式的有机结合，在使用电子商务手段的同时，满足用户的具体需求，把服务落在实处。各企业要建立产品数据库、技术信息库以支持销售，方便各级用户的查询；建立自有的具有一定数量的实体库存，借用社会专业力量，以企业联盟及其他方式建立覆盖当地市场的仓储、配送力量；以品牌为龙头，网络为手段，产品为纽带，仓储和配送力量为支持，发展包括配件经销商、汽车修理厂、汽车养护中心为内容的连锁体系。在开放式信息平台的支持下，更大范围地联合行业内的企业，借助各自资源共享市场，共同获益。

3.6.2 网络营销

1. 网络营销的功能

网络营销是数字经济时代的一种崭新的营销理念和营销模式；是近年来众多营销理念的发展、凝练和升华；是促使企业开辟广阔市场，获取增值效益的马达；是连接传统营销，又引领和改造传统营销的一种可取形式和有效方法；是用信息化技术进行的全部营销活动；是提升企业核心竞争能力的一把金钥匙。为了正确的开展网络营销我们必须认识和把握网络营销的功能。

（1）超越时空限制，世界通销

Internet 是一种能覆盖全球的公共网络，具有超容量的信息空间，利用这种信息的电子商务具有巨大的潜力，从根本上改变了从事商业活动的途径和经济结构。比如大众集团的大众、捷克的 SKODA、法国的雪铁龙，还有甲壳虫汽车等，它们是生产各种中、小型家庭轿车和多用途汽车的公司，充分利用互联网具有不受时间空间的约束的特点来进行信息交换，24 h 为全世界提供营销服务，超越传统的时间和空间，达成大量的交易。

（2）多媒统一，直销入户

Internet 有着多媒体的功能，而且清晰度高、容量大，所以有条件上网的人们可以“足不出户，购尽所需”，因为网络上什么商品都有。日本索尼音乐公司把资金投入在全球性的交互网和本公司的结构上，公司巧妙地把 Web 服务与现有的信息资源结合起来，将企业的内部信息交换到网上，使最重要、最新的内容高效率地传给索尼公司，产生坐待“直销入户”的营销效应。

（3）全程通道，贯通营销

Internet 上的网络营销是一种全程的营销渠道，可以从商品信息、收款结算、售后服务“一条龙”一气呵成。美国的通用汽车公司就充分利用了互联网的这一特点，他们允许顾客在互联网上通过公司的有关系统按自己的兴趣，自己设计和组装，以满足顾客的个性需求。

在结算方面，我国的招商银行率先推出企业网上银行，使企业财务人员不到银行就可在网上办理支付结算等工作，同时也为网上交易提供结算手段奠定基础。

（4）信息超前，市场优先

Internet 是一种具有强大营销能力的工具，兼有渠道、促销、互换信息及网上交易的一系列功能，是营销的未来趋势。

2. 网络营销的特点

与传统的营销手段相比，网络是新形式的营销，它具有许多特点。

（1）未来竞争优势

中国的许多家庭购买电脑大部分是为了供孩子学习，使他们能够跟得上时代的发展，而好奇心极强的孩子们大都对电脑着迷。如果能抓住他们的心理，那么当他们成长为具有购买能力的消费者时，早先为他们所熟知的产品无疑会成为他们的首选。

（2）自主便利性

现代人们生活在广告充斥的时代，无论是报纸、电视，还是杂志，都充满了广告，最让人头痛的是在电视剧中插入的广告，让人躲都躲不了，不得不被动地接收各种信息。

在这种情况下，广告的到达率和记忆率之低也就可想而知了。于是商家感叹广告难做，而消费者则抱怨广告无处不在，好广告则没有几条。

网络营销则不同，人们不必面对广告的轰炸，只要根据自己的喜欢或需要去选择相应的信息，如厂家、产品等，然后加以比较，再做出购买的决定。这种自由轻松的选择，不必受时间、地点的限制，浏览的信息可以是国内外任何网上的信息，而不用消费者一家一家商店跑来跑去。

这样的灵活、快捷、方便，是传统商场购物所不能比拟的，网上商场尤其受到许多没有时间或不喜欢逛商店的人的喜爱。

（3）成本优势

在网上发布产品信息，与传统传播手段比，价格是很便宜的；将产品直接向消费者推销，可以缩短分销环节，可以节省批发加价的必要成本。发布的信息谁都可以自由地索取，企业借此拓宽销售范围，这样可以节省促销费用，从而降低成本，使产品具有价格竞争力。

前来访问的人大多对此类产品具有兴趣，这样就避免了许多无用的信息传递，也可节省费用，还可以根据订货情况来调整库存量，降低库存费用。例如网上书店，其书目可按通常的分类，分为社科类、艺术类、工具类、外文类等，也可以按出版社、作者、国别分类来进行索引，以方便读者的查找，还可以辟出专门的栏目进行新书介绍及内容简介等，而网上书店对网上资源的更新是很方便、及时的。这样网上营销就能够以较低的场地费、库存费提供更多更新的图书，争取到更多的顾客。

（4）优质服务

如果在市场遇到冷若冰霜的销售员或热情似火的销售员，都会让顾客感到无所适从。网络营销就没有这样的顾虑，顾客可以避免因人的因素对消费决策造成的影响，使消费更理性化。同时在网上能得到快捷的售后服务，比如，顾客买了台打印机，却因打印程序老出毛病，只要顾客找到生产企业的网站，下载了打印程序，问题就可以迅速得到解决。

3. 营销网站

企业进行网络营销，产品、价格、销售方式及售后服务等，都需要在网站上表现出来，所以一个企业要实行网络营销，就必须建立一个出色的网站。建设一个出色的网站，根本目的就是造就高的访问率。只有有大量的网民访问，才可能有突破性的销售量。虚拟商场最独特之处在于，每周提供一次特别超值商品列表，而顾客也不需要像往常那样抢购，轻轻松松地点几下就可以挑选到自己满意的商品。

网络购物是一个崭新的交易方式，很多消费者对此都存在戒心，一般来说一种新的产品或是一种新的销售方式刚刚进入市场的时候，敢于尝试的人大概只有 2.5%，所以一个再美丽的网页也需要一定的促销手段的配合。

典型的网上促销活动是网上有奖问答、抽奖活动、申请优惠卡或贵宾卡、建立网上销售俱乐部等。更深入的活动可以是让顾客了解公司和产品的情况，包括公司的历史、发展和未来预测，还可以征求顾客对企业的管理体制及产品的意见。

消费者最大的乐趣在于能买到自己满意而且价格又便宜质量也好的商品，这也就是为什么每次百货公司减价的时候，总是人潮汹涌。网络营销也可以采取这一手段，定期推出每周一物，每月一物的活动，以相当优惠的价格营造购物气氛，刺激消费者的购买欲望。

网站就是为了吸引顾客来看，但是因特网的网站成千上万，而且每天都有无数的新网页出现，把网页放在因特网上并不表示一定有人来看，实际上许多网页长期少有人问津，造成网页投资的浪费。一个网站正如一家企业，必须要有一定的宣传，才会让人知晓，才可能有顾客的到来。

有些企业采用借助主要的搜索器或是借助传统的传播媒介之手来宣传，但这两种手段都有其弱点所在，在搜索器里登记虽然重要，可是搜索器里的网站太多了，而人们一般都只看前几页的网址。如果你的网站被排到了第 10 页，第 20 页，甚至是第 100 页，那你的网站就很可能被淹没在茫茫网海中了。

传统的宣传虽然很有作用，但是价格的昂贵也不是一般企业，尤其是那些“虚拟商场”所能承受的。出资在网络服务商上做旗帜广告，价格相对来说就便宜多了。而且使用旗帜广告交换服务网络除了上网费用和主页的制作费用之外，几乎没有其他费用。交换服务网络不是一个单一的网页，而是由数千页联合而成的综合网页，成员除了各地的网络服务商（ISP），还有网上的报纸杂志，各类消息网、搜索器及各公司的网页，接触面相当广。

同时，交换服务网络为所有成员和赞助商准确报告广告出现的次数及浏览的次数，提供即时统计的服务。当然，使用这种交换服务网络时，如果要达到好的效果，那就一定要有出色的主页，因为旗帜广告交换服务网络是以等量交换为原则的，只有提高自身主页的被访率，才能更多地放到别人的网站上，图标被人看到的次数才能成倍增加。

思考与习题

1. 简述汽车市场营销的主要内容。
2. 什么是汽车市场营销环境？汽车市场营销宏观环境和市场营销微观环境分别包含哪些内容？
3. 分析我国汽车市场特点及影响用户购买行为的因素。
4. 什么是汽车市场营销调研？如何进行汽车市场营销调研？
5. 什么是市场营销预测？市场营销预测有什么作用？
6. 汽车产品的基本定价方法有哪些？
7. 汽车产品人员推销的基本形式和基本策略是什么？
8. 简述汽车 4S 店的基本销售流程。
9. 分析我国汽车电子商务的现状，并说明其优势和发展趋势。

第4章　汽车维修服务

【本章知识点】

本章主要讲述了汽车维修服务的相关内容。主要包括汽车维修思想、汽车维修制度、汽车检测方法及内容、汽车维护分类及具体内容、汽车修理工艺组织和汽车修复方法等。

4.1　概　述

4.1.1　汽车维修思想

维修不仅是现代化生产的辅助过程，也是现代服务业的一种产品形式。维修活动可能出现在生产和消费的不同过程中，其活动本质是相同的，而活动特点可能不一样。例如，汽车作为运输生产必备的物质条件，是一种常见的生产装备。其生产活动主要是运送货物和人员，即货运与客运。货运又有厂（场）内运输和厂（场）外运输之分，厂（场）内运输的距离一般较短，而厂（场）外运输的距离较长。对这类汽车进行维修的主要目的是保持汽车完好的技术状况，汽车维修活动具有生产辅助过程的性质。因此，汽车作为运输生产装备进行维修时，可以根据运输生产活动特点采用相应的设备维修方式。

维修是伴随着生产设备的大规模使用而出现的辅助性生产活动，并且随着生产的发展对设备维修的认识也在不断深化。最初人们只认为维修的作用是预防设备故障的发生和排除已发生的故障，后来又认为维修是设备正常使用的前提和安全运行的保障。因为一旦设备发生故障将可能使生产被迫停止，正在提供的服务也可能被中断。这不仅会造成经济损失，甚至还会危及人身安全，即影响生产效率、效益和可能导致严重事故。由于维修能提高设备的完好率，延长设备的使用寿命，因此维修有助于生产效率的提高，是生产力的重要组成部分。此外，维修也是设备投资的一种选择，可以为企业带来经济效益；维修也是企业产品售后服务的一种形式，是建立企业信誉、扩大产品在市场上销售份额的手段。目前，工业的发展和人口的增长，使自然资源的消耗急剧增大。产品消费扩大的同时，报废产品的数量也同时增加，并可能造成环境污染。循环经济要求采用再使用、再循环和再制造的方式，使产品报废后所形成的再生资源能得到充分利用。再使用和再制造产品的利用将是维修生产和维修服务资源的必然选择。

因此，随着设备生产能力的提高和产品技术水平的升级，维修有了更多的内涵。维修从单纯为了排除设备故障，发展到了通过维修改善设备性能、提高利用率和保障产品售后性能等多方面作用。设备维修和维修服务不应只看到直接效益，而且还要重视其关系到企业生产和用户利益的间接效益，如提高生产力、生产效率、完好率、安全性、经济性、环保性、资源节约性和售后服务效益等，生产企业和维修服务企业都应关注维修的这些特点。

1. 预防性维修

预防性维修是指通过对设备的检查、检测发现故障征兆以防止故障的发生，并使其保持在规定状态所进行的各种维修活动。

预防性维修包括清洁、润滑、检查、调整、更换和定时拆修（计划修理）等活动，是在故障发生前预先对设备或其部件进行的维修，目的是为消除故障隐患，防患于未然。这种维修方式主要用于故障后果会危及安全、影响生产任务完成或导致较大经济损失的情况。预防性维修分为以下几种形式。

（1）定时拆修

定时拆修是指设备使用到规定时间予以拆修，使其恢复到规定的状态。规定的时间可以采用不同的方式进行计量，如间隔时间、累计工作时间、日历时间、里程和次数等。拆修的工作范围可以从将设备分解后清洗直到对设备进行全面修复。对于不同的设备，拆修的技术难度、资源要求和工作量的差别都较大。拆修的特点是可以预防那些不拆开就难以发现和预防的故障，避免可能产生的经济损失。拆修的结果可能是设备、总成和零件可以继续使用或者是需要重新加工和修复后才能使用。

（2）定时报废

定时报废是指设备或零部件使用到规定的时间就予以废弃。定时报废是一种比定时拆修消耗更大资源的预防性维修工作。其结果是使设备更换零部件或者报废。

定时拆修和定时报废这两种预防性维修类型，统称为定时维修。定时维修适用于已知寿命分布规律，而且有耗损期的设备。这种设备故障的发生、发展与使用时间有明确的关系，设备的大部分总成和零部件能工作到预期的时间，以保证定时维修方式的有效性。

（3）视情维修

视情维修是指经过一定的时间间隔后，将观察到的设备技术状态与确定的标准进行比较，其结果可能是设备可以继续使用到下一个检查期，或者对总成、零部件进行更换或修复后继续使用，也可能是使设备、总成或零部件报废。

视情维修是基于大量的故障不是瞬时发生的，故障从开始发生到发展成为最后的故障状态，总有一段出现异常现象的时间，而且有征兆可以查寻。因此，如果找到跟踪故障迹象过程的方法，就可能采取措施预防故障或避免事故发生。所以，这种维修也被称为预知维修或预兆维修，有人也将这种维修方式称为临近故障状态维修。

（4）状态监控维修

状态监控维修是指对那些不会影响设备的安全和生产任务的早期故障、偶然故障和耗损故障，当采用定时维修、视情维修等预防性维修方式效果不佳时，需要在故障发生之前，通过所积累的故障发展信息，进行故障原因和故障趋势分析，从总体水平上对设备的可靠性水平进行连续监控。状态监控维修的结果除决定更换零部件或修复设备外，还可以用于转换维修类型和更改设计等决策。状态监控维修不规定设备的使用时间，因此能最充分利用设备寿命，使维修工作量达到最低，是一种经济的维修方式，目前应用较为广泛。例如，汽车的自诊断系统。

（5）隐患检测

隐患检测是指在规定的时间间隔内，对发现设备已存在、但对操作人员来说尚不明显的功能性故障所进行的检测工作，也称之为隐蔽功能故障检测或故障状态检查。

严格地说，隐患检测不是预防性工作，这是因为是在故障发生之后才寻找故障。之所以认为是预防性的，是因为其目的在于预防，如果隐蔽功能故障没有被发现，就可能引起连锁性的第二次反应，甚至多次故障（多重故障）的发生。

2. 恢复性维修

恢复性维修是指设备或零部件发生故障后，使其恢复到规定状态所进行的维修活动，也称排除故障维修或修理。恢复性维修包括：故障定位，故障隔离，分解、更换、调校、检验以及修复损坏件等。

预防维修的内容和时机是事先加以规定并按照预定计划进行的。因而也可以称之为计划维修。恢复维修因其内容和时机具有随机性，不能在事前做出确切安排，因而也可以叫做非计划维修。

3. 改进性维修

改进性维修是利用完成设备维修任务的时机，对设备进行改进或改装，以提高设备的固有可靠性、维修性和安全性水平。这种结合维修工作进行的改进和改装，是维修工作的扩展，实质上是修改设备设计，应属于设计、制造的范畴。但是，由于维修部门的职责是保持和恢复设备的良好状态，也了解设备使用和维修中的缺陷，因此在设备固有可靠性、维修性和安全性水平不足时，提出改进性维修是进行有效的预防性维修和恢复性维修的补充手段，也是设备性能改进与提高的必要环节。

4.1.2　维修策略的演化

近年来，维修管理方法和应用技术已经有了很大的进步。维修技术的进步体现在产品的复杂性和多元性，维修的重要性在保护环境、个人安全、商业利益和产品质量等方面都产生了重要影响。其中，应用最典型的范例就是视情维修和以可靠性为中心的维修方式。基于风险的维修方式目前正受到越来越多的关注，也引起人们的日益重视。维修策略的演化过程可分为以下几个阶段。

1. 传统维修策略

从维修策略的演变过程来看，传统维修策略或称早期维修策略属于第一阶段，即1940—1950年期间。工业生产不是高度的机械化，设备结构简单，而且容易修理。设备一直使用到发生故障为止，没有办法预测故障在什么时候发生。

在第一阶段中，主要采取的维修方式有：故障后修理、日常维修和恢复性维修。

2. 计划预防维修策略

计划预防维修策略属于第二阶段，即20世纪50年代初期至20世纪70年代中后期。工业生产越来越复杂，而且更加依靠机械设备。机械化大生产中，设备维修费用变得比其他运行费用相对更高。采用的维修方式包括：计划预防维修、定期维修、计划和控制性作业系统。

这些维修方式的主要特点是经常产生不必要的过度维修，以致影响正常的生产过程和设备的使用效率。同时，由于维修操作失误，甚至导致设备故障的产生。

3. 可靠性为中心的维修策略

可靠性为中心的维修策略属于第三阶段，即20世纪70年代后期至2000年期间。在这段时间内，设备维修所采取的策略被认为是第三次进化。这一阶段生产方式的典型特点是：

1）生产的复杂性继续增加；

2）自动化程度加速；

3）即时生产系统出现；

4）产品标准和服务质量要求提高；

5）视情维修（CBM）、以可靠性为中心的维修（RCM）和计算机辅助维修管理方式被普遍采用。

因此，第三阶段主要采取的维修方式有：视情维修（CBM）、以可靠性为中心的维修（RCM）、计算机辅助维修管理和信息系统、多元技术团队作业、主动预防维修等。

4. 基于风险评价的维修策略

基于风险评价的维修策略属于现代阶段，即2000年开始到现阶段。20世纪90年代以后，基于视情维修（CBM）和以可靠性为中心（RCM）的维修原理的扩展，提出了基于风险监测的维修理论，而且进入21世纪以后应用得更为普遍。2000年以前，维修和安全被作为独立的活动而分别对待。因此，有的学者建议将维修和安全集成化，并且进行统一处理是利用企业资源的最佳方法。安全和维修不是相互排斥的两个方面，维护的目的是增加生产效益，优化整个生命周期费用，而不是对安全和环境的折中考虑。基于风险分析的检查和维护计划减少了系统发生故障的可能和产生的原因。同时，也可以在维修和其他相关领域做出正确的管理决策。这个阶段主要采取的维修方式有：基于风险的检查、基于风险的维护、基于风险的寿命评价、以可靠性为中心的维修（RCM）、状态监测维修（CMM）、计算机辅助维修管理和信息系统（CAM/MIS）等。

5. 基于未来投资的维修

现代维修已不仅是恢复原有性能的手段，而且是改善设备性能进而提高质量不可缺少的措施。20世纪90年代初，东欧国家提出“为了未来投资”的维修方法，这反映了对维修地位的新认识。它从对故障和破损的修复发展到通过维修达到保证在用设备正常运行的目的，后来又提高到“维修对企业是一种投资，而且是与固定资产同样重要的投资”的认识，没有维修投资，则固定资产就难以收回和扩大。

“维修——为了未来投资”的思想亦是对传统维修方法的突破，说明在现代化大生产中维修已不再是一种辅助手段和应急措施，而是生产力的重要组成部分，是关系到经济发展长远利益的一项重要任务。

6. 绿色维修方法

众所周知，环境、资源、人口是当今人类社会面临的3大问题，尤其是生态环境遭到严重破坏、地球资源大量消耗成了突出问题。绿色维修是综合环境影响和资源利用效率的现代维修模式，产品除达到保持和恢复规定状态，即在维修过程及维修后直至报废处理这一段时期内能最大限度地保持和恢复其原来规定的状态这一目标外，还要实现维修废弃物和有害排放物最小、对环境的负面影响最小、对维修和使用人员的劳动保护性好，同时资源利用效率最高的目标。

绿色维修是一个涉及多方面的综合体系，是清洁生产模式在维修业中的具体体现，是现代维修业的可持续发展模式。当今制造工程与维修工程将越来越趋于统一，再制造工程也日益受到重视并迅速发展，成为新兴产业领域。

理论源于实践并指导着实践，又在实践中不断发展和完善。50多年来，维修方法的不断演变和发展，大大推动了我国维修事业的进步，使各行各业在维修工作中取得了丰硕成果。在现代设备管理工作中，应合理地选用维修制度，使设备管理和维修工作随着先进管理思想和先进技术的发展而不断创新，21世纪的维修将是绿色的维修、以再制造工程为基础的维修。

4.1.3　汽车维修制度

我国汽车计划预防维修体系形成于20世纪50年代初。它是在学习苏联和其他国家如美国经验的基础上建立的。1954年我国首次颁布了《汽车运输企业技术标准与技术经济定额》，俗称"红皮书"，是汽车运输技术管理的法规性文件。随着公路运输事业的发展，"红皮书"已不能适应当时的要求。于是，交通部于1964年在原"红皮书"的基础上，吸收国内外积累的经验，重新编写和颁发了《汽车运输企业技术管理规定》和《汽车运用技术规范》两本"红皮书"，把我国的汽车维修与使用工作提高到了一个新的阶段。1965年交通部第四次颁发了《汽车修理规程》和《汽车运用规程》，三级保养制度改为例保、一保、二保和三保四级保养制度，取消了中修。20世纪60年代末提出的"严格管理、合理使用、强调保养、计划修理"的十六字方针，使计划维修思想深入人心，加强了汽车保养和修理工作的计划性，降低了汽车故障频率，保证了车辆技术状况，提高了行车安全，在当时确实起到了促进公路运输的发展。

目前伴随着汽车工业的发展，道路交通的发展与改善，汽车维修业在维修观念、维修制度、维修力量、作业方式方面都发生着巨大的变化。在修理方式上由以前的旧件修复为主，发展成为今天以换件修理为主；在维修制度上由以前的定期拆装式转变为今天的"定期检测、强制维护、视情修理"。

1. 定期检测

定期检测就是根据车辆从事运输的性质、使用条件和强度以及汽车技术等级等，通过现代化的技术手段，定期对车辆实施检测作业，正确判断车辆的技术状况。它包括车辆技术等级评定检测、污染排放监督检测、车辆二级维护及大修竣工质量检测等。检测的项目主要有发动机综合性能、汽车制动性能、前照灯、车轮定位、排放污染物、噪声、车速表、整车外观、汽车底盘测功等，通过检测，及时发现车辆故障隐患，确定二级维护附加作业项目。另外，结合定期检测还可以进行车辆技术等级评定。

2. 强制维护

目前，我国对营运车辆实行强制维护制度。车辆运行到规定的行驶里程或间隔时间，必须按期进行维护作业，包括车辆日常维护、一级维护、二级维护。车辆维护主要是对车辆进行清洁、检查、补给、润滑、紧固、调整等作业，除主要总成发生故障外，一般不实施解体作业。

3. 视情修理

视情修理是随着检测诊断技术的发展和维修市场的变化而提出的。过去的计划修理往往由于计划不周或执行得不彻底而造成修理不及时或提前修理的情况。修理不及时的结果是车况急剧恶化，提前修理的结果会造成浪费。为了改变这种情况，将过去的计划修理改为视情修理，使之更符合我国当前的情况，这不仅体现了技术与经济相结合的原则，同时也体现了维修制度的另一重大变化。但是，视情修理必须经过检测诊断和技术鉴定，而不能认为仅仅根据车辆所有者或使用者的意见来随便确定修理时间和项目。在这里需要注意的是，视情修理并不是由此取消车辆的总成大修。因为车辆制造部门在设计制造汽车或总成时，往往考虑到了各零件或总成的使用寿命和它们的协调性，因而，在一般情况下只要使用部门正确掌握其维修周期，根据大修送修标准，对车辆或总成进行大修。尽管对某些部件或总成要提前修理，但从整体来讲，特别是减少停车损失，还是经济合理的。

4.2 汽车的检测诊断

4.2.1 汽车检测诊断方法

汽车检测是指确定汽车技术状况或工作能力的检查；汽车诊断是指为确定汽车技术状况或查明汽车故障部位、原因所进行检查、分析和判断的过程。

现代汽车的检测与诊断是一种全新的、现代化的技术，它与传统的人工检查或经验诊断有原则上的不同。它是借助科学技术的新成就，利用必要的仪器和设备，在满足整车不解体的条件下进行检测，从而确定汽车的技术状况、工作能力和故障部位。它具有科学、高效、省力和准确的特点。随着汽车技术的飞速发展，高新技术的广泛运用以及汽车电子化程度的不断提高，汽车检测与诊断技术本身所包含的知识、侧重的内容、涉及的范围、利用的设备以及采取的方法均会发生很大变化。从目前应用的情况看，汽车检测与诊断技术贯穿于汽车运用、汽车维护、汽车修理，以及交通安全和环境保护等各个领域，并起着越来越重要的作用。

为了正确地诊断汽车技术状况或故障，必须运用现代检测手段（包括外观、气味、振动、声响、感觉、仪器等）、现代科学技术和丰富的实践经验进行综合分析和判断。从完成这些活动的方式来看，现代汽车诊断的基本方法有如下几种。

1. 人工经验诊断法

人工经验诊断法是指利用人工观察、经验检查、推理分析、逻辑判断进行诊断的方法。诊断时，诊断人员凭借丰富的实践经验和一定的理论知识，利用简单工具，在汽车不解体或局部解体情况下，根据汽车在工作中表现出来的外部异常状况，通过眼看、手摸、耳听等手段，边检查、边试验、边分析，从而确定汽车故障部位和原因以及汽车的技术状况。人工经验诊断法不需专用仪器设备，可随时随地应用。但它对诊断人员的经验依赖性强，要求诊断人员有较高的技术水平，并存在诊断速度慢、准确性差及不能进行定量分析等缺点。

2. 仪器分析诊断法

仪器分析诊断法是指在汽车不解体情况下，利用各种专用仪器和设备获取汽车的各种数据，并根据这些数据来进行诊断的方法。诊断时，利用现代检测设施对汽车、总成或机构进行测试，并通过对诊断参数测试值、变化特性曲线、波形等的分析判断，定量确定汽车技术状况或确诊汽车故障部位和原因。采用计算机控制的仪器设备能自动分析、判断、存储并打印诊断结果。仪器分析诊断法的特点是诊断速度快、准确性高、能定量分析，但检测的投资大、成本高。

3. 自诊断法

自诊断法是指利用汽车电控单元（ECU）的自诊断功能进行故障诊断的方法。自诊断功能就是利用监测电路来检测传感器、执行器以及微处理器的各种实际参数，并将其与存储器中的标准数据进行比较，从而判定系统是否存在故障。当判定系统存在故障时，电控单元将故障信息以故障码的形式存入存储器，并控制警告灯向驾驶人发出警示信号。自诊断法需要通过一定的操作方式，把汽车电控系统中电控单元的故障码提取出来，然后通过查阅相应的“故障码表”来确定故障的部位和原因。

在实际检测诊断工作中，上述三种方法并不相互孤立，而是相辅相成的。人工经验诊断法是检测诊断的基础，它在汽车诊断的任何时期均具有十分重要的实用价值，即使汽车专家诊断系统，也是把人脑的分析、判断通过计算机语言转化成电脑的分析判断。仪器分析诊断法是在人工经验诊断基础上发展起来的诊断方法，它在汽车检测诊断中所占的比例日益增大，使用现代仪器设备诊断是汽车检测诊断技术发展的必然趋势。自诊断法对于汽车电子控制系统十分有效，而且快捷准确，这是其他方法无可比拟的。随着计算机控制技术的发展和在汽车上的广泛应用，自诊断法将会显示出更多的优势，发挥更大的作用。

4.2.2　汽车检测诊断的内容

汽车检测诊断的内容主要包括：发动机性能、驱动轮输出功率、制动性能、前照灯特性、车速表性能、车轮定位、转向性能、侧滑性能、尾气排放物含量、噪声、轴荷、悬架特性、车轮平衡、客车防雨密封性、使用可靠性以及外部检视。

各类检测项目的主要检测参数如下：

1）发动机性能：发动机无负荷功率、怠速转速、气缸压力、起动电压、起动电流、蓄电池内阻、稳定电压和柴油机供油压力。有时还应检测如下参数：点火提前角、配气相位、断电器触点闭合角、多缸点火波形重叠角、点火高压、单缸转速降、喷油压力、针阀开启压力、燃油雾化质量、供油泵供油量/供油均匀性以及曲轴箱污染物。

2）驱动轮输出功率：校正驱动轮输出功率、滑行距离和整车加速时间。

3）制动性能：行车制动力、同轴制动力平衡、车轮阻滞力、制动协调时间和驻车制动力。

4）前照灯特性：基准中心高度、远光灯发光强度和远/近光灯光轴偏移量。

5）车速表性能：车速表示值误差。

6）车轮定位：前束、车轮外倾、主销后倾和主销内倾等。

7）转向性能：转向盘自由转动量、转向盘操纵力和转向轮转向角。

8）侧滑性能：车轮横向侧滑量。

9）尾气排放物含量：对于汽油发动机主要有碳氢化合物、一氧化碳、二氧化碳、氮氧化合物和氧气；对于柴油发动机主要有微粒、波许烟度值和光吸收系数。

10）噪声：喇叭声级、客车车内噪声、车辆定置噪声和驾驶员耳旁噪声。

11）轴荷：各轴质量和整车质量。

12）悬架特性：悬架吸收率和悬架效率。

13）车轮平衡：动不平衡量和静不平衡量。

14）客车防雨密封性：客车门窗泄漏量。

15）使用可靠性：

①发动机异响：敲缸、活塞销、连杆轴瓦、曲轴轴瓦和气门敲击等。

②底盘异响：离合器、变速器、传动轴和主减速器等。

③总成螺栓、铆钉紧固：发动机（附离合器）紧固、底盘传动系紧固、转向装置紧固、悬架装置紧固、制动器（系）紧固、轮胎螺栓（母）紧固、半轴螺栓（母）紧固、备胎紧固、车轴U形螺栓（母）紧固和油箱螺栓（母）紧固等。

④主要部件间隙：车轮轮毂、传动轴万向节、传动轴轴承、传动轴花键、转向横直拉杆球头、万向节主销、钢板弹簧衬套（销）、减振器杆件衬套（销）和传动轴跳动量等。

⑤重要部位缺陷：承载轴（桥）裂纹、转向系杆件（臂）裂纹、悬架弹性组件裂纹、车架裂纹以及制动管路磨损、老化、龟裂等。

16）外部检视：

①车辆唯一性确认：车牌号码/颜色/车主（单位）、整备质量或座位数、车型类别/整车外廓尺寸、厂牌型号和出厂编号（或VIN代码）、车架号码/悬架型式、发动机型式/号码、驱动型式、燃油类别、车身颜色、制动型式、车辆轴数、前照灯制式等。

②整车装备完整有效性基本检验：车容/漆面、后/侧视镜、车门/行李箱门/车窗及门窗玻璃、车门手把/车门锁/行李箱锁、安全门/安全窗/安全带/灭火器、刮水器/洗涤器、灯光/仪表/信号装置及控制、车内地板、车身外缘对称部位左右差、车身对称部位高度差、左右轴距差、挡泥板、轮胎气压、轮胎规格及胎冠花纹深度、牵引车与挂车连接机构、可见螺栓/管/线紧固、漏油/漏水/漏气/漏电、离合器操纵装置自由行程、行车制动系统操纵装置自由行程、应急制动系统操纵装置自由行程、驻车制动系统操纵装置自由行程等。

4.3 汽车维护

4.3.1 汽车维护的含义与分类

1. 汽车维护的含义

汽车维护是为了维持汽车完好技术状况或工作能力而进行的作业。其目的是保持车容整洁，随时发现和消除故障隐患，防止车辆早期损坏，降低车辆的故障率和小修频率。汽车维护应贯彻预防为主、强制维护的原则。

2. 汽车维护的分类

汽车维护分为日常维护、一级维护和二级维护。

1）日常维护，以清洁、补给和安全检视为作业中心内容，由驾驶员负责执行的车辆维护作业。

2）一级维护，除日常维护作业外，以清洁、润滑、紧固为作业中心内容，并检查有关制动、操纵等安全部件，由维修企业负责执行的车辆维护作业。

3）二级维护，除一级维护作业外，以检查、调整转向节、转向摇臂、制动蹄片、悬架等经过一定时间的使用容易磨损或变形的安全部件为主，并拆检轮胎，进行轮胎换位，检查调整发动机工作状况和排气污染控制装置等，由维修企业负责执行的车辆维护作业。

4.3.2　汽车维护的主要内容

1. 日常维护

1）对汽车外观、发动机外表进行清洁，保持车容整洁。

2）对各部润滑油（脂）、燃油、冷却液、制动液、各种工作介质、轮胎气压进行检视补给。

3）对制动、转向、传动、悬架、灯光、信号等安全部位和位置以及发动机运转状态进行检视、校紧，确保行程安全。

2. 一级维护

一级维护主要内容如表4－1所示。

表4－1　一级维护内容

序号	作业项目	作业部位	作业内容	技术要求
1	整车	车架、车身、驾驶室、半挂车托盘及相关各附件	检查、紧固	车架无变形，纵横梁无裂纹，铆钉无松动，各部螺栓及拖（挂）钩、托盘、备胎架紧固可靠，无裂损，无窜动，齐全有效
		灯光、仪表、信号装置	检查（测）	齐全有效，安装牢固
		全车密封和润滑	检查、清洁、润滑	全车不漏油、不漏水、不漏气、不漏电、不漏尘，各润滑装置及防尘罩齐全完好，润滑良好
2	发动机	发动机总成	清洁	无油污、无灰尘
		发动机传动带	检测、调整传动带松紧度	符合原厂说明书规定
		空气滤清器	检查、清洁	各滤芯应清洁无破损，上下衬垫无残缺，密封良好，滤清器应清洁，安装牢固
		机油、冷却液、制动液等	检查（测）液位高度，补充	符合原厂说明书规定
		散热器、油底壳、发动机支架、水泵、空压机、进排气歧管、喷油泵	检查校紧各部位连接螺栓	各连接部位螺栓、螺母应紧固，锁销、垫圈及胶垫应完好有效

续表

序号	作业项目	作业部位	作业内容	技术要求
3	离合器	离合器及操纵机构	检查（测）调整	操纵机构应灵敏可靠；踏板自由行程应符合原厂说明书规定
4	转向机构	转向器、转向传动机构	检查（测）转向器液面及密封状况，润滑万向节十字轴、球头销、转向节等部位	各连接部位螺栓、螺母应紧固，锁销、垫圈齐全有效，转向盘自由行程符合原厂说明书规定
5	传动系	变速器、差速器、传动轴	检查（测）变速器、差速器液面及密封状况，润滑传动轴万向节十字轴、中间轴承，校紧各部连接螺栓，清洁各通气塞	符合原厂说明书规定
6	行驶系	轮胎	检查轮辋及压条挡圈；检查（测）轮胎气压（包括备胎），并视情况补气；检查（测）轮毂轴承间隙	轮辋及压条挡圈应无裂损、变形；轮胎气压应符合规定，气门嘴帽齐全；轮毂轴承间隙无明显松旷
		悬架	检查钢板弹簧（或空气气囊）	无损坏，连接可靠，钢板（气囊）支架无裂纹及变形
		减振器	检查	稳固有效
		前后轴	检查	无变形及裂纹
7	制动系	制动管路、制动踏板及传动机构	检查紧同各制动管路、检查（测）调整制动踏板自由行程	制动管路接头应不漏气（油），支架螺栓紧固可靠，储气筒无积水；制动传动机构应灵敏可靠，制动踏板自由行程符合原厂说明书规定

3. 二级维护

二级维护主要内容如表4－2所示。

表4－2　二级维护内容

序号	作业部位	作业项目	作业内容	技术要求
1	整车	整车装备与标识	检查（测）	齐全、完整、有效、各部件连接坚固完好，车体周正、外缘左右对称高度差不大于40mm，左右轴距差不大于1.5/1 000
		车架、车身、驾驶室、半挂车托盘及其各相关附件	检查（测）、紧固、调整	表面无锈迹、无脱掉漆，各部螺栓及拖钩、挂钩应紧固可靠，无裂损，无窜动，齐全有效，性能可靠，工作良好，无变形、断裂、脱焊，螺栓、铆钉紧固

续表

序号	作业部位	作业项目	作业内容	技术要求
1	整车	内装饰、座椅、靠背、卧铺及安全带	检查（测）	设备完好，无松动、齐全有效，安装牢固
		“五漏”	检查（测）	全车不漏油、不漏水、不漏气、不漏电、不漏尘，各种防尘罩齐全有效
		全车车窗、安全出口	检查（测）	完好、可靠
		空调装置、冷凝器	检查（测）空调系统工作状况、冷凝器的清洁	1）制冷效果良好；2）暖气装置工作正常
		空气压缩机、储气筒	清洁，校紧	清洁，连接可靠，无漏气，安全阀工作正常
		车厢、地板、护轮板（挡泥板）	清洁、检查（测）	符合 GB 18565 的要求
2	发动机	发动机润滑油、机油滤清器	1）更换润滑油；2）视情更换机油滤清器	1）润滑油规格性能指标符合原厂说明书规定；2）液面高度符合原厂说明书规定；3）机油滤清器密封良好，无堵塞，完好有效
		检测润滑油油面高度	检查（测）转向器、变速器、主减速器等润滑油和液面高度，不足时按要求补给	符合原厂说明书规定
		空气滤清器	清洁空气滤清器	空气滤清器清洁有效，安装可靠恒温进气装置真空软管安装可靠；进气转换阀工作灵敏、准确
		油箱及油管	检查（测）接头及密封情况	接头无破损、渗漏，紧固可靠
		燃油滤清器	清洁燃油滤清器，并视情更换	燃油滤清器工作正常
		油箱通风装置	检查（测）、清洁	清洁畅通、连接可靠、不漏气，各阀门无堵塞、卡等现象
		散热器、膨胀箱、百叶窗、水泵、节温器、传动带	1）检查（测）密封情况、箱盖压力阀、液面高度、水泵；2）检视皮带外观，调整传动带松紧度	1）散热器及软管无变形、破损及渗漏，箱盖接合表面良好，胶垫不老化、箱盖压力阀开启压力符合要求，水泵不漏水、无异响，节温器工作性能符合原厂说明书规定；2）传动带应无裂痕和过量磨损，表面无油污、传动带松紧度符合原厂说明书规定

续表

序号	作业部位	作业项目	作业内容	技术要求
2	发动机	进、排气歧管，消声器，排气管	检查（测）、紧固，视情补焊或更换	无裂痕、漏气、消声器性能良好
		增压器、中冷器	检查（测）、清洁	符合原厂说明书规定
		发动机支架	检查（测）、紧固	连接牢固、无变形和裂缝
		喷油器、喷油泵	检查（测）喷油器和喷油泵的作用，必要时检测喷油压力和喷油状况，视情调供油提前角	1）喷油器雾化良好、无滴油、漏油现象，喷油压力符合原厂说明书规定；2）供油提前角符合原厂说明书规定
		分电器、高压线	清洁、检查（测）	分电器无油污，调整触点间隙在规定范围内，无松旷、漏电现象、高压线性能符合原厂说明书规定
		火花塞	清洁、检查（测）或按照原厂使用说明书要求更换火花塞	电极表面清洁，间隙符合原厂说明书规定
		电控燃油喷射系统供油管路	检查（测）密封状况	密封良好，作用正常
3	电器电控系统	前照灯、仪表、喇叭、刮水器、全车电器线路	检查（测）、调整，必要时修理或更换	1）前照灯（灯光数量、光色、位置）、喇叭、各仪表及信号装置功能齐全、有效，符合原厂说明书规定；2）刮水器电机运转无异常，连动杆连接可靠；3）全车线路整齐，连接可靠，绝缘良好
		蓄电池	检查，清洁，补给	清洁，安装牢固，电解液液面符合原厂规定
		ABS	检查、消除故障码	功能正常
		空气悬架	检查（测）	工作正常
		缓行器	检查（测）	功能正常
		行驶记录仪	检查（测）	作用正常
		空气调解与控制	检查（测）	功能正常
		电子控制装置	检查、消除故障码	工作正常
4	离合器	离合器	检查（测）调整离合器踏板自由行程	离合器踏板自由行程符合原厂说明书规定

续表

序号	作业部位	作业项目	作业内容	技术要求
5	传动系	变速器、差速器	检查（测）密封状况和操纵机构，清洁通气孔	密封良好、通气孔畅通，操纵机构作用正常，无异响、跳动、乱挡现象
		传动轴、传动轴承支架、中间轴承	1）检查（测）防尘罩；2）检查（测）传动轴万向节工作状况；3）检查（测）传动轴承支架；4）检查（测）中间轴承间隙	1）防尘罩不得有裂纹、损坏，卡箍可靠，支架无松动；2）万向节不松旷，无卡滞，无异响；3）传动轴承支架无松动；4）中间轴承间隙符合原厂说明书规定
6	转向系	转向器、转向传动机构	1）检查（测）转向系传动机构的工作状况和密封性，校紧各部螺栓； 2）检查（测）调整转向盘自由转动量	转向盘自由转动量符合规定，转向轻便、灵活，无卡滞和漏油现象。垂臂及转向节臂无弯曲及裂损，各部螺栓连接可靠
		四轮定位	检查（测）、调整	符合原厂说明书规定
7	制动系	驻车制动	检查（测）制动蹄片厚度、制动性能，驻车制动器自由行程	符合原厂说明书规定
		制动阀、制动管路、制动踏板	1）检查（测）制动踏板自由行程； 2）检查（测）紧固制动阀和管路接头； 3）液压制动检查（测）制动管路内是否有气	1）制动踏板自由行程符合原厂说明书规定；2）制动阀和管路接头连接可靠，无漏气；3）液压制动管路内无气
		转向轴制动	检查（测）制动蹄片厚度、制动蹄及支承销和制动盘、制动凸轮轴，视情选择作业内容	1）制动蹄无裂损及明显变形，摩擦片不破裂，铆接可靠，摩擦片厚度符合原厂说明书规定；2）支承销无过量磨损，支承销与制动蹄孔、衬套配合间隙符合原厂说明书规定
			检查（测）内外轮毂轴承及其间隙，视情选择作业内容	轴承保持架无断裂，滚柱无脱落，无裂损和烧蚀，轴承内圈无裂损和烧蚀，符合原厂说明书规定
			检查（测）前轮制动器调整臂的作用	作用正常，符合原厂说明书规定
			根据检查（测）结果视情拆卸前轮毂总成、制动蹄、支承销；必要时进行清洗转向节、轴承、支承销、清洁制动底板等作业	清洁、无油污

续表

序号	作业部位	作业项目	作业内容	技术要求
7	制动系	转向轴制动	根据检查（测）结果视情校紧制动盘、制动凸轮轴装置螺栓	1）制动底板不变形，按规定原厂说明书力矩扭紧装置螺栓；2）凸轮轴转动灵活、无卡滞，转向间隙符合原厂说明书规定
			检查（测）转向节及螺母、保险片及油封、转向节臂，校紧装置螺栓	1）转向节无裂纹，螺纹完好，与螺母配合应无径向松旷，保险片作用良好，油封完好不漏油；2）转向节轴径与轴承的配合间隙符合要求，转向节臂装置螺栓扭紧力矩符合原厂说明书规定
			检查（测）制动蹄片复位弹簧	复位弹簧应无明显变形，自由长度、拉力符合原厂说明书规定
			根据检查（测）结果视情进行前轮毂、制动鼓及轴承外座圈进行校对，校紧轮胎螺栓内螺母等作业	1）轮毂无裂损；2）轴承外座圈无裂纹，无麻点，无烧蚀；3）制动鼓无裂纹，外边缘不得高出工作表面，检视孔完整，内径尺寸、圆度误差、左右内径差符合原厂说明书规定；4）轮胎螺栓齐全完好，规格一致、按规定力矩拧紧
			根据检查（测）结果视情进行前轮毂装复、调整前轮轴承松紧度及制动间隙等作业	1）装复支承销，制动蹄支承销孔均应涂润滑脂，开口销或卡簧齐全有效；2）润滑轴承；3）制动鼓、制动片表面清洁，无油污；4）制动片与制动鼓的间隙应符合规定，转动无碰擦现象或声响，检视孔挡板齐全；5）轮毂转动灵活，用拉力计测量时可转动且无轴向间隙；6）保险可靠，防尘罩、衬垫完好，螺栓垫圈齐全紧固（螺栓规格一致）
		其他轴制动	检查（测）制动蹄片厚度、制动蹄及支承销和制动盘、制动凸轮轴，视情选择作业内容	1）制动蹄无裂损及明显变形，摩擦片不破裂，铆接可靠，摩擦片厚度符合原厂说明书规定；2）支承销无过量磨损，支承销与制动蹄承孔衬套配合间隙符合原厂说明书规定
			检查（测）轮毂轴承及其间隙，视情选择作业内容	轴承保持架无断裂，滚柱无脱落，无裂损和烧蚀，轴承内圈无裂损和烧蚀，符合原厂说明书规定
			拆半轴，根据检查（测）结果视情进行轮毂总成、制动蹄、支承销，清洗各零件及制动底板、半轴套管等作业	1）轮毂通气孔畅通；2）各零件及制动盘、后桥套管清洁无油污
			检查（测）制动底板、制动凸轮轴，校紧连接螺栓	1）制动底板不变形，连接栓按规定力矩紧固；2）凸轮轴转动灵活，无卡滞，轴向间隙和径向间隙符合原厂说明书规定

续表

序号	作业部位	作业项目	作业内容	技术要求
7	制动系		检查（测）制动蹄复位弹簧	复位弹簧无变形，自由长度符合原厂说明书规定，拉力良好
8	行驶系	后桥	检查（测）后轮毂、制动鼓及轴承外座圈	1）轴毂无裂损；2）轴承外座圈不松动，无损坏；3）制动鼓无裂纹，内径、圆度误差、左右内径差符合原厂说明书规定，外边缘不得高出工作表面，制动鼓检视孔完整
			检查（测）后桥半轴套管、螺母及油封	1）套管无裂纹及明显松动，与螺母配合无径向松旷；2）油封完好，无损坏，无漏油；3）套管颈与轴承配合间隙符合原厂说明书规定
			检查（测）半轴及半轴螺栓	半轴螺栓齐全有效，半轴无明显变曲，不磨套管，无裂纹，花键无过量磨损或扭曲变形，符合原厂说明书规定
			检查（测）轮胎螺栓，校紧内螺母	符合原厂说明书规定
			根据检查（测）结果视情进行装复后轮毂，调整制动间隙等作业	1）装复支承销、制动蹄片时，销孔均应涂润滑脂，开口销或卡簧齐全可靠；2）润滑轴承；3）套管轴颈表面应涂机油后再装上轴承；4）制动蹄片、制动鼓面应清洁，无油污；5）制动蹄片与制动鼓的间隙应符合原厂规定，无转动物碰擦现象和声响，检视孔挡板齐全紧固；6）轮毂转动灵活，拉力符合原厂说明书规定；7）锁紧螺母按规定力矩扭紧
		轮胎（包括备胎）	检查（演）紧固，补气，视情进行轮胎换位、磨损严重时更换轮胎	气压符合原厂说明书规定。清洁，无裂损、老化、变形，气门嘴完好，轮胎螺栓紧固，轮胎的装用符合规定
		钢板弹簧	检查（测）	无损坏、连接可靠，后钢板支架无裂纹及变形
		悬架	检查（测）、紧固，视情补焊、校正	不松动，无裂纹，无断片，按原厂说明书规定扭紧力矩紧固螺栓
		减振器	检查（测）	稳固有效
		车架	检查（测）	车架无变形，纵横梁无裂纹，铆钉无松动，拖车钩、各胎架齐全，无裂损变形，连接牢固
		前后轴	检查（测）	无变形及裂纹

续表

序号	作业部位	作业项目	作业内容	技术要求
9	全车润滑	润滑	全车加注润滑脂的部位全部润滑	润滑脂嘴齐全有效，润滑良好
10	滑行	滑行性能	检查（测）	符合原厂说明书规定，满足 GB 18565 的技术要求
11	排放	排放情况	尾气排放测量	符合 GB 18285、GB 3847 规定

4.4 汽车修理

4.4.1 汽车修理工艺

1. 修理作业分类

车辆修理按作业范围可以分为车辆大修、总成大修、车辆小修和零件修理。

1）车辆大修是新车或经过大修后的车辆，在行驶一定里程（或时间）后，经过检测诊断和技术鉴定，用修理或更换车辆任何零部件的方法，恢复车辆的完好技术状况，完全或接近完全恢复车辆寿命的恢复性修理。

2）总成大修是车辆的总成经过一定使用里程（或时间）后，用修理或更换总成任何零部件（包括基础件）的方法，恢复其完好技术状况和寿命的恢复性修理。

3）车辆小修是用修理或更换个别零件的方法，保证恢复车辆工作能力的运行性修理。其主要任务是消除车辆在运行过程或维护作业过程中发生或发现的故障或隐患。

4）零件修理是对因磨损、变形、损伤等而不能继续使用的零件进行的修理。

按中华人民共和国交通部第 13 号令《汽车运输业车辆技术管理规定》的规定，汽车大修送修标志是客车（轿车）以车身为主，结合发动机总成；货车以发动机总成为主，结合车架总成或其他两个总成符合大修条件。

挂车大修送修标志是挂车车架（包括转盘）和货箱符合大修条件；定车牵引的半挂车和铰接式大客车，按汽车大修的标志与牵引车同时进厂大修。

总成大修送修标志分别为：发动机总成是气缸磨损，圆柱度达到 0.175 ~ 0.250mm 或圆度已达到 0.050 ~ 0.063mm（以其中磨损量最大的一个气缸为准）；最大功率或气缸压力较标准降低 25% 以上；燃料和润滑油消耗量显著增加。

车架总成送修标志是车架断裂、锈蚀、弯曲、扭曲变形逾限，大部分铆钉松动或铆孔磨损，必须拆卸其他总成后才能进行校正、修理或重铆，方能修复。

变速器（分动器）总成送修标志是箱体变形、破裂、轴承孔磨损逾限，变速齿轮及轴恶性磨损、损坏，需要彻底修复。

后桥（驱动桥、中桥）总成送修标志是桥壳破裂、变形，半轴套管承孔磨损逾限，减速器齿轮恶性磨损，需要校正或彻底修复。

前桥总成送修标志是前轴裂纹、变形，主销承孔磨损逾限，需要校正或彻底修复。

客（轿）车车身总成送修标志是车身骨架断裂、锈蚀、变形严重，蒙皮破损面积较大，需要彻底修复。

货车车身总成送修标志是驾驶室锈蚀、变形严重、破裂，或货厢纵、横梁腐朽，底板、挡板破损面较大，需要彻底修复。

2. 汽车修理工艺组织

（1）汽车修理作业方法

1）流水作业法。

汽车修理流水作业法，是指汽车在生产线的各个工位上按确定的工艺顺序和节拍进行修理的方法。这里的流水作业，通常是指车辆大修时，整车的拆散和装配是在流水线的各个工位上逐步完成的。至于各总成的修理，一般不安排在此流水线上。但总成分散到各专业车间后，亦可组织流水作业进行修理。

流水作业法又可根据流水线的不同情况，分为连续流水和间歇流水两种。所谓连续流水，是指修理作业始终在运动着的流水线上进行；而间歇流水，则是流水线在每一工位停留一定时间，完成规定的拆卸或装配工作后再流至下一工位。汽车大修时，通常采用间歇流水形式，这时大修车辆的车架在间歇流水线上一般利用其自身的车轮来实现工位之间的移动。因此，拆卸时应最后拆除车轮，而在装配时则应先安装车桥及车轮。

流水作业法的优点是专业化程度高，修理生产节奏快，且按确定的工艺顺序和节拍进行，分工细、修理质量高。另外，总成和大型零部件的运输距离较短，便于集中发挥起重运输设备的作用。但实施流水作业法时必须具有完善的工艺、设备及较大的修理生产任务。同时，要求承修车型比较单一，并有足够的周转总成，以保证流水作业的连续性和节奏性。

2）定位作业法。

汽车修理定位作业法是指汽车在固定工位上进行修理作业的方法，即大修汽车的解体及装配以车架为基础在固定的工位上进行，拆卸下的各总成及零部件的修理作业则分散到各专业车间或工组进行。定位作业法的优点是设备简单，占地较少；拆装作业不受严格的生产节拍限制，修理生产的调度与调整比较方便。缺点是在拆装过程中总成及零部件运输距离较长，工人劳动强度大。一般来说，该方法适用于那些修理生产规模不大或承修车型比较复杂的汽车修理企业。

（2）汽车修理基本方法

1）总成互换修理法。

总成互换修理法是利用周转储备的完好总成替换汽车上的失效总成的修理方法。汽车大修时，采用总成互换修理法的工艺过程如图4-1所示。

该修理方法的特点是汽车在修理过程中除车架（或车身）外，其余需修理的总成（或组合件）都可以换用预先修好的（或新的）周转储备总成（或组合件），而替换下的总成或组合件另行安排修理。修好后的总成进入周转总成库，不直接装车。这种修理方法利用了周转总成（或组合件），从而保证了汽车修理装配的连续性，大大缩短了汽车大修在厂车日。

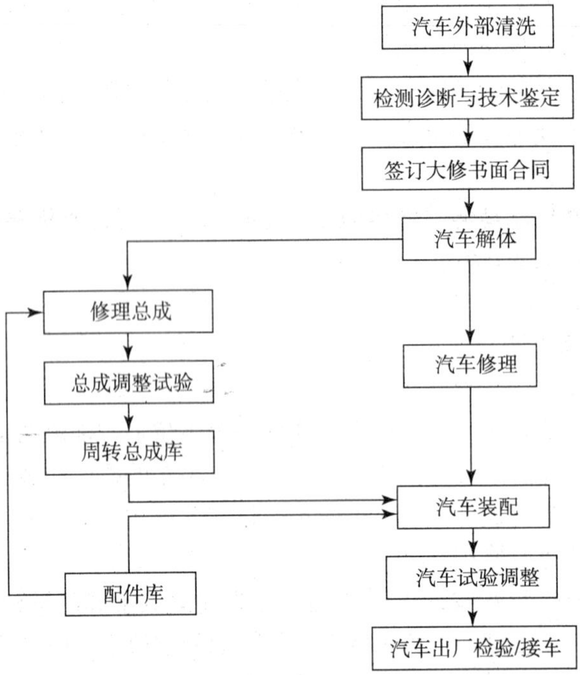

图 4－1　总成互换修理法的工艺过程

因此，有可能对汽车装配和某些总成的修理组织流水作业，达到优质、高产、低消耗的目的。显然，总成互换修理法适用于生产规模较大，承修车型比较单一，且具有一定周转总成的修理企业。

总成修理时对原厂规定不允许互换的零部件（如气缸体与飞轮壳、曲轴与飞轮、气缸体与主轴承盖、主减速齿轮副、喷油泵柱塞副等）以及限于修理厂技术水平不能保证互换质量者，都不得互换。

2）就车修理法。

就车修理法是在进行修理作业时要求被修复的主要零件和总成装回原车的修理方法。采用这种修理方法时，汽车的零部件和总成不进行互换，除报废件由新件代替外，原车的需修总成和零部件经修理后仍装回原车。其大修工艺过程如图 4－2 所示。由于这种方法不需要周转储备总成，且有利于单车成本核算，是目前大部分维修企业普遍采用的修理方法，特别是对修理生产量不大、承修车型复杂、送修单位不一的修理企业来说，是一种最为适用的方法。

由图 4－2 可见，采用就车修理法时，待修车入厂检验后，先拆散成总成，然后总成解体、零部件清洗和检验分类。零部件经检验后可分为可用件、需修件和报废件 3 类。需修件经修理后，与可用件及替代报废件的新件一道送去装配总成。总成装配后进行试验、调整，再装成整车。整车须经人工及检测设备进行检验、调试，在各种性能指标满足技术标准的要求后，签发出厂合格证，从而完成整个大修工艺过程。

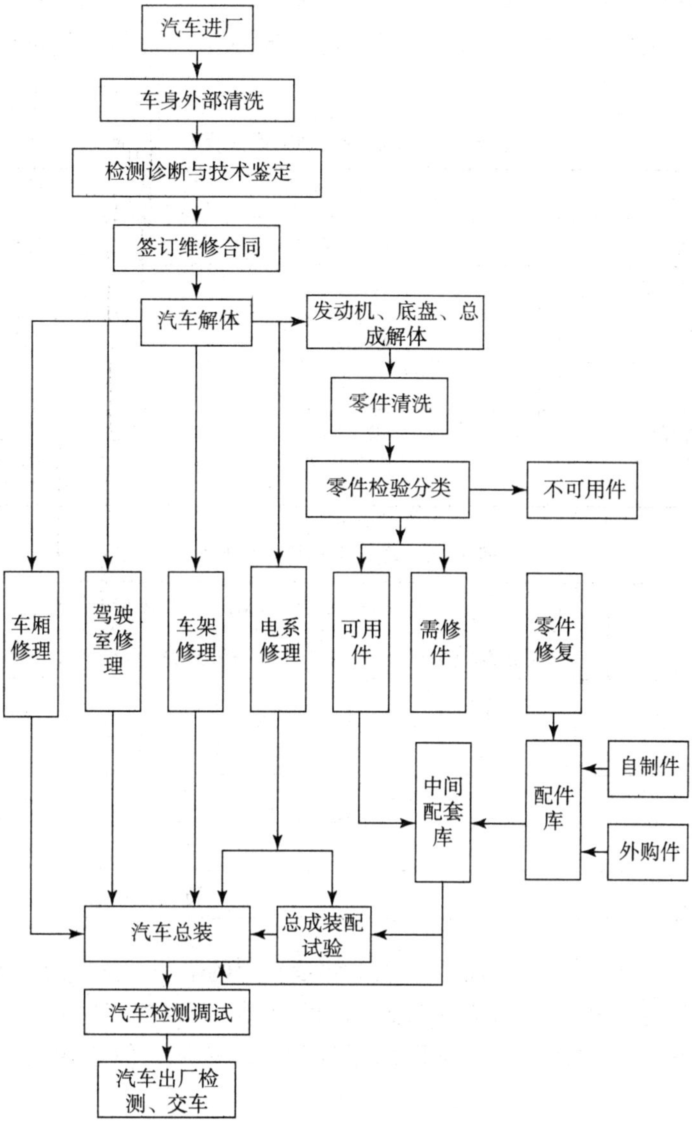

图4-2　就车修理法的工艺过程

4.4.2　汽车修复方法

1. 机械加工修复法

(1) 修理尺寸法

修理尺寸法是将磨损的零件表面通过机械加工恢复其正确的几何形状，并与相配合零件恢复原配合要求的一种加工方法。汽车有多种主要零件可以采用这种方法进行修复，其中包括缸体、缸套、活塞、曲轴、滑动轴承、转向节主销与主销轴承孔等。

待修复的零件可以有若干等级修理尺寸，修理尺寸的大小与级别的多少取决于汽车修理间隔期内零件的磨损量、加工余量以及材料强度和结构。例如，桑塔纳轿车发动机气缸除标准尺寸外，还有每次加大0.25mm的四级修理尺寸，如表4-3所示。而捷达发动机气缸只有一次加大0.5mm的修理尺寸，曲轴主轴颈和连杆轴颈每次加大0.25mm的三级修理尺寸，见表4-4。

表4-3 桑塔纳发动机维修尺寸

尺寸名称	1.6L气缸直径/mm	1.8L气缸直径/mm
标准尺寸	79.51	81.01
第一次修理尺寸	79.76	81.26
第二次修理尺寸	80.01	81.51
第三次修理尺寸	80.26	81.76
第四次修理尺寸	80.51	82.01
每级加大尺寸	0.25	0.25

表4-4 捷达发动机维修尺寸

尺寸名称	AHP、ANL、ATK型发动机		
	气缸直径/mm	曲轴主轴直径/mm	曲轴连杆直径/mm
标准尺寸	81.01	54.00	47.80
第一次修理尺寸	81.51	53.75	47.55
第二次修理尺寸	—	53.50	47.30
第三次修理尺寸	—	53.25	47.05
每级加大尺寸	0.5	0.25	0.25

在实际修理过程中，由于车辆报废里程和报废年限的限制，修理的等级有所减少，如东风EQ1090型汽车气缸一般只推荐采用0.5mm和1.0mm两级修理尺寸。每一级修理尺寸的级差对于同一种零件是定值，对于不同的零件则不尽相同，但以每级级差为0.25mm的最多。

修理尺寸法的特点：

1）修理尺寸法使各级修理尺寸标准化，便于加工和供应配件。但修理时按级差加工，往往加大了加工余量，使可修理的次数减少。

2）修理尺寸法修复的通常是配合副中较贵重和结构复杂的零件，更换的则是与其配合的、造价低的零件，这就大大延长了复杂、贵重零件的使用寿命，且工作简单易行，经济性好。

3）修理尺寸法是一种有限的修理方法。随着零件修理加工次数增加，其强度不断削弱，修理到最后一级时，零件尺寸也到了极限。若要继续使用，则需用其他方法恢复到基本尺寸。

（2）镶套修复法

镶套修复法是对局部磨损及损坏的零件，当其结构和强度容许时，可将其磨损部分车小（对轴）或镗大（对孔），再用过盈配合的方法镶套并进行加工使其恢复到基本尺寸和技术要求的修复方法。有些零件在结构设计时就已经考虑了用镶套法进行修复，如发动机气缸套，此外，还有气门座圈、气门导管、飞轮齿圈及各种铜套的镶配等。

1）材料选择。

镶套的材料要根据镶套部位的工作条件来选择，如在高温下工作的部位，镶套材料应与基体一致或相近似，使它们线膨胀数相同；除此之外，材料热稳定性要好，以保证零件工作的可靠性。如镶气门座圈，就要选择与基体一致或膨胀系数相同的材料，像灰铸铁或耐热钢，但不能用普通钢，以防排气高温使普通钢氧化、脱皮。为了获得好的耐磨性能，也可采用比基体好的耐磨材料，镶套过盈量应选择合适，必要时要进行强度计算。因为过盈量太大，易使零件变形或挤裂；过盈量不足，又易松动和脱落。

2）过盈量确定。

镶套时由于多是薄壁衬套，包容件受拉应力，被包容件受压应力。套不厚时（一般2～3mm），应力大小与相对过盈成正比。所谓相对过盈就是单位直径（为镶套的基本尺寸）上的过盈量。

为了保证镶套可靠，对重及特重这两个级别，必须验算结合强度和材料最大应力，并要通过试验后，再投入正式使用。

镶干式缸套，一般选用中级过盈配合即可。

镶气门座圈时，由于它承受高温和高频冲击，负荷较大，用重级过盈配合（修理时宜选用中级过盈配合）。

镶气门导管时，由于尺寸小、受力小，选用中级过盈配合，过大级别镶配时会使缸体承孔失圆甚至胀裂。

3）加工精度确定。

为了保证准确的过盈量，配合面加工精度要求较高。如表面粗糙度过高，压入时表面凸凹处相互剪切，压入后实际过盈量减小。同时，由于表面粗糙，缸套与承孔实际贴合面积也减小，散热性能也差。零件粗糙度加工精度，应根据图纸要求选择。

4）镶套修复法特点。

镶套修复法可以恢复基础件的局部磨损，延长基础件的使用寿命，采用镶套法可以使磨损的零件直接恢复到基本尺寸，为以后的修理提供了方便；而且镶套工艺简单，没有复杂的操作和加工，不需大型设备，所以成本低，质量容易保证。由于不需要高温，零件不易变形（注意过盈量不要过大）和退火，但是它的应用受到零件的结构和强度的限制。

（3）变形校正法

零件的校正是利用金属的塑性变形来恢复零件几何形状的一种加工方法。汽车上许多零部件在使用中会产生弯曲、扭曲和翘曲，在修复中都要校正，如前轴、传动轴、曲轴、凸轮轴和连杆等，常用的校正方法有压力校正和火焰校正两种。

1）压力校正。

压力校正简称压校，它是汽车零件修复中常用的方法。一般是采用室温冷校，如果零件塑性差或尺寸较大，也可以进行适当的加热。

因为零件具有弹性，所以中碳钢制造的凸轮轴、曲轴在压校时所采用的反向压弯值一般是原来弯曲值的10～15倍，并需保持一段时间。这样压力撤销后，才能得到需要的反向塑性变形，使零件校直。

2）火焰校正。

火焰校正是氧—乙炔热点校正的简称，它是一种比较先进的校正方法。其校正效果好、效率高，尤其适用于一些尺寸较大、形状复杂的零件。火焰校正的零件其变形稳定，对疲劳强度影响也较小。

火焰校正是利用气焊炬迅速加热工件弯曲凸起处某一点或几点，再急剧冷却的校正方法。当工件凸起点温度迅速上升时，表面金属膨胀使工件向下弯曲，上层金属受压应力。在高温下产生塑性变形，如它本来要膨胀 0.1mm，但由于受周围冷态金属的限制，只膨胀了 0.05mm，其余 0.05mm 产生了塑性变形。尽管冷却后仍要收缩 0.1mm，但由于塑性变形的 0.05mm 无法收缩，从而使收缩量大于膨胀量 0.05mm，那么表层就缩短了 0.05mm，使工件向上变曲，抵消了下弯，起到了校正作用。

2. 表面技术修复法

（1）喷涂技术

1）喷涂方法分类。

喷涂技术是用高速气流将熔化的金属喷敷到零件的磨损表面上，以恢复其原来尺寸。常用的表面喷涂技术有电弧喷涂、气喷涂和等离子喷涂。各种喷涂所形成的喷涂层系由金属小颗粒撞击堆砌而成。每个小颗粒包有一层氧化膜，小颗粒之间以及小颗粒与基体金属都仅仅是机械地挤结在一起，没有熔合，因此一般喷涂层的本身强度和喷涂层同基体的结合强度都不高（10～40MPa）。喷涂层中含有 10% 左右的孔隙，有利于润滑油膜的吸附，却不利于承受冲击载荷和较大的接触应力。

①电弧喷涂。以两根金属丝做电极等速向前送给，在其尖端产生电弧，熔化的金属由压缩空气喷敷到零件表面上。电喷涂的特点是成本低，质量稳定可靠，适用于修复曲轴轴颈。

②气喷涂。用氧—乙炔火焰熔化金属，由压缩空气喷敷到零件表面。气喷涂的特点和用途与电喷涂相同。

③等离子喷涂。用等离子电弧熔化金属进行喷涂。一般是由气流将金属粉末带入喷枪，经等离子电弧熔化喷敷到零件表面。等离子电弧温度高，能熔化电喷涂和气喷涂难以熔化的金属或非金属粉末。等离子喷涂设备复杂、粉末贵，用于喷涂需要高硬度或耐高温的零件。

合金粉末种类很多，可根据零件工作条件选用。如镍包铝或铝包镍粉末用于打底，可提高结合强度；镍基合金粉末用于抗磨损、抗腐蚀的零件；钴基合金粉末则用于在高温下工作的零件。合金粉末中除金属元素外，还含有硼、硅等强脱氧剂以降低合金熔点，熔解氧化膜形成的熔渣及硬化喷涂层。

2）喷涂层结构特点。

喷涂时被雾化的材料颗粒群中，大部分颗粒处于熔融状态，颗粒在飞行时受到热和化学作用，表面产生硬化膜层。当撞击到零件表面以后，颗粒的硬化膜破裂，内部液态材料就流散开来，并且相互扩散，部分交叉熔合在一起。部分温度稍低的颗粒被撞扁，在喷涂的基体表面互相嵌塞和堆积，形成了多孔层状结构。

涂层中颗粒间的结合或颗粒与零件表面间的结合，以机械结合和物理结合为主，同时还有部分（金属材料）为冶金结合。

由于喷涂工艺有方向性，形成的涂层是层状的，因此，涂层的物理机械性能有方向性。例如，垂直和平行方向中的拉伸强度不同。液态颗粒被撞扁、凝结收缩时，凝结的微小颗粒中保留有一定的残余拉应力。当涂层一层接一层形成后，每个颗粒中微小应力积聚在一起，在整个涂层中发展成为一种有规则的应力。

涂层外层产生拉应力，在严重的情况下，这种应力足以撕裂涂层。基体有时也受涂层内层产生的压应力，喷涂前预热基体，可以减少或消除这种应力。

喷涂层化学成分常常是不均匀的。大部分颗粒由喷涂材料组成，而喷涂层内部包含材料氧化物。在空气中喷涂，无保护气体时，这种情况更为突出，但氧化物的强度可能比未氧化材料高。

大多数喷涂层都是多孔的，但超音速喷涂已能喷出孔隙最少的涂层。当用镍包铝粉打底，若厚度大于0.1mm，喷涂层有较高的气密性，即使工作层是多孔的，底层对基体仍可起到保护作用。多孔性对零件表面储油以及隔热是有利的。用等离子喷涂时，涂层的孔隙率有很大的调整范围。碳钢（w（C）=0.14%）的普通电喷涂层内，孔隙占涂层体积的4%～20%。

3）喷涂工艺。

喷涂工艺过程主要有：喷前表面准备、零件的喷涂和喷后处理3个阶段。

第1阶段喷前零件表面准备。表面准备是喷涂工艺的主要工序。喷前零件表面状态对喷涂层与零件基体的结合强度影响较大，需要注意以下几点：

①表面净化。要彻底清除零件表面的油污、锈层等污物。对各种铸件因组织疏松有孔隙，容易吸油时，应加热到超过喷涂时零件的温度（一般加热到350℃左右），烘干2～3h，以彻底除去表层的油污。

②表面加工。喷前加工的目的有：除去零件表面硬化层、消除不均匀磨损及保证涂层的厚度。动配合零件的表面，由于摩擦磨损的表层产生厚度不超过0.1mm，具有塑性变形和残余应力存在的硬化层。喷前应通过加工除去，否则会降低结合强度。

③遮蔽处理。当喷涂表面有键槽、油孔时，可用竹或木塞堵塞，堵塞物应稍高于涂层厚度。为防止涂层冷却收缩从轴端脱落，可在轴端部车沟槽或燕尾槽等。

④粗糙处理。粗糙处理有3个目的：使涂层冷却收缩时的应力限制在局部的地方；增加结合面积；使涂层本身层片之间折叠，以达到提高涂层强度和涂层与基体的结合强度。

常用的方法有镍拉毛、车螺纹或喷砂等。对多数零件用60° V形刀具，切出螺距为0.5～1.5mm的螺纹，深度为标准螺纹的50%即可。刀尖可做成圆形，以减少应力集中。但车螺纹和镍拉毛都会降低零件的抗疲劳性能。喷砂可以提高零件的疲劳强度，国外应用广泛。

第2阶段喷涂过程。喷涂过程控制是喷涂工艺过程的关键环节。

①预热。零件经除油和粗糙处理之后，应尽快进行喷涂。在喷涂时，先将零件预热，预热零件一般为100℃～250℃。预热可以减少涂层与基体的温度差，从而减少涂层与基体收缩的应力差，有利于提高涂层的结合力。

②喷涂过渡层（打底层）。为了提高涂层与基体的结合力，目前普遍采用先喷一薄层（约0.06～0.13mm）过渡层，然后立即喷工作涂层。在丝材的电喷涂和气喷涂中，过渡层材料采用钼。在火焰粉末喷涂及等离子喷涂中，有些采用钼，多数采用镍包铝或铝包镍粉。

③丝材电喷涂和气喷涂的主要工艺参数。丝材电喷涂和气喷涂的主要工艺参数如表4－5所示。

表 4-5 金属喷涂工艺规范

喷涂方法	喷嘴至零件距离/mm	压缩空气压力/MPa	电流/A	电压/V	乙炔压力/MPa	氧气压力/MPa
电喷涂	120~200	0.5~0.6	80~140	30~45	–	–
气喷涂	120~200	0.4~0.5	–	–	0.13~0.15	0.14~0.16

④氧—乙炔火焰粉末喷涂工艺参数。火焰参数的选择是在选定喷枪和粉末之后，通过调整供气压力和流量，以得到一个相应的火焰能量来保证粉末充分熔化。喷涂基本上使用中性焰，在给定乙炔气体压力和流量之后，只要调节氧化压力和流量使火焰成为中性焰即可。氧气压力和流量实际上是在一定的火焰量下的乙炔压力和流量的函数，不用单独选择。对于乙炔压力的流量，往往给定乙炔压力一个足够的数值（一般为 0.06~0.1MPa），火焰能量的大小只需控制乙炔流量即可。

零件预热温度为 100℃~250℃，喷涂时零件温度一般不超过 250℃。

送粉量由喷枪功率大小决定，喷涂距离一般选定为 150~200mm。

⑤等离子喷涂工艺参数。等离子喷涂的工艺参数很多，但在设备和粉末已选定的条件下，生产中最重要的是电功率、气体流量、送粉量、喷涂距离和基体温度等参数。对耐磨涂层，这些参数选择的正确与否，首先反应在涂层与基体的结合性能上。

等离子气体的选择确定了单位电弧弧长的电压降；喷枪结构和等离子气体的速度确定了毛弧弧长。电压主要由喷枪和等离子气体确定，而电流的大小是允许调节的，因此输入功率可在以下范围内调节：一般对大多数喷涂层，采用 15~25kW 的功率就可获得高质量的涂层；当喷枪功率高到 40kW 时，可使喷涂速度加快，增加了喷枪每小时的喷粉量。气体流量与所使用功率密切相关，等离子体的温度取决于所使用的电流值与等离子的气体流量。

粉末供给速率是最后影响涂层结构和沉积效率的参数。如果送粉速率大于喷枪所能加热粉末的能力，不仅沉积效率会很快下降，而且涂层本身还会含有未熔化的粉末。相反，送粉速率太低，则喷涂费用增高。

喷枪与工作距离一般要求不太严格，但在一定的场合保持不变。当然，喷枪与工作的距离会影响工件的温度。对大多数工件来说，喷涂距离应该在 100~150mm 范围内。

等离子喷枪产生等离子焰的效率约为 65%，水冷喷枪和电极等热损失大约 35%。这与丝材或粉末燃烧火焰喷枪的热输出量近似相等。尽管等离子火焰比燃烧火焰温度高得多，但火焰输出热量是由于选定的功率决定的。等离子火焰热辐射和热传导的损失大，因此，火焰在到达工作之前就有较多的热量损失掉了。

第 3 阶段零件喷后处理和加工。喷后处理和加工将影响喷涂层的质量和使用效果。

对间隙配合件的喷涂层，喷后应将零件在机油中浸泡 1~10h，使机油渗入涂层孔隙中。

由于喷涂层性质脆硬，结合强度较低，又需保持喷涂层表面的多孔特性，在选择加工方法、切削工具及加工规范时必须考虑此特点，以防止涂层加工时崩落、脱层和表面孔隙被堵塞。

车削常采用 YG6 或 YG8 硬质金刀头。磨削一般用粒度 46 目或 60 目，硬度为 ZR2 或 ZR1 的碳化硅砂轮，用皂化液冷却。对碳钢，车削速度为 0.2~0.34m/s；磨削时切削速度为 0.4~0.5m/s。

4）喷涂材料。

①丝材。主要用于修复和防腐。主要为钢、纯金属、耐磨、耐蚀及耐高温的复合喷涂丝。

钢质丝材如T12、T9A、80号及70号高碳钢丝等主要用于修复磨损表面，纯金属丝材有锌、铝等主要用于防腐。

②自熔性合金粉末。在合金粉中加入适量的硼和硅等强脱氧元素。硼和硅能降低合金的熔点，增加了液态金属的流动性和湿润性。硼和硅与氧的亲和力强，喷涂时在高温下首先与氧化合，保护了金属元素免受氧化。硼和硅的氧化物还能与零件表面的氧化物在熔化时形成硼硅酸熔渣浮盖于金属表面。

按合金粉末中粉末基本元素组成及合金含量，自熔性合金粉末主要有以下几种：

镍基合金粉，又称镍铬硼硅系合金，其中含有一定量的铁和碳。

铁基合金粉，又称铁镍硼硅系合金，属于此类的还有铁铬镍硼硅系及铁铬碳硼系等多种。

钴基合金粉，又称钴铬钨硼系合金。

镍基和铁基是机械维修中应用较多的两种合金粉末。镍基和铁基涂层在常温下都具有较高的耐磨性，铁基的耐磨蚀性不如镍基，而镍基的价格比铁基高。钴基合金粉末不但具有高的硬度和耐磨性，而且具有很好的红硬性，适合于高温下耐磨层，但价格较高。这3种合金粉末，在喷涂时都广泛采用自黏结材料，如镍包铝、铝包镍或纯钼粉等材料作过渡层，以提高涂层与基体的结合强度。

（2）喷焊技术

喷焊工艺是在火焰喷涂工艺基础上发展起来的。它是将喷涂层再进行一次加热重熔处理，在零件表面获得一层类似堆焊的涂层。喷焊的设备和操作都较简单，又能得到耐磨、耐腐蚀、抗高温氧化等多种性能的涂层。可用于旧件的修复，也可用于新件表面的强化、装饰等。

1）氧—乙炔火焰粉末喷涂（焊）。

利用氧—乙炔火焰将粉末加热到熔化或半熔化的高塑性状态后，利用高压空气将其喷射到经过预处理的零件表面上形成涂层。主要设备有喷涂炬、空气和乙炔供给装置（乙炔）。

喷涂时，先用氧—乙炔火焰把零件表面加热到300℃左右，开始喷涂合金粉末，然后再用氧—乙炔火焰加热使喷涂层再次熔化，以提高喷涂层与基体的结合强度。

喷涂炬中主要有燃气输送与混合系统、粉末供给与输送系统两部分。为了扩大加热粉末区域和得到高能量的火焰，喷嘴多采用梅花形分布喷孔。工作时燃气由喷嘴四周的小孔喷出。粉末由氧气造成的负压被吸入并经喷嘴的中心孔喷出。火焰大小和性质可通过乙炔阀和氧气阀调节。送粉量由送粉氧气的流量及下粉阀门开启大小来调节。

喷涂粉末过程分两步进行。第一步先喷镍包铝或铝包镍粉末，即喷涂底层。厚度为0.06～0.13mm；第二步喷合金粉，即喷工作涂层。喷后需要加工的零件，要留0.2～0.3mm的加工余量。对厚涂层应进行多次喷涂，这样可获得更均匀的涂层。一次喷层厚度不要超过0.25mm。如果要求涂层厚度为0.25mm以上，最好分两次喷成。

粉末粒度一般在40～100μm范围内。粉末使用前应在100℃～150℃温度烘干1～1.5h。

2）喷焊层特点。

①喷熔层与零件基体是完全熔合的，熔深很浅，约0.05mm，因而涂层冲淡率小，结合强度高达350～400MPa。

②喷焊层组织致密无孔，表面光滑，成形好，加工余量小。

③喷焊层薄而均匀，厚度可控制在0.1～23mm。

④可得到硬度达HRC35～HRC65的硬化涂层。

⑤重焊时零件表面温度达1 000℃～1 100℃，零件热影响区较大，变形倾向大，甚至引起金属组织变化，使应用范围受到一定限制。

3）喷焊工艺。

①喷前零件表面准备。是指零件表面喷涂前应彻底除油，除锈；表面硬度大于HRC30时，需经退火处理（可用氧—乙炔火焰加热）；对电镀、渗碳、氮化等表面亦需去除，否则影响涂层与基体的结合强度。

②喷前预热。应根据材料的性质而确定，碳钢一般需预热到270℃～300℃，合金钢预热到300℃～400℃。预热温度不应使零件变形和氧化。

③喷涂与重熔。有两种操作方法，其操作工艺如下：

两步法。将喷涂和重熔分两步进行。第一步，将合金粉用轻微碳化焰喷涂在零件表面，形成一定厚度；第二步，用中性焰或轻微碳化焰将涂层重熔。

重熔是为了将涂层金属全部熔化，使涂层金属在零件表面迅速扩散，与被加热到熔化或半熔化状态的零件表面形成焊合，并得到致密且均匀的喷焊层。重熔时，喷嘴与涂层表面距离约为20～30mm；最好采用左向“焊法”，火焰与零件表面呈60°～70°夹角。当加热到涂层表面在火焰照射下，出现镜面反光现象时，说明熔化程度合适，重熔炬应立即向前移动，直至全部涂层重熔。两步法适用于大面积及轴类零件喷焊。厚度易保持一致，操作人员容易掌握，应用较普遍。

一步法。一般采用中性火焰，边喷边熔。当起始喷涂点被加热到暗红色（500℃～600℃）时，立即喷粉，合金粉在高温基体及火焰加热下很快熔化成为喷焊层。随着喷枪向前移动，新的表面又被加热到所需温度，合金粉连续不断地被送入熔池，同时有部分粉末喷射到原有的熔化层中被熔化，形成重叠层，直到所需喷焊层厚度。一步法可以喷涂一些熔点较高和粒度较大的合金粉。粉末利用率较高，热影响区小（与两步法比较）。适用于小面积及形状不规则的零件。

4）合金粉末材料。

对喷熔合金粉末的要求主要有：

①合金粉应具有自熔性，熔点应低于被喷焊基体材料的熔点，以保证在基体金属表面被湿润的条件下，合金粉熔化并覆盖于基体表面，避免基体过热。

②应具有良好的液态流动性，以便脱氧和净化。

③喷层应具有足够的韧性和小的线收缩系数。避免在冷却时出现大的应力，使焊层开裂或剥落。喷焊用合金粉有镍基、铁基、钴基、铜基等。

与喷涂用合金粉相比，硼、硅等自熔性元素含量要多一些。喷焊时，硼、硅一方面起助熔作用，使合金粉末的熔化温度降低；另一方面，硼、硅被氧化，分别生成B_2O_3和SiO_2，在零件表面形成薄膜，这种膜既能防止合金中的镍铬铁等元素被氧化，又能与这些元素的氧化物形成硼酸盐和硅酸盐熔渣，从而获得氧化物含量低、气孔少的喷焊层。在喷涂粉中，涂层不重熔，硼硅含量应少一些，以免粉末熔化时排出的熔渣多，使涂层中留下过多的熔渣而降低涂层强度。

镍铬硼硅系自熔性合金，目前应用较广。它基本上属于镍铬固溶体，本身就具有良好的抗氧化、耐酸蚀性能。合金粉里的碳元素与铬相结合，形成了碳化铬。它与硼化铬都是较硬的难熔化合物，所以喷焊层具有较高的耐磨性。

一般来说，随着含碳量增加，硬度和耐磨性都有提高，但脆性增加，故含碳量不宜过高。在镍基粉末里，铁的含量一般不超过10%，最好低于5%。含铁量过高，合金层耐腐蚀性会大大降低。

铁基合金粉末，是在镍基粉末的基础上发展起来的，成本较低，但耐蚀性不如镍基和钴基粉末。一些不重要零件的修复，铁基合金粉末一般可满足要求。

（3）刷镀技术

刷镀是依靠一个与阳极接触的垫或刷（即镀笔），提供电解液的电镀方法。电镀时，刷镀工件与阴极做相对运动。关于刷镀，在我国曾出现多种名称，如金属涂镀、快速笔涂电镀、擦镀等。现在国家标准已经正式采用“刷镀”这一名称。刷镀具有设备简单、工艺灵活、镀积速度快、镀层金属种类多、镀层与基体材料的结合强度高、镀层均匀、厚度范围宽（0.001～0.4mm）并可精确地控制、镀后一般不需要机械加工、对环境污染小等优点。可以用于轴、箱体、孔类、花键槽、滑动轴承及深孔等各种形状零件的局部修复，并可在零件表面建立强化层、减磨层、防护层、装饰层等多种功能性涂层。

1）刷镀工艺。

刷镀的工艺流程为：表面准备（预加热、除油、除锈、非镀表层保护）→电净→水冲→活化→水冲→镀过渡层→水冲→镀工作层→水冲→镀后处理。

电净合格的标志是：水冲后，被镀表面挂水（水膜连续）。电净时，被镀部位邻近表面同时进行电净处理，然后用水冲净电净液。

活化是刷镀质量的关键，必须认真做好，因为它决定工件与镀层是否能结合良好。活化合格的标志是：低碳钢表面呈银白色；中、高碳钢表面呈银灰色；铸铁表面呈深灰色。

刷镀时，为了提高工作层与基体的结合强度，工件经电净、活化后，根据零件材料性质选用特殊镍、碱铜或低氢脆镉作过渡层，厚度为0.001～0.002mm。

工作层则根据零件的不同需要和用途，选择活化液和镀液进行刷镀。常用的刷镀液的主要工艺参数如表4－6所示。

表4－6　几种金属刷镀溶液的主要工艺参数表

刷镀溶液	金属离子含量 /（$g \cdot L^{-1}$）	工作电压/V	阴阳极相对运动速度 /（$m \cdot min^{-1}$）	耗电系数 [$Ah/(dm^2\mu)$]
专用镍	85（74）	10～18（8～15）	5～10（20～30）	0.774（0.042）
快速镍	50（59）	8～14（8～20）	7～12（20～30）	0.104（0.09）
特殊镍	68	5～12	25～30	0.11
铁合金	158	5～15	25～30	0.09

续表

刷镀溶液	金属离子含量/（$g \cdot L^{-1}$）	工作电压/V	阴阳极相对运动速度/（$m \cdot min^{-1}$）	耗电系数[$Ah/(dm^2\mu)$]
低应力镍	75	10~16	6~10	0.214
半光亮镍	62	4~10	10~14	0.122
镍—钨	85	10~15	4~12	0.214
镍—钨—“D”	80	10~15	4~12	0.214
高速铜	116（118）	6~16（4~15）	10~15（10~40）	0.073（0.09）
碱铜	62（64）	8~14（6~15）	6~12（10~20）	0.079（0.18）
高堆积铜	75	8~14	6~12	0.079
半光亮铜	62	8~10	10~14	0.0125
半光亮铬	70	8~10	10~14	0.037
中性铬	50	8~15	1~2	-
低氢脆铬	100	10~16	4~10	0.01
碱锌	95	6~16	4~10	0.02
铟	65	6~15	4~8	0.04

2）刷镀层性能。

①与基体金属结合强度。金属刷镀层在各种钢、铸铁、铝、铜等常用金属材料上，均有良好的结合强度。目前，对金属刷镀层结合强度进行准确定量测试是比较困难的。因此，一般是根据我国电镀行业定性试验标准和美国国家标准“金属镀层黏附强度的标准试验方法”进行定性试验，包括对刷镀层进行机械切削、弯曲、锉削、划痕、冷热疲劳等试验。

例如，利用拉片法和切片法，测得在一般的工艺水平上，镍镀层在钢铁工件上的结合强度，拉伸强度可达到70~140MPa，剪切强度可达90~140MPa。

②硬度。由于刷镀层具有超细晶粒结构，镀后内应力较大，晶格畸变和位错密度大，所以，刷镀层的硬度比槽镀镀层的硬度高。

试验表明，快速镍、镍钨合金、镍钨“D”合金、快速铁、铁合金等刷镀规范合理时，其硬度均可达到HRC50以上。这能满足多数零件的使用要求，常用来做耐磨镀层或强化零件表面。

③耐磨性。金属材料的耐磨性，不仅与材料自身性能和硬度有关，还与载荷、润滑、温度、摩擦副的匹配等多方面因素有关。因此，应针对具体情况来评价刷镀层的耐磨性。

在磨损试验机上的试验结果表明，镍镀层、铁镀层、铁、镍合金镀层的耐磨性比42CrMo氮化、20Cr渗碳、45钢淬火处理的性能要好。其中，镍镀层耐磨性性能是45钢淬火处理后的1.36倍，铁镀层是1.8倍，铁合金层是1.4倍。镍一钨合金类镀层的耐磨性比快速镍镀层要高一些。

④对基体疲劳强度的影响。刷镀层对基体金属的疲劳强度影响较大，一般下降30%~40%。不同的基体金属材料，疲劳强度降低的幅度不同。铸铁的疲劳强度下降幅度最小，中等强度的35CrMo钢下降24%~35%，高强度的50Cr钢疲劳强度降低更多些。刷镀后进行

200℃～300℃低温回火处理可减少应力，降低对零件疲劳强度的影响。

3. 焊接修复法

（1）铸铁件焊修

汽车的某些零件如气缸体、离合器壳、变速器壳等常用灰口铸铁（HT）制造；驱动桥壳、制动鼓、主减速器壳等常用可锻铸铁（KT）制作；有的曲轴、凸轮轴等则用球墨铸铁（QT）制作。这类零件的典型损伤是裂纹和螺孔损坏等，最常用的修复方法之一是焊修。

1）铸铁件焊修的特点。

①易产生白口。焊修铸铁件的困难之一是焊缝中容易产生白口，这是焊修金属冷却太快和石墨化元素烧失的结果造成的。碳在快速冷却中来不及以石墨状析出而停留在碳化铁中的化合状态，焊缝既硬又脆，难以加工。

②易产生裂纹。铸铁塑性差而发脆，焊接时由于冷热不均或冷却过快都会造成应力，当应力超过焊缝处强度时会产生裂纹。

③易产生气孔。铸铁焊接中所形成的熔点约为 1 400℃的难熔氧化物在焊缝熔池下结成一层硬壳，阻碍气体由熔化金属内向外自由溢出，从而产生大量气孔。

为克服铸铁焊修存在的上述问题，可以采取几个方面的措施：预热，加石墨化元素，加塑性变形材料，特殊措施减应力。

2）铸铁件焊修方法。

铸铁的焊修方法很多，各有特点。常用的方法按所用的设备和热源不同可分为气焊、电焊和钎焊；按对焊件预热的程度不同可分为热焊和冷焊。

①气焊，也称为氧—乙炔火焰焊。铸铁气焊的优点是熔池金属与母体材料相似。缺点是施焊速度慢，生产率低，零件受热变形大，且工作环境恶劣。

②电焊，也称电弧焊。铸铁电焊的特点是焊接速度快，生产率高，零件受热变形较小。缺点是焊缝的机械性能和加工性能比气焊差。

③钎焊。采用气焊的火焰加热，母材不熔化，焊后不易裂，加工性好。其强度因钎料而异。

④热焊。将工件预热到 600℃～700℃，然后用氧—乙炔火焰施焊。热焊能保证焊接质量良好，但工艺复杂，所以较少使用。主要用于修复复杂的箱体零件。

⑤冷焊。焊件不预热或预热温度低于 400℃的焊接。冷焊可用气焊也可采用电焊，方法比较简单。因此，在汽车修复生产中得到广泛的应用。

（2）铝型材钎焊

现代客车车身及其附近的骨架中越来越多地使用了铝型材，由于近年钎焊技术的发展极大地提高了其结合强度，解决了熔焊变形及接头外观质量问题，因而在车身的修复中钎焊应用得越来越多。下面主要讲述铝型材的钎焊特点及工艺过程。

1）铝型材料钎焊的原理及特点。

铝表面有一层难熔的氧化膜，它阻碍铝的熔化和焊合，钎焊则可在焊缝处母材不熔化的状态下达到焊合的目的。

铝型材钎焊是把材料加热到适当温度，应用钎料使材料结合的一种焊接方法。所用钎料的液相线高于 450℃，但低于焊缝母材金属的固相线温度。钎料依靠毛细吸附作用流布于接头的紧密配合面之间，在冷凝后即形成了焊缝，使整个截面接头一次焊成，使被焊工件牢固地连接在一起。因此，钎焊必须同时符合下列 3 条准则：

①钎接零件时，基体金属不得熔化；

②钎料的液相线温度必须高于450℃；

③钎料必须能润湿基体金属表面并依靠毛细吸附作用被吸入或保持在接头中。

根据上述钎焊原理，铝型材的钎焊有如下特点：使得铝型材的焊缝具有良好的充填性、致密性和密封性；钎焊接头光滑、平整；焊接接头抗拉强度高。经测试，铝型材钎焊接头强度为110MPa，而铝合金气焊和氩弧焊为30~35MPa；与铝合金气焊和氩弧焊对比，加工费仅为铝合金气焊的8%左右、铝合金氩弧焊的5%左右。

2）铝型材的火焰钎焊工艺。

①清洗。钎焊前要用清洗剂清除焊接处的表面油污及氧化膜杂质，可用化学方法，也可用机械方法。

用化学法清洗时，可先用汽油或丙酮等有机溶液去除油污后，将工件放在60℃~70℃热水中冲洗干净，然后再将工件浸入60℃~70℃的5%~10% NaOH（火碱）水溶液中停留15~20min。侵蚀后，立即用冷水将表面的碱液冲净，再浸入10%~30%的硝酸溶液中停留约1min，中和后再用热水或流动的水冲洗净并烘干。

用机械法清洗时，在用钢丝刷和刮刀之类的工具去除氧化膜可满足要求的情况下，尽量少用砂纸、砂布、喷砂等方法。因这些方法易使砂粒嵌入焊件表面，影响焊接质量。

②夹具和固定装置。为了保证钎焊接头位置正确和有合适的间隙，采用既适用又有一定强度的夹具和固定装置，有利于火焰加热和钎焊操作，且零件不致因膨胀的差异而发生离位现象，通常采用纯镍、不锈钢、特种合金钢或低碳钢制造的夹具和固定装置。

③施焊。首先将钎剂与水或酒精混合后以刷涂、浸渍和喷涂等方法施加到工件和钎料上去。机械化钎焊时可将钎料预先放置到接头处，而手工火焰焊则靠人工送进钎料。再用氧—乙炔火焰或石油液化气火焰在较大范围内对接头加热，使各部分温度上升到钎焊温度。对于氧—乙炔火焰必须控制其乙炔流量。氧气过量易产生氧化铝，而乙炔过多会出现气孔。因此，焊嘴应根据工件厚度和乙炔耗量来确定，可参照表4-7选用。

表4-7　焊嘴与工件厚度的关系

焊件厚度/mm	0.5~1	1~1.5	1.5~2	2~3	3~4
焊嘴号/（$L \cdot h^{-1}$）	50~75	75~100	150~300	300~400	400~500

施焊时的加热温度必须严格控制到500℃~600℃范围内。由于铝合金在加热熔化时无明显的颜色变化，很难预测。因此可将预热的钎棒一端醮上钎剂放在焊口上，若钎剂立即化为透明的流体则说明温度合适，即可施焊；若钎剂不能立即熔化，发黏、冒泡则表明温度偏低，应再加热。

④钎焊后清理。钎焊后必须清除残余的腐蚀钎剂。残余的钎剂形成一个硬而脆的壳层，可用热水溶解或化学清洗彻底除掉。将钎焊接头放入热水中浸渍以后，再在10%体积的硝酸和0.25%体积的氢氟酸浴槽中浸渍2~5min，可获得清除钎剂的良好效果。注意各种清洗方法最后都要用清水冲洗，以清除残余的清洗剂。

4. 胶黏修复法

胶黏是利用黏结剂的黏结作用进行零件修复的方法。黏结剂种类繁多，汽车修理中常用的有机黏结剂有：环氧树脂、酚醛树脂、Y－150 厌氧胶、J－39 高强度黏结剂。无机黏结剂常用的是氧化铜胶黏剂。

用胶黏法修复零件工艺简单，设备投资少、生产成本低，不会引起变形和金属组织的变化。适用于金属及非金属零件破损的修复。

（1）黏结原理

两种物体能被黏在一起是机械力、分子力及化学键力综合作用的结果。

①机械作用。任何固体材料的表面都存在着一定的粗糙度。胶黏剂渗入物体表面凹凸不平和孔隙中，固化后镶嵌在孔隙中的胶黏剂形成了无数微小“销钉”，起到机械连接的作用。

②分子吸附和扩散作用。分子间吸引力只有在分子间的距离接近到分子的直径大小时才呈现出来。液体胶黏剂使工件表面湿润，起到了分子之间互相贴近的作用。此外，胶黏分子与被黏件表面的分子的相互扩散作用也利于黏结。

③化学键作用。有的胶黏剂与被胶黏结材料表面的某些基本组成元素形成化学键，由化学键结合作用将两者紧密联结在一起。

综上所述，胶接界面发生的机械、物理或化学键作用都是产生黏附力的因素。然而，对于不同的胶接材料和工艺，各种作用的黏附力是不相同的。应针对被黏物的情况，增强黏附力以获得高的连接强度。

（2）黏结工艺

对黏补零件应根据其损坏的程度、承受的载荷及工作温度与环境等选择黏结修复方案。如选用配方、确定黏结方法、接头形式和表面处理方法等。

①胶黏剂的选择。选用胶黏剂时应充分考虑被黏件的材料种类和性质，考虑被黏件的使用条件，被黏件允许的工艺条件并考虑如密封、导电、导磁等特殊要求。

②表面处理。常用的表面处理方法有除油处理、机械处理和化学处理。

③调配胶与涂胶。按所选择的胶黏剂的要求配胶，并可采用刷涂、刮涂和喷涂等方法涂胶。

⑤固化。根据不同的胶黏剂的要求，充分考虑固化压力、温度和应保持时间。

5. 修复方法选择

每种零件修复方法都有它的特点和适用性。同一零件可采用不同的修复工艺，同一工艺可以修复不同的零件。因此，选择最佳的修复方法和工艺很有必要。所谓最佳修复方法是指该方法能保证零件具有高的使用可靠性，较长的使用寿命，而所用的劳动量和消耗的材料最少的修复工艺。所以，考虑到工艺和经济两方面因素，在确定合理的零件修复方法时，应遵循下列原则。

（1）适用性

适用性又称工艺原则，该原则是针对具体需修复的零件去选择工艺。考查该工艺是否可行，是否能够达到零件的技术要求。所选择的修复工艺不仅能恢复零件的几何形状，而且要使修复的零件满足一定的使用性能，为此，要从以下几方面考虑：

1）覆盖层的机械性能。覆盖层的机械性能指标主要是覆盖层与基体的结合强度、硬度、耐磨性及疲劳强度。如表 4－8 列有各种修复工艺的性能指标，可供选择工艺时参考。覆盖层结合性的好坏直接影响工艺对某特定工作条件下零件修复的可行性。对于重载交变负荷情况下工作的汽车零件，宜选用结合度高的修复工艺；对于耐磨性有要求的汽车零件，宜选用修复层硬度高的修复工艺；对致密性要求高的零件，不宜用多孔性的覆盖层；喷涂层适宜有润滑的工况，对干摩擦条件下工作的零件宜选用喷焊修复。此外，选择工艺时应考虑零件的工作温度及介质条件。如镀铁层的耐蚀性较差，不宜在腐蚀介质环境中应用。对在较高温度下工作的零件，其覆盖层的耐热程度是必须考虑的。

2）修复工艺能达到的覆盖层厚度。各种零件由于磨损的程度不同，要求恢复至标准尺寸所需的覆盖层厚度也不同，各种修复工艺所能达到的覆盖层厚度是有一定限度的，如表4-8所示。

表4-8　各种修复工艺的性能指标

工艺名称	覆盖厚度/mm	结合力/（$N \cdot mm^{-2}$）	工件变形量/mm	生产率/（$kg \cdot h^{-1}$）
金属喷涂	0.1~3.0	—	—	2.5~3.8
气体火焰喷涂	0.05~2.0	24.5	1.20~2.30	4~12.0
手工电弧堆焊	0.1~3.0	392~785	0.09~1.32	0.4~4.0
埋弧堆焊	0.5~20.0			1.8~45.0
气体保护焊	0.8~4.0	392~686	0.05~1.00	1.56~4.4
管状焊丝堆焊	2.5~3.0	—	—	2.0~20.0
振动堆焊	0.5~5.0	392~932	0.02~0.58	0.6~4.4
等离子堆焊	0.1~12.0	392~932	0.02~1.00	2.0~17.0
电脉冲堆焊	0.4~0.75	—	—	1.0~1.5
镀铬	0.05~1.0	245	0.00	0.007~0.025
镀铁	0.1~5.0	196	0.00	0.011~0.085
刷镀	0.01~2.0	67.6以上	0.00	—
胶黏	0.05~3.0	19.6~41.2	0.00	—

3）修复工艺对基体的影响。修复工艺过程对基体的影响主要指零件的变形情况、金相组织及机械性能的变化等。

（2）耐久性

耐久性即零件的使用寿命。如果定量地表示使用寿命，则用耐久性系数，即修复后零件的使用寿命与新零件寿命的比值。此外，修复层的耐磨性也是要考虑的一个方面。

（3）技术经济性

综合考虑修复成本与零件修复后的使用寿命两方面因素，选择最有利的修复工艺，就是考虑其技术经济性。技术经济性指标使用下式表示：

$$C_{\mathrm{b}} \leqslant K_g \cdot C_H$$

式中　C_{b}——零件修复的成本；

K_g——耐久性系数；

C_H——新零件的成本。

用各种不同工艺修复零件的耐久性系数，可参考相关的技术资料确定。在选择零件的修复工艺时，除分析研究工艺的适用性、技术经济性及零件的耐久性外，还必须考虑当时当地的设备条件、技术水平等因素。

思考与习题

1. 简述预防性维修的分类。
2. 简述我国现阶段汽车维修制度。
3. 试述汽车检测诊断方法及主要内容。
4. 简述汽车维护的分类。
5. 简述汽车修理作业分类。
6. 简述机械加工修复方法。
7. 简述表面技术修复方法。
8. 简述铸铁件焊修的特点和方法。
9. 简述选择零件修复方法的原则。

第5章 汽车配件服务

【本章知识点】

本章讲述了汽车配件服务的相关内容。要求学生了解汽车配件的定义与分类，汽车配件的连锁经营；掌握汽车配件的供应管理和仓储管理内容。

5.1 概 述

5.1.1 汽车配件的定义及分类

1. 汽车配件的定义

关于汽车配件，有很多种不同的定义。比如在汽车维修企业和汽车配件经营企业，通常将汽车零部件、汽车标准件和汽车材料三种类型的产品统称为汽车配件。

通用的一种是：在汽车服务企业中，一般把汽车的零部件和耗材统称为汽车配件。

2. 汽车配件的分类

(1) 汽车零部件

汽车零部件一般都编入各车型汽车配件目录，并标有统一规定的零部件编号。汽车零部件又分为以下类别。

1) 零件：零件是汽车的基本制造单元，它是不可再拆卸的整体，如活塞、活塞销、气门、气门导管等。

2) 合件：由两个以上的零件组装，起着单一零件作用的组合体称为合件，如带盖的连杆、成对的轴瓦、带气门导管的缸盖等。合件的名称以其中的主要零件而命名，例如带盖的连杆，则命名为连杆。

3) 组合体：由几个零件或合件组装，但不能单独完成某一机构作用的组合体称为组合件，如离合器压板及盖、变速器盖等。有时也将组合件称为“半总成”件。

4) 总成件：由若干零件、合件、组合件装成一体，能单独起着某一机构作用的组合体称为总成件，如发动机总成、离合器总成、变速器总成等。

5) 车身覆盖件：由板材冲压、焊接成形，并覆盖汽车车身的零件称为车身覆盖件，如散热器罩、叶子板等。

(2) 汽车标准件

按国家标准设计与制造，对同一种零件统一其形状、尺寸、公差、技术要求，能通用在各种仪器、设备上，并具有互换性的零件称为标准件，例如螺栓、垫圈、键、销等。其中适用于汽车的标准件，称为汽车标准件。

（3）汽车材料

这里指的是汽车的运行材料，如各种油料、溶液、汽车轮胎、蓄电池、标准轴承（非专用）等。汽车材料大多是非汽车行业生产而由汽车使用的产品，一般不编入各车型汽车配件目录，所以也将其称为汽车的横向产品。

在汽车配件中，还有一个重要的概念，那就是“纯正部品”。纯正部品是进口汽车配件中的一个常用名称，指的是各汽车厂原厂生产的配件，而不是副厂或配套厂生产的协作件。纯正部品虽然价格较高，但质量可靠、坚固耐用，故用户均愿采用。凡是国外原厂生产的纯正部品，包装盒上均印有英文“GENUINE PARTS”或中文“纯正部品”字样。

5.1.2　汽车配件市场的发展现状

1. 汽车配件市场的现状

从2001年以来，我国汽车配件行业产品销售收入出现了数次增长高峰，与我国整车产销量在2002年出现井喷式的高速增长期有点类似，我国汽车配件行业的增长高峰出现在2002年、2006年、2007年。2002年我国汽车配件行业产品销售收入达到2 334.23亿元，与2001年相比增长了45.73%，是进入21世纪以来增长速度最快的一年。2006年我国汽车配件行业产品销售收入达到5 240.02亿元，与2005年相比增长了30.47%。2007年我国汽车配件行业产品销售收入达到7 566.54亿元，与2006年相比增长了44.40%。2008年我国汽车零配件业产品销售收入达到9 000亿元。

2008年在全球金融危机影响的情况下，我国汽车零部件行业的出口量仍取得了25.79%增长。汽车零部件生产企业形成专业化零部件集团，正成为一种全球化趋势。国际著名的汽车及零部件企业几乎都在中国建立了合资或独资企业，中国引进技术合资企业已超过1 000家。国内一批科技含量高、效益好、规模大的汽车及零部件企业逐步成长起来。随着国际上汽车行业开始实行零部件，全球化采购策略及国际跨国汽车企业推行本土化策略，国内市场将出现巨大的零部件配件缺口。

2. 汽车配件市场的发展机遇

到2009年年底，中国的乘用车总量达到3 200多万辆，比2008年增加740万辆。乘用车总量在一年间就增加33%，这意味着汽车生产商和其供应商们面临着不可估量的巨人机遇。

除了汽车生产和销售商们的机会大增之外，还有另外两个领域的公司会从中国蓬勃发展的汽车市场受益匪浅。首先就是由汽车拥有者的基本需求推动的行业，包括汽车金融公司、保险公司和汽油企业。

根据J. D. Power的研究，停车辅助系统在新车购买者的需求清单中名列第一。这些配件系统能够帮助司机绕开在驾驶座位上看不清的障碍物，预计在中国销售的新车中有16%会安装这种系统。这对配件销售商和汽车生产商而言是一个巨大的市场。

在进行更深入的调查后，我们会更清楚地了解人们为何对停车辅助系统如此感兴趣。购买停车辅助系统的消费者中有75%是首次购车者，他们的驾驶经验一般都有限。考虑到新车购买者装配停车辅助系统的比率越来越高，停车辅助系统成为重要卖点的可能性越来越大，汽车生产商将这种广受欢迎的装置变成未来产品的标准配置将是合情合理的商业考虑。

事实上，J. D. Power 的资料显示，超过 64% 的新车购买者会选择防盗系统为标准配置的汽车。

接下来销量最大的 3 种配件是后座娱乐系统、蓝牙免提通信设备和导航系统。这 3 种配件的销售量增长非常快，这也不足为奇，因为中国的数字技术发展迅猛、普及速度惊人。

2007 年，仅有 2% 的新车购买者表示计划在购买下一辆新车时装配后座娱乐系统。2008 年，随着更多的人在汽车上装配了移动电视、DVD 机和游戏机，这一比例增加了 6 个百分点，达到 8%。

2007 年到 2008 年间，蓝牙技术的被接受速度和后座娱乐系统相似。有 7% 的新车购买者表示将在汽车上装配蓝牙。

最后是导航系统，它可能是配件市场最具发展潜力的领域之一。在美国，购买了汽车导航系统的新车购买者中，90% 的都是通过汽车生产商或者经销商安装的。但在中国，仅有大约 7% 的新车购买者在汽车交付前订购导航系统，另外 9% 的导航系统拥有者是通过配件市场安装的。这种差距对中国的移动导航设备市场而言是一个不小的机遇。

随着整体经济的扩展，中国的汽车销售毫无疑问会继续增长。因此，我们认为汽车配件市场的机会也会随之增加。

3. 汽车配件市场的发展方向及对策

随着世界市场对零部件产品的安全、环保和节能性要求不断提高，法规标准日益严格，以及产品个性化、多样化的需求日益提高，产品技术含量加大，产品的生命周期日益缩短，新产品推出速度加快，生产成本上升，竞争加剧，顾客对产品的需求趋向个性化、多样化，生产自动化技术不断提高，信息化技术的应用愈来愈广泛，各主机厂面临以上诸多矛盾，势必对零部件供应商提出越来越高的要求。因此，我们应从以下方面入手：

1）保持低成本优势。众所周知，中国的零部件供应商具有低成本的优势，比起东欧和墨西哥，中国的人力成本更为低廉。然而，人力成本并不是中国供应商唯一的成本优势砝码，中国的供应商还比世界上其他地区的供应商享有更低的启动成本和运营成本。

2）加快产品技术更新速度。市场本身竞争的需求，决定谁能最先开发出高科技高附加值的新产品并投放市场，谁就能最先把握出奇制胜的先机。随着人们环保意识的增强，广大民众对环境保护的要求越来越高，各国正在制定越来越严格的环境保护法规和标准。

3）节能。全球的能源是有限的，特别是近年的“油荒”问题给全世界敲响了警钟。以后零部件新产品的研发、设计都要考虑到节油这一因素。

4）集约化发展。形成集约化生产的产业集群，能从根本上改变汽车配件行业市场散、乱、差的情况，提高综合竞争能力。在这方面，东北、山东、浙江、福建、湖北、上海等地就形成了地区产业文化的优势。只有在同一个地方产业文化的背景下，才能便于统一领导、管理及沟通交流，才能产生一种有利于产业发展的社会文化和制度环境，这一点对于中小型企业来说特别重要。产业集群可以是一个或几个零部件的生产企业，也可以是以一个或几个主机生产企业为龙头，集聚一批零部件供应商和协作企业、相关产业组成。集群内的中小企业可以技术共享、相互学习，建立广泛的协作关系，从而降低了研发成本和生产成本、物流成本等。同时，突出的地方特色经济发展有利于融入全球产业网络，接轨国际市场。事实上，在国外产业集群的例子好多可供我们参考。英国 1999 年共有 154 个产业集群分布在 12 个地区；美国的底特律是世界著名的汽车产业集群区。我们要赶上发达国家的水平，产业集群化将是必经之路。任何一个先进制造系统都是结合各自国家的国情和传统，在原有的基础上改进和发展的，都是以信息化、网络化、智能化作为其发展方向。中国汽车配件企业当务之急是根据市场发展趋势，进行产品结构调整。

另外，从整体上来看，中国汽车零部件企业的品牌宣传意识已不断加强。许多企业积极参加国际展会，扩大宣传力度，并建立英文网站加强与国际采购商沟通交流等。汽配产品也从传统的售后市场向 OEM 市场扩展。万向集团等一批优秀企业在国际市场的知名度不断提高。国际汽车零部件市场统计表明：全球每年的汽车零部件 OEM 及售后市场需求为 11 000 亿美元，其中 OEM 为 7 300 亿美元，售后市场为 3 500 亿美元。在面向市场，特别是面向全球化经济的形势下，中国汽车配件企业前景光明。

5.2　汽车配件的运营管理

5.2.1　汽车配件的供应管理

1. 进货渠道管理

及时地向维修部门提供质优价廉的零配件是汽车服务企业配件供应部门的基本职责。配件供应部门必须妥善地解决进货渠道、品种、规格、数量等问题。

汽车配件的进货渠道很多，不同的进货渠道对不同类型的汽车服务企业的维修质量、效率、维修成本，都将产生重要的影响。如何根据本企业的特点，采用适合本企业的进货渠道，是任何一个汽车服务企业都必须认真研究的问题。

（1）小型维修企业的配件进货方式

小型维修企业受资金规模、场地、仓储条件的限制，不可能从数量众多的汽配厂家采购大量的、种类繁多的汽车零配件。大量小型维修企业特别是一些快修店，零配件进货主渠道是汽车配件市场。有些路边维修店基本上是“零库存”，全部零部件的供应都是采用临时采购的方法。这种供应方式省去了仓储费用的投入，省去了配件库存而造成的资金积压，是一种比较灵活的方式。但由于中间环节较多，配件价格一般较贵。更重要的是，在当前我国汽车配件市场管理不够规范的情况下，从这种渠道采购的产品有时质量难以保证，甚至有购进一些假冒伪劣产品的危险，所以采用这种进货方式的企业应准确掌握配件市场的行情和各种配件上游生产厂家的情况及各种品种的汽车配件的质量及价格水平。

（2）大中型维修企业的配件进货渠道

大中型汽修企业大都有自己的配件库房和相对稳定的零配件采购供应渠道。对于这些厂家而言，在采购供应零件时应注意以下问题：

1）方便：应尽量选择交通方便、距离近、供货速度快的配套厂商，以便于联系和采购。

2）掌握动态：掌握易换件、采购困难的零部件的供应网、采购网及其动态。

3）利用电子商务：可利用电子商务由经销商直接送货，以缩短维修工期。

4）建立良好合作关系：同配件供应商家建立良好的合作关系，尽量减少因配件积压带来的风险。需要量大的配件应尽量选择定点供应、直达供货的方式，尽量减少中间环节，加速配件的周转。

2. 配件库存量控制

汽车服务企业的库存控制是一门专门的科学。从保障的角度来讲，希望配件库存越多越好；从利用资金的角度来讲，希望配件库存越少越好；从订购角度来讲，希望订购次数越少、每次订购量越大越好，显然这三个目标是相互矛盾的。企业必须进行全面科学的分析，做出合理的选择，既要最大限度地满足生产需要，又要尽可能减少配件积压，从而保证资金顺利的收回。为科学地控制库存量，需要做以下基础工作。

（1）库存控制的计算机管理

由于汽车服务企业需要满足各种车型的维修需要，有些维修企业还要向一些连锁店甚至直接向用户销售零配件，所以库存的零配件品种多、车型杂、数量少。有时仅仅几十万元零配件的汽修厂，其零配件品种可能有上万种之多，要对每一种零配件进行合理科学的库存控制非常困难。因此，我们很容易联想到用计算机来进行库存控制。有了计算机库存管理系统，我们依据一系列的信息数据和数学模型，来代替经理或业务人员凭自己的感觉来进行的某些决策。有些计算机管理软件的零配件库存控制数学模型，可以综合考虑以下因素，优选出一个零配件采购计划。

1）预期的销售速度。预期的零配件销售速度越快，计划的采购量也应越大。问题是对于预期的销售速度，我们不可能未卜先知，但可以根据过去几个月同类商品的销售速度或去年同期的同类商品的销售速度来近似替代预期的销售速度。

2）季节影响因子。用过去的销售速度推测未来的销售速度必然是近似的，因此我们需要用各类因子来修正它，季节影响因子就是其中之一。比如在北方，每逢冬季，防冻液等商品的销量就要大增；每遇夏天，空调等相关商品的销量也会加大。

3）新车零件影响因子。由于新车上市后，达到一定的社会保有量有一个过程，新车的零件也应经过一个寿命周期后，才会损坏，因此新车零件的销售速度与过去的销售速度会有较大的区别。我们可用新车零件因子去修正预期的销售速度。

4）广告促销因子。如果本公司进行了超出以往的较大力度的广告宣传，并采取具体的促销手段，如降价或服务，那么预期销售速度也会增加，我们可以用广告促销因子描述。

5）其他政策影响因子。除以上因子之外，还有政策、法规的变化，市场观念的变化等因素都可能影响预期的销售速度。对于这些因子的影响，同样可以近似地进行定量描述。

6）订货周期。任何企业都希望压低库存，以便减少宝贵的资金占用或仓库面积占用，并且降低进货的风险。如果订货周期越短，每次采购量就可以越小，就可以压低库存，但是由此又会带来运输采购成本的增大。一般情况下，从某一个供货单位或供货方向（如一个城市）的订货周期是一定的，因为我们往往希望每次订货量恰好是一个货柜。

7）当前库存。如果当前库存积压很大，自然不必再采购，反之，则需要采购。

8）在途库存。如果当前库存量已经很小，似乎应该马上采购。但是明天就可能有大批在途商品到货，所以又不必采购了，这说明了在途库存对采购计划的影响。

9）安全库存。由于预期的订货可能会延期到货，甚至被取消。这时为了保证商品的供应，则应当对那些比较重要的商品平时就确保有超出正常需要的库存量，这就是安全库存。每次采购时，我们都要保证下次到货时，该商品的库存量达到安全库存。

10）交货周期。如果一个零件的交货周期很长，应当考虑在交货周期内销售量对采购量的影响。

11）零件重要度。如果一个零件比较重要，则其安全库存值也较大；如果一个零件不那么重要，则其安全库存值则可以较低。一个零件是否重要，可以用这种零件在整个销售额中的贡献来描述。

12）上次采购的缺货量。如果一个零件上次采购时因客户订货少采购了 10 个，那么本次采购就应多订购 10 个。

13）客户的特殊订货量。如果在下个订货周期内有一张超出正常销售的特殊客户订单，相应商品的采购量也应增大。

简言之，库存控制的原则为：

1）不待料、不断料。保证汽车服务企业生产所必需的配件。

2）不呆料、不滞料。生产所需的配件要及时购进，不需要的配件坚决不能进入库房。

3）不囤料、不积料。需要多少购进多少，储存数量要适量，减少资金积压。

（2）动态库存管理

对不同的车型、不同性质的零配件进行分类，实行动态库存管理。

1）A、B、C 分类法。

ABC 分类法是经济活动中应用的一种基本方法，是改善企业经济管理的一项基础工作，是企业进行经营决策的必要依据。它是一种从错综复杂、名目繁多的事务中找出主要矛盾，抓住重点，兼顾一般的管理方法。它可以用简单的数学模型，指导对复杂的采购行为进行简单的规划和管理。这种方法在汽车配件的供应管理上，具有很强的实用性。通常 A 类配件品种少，占用资金大；B 类配件品种比 A 类多，但占用资金比 A 类少；C 类配件品种多，但占用资金少。A 类配件品种只占总品种的 10% 左右，资金却占总资金的 70% 左右；B 类配件品种占 20% 左右，其所占用资金也大致为 20% 左右；C 类配件品种占 70% 左右，资金只占 10% 左右。从其重要程度看，A 类最重要，B 类次之，C 类再次之。根据以上情况，对各类配件采取不同的管理方法。

①A、B、C 分类法的应用。

很多汽修厂和配件门市对各种汽车零部件按其重要程度进行分类管理，即 A、B、C 分类法。

A 类配件。一般是常用易损配件，维修用量大，换件频率高，库存周转快，用户广泛，购买力稳定，是经营的重点品种。对这一类配件，一定要有较固定的进货渠道，在任何情况下，都不能断档脱销。决策者必须随时掌握其进、销、存的比例变换，使其占有优先地位。A 类配件的主要品种一般是活塞环、曲轴、气缸体、水箱、活塞、万向节、气缸垫、后制动片、钢圈、后半轴、转向节等几十个品种。在仓库管理上，对 A 类配件应采取重点措施，进行重点管理，选择最优进货批量，尽量缩短进货间隔时间，做到快进快出，加速周转。要随时登记库存变化，按品种控制进货数量和库存数量，在保证销售的前提下，将库存储备压缩到最低水平。

B 类配件。对 B 类配件只进行一般管理，管理措施主要是做到进销平衡，避免积压。

C 类配件。C 类配件由于品种繁多，资金占用少，如果订货次数过于频繁，不仅工作量大，经济效果也不好，一般可根据经营条件，规定该类配件的最大及最小储备量。当储备量下降到最小时，一次订货达到最大量，以后订货也照此办理，不必要重新计算，这样有利于集中力量抓 A、B 两类配件的管理工作。

对全部配件进行 ABC 分类是一项比较繁琐的工作。当前许多汽车配件销售企业实行了计算机管理，先将该企业经营的全部配件的品种、品名和其年销售额录入计算机数据库，然后由计算机汇总全年销售总额及各品种全年销售额，再计算每个品种年销售额占年销售总额的比率，由大到小排序，从而分析出 ABC 三类品种。如果销售部门用计算机进行开票，整个部门的所有汽车配件品种每月每日销售额都已存入计算机，这样用计算机进行 ABC 分类就更为快速和准确，而且既可以对全年的销售情况做 ABC 分类，又可以对半年或近几个月的销售情况做 ABC 分类。计算机只需几分钟即可完成 ABC 分类。最后由打印机输出 ABC 分类清单，效率较人工计算提高几百倍，既省力，又提高了信息反馈速度。显而易见，提高对 A 类零件的关注和管理水平，对优化库存结构有着十分重要的意义。

例：某配件公司，每年销售汽车配件 3 421 个品种，年销售总额 8 392 万元，通过计算每一种配件资金数及各品种占总金额的百分比，列出占销售总额 70% ~75% 的配件各品种为 A 类，再划出占销售总金额 15% ~20% 的配件品种为 B 类，其余为 C 类，如表 5 –1 所示。

表 5 –1　汽车配件 A、B、C 分类

分类（按单一品种销售金额）	品种数	占全部品种的比率/%	销售金额累计/万元	占销售总额的比率/%
A（5 万元以上）	328	9	3 600	75
B（1 万元以上）	672	20	1 420	17
C（其余）	2 421	71	670	8
累计	3 421	100	8 392	100

②ABC 分类法在库存控制管理中的作用。

ABC 分析法在配件仓库的管理科学性、计划性、经济效益等方面显示出了强大优势，已被许多企业采用，主要有以下作用：

a. 可使配件库存管理有条理、储备有重点、供应有主次、订货易选择、核算有基础、统计好分析，为配件核算和计划编制工作奠定了基础。

b. 以资金大小依次分类，可以使管理人员自觉形成对资金管理的重视，并且懂得管好 A 类配件就能取得用好资金的主动权；可以改变管理人员“只管供、不管用、只管物、不管资金”的片面做法，提高配件仓库的微观经济效益。

c. 可以对配件合理分类，较准确地确定订货批量和储备周期，能克服不分主次储备，使储备从定性分析上升为定量分析，做到配件储备定额合理先进。

d. 对于占用资金不多的 C 类配件，可采用规定该类配件的最大及最小储备量的方法来保证供应，节省了大量的时间和保管费用，避免了人力、财力、物力的浪费，能更好地集中精力抓主要矛盾，管好 A 类及 B 类配件。

e. ABC 分类不仅使配件分类清楚，而且使合同管理更为严格，因为配件不到货就能及时反映出供需矛盾，所以能增强执行合同的严肃性。

f. 能有效地帮助仓库管理人员进一步摸索和分析配件进销及库存的数据和规律性，有助于避免配件库存积压，进行合理储备，有助于加速资金周转，便于仓库核算及企业经济效益的提高。

g. 有助于企业进行库存结构分析。汽车配件销售企业的库存结构，就是指适销对路的配件在整个库存中所占的比重。适销配件占的比重大，库存结构好；适销配件所占的比重小，库存结构差。库存结构是汽车配件销售企业的一项重要业务指标，它直接标志着企业商品资金占用的合理与否，反映出企业经营管理的好坏和经济效益的高低。企业应该经常对其库存结构进行分析，不断通过扩大销售和调整进货等手段调整库存结构，保持库存结构的最佳状态。

2）配件库存量预测。

通过对本地各种车型保有量的变化及各种车型的平均使用年限的因素分析，对配件库存量进行预测。

①一种汽车保有量的增大，必然会导致配件市场的扩大。研究各种车型保有量的变化对其配件市场的影响，准确地掌握其规律，对某些品种的配件库存量进行适时的控制是一项十分有益的工作。

②一种汽车的平均使用年限的变化，对其配件供应的需求也有明显的规律性。配件供应部门必须对本地区各种在用车辆的使用年限，特别是各种车型维修高峰期等信息进行搜集、整理，作为相应配件库存量控制的依据之一。

③对各种车型的寿命期进行预测。伴随一种车型淡出汽车市场，或一种车型的某些零部件被取代，必然会导致一大批配件的积压甚至报废，全国这样的库存配件数额巨大。一个汽车厂，一个汽配商店，一个汽车服务企业，积压几百万、上千万的汽车配件，转手时却只值几十万甚至几万的事例，时有所见。被这种呆滞库存压垮而倒闭的企业比比皆是。由此可见，对各种车型，甚至对各种车型的零部件的寿命期的信息搜集是何等重要。当然这是一件十分困难的工作，因为相关的因素很多，变数太多。不少汽车生产厂的决策人对本厂车型的寿命期也心中无数，也是不足为奇的。但是，密切关注这些信息，经常分析和研究这些因素对本企业未来可能产生的影响，且反应迅速的企业无疑将有更强的躲避风险的能力。

④与汽配市场的关系。再大的汽修企业也不可能完全摆脱对汽配市场的依赖，这种关系应该是互利互惠和相对稳定的关系，这种关系的作用有：

a. 一些重要度不高，附加值也不高的配件，在保证质量的前提下直接由与本企业有一定关系的配件门市供货，可以有效地减少汽车服务企业的配件库存。

b. 有些汽车服务企业的库存配件，除供本企业使用外，还向一些联营企业甚至通过配件市场直接向社会销售。这不仅扩大了这些企业的销售额和降低了企业采购成本，同时也可有效地加快汽车服务企业某些配件，特别是一些质优价廉的配件的周转速度，以利于扩大其规模，降低订货成本。

c. 对一些有成为呆滞库存危险的配件，除立即停止进货外，还应向一些关系单位提供清单，降价销售，对某些配件甚至可分发到各配件门市进行代销，以便尽量减少损失。

3. 旧件处理

现代汽车维修主要以换件修理为主，不同的客户对换件修理的方式有不同的要求，这使得不少拆卸下来的配件（有时是整个总成）尚有一定的使用价值，此类配件或总成件应分解、分类，对于确有使用价值的应妥善保存，并记录在案。在汽车维修，特别是对一些比较陈旧的车辆进行维修的过程中，在确保安全和取得顾客同意的前提下予以使用，不仅可降低顾客的维修成本，还可为维修企业制造可观的利润。在决定同类配件的库存控制时，也应把这些配件的库存数量考虑进去。

5.2.2 汽车配件的仓储管理

汽车配件的仓储管理，是汽车服务企业管理的一个很重要的内容，负责仓储管理的工作人员，必须通过严格的训练和系统的培训。从维修管理的角度来讲，配件合理仓储是保证正常维修销售的重要部分，仓库存储越完备则配件的后备利用机会就会越多。

1. 配件的储存条件

1）所有汽车配件应储存在仓库或有遮盖的干燥场地内，应无有害气体侵蚀和影响，且应通风良好，不得与化学药品、酸碱物资一同存放。

2）储存的仓库应保持在相对湿度不超过75%，温度不超过20℃～30℃范围内。对于橡胶制品应在能保持环境温度不超过25℃的专仓内储存，以防老化，保证安全。

3）对于电器配件、橡胶制品配件、玻璃制品配件，不能碰撞和重压，否则将使这些配件变形、破碎或工作性能失准，故应设立专用仓库储存，而且在堆垛时应十分注意配件的安全。

4）对于发动机总成的储存期，如超过半年，则必须进行维护。具体办法是将火花塞（汽油机）或喷油器（柴油机）自气缸盖拆下，螺孔中注入车用机油少许，以保持气缸中摩擦副零件有良好的润滑油膜，防止长期缺油生锈。如超过一年，除应做上述维护外，还应在气缸中加入机油后，再用蓄电池起动发动机带动曲轴旋转数秒钟，使润滑油膜在活塞行程的气缸壁上涂敷得更彻底和均匀，然后旋上火花塞或喷油器。

5）对于蓄电池的储存，更应防止重叠过多和碰撞，防止因重压受损，而且应注意电解液塞上的密封，防止潮湿空气侵入。至于极板的储存，则应保持仓间干燥，储存期一般规定为六个月，必须严格控制。

6）对于软木、纸质、毛毡制油封及丝绒或呢制门窗嵌条一类的配件，如储存期超过半年以上，除应注意保持储存场地干燥外，在毛毡油封或立槽密封条的包装箱内，应放置樟脑丸，以防止霉变及虫蛀。

2. 配件的入库管理

（1）入库验收

入库验收是配件进入仓库保管的准备阶段。入库的配件情况比较复杂，有的在出厂之前就不合格，如包装含量不准确、包装本身不合乎保管和运输要求；有的在出厂时虽然是合格的，但是经过几次装卸搬运和运输，致使有的包装损坏、含量减少、质量受损，使有的配件已经失去了部分使用价值，有的甚至完全失去使用价值。这些问题都要在入库前弄清楚，划清责任界限。搞好入库验收工作，把好收货关，就是为提高仓库保管质量打下良好的基础。

1）入库验收的依据。

①入库凭证（入库单、收料单、调拨单、退货通知单）。

②产品质量标准。

2）入库验收的要求。

①及时。验收要及时，以便尽快建卡、立账、销售，这样就可以减少配件在库停留时

间，缩短流转周期，加速资金周转，提高企业经济效益。

②准确。配件入库应根据入库单所列内容与实物逐项核对，同时对配件外观和包装认真检查，以保证入库数量准确，防止以少报多或张冠李戴的配件混进仓库。要严格实行一货一单制，按单收货、单货同行，防止无单进库。

3）入库程序。

入库验收包括数量和质量两个方面的验收。数量验收是整个入库验收工作中的重要组成部分，是搞好保管工作的前提。配件在流转的各个环节都存在质量验收问题，入库质量验收，就是保管员利用自己掌握的技术和在实践中总结出来的经验，对入库配件的质量进行检查验收。验收入库的程序如下：

①点收大件。仓库保管员接到进货员、技术检验员或工厂送来的配件后，要根据入库单所列的收货单位、品名、规格、型号、等级、产地、单价、数量等各项内容，逐项进行认真查对、验收，并根据入库配件数量、性能、特点、形状、体积，安排适当货位，确定堆码方式。

②核对包装。在点清大件的基础上，对包装物上的商品标志和唛头，要与入库单进行核对。只有在实物、标志和唛头、入库凭证相符时方能入库。

③开箱点验。凡是出厂原包装的产品，一般开箱点验的数量为5%～10%。如果发现包装含量不符或外观质量有明显问题时，可不受上述比例的限制，适当增加开箱检验的比例，直至全部开箱。

④称重。凡是需要称重的物资，一律全部过磅称重，并记好重量，以便计算、核对。

⑤归堆建卡。配件归堆，要根据性能特点，安排适当货位。归堆时一般按五五堆码原则（即五五成行、五五成垛、五五成层、五五成串、五五成捆）的要求，排好垛底，并与前后左右的堆垛保持适当的距离。

⑥上账退单。仓库财务管理人员，根据进货单和仓库保管员安排的库、架、排、号，以及签收的实收数量，逐笔逐项地登账，并留下入库单据的仓库记账联，作为原始凭证保留归档。另外两联分别退还业务和财务部门，作为业务部门登录商品账和财务部门冲账的依据。

4）发现问题的处理。

①在验收大件时，发现少件或多件，应及时与有关部门和人员联系，在得到他们同意后，方可按实数签收入库。

②凡有质量问题，一律不能入库。

③零星小件的数量误差在2%以内、易损件的损耗在3%以内可以自行处理。

④被打开的包装，一律要恢复原状。

（2）保管与保养

为了充分发挥库房、保管员和设备的潜力，达到储存多、进出快、保管好、费用省的要求，应将进库储存保管的配件，统一按部、系、品种或按车型系列的部、系、品种实行条理化管理。所谓条理化管理，是配件管理分类统一，安全堆码美观整齐，仓容利用经济合理，防尘、防潮、防高温、防照射，细致严密、卡物相符、服务便利，并存放好特殊的汽车配件的管理过程。

1）配件管理分类统一。

①按部、系、品种系列分库。就是所有配件，不分车型，一律按部、系、品种顺序，分

系集中存放。这种管理方式的优点是仓容利用率高，而且比较美观，便于根据仓库的结构适当安排储存品种。缺点是顾客提货不太方便，特别是零星用户提少量几件货，也要跑几个库，保管员在收发货时，容易发生差错。

②按车型系列分库。就是按所属的不同车型分库存放配件。这样存放，顾客提货比较方便，又可以减少保管员收发的差错。缺点是仓容利用率较差，对保管员的业务技术水平要求较高。

③凡是大件重件都要集中储存，以便发挥仓库各种专用设备，特别是机械吊装设备的作用。

2）安全堆码美观整齐。

①安全“五距”。库内货垛与内墙的距离不得少于0.3m，货垛与柱子之间不得少于0.1~0.2m，货垛相互之间一般为0.5m，货架相互之间一般为0.7m。库外存放时，货垛与外墙的距离不得少于0.5m，这样既可避免配件受潮，同时又减轻了墙脚的负荷，保证了库房建筑的安全。

②实行定额管理。库房的存储量指标应有明确规定，实行定额管理，每立方米的存放量不得超过设计标准的90%，以保证库房建筑安全寿命达到设计使用年限，同时也保证了库存物资和人员的安全。

③堆码美观整齐。堆垛要稳，不偏不斜，不歪不侧，货垛货架排列有序，上下左右中摆放整齐，做到横看成行，竖看成线。包装上的标志一律朝外，不得倒置。

④重不压轻。重量较轻，体积较大的配件应单独存放。注意不要以重压轻，以防倾倒。

⑤露天存放要求多。对某些配件，须露天存放时，也要美观整齐，且要上盖下垫，顶不漏雨，下不浸水，四周要通风，排水要良好。

⑥清理现场。每次发货后，及时清理现场，该拼堆的拼堆，该上架的上架，最后清扫干净。

3）仓容利用经济合理。

①合理利用库房。各种配件体积重量相差很大，形状各异，要把这些不同大小、不同重量、不同形状的配件安排适当，以求得最大限度地提高仓容利用率。

②提高单位面积利用率。

4）防尘、防潮、防高温、防照射。

一般库内温度应保持在20℃左右为宜。相对湿度保持在70%左右为宜。

5）特殊汽车配件的存放。

①不能沾油的汽车配件的存放。轮胎、水管接头、皮带、空气滤清器滤芯、炭刷和转子、摩擦片制动蹄片、散热器等沾上机油、汽油、黄油后会影响使用效果。这些配件的存放应避免与油品放在一起。

②爆震传感器的存放。应放在底层，且应分格存放，每格一个，下面铺上海绵等软物。

③减震器的存放。应将其竖直放置。水平放置的减震器，在装上汽车之前，要在垂直方向上进行手动抽吸。

④扁平或细长形状的零件的存放。此类零件应竖直放置：比如车门、排气管、挡风玻璃等，若采用平放会造成上面零件的重量会损坏下面的零件，浪费空间；由于排气管一类的零件过长，若平放会从货架伸出至通道，从而影响通行且不安全，难以提取。

6）卡物相符、服务便利。“卡物相符”的程度如何，是考核仓库保管员工作质量的一项具体内容。提高卡物相符率的关键是认真执行“五五堆码”和“有动必对”的原则。每当发完一批货，必须将卡片的结存数量与库存实物结存数量当时进行核对，一定要保持卡片的结存数与仓库的实物结存数相符。

3. 配件的出库管理

汽车配件的出库，标志着储存保管阶段的结束，把好“出货关”是全库管理工作的重要一环。

（1）出库的程序

1）核对单据。业务部门开出的供应单据，是仓库发货、换货的合法依据，保管员接到发货或换货单据后，先核对单据内容、收款印戳，然后备货换货。如发现问题，应及时与有关部门联系解决，在问题未弄清前，不能发货。

2）备货。备货前应将供应单据与卡片、实物核对，核对无误方可备货。

3）复核、装箱。备货后复核无误后可当面点交或装箱发运。

4）报运。配件经复核、装箱、号唛后，要及时过磅称重，然后按照装箱单内容逐项填写清楚，报送运输部门向承运单位申请准运手续。

5）点交和清理。运输部门凭装箱单向仓库提货时，保管员先审查单据内容和印章以及经手人签字等，然后按单据内容如数点交。点交完毕后，随即清理现场，整理货位，腾出空位，以备再用。

6）单据归档。发货完毕后，应及时将提货单据归档，并按其时间顺序，分月装订，妥善保管，以备查考。

（2）出库的要求

1）凭单发货。仓库保管员要凭业务部门的供应单据发货。

2）先进先出。保管员一定要坚持“先进先出、推陈出新”的原则。

3）及时准确。一般大批量发货不超过2天。少量货物，随到随发。

4）包装完好。要保证包装完好。

5）待运配件。配件在未离库之前的待运阶段，要注意安全管理。

5.2.3 汽车配件的质量管理

1. 配件经营中的质量管理

汽车服务企业加强对所采购配件的质量验收，是改善经营管理、提高服务质量、维护企业信誉的重要措施之一。它有利于开拓市场，减少浪费，改善库存配件结构和提高维修服务工作的质量。

（1）配件的质量验收

实行采购配件的验收，是一项政策性较强和专业性要求较高的工作，要求正确贯彻国家的产品质量方针和促进生产发展的原则。对从事这项工作的技术检验人员，既要有觉悟和政策水平，也要有一定专业知识和工作能力，而且还要求作风正派、坚持原则，采用实事求是和与人为善的工作方法。

在验收过程中通常采用以下几种方法，这些方法归纳为“四法”“五看”。

四法包括：检视法、测量法、比较法、敲击法。

1）检视法。

①表面硬度是否达标。配件表面硬度都有规定的要求，在征得厂家同意后，可用钢锯条的断茬去试划（注意试划时不要划伤工作面）。划时打滑无划痕的，说明硬度高；划后稍有浅痕的说明硬度较高；划后有明显划痕的说明硬度低。

②总成部件有无缺件。正规的总成部件必须齐全完好，才能保证顺利装配和正常运行。一些总成件上的个别小零件若漏装，将使总成部件无法工作，甚至报废。

③几何尺寸有无变形。有些零件因制造、运输、存放不当，易产生变形。检查时，可将轴类零件沿玻璃板滚动一圈，看零件与玻璃板贴合处有无漏光来判断是否弯曲。选购离合器从动盘钢片或摩擦片时，可将钢片、摩擦片举在眼前观察其是否翘曲。选购油封时，带骨架的油封端面应呈正圆形，能与平板玻璃贴合无挠曲；无骨架油封外缘应端正，用手握使其变形，松手后应能恢复原状。选购各类衬垫时，也应注意检查其几何尺寸及形状。

④结合部位是否平整。零配件在搬运、存放过程中，由于振动、磕碰，常会在结合部位产生毛刺、压痕、破损，影响零件使用，选购和检验时要特别注意。

⑤转动部件是否灵活。在检验机油泵等转动部件时，用手转动泵轴，应感到灵活无卡滞。检验滚动轴承时，一手支撑轴承内环，另一手打转外环，外环应能快速自如转动，然后逐渐停转。若转动零件发卡、转动不灵，说明内部锈蚀或产生变形。

⑥接合零件有无松动。由两个或两个以上的零件组合成的配件，零件之间是通过压装、胶接或焊接的，它们之间不允许有松动现象。如油泵柱塞与调节臂是通过压装组合的；离合器从动毂与钢片是铆接结合的；摩擦片与钢片是铆接或胶接的；纸质滤清器滤芯骨架与滤纸是胶接而成的；电器设备是焊接而成的。检验时，若发现松动应予以调换。

⑦装配记号是否清晰。为保证配合件的装配关系符合技术要求，有一些零件，如正时齿轮表面均刻有装配记号。若无记号或记号模糊无法辨认，将给装配带来很大的困难，甚至装错。

⑧配合表面有无磨损。若配合零件表面有磨损痕迹，或涂漆配件拨开表面油漆后发现旧漆，则多为旧件翻新。当表面磨损、烧蚀，橡胶材料变质时在目测看不清的情况下，可借助放大镜观察。

2）测量法。

①检验滚动轴承。

检验轴向间隙：将轴承外座圈放置在两垫块上，并使内座圈悬空，再在内座圈上放一块小平板，将百分表触针抵在平板的中央，然后上下推动内座圈，百分表指示的最大值与最小值之差，即是它的轴向间隙。轴向间隙的最大允许值为0.20～0.25mm。

检验径向间隙：将轴承放在一个平面上，使百分表的触针抵住轴承外座圈，然后一手压紧轴承内圈，另一手往复推动轴承外圈，表针所摆动的数字即为轴承径向间隙。径向间隙的最大允许值为0.10～0.15mm。

②检验螺旋弹簧。

汽车上应用的压缩弹簧有气门弹簧、离合器弹簧、制动主缸弹簧和轮缸弹簧，拉伸弹簧有制动蹄片回位弹簧等。弹簧的自由长度可用钢板尺或游标卡尺测量，弹力的大小可用弹簧试验器检测。弹簧歪斜可用直角尺检查，歪斜不得超2°。

③检查结合平面的翘曲。

例如，检查气缸盖与气缸体结合平面的翘曲，可采用平板或钢尺作基准，将其放置在工作面上，然后用塞尺测量被测件与基准面之间的间隙。检查时应按照纵向、横向、斜向等各方向测量，以确定变形量。

④检查轴类零件。

例如，检查轴类零件的弯曲，可将轴两端用V形铁水平支承，用百分表触针抵在中间轴颈上，转动轴一周，表针摆差的最大值反映了轴弯曲程度（摆差的1/2 即为实际弯曲度）。

测量轴类零件实际尺寸与基本尺寸的误差，一般用外径千分尺测量。除检查外径，还需检查其圆度和圆柱度。测量时，先在轴颈油孔两侧测量，然后转 90°再测量。轴颈同一横断面上差数最大值的 1/2 为圆度值；轴颈不同纵断面上差数最大值的 1/2 为圆柱度值。

3）比较法。

用标准零件与被检零件做比较，从中鉴别被检零件的技术状况。例如，气门弹簧、离合器弹簧、制动主缸弹簧和轮缸弹簧等，可以用被检弹簧与同型号的标准弹簧（最好用纯正部品，即正厂件）比较长短，即可判断被检弹簧是否符合要求。

4）敲击法。

判定部分壳体和盘形零件是否有裂纹、用铆钉连接的零件有无松动以及轴承合金与钢片的结合是否良好时，可用小锤轻轻敲击并听其声音。如发出清脆的金属声音，说明零件状况良好；如果发出的声音沙哑，可以判定零件有裂纹、松动或结合不良。

浸油锤击是一种探测零件隐蔽裂纹最简便的方法。检查时，先将零件浸入煤油或柴油中片刻，取出后将表面擦干，撒上一层白粉（滑石粉或石灰）。然后用小锤轻轻敲击零件的非工作面，如果零件有裂纹，通过振动会使浸入裂纹的油渍溅出，裂纹处的白粉呈现黄色油迹，便可看出裂纹所在。

五看包括：看商标、看包装、看文件资料、看表面处理、看非使用面的表面伤痕。

1）看商标。

要认真查看商标，上面的厂名、厂址、等级和防伪标记是否真实。因为对有短期行为的仿冒制假者来说，防伪标志的制作不是一件容易的事，需要一笔不小的支出。另外在商品制作上，正规的厂商在零配件表面有硬印和化学印记，注明了零件的编号、型号、出厂日期，一般采用自动打印，字母排列整齐，字迹清楚，小厂和小作坊一般是做不到的。

2）看包装。

汽车零配件互换性很强，精度很高，为了能较长时间存放不变质、不锈蚀，需在产品出厂前用低度酸性油脂涂抹。正规的生产厂家，对包装盒的要求也十分严格，要求无酸性物质，不产生化学反应，有的采用硬型透明塑料抽真空包装。考究的包装能提高产品的附加值和身价，箱、盒大都采用防伪标记，常用的有激光、条码、暗印等。在采购配件时，这些很重要。

3）看文件资料。

首先要查看汽车配件的产品说明书，产品说明书是生产厂进一步向用户宣传产品，为用户做某些提示，帮助用户正确使用产品的资料。通过产品说明书可增强用户对产品的信任感。一般来说，每个配件都应配一份产品说明书（有的厂家配用户须知）。如果交易量相当大，还必须查询技术鉴定资料。进口配件还要查询海关进口报关资料。国家规定，进口商品应配有中文说明，一些假冒进口配件一般没有中文说明，且包装上的外文，有的文法不通、甚至写错单词；一看便能分辨真伪。

4）看表面处理。

鉴别金属机械配件，可以查看表面处理。所谓表面处理，即电镀工艺、油漆工艺、电焊工艺、高频热处理工艺。汽车配件的表面处理是配件生产的后道工艺，商品的后道工艺，尤其是表面处理涉及很多现代科学技术。国际和国内的名牌大厂在利用先进工艺上投入的资金是很大的，特别对后道工艺更为重视，投入资金少则几百万元，多则上千万元。一些制造假冒伪劣产品的小厂和手工作坊有一个共同特点，就是采取低投入掠夺式的短期经营行为，很少在产品的后道工艺上投入技术和资金，而且也没有这样的资金投入能力。

看表面处理具体有以下几个方面：

①油漆工艺。现在一般都采用电浸漆、静电喷漆，有的还采用真空手段和高等级静电漆房喷漆。采用先进工艺生产的零部件表面，与采用陈旧落后工艺生产出的零部件表面有很大差异。目测时可以看出，前者表面细腻、有光泽、色质鲜明；后者则色泽暗淡、无光亮，表面有气泡和“拖鼻涕”现象，用手抚摸有砂粒感觉，相比之下，真假非常分明。

②镀锌技术和电镀工艺。汽车配件的表面处理，镀锌工艺占的比重较大，一般铸铁件、铸钢件、冷热板材冲压件等大都采用表面镀锌。质量不过关的镀锌，表面一致性很差；镀锌工艺过关的，表面一致性好，而且批量之间一致性也没有变化，有持续稳定性。明眼人一看，就能分辨真伪优劣。电镀的其他方面，如镀黑、镀黄等，大工厂在镀前处理的除锈酸洗工艺比较严格，清酸比较彻底，这些工艺要看其是否有泛底现象。镀铝、镀铬、镀镍可看其镀层、镀量和镀面是否均匀，以此来分辨真伪优劣。

③电焊工艺。在汽车配件中，减振器、钢圈、前后桥、大梁、车身等均有电焊焊接工序。汽车厂专业化程度很高的配套厂，它们的电焊工艺技术大都采用自动化焊接，能定量、定温、定速，有的还使用低温焊接法等先进工艺。产品焊缝整齐、厚度均匀，表面无波纹形、直线性好，即使是点焊，焊点、焊距也很规则，手工操作也无法做到。

④高频热处理工艺。汽车配件产品经过精加工以后才进行高频淬火处理，因此淬火后各种颜色都原封不动地留在产品上。如汽车万向节内、外球笼经淬火后，就有明显的黑色、青色、黄色和白色，其中白色面是受摩擦面，也是硬度最高的面。目测时，凡是全黑色和无色的，肯定不是高频淬火。工厂要配备一套高频淬火成套设备，其中包括硬度、金相分析测试仪器和仪表的配套，它的难度高，投入资金多，还要具备供、输、变电设备条件，供电电源在3万伏以上。小工厂、手工作坊是不具备这些设备条件的。

5）看非使用面的表面伤痕。

从汽车配件非使用面的伤痕，也可以分辨是正规厂生产的产品，还是非正规厂生产的产品。表面伤痕是在中间工艺环节，由于产品相互碰撞留下的。优质的产品是靠先进科学的管理和先进的工艺技术制造出来的。生产一个零件要经过几十道甚至上百道工序，而每道工序都要配备工艺装备，其中包括工序运输设备和工序安放的工位器具。高质量的产品由很高的工艺装备系数做保障，所以高水平工厂的产品是不可能在中间工艺过程中互相碰撞的。以此推断，凡在产品不接触面留下伤痕的产品，肯定是小厂、小作坊生产的劣质品。

如前所述，由于配件生产厂的具体情况不同，产品质量和信誉度差异很大，因此在验收方法上，要区别不同情况妥善对待，大致有以下几种方法可供选择：

1）技术装备、技术理念、管理水平、产品声誉一贯好的，可以实行免验。

2）技术装备落后，技术理念薄弱，不重视改进产品质量，管理混乱，产品质量很差的，则应加强验收。每批验收，不合格的坚决不收购。

3）介于上述一、二类之间的工厂或产品，可采取抽样验收的方法，随时了解掌握制造质量动态，根据工厂的技术措施情况，决定验收的批量和次数，并随时将用户的使用情况向工厂反馈，帮助他们重视改进和提高产品质量。

（2）配件的理赔

保证维修配件的质量信誉，同样是经营单位的一项任务，是服务质量的主要标志之一。配件在产、供、用全过程中，都会出现质量问题。这是因为在大批配件中出现质量问题因素很多，有漏检的、保管的、运输的以及使用方法上的等。当用户发现或发生质量问题时，一般要向销售单位提出三包（包修、包换、包退）。当调入方发现质量问题时，也需向调出方提出索赔要求。

特别是门市销售配件的质量三包，要经常和不同的客户、不同的使用者打交道，更需认真接待、仔细复查、分析原因，才能实事求是地判明责任，有根据、有说服力地进行合理的处置，使工厂和用户满意。

在处理方法上，凡是制造上诸如材质、工艺等造成的质量缺陷，应由工厂负责调换；因使用不当造成的，应向用户解释并由他们自己负责；属于运输损坏的由销售方和用户协商解决；属于保管超过工厂规定储存期的，应由销售单位自行负责处理。综上所述，除使用不当应由用户负责的以外，通常可由销售单位先从库存中给予调换，然后再送工厂复验调换后归还给库存。这项工作应由技术部门、质检部门派专人负责并立案办理，并规定一般处理结案的时限和结案的考核指标。还应把用户的使用质量意见进行统计，定期向有关工厂及其主管单位汇报和反映，以引起工厂和上级领导单位的重视，作为企业考核和督促改进产品质量的参考，起到信息反馈的作用。

2. 质量标准和技术资料的搜集、制定和管理

配件质量标准、产品图纸、鉴定和检测投诉等的收集、制定和管理利用，是质量验收、质量三包等各项工作的技术基础。因此必须根据业务发展的需要，广泛地从各方面进行收集、制定和充实完善，并建立相应的档案管理制度，为日常工作提供服务。对于有进口业务的公司，更应收集进口汽车的样本、目录、修理手册，并在验收工作中尽可能记录和积累必要的技术资料，以备查考和应用。而且要在质量三包及技术服务咨询中，积累有关配件的通用互换、改制利用等方面的有益资料，提供参谋服务，提高经营水平。

实行配件的质量验收，开展质量三包服务，必须有自己必要的检测手段。配件验收，一般在生产厂进行，可以利用生产厂的检测设备。一旦发生争议时，对于关键的材质、金相、硬度或电器、仪表的技术性能必须进行复测，以求得比较正确的数据来加以比对。在质量三包中，有时需对配件进行质量复查，没有测试手段就无法开展这项工作。如果要等送到生产厂去复查解决，用户会不满意。如果轻易给予调换，往往由于使用责任而使经营单位蒙受经济损失。因此，建立自己的试验室，配置必要的检测设备和仪器十分重要，它有利于对产品质量发挥更切实有效的监督作用。

3. 库存配件的质量复查和处理

经营单位的质量管理，除上面所述的收购验收、理索赔及三包工作外，对库存配件的质

量复查也是一个十分必要的工作环节。在目前条件下，超量积压现象仍然客观存在。造成的原因，有经营管理方面的因素，也有因汽车改变设计、更新换代方面的因素，但也存在某些储存保管不善引起的锈蚀、霉变的因素，如果不通过定期和制度上规定的要求复查，就难以及时发现和处理。复查的内容应包括品种、规格、数量、质量、存期等的分析。

正如前面已提及的，在收购配件实行质量验收中，有免检、必检和抽检的区分。出厂和经验收的配件中，大量的配件只能抽样检验，因此漏检和有不易发觉质量问题的配件会混同进库。而更大量的是超量积压或防锈措施不善的配件，如不定期复查，将会遭到严重的经济损失。库存配件的质量复查，有经常与定期复查两种。经常性的质量复查是根据供应销售配件中的用户反映来决定的，如果在理索赔和三包中发现配件存在批量性质（材质、工艺、性能及安装尺寸等）的质量缺陷时，应对库存中的同品种、规格配件进行全面的质量复查，并根据三包原则要求工厂调换，修理或退货。属于超过保质储存期的生锈、变质，可以请工厂帮助计费修理，防锈或改制。本单位有维护能力的，则由本单位自行维护，能改制的送请工厂改制，不能修复利用的，只能自行报废。在工厂规定保质储存期内的锈蚀、变质配件，应由生产厂承担责任。定期复查一般规定为每年一次并结合年终盘点进行，由仓库保管员负责，发现异状，即填写库存配件质量异状报告，送检验部门复查并提出维护要求后，进行维护或鉴定报废处理。

5.3 汽车配件连锁经营

作为现代产业经济发展的必然产物，连锁经营是与现代化大生产相适应的大流通的组织形式，兼具大机器工业生产和传统商业特点两方面的优势，能够在分散经营、众多分店深入城乡居民区营业的同时，采取现代大工业生产的经营方式，实现经营过程的标准化、集中化、专业化和简单化，促进流通领域的现代化管理。汽车配件流通企业的需求特点和经营特点决定了连锁经营是汽车配件交易流通的一种有效形式。

5.3.1 连锁经营的特点

连锁经营的概念历来有多种定义，比较概括的定义为：连锁店（Chain store）或连锁经营是指经营同类商品和服务的若干企业，在核心企业或总部的领导下，通过规范化经营，实现规模效益的经营形式和组织形态。连锁系统的分店像锁链似的分布在各地，形成强有力的销售网络。从所有权和经营管理权集中程度来划分，连锁店可分为三种类型：直营连锁、自由连锁、特许连锁。

从国际连锁业的发展来看，当直营连锁店发展到一定规模，形成自身的品牌及成型的管理软件后，一般都转向以特许经营为主来拓展市场空间。而特许连锁经营模式内在的经营管理所直接产生的竞争优势又恰恰与汽配行业的发展特点相吻合，特别是其管理现代化、资源规模化、资本集约化、品牌统一化和人员专业化所产生的优势集中地满足了汽配市场的需求，保证了汽配行业健康快速的发展。因此，汽配特许经营是提高企业与社会经济效益的客观需要，汽配营销现代化的要求必将成为国内汽配业中推动流通产业模式发展和创新、最具增长潜力的连锁经营模式。

特许连锁（Franchise Chain，FC）也称合同连锁、加盟连锁、契约连锁等，是一种较直营连锁更具活力，较自由连锁更具约束力的经营模式，被誉为第三次商业零售革命和21世纪的主导商业模式。美国商务部对特许连锁的定义是："主导企业把自己开发的商品、服务和营业系统（包括商标、商号等企业象征的使用，经营技术，营业场合和区域），以营业合同的形式授予加盟店在规定区域的经销权和营业权。加盟店则交纳一定的营业权使用费，承担规定的义务。"国际特许经营协会（NFA）将特许经营定义为："特许经营是双方一种持续的合作关系，特许总部提供一种被经许可的商业经营特权，并在组织、培训、商业计划和管理、分销上提供支持，以从加盟者处获得报酬。"由此可将特许连锁的含义归结为三点：

1）特许连锁是存在于总公司和加盟店之间的一种契约关系。这种契约有既定的格式，总公司将相同的契约交付申请加盟者，让其同意后签订。

2）契约的主要内容包括总公司赋予加盟店的所有权利，加盟店应承担的包括权利金、加盟金及遵守公司管理制度的义务。

3）总公司允许加盟店使用其店名、商标等企业标志，同时提供经营及销售的相关技术并加以指导，加盟店在总公司的指导下进行运作。

特许连锁的主要特征是：加盟店所有权独立，经营管理权高度集中于总部，一切按照总部规定的条件去办，特许连锁合同是双方关系的纽带基础。特许连锁统一程度低于直营连锁，高于自由连锁；成员店独立性高于直营连锁，低于自由连锁，在统分结合上更好地发挥两个优势。

5.3.2　汽车配件特许经营店的运作管理

特许经营店的营运需要科学、精心的组织管理方式。连锁规模越大，分工与专业化越细致，组织管理工作就越重要。

1. 特许经营店的组织管理

汽配特许经营店一般采取以下组织原则：

（1）统一指挥的原则

特许经营店从最底层的职员到最高层的员工，只有在指挥链条清晰、明确、统一，每个职务、环节都安排有人负责的情形下，才能够成为一个有机整体。

（2）以工作为中心的原则

在店内首先要明确工作，而后根据工作需要，招聘员工，分配工作任务，以保证特许经营店的营运效率。只有以工作为中心进行组织设计，才能保证特许经营店组织机构精简，人员工作效率高。

（3）组织层次与管理幅度要适当

特许经营店应尽量限制组织层次，因为组织层次越多，各个层次间的沟通就越困难，需要协调的问题就越多。另外，管理人员的管理幅度要适当，应视其不同的职位而有所不同。总经理应能对各个部门经理实施有效管理，部门经理应对本部门员工实施管理。

（4）对称的原则

店的组织要符合对称的原则，要求权力、责任、能力与职位相对称。权力是在一定职位上具有的指挥和行事的权力；责任是在接受职位、职务时应尽的义务。所有人的职务、权力、责任都应详细记载在特许经营店的组织章程和营运手册中。

（5）专业化的原则

特许经营店的组织设置要按专业化进行。按功能的不同，可将特许经营店分为决策功能、执行功能和销售功能，分别由各职能部门具体承担。

2. 特许经营店的组织设置

汽配特许经营包括总部—分店两个层次，它们是构成连锁店的最基本要件。从总部的职能部门与分店的关系来看，两者是平等的，不存在上下级关系。前者执行加盟店的采购与配送等职能，分店则完成销售职能，而对于人事、财务等职能，连锁店只要有一个就够了，因此总部职能部门是与众多分店的销售职能相协调的。基于上述分析，汽配特许连锁店总部与分店是一种互补的、平等的、专业化分工的关系，而非上下级关系。因为总部所具备的功能，店铺不具备，店铺具有的功能，总部不具备。董事会是总部的领导者，也是分店的领导者。因此，汽配特许店的总部与分店实质上是同一层次内的关系。这样，组织层次便可精确表述为：最高管理层及其领导指挥下的职能部门与分店。最高管理层的职责是决策，而总部的各职能部门则承担确定采购标准、销售价格、促销计划等任务，分店则按各职能部门的设计进行销售。汽配特许经营连锁体系的标准组织形式如图 5－1 所示。

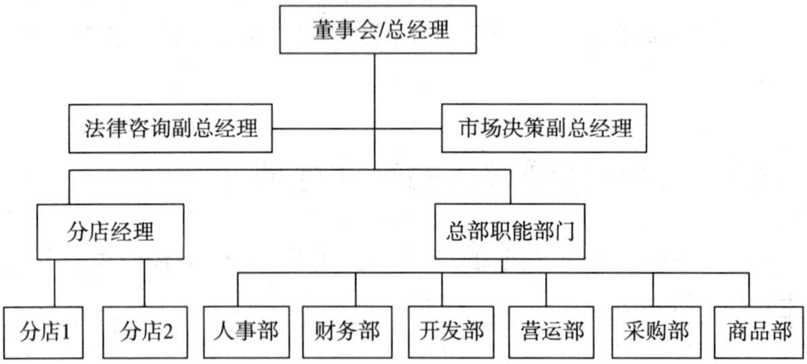

图 5－1　汽配特许经营体系的组织形式

思考与习题

1. 简述汽车配件的分类。
2. 简述影响汽车配件库存量的因素。
3. 简述汽车配件库存控制原则。
4. 简述汽车配件储存条件。
5. 简述特殊汽车配件的存放。
6. 简述汽车配件出库程序及要求。
7. 简述汽车配件验收方法。
8. 简述特许连锁的主要特征。

第 6 章　汽车保险与理赔服务

【本章知识点】

本章主要讲述了汽车保险以及车险理赔的相关知识。主要包括汽车保险的基本概念及特点、保险合同、汽车保险应该遵循的原则、我国汽车保险 A、B、C 三套条款的特点、交强险和一些典型商业保险的保险条款、投保承保和理赔的基本流程以及车辆查勘定损的相关内容。

6.1　汽车保险

6.1.1　汽车保险概述

1. 保险的基本概念与作用

“天有不测风云，人有旦夕祸福。”这句话是人们对自己的命运，对自然规律的不可预见性的一种无可奈何的总结。不管是个人、企业或社会，都可能伴随着一系列无法预知的不幸事件，也就是风险。不幸事件一旦发生，就会造成人身伤亡、财产毁损的结果。面对现实生活中存在的各种各样的风险事件，保险也就应运而生了。保险是人们应对风险的一种有效方式，人们可以通过保险进行风险转嫁并取得相应保障。

（1）保险的概念

所谓保险，是以合理计算的风险分摊金为基础，集合多数对同等风险有取得保障需要的人，建立集中的专用基金，对约定灾害事故发生所致的经济损失（或人身伤亡）进行补偿（或给付）的合同行为。这一定义包含四个方面的意思：

第一，保险是以保障经济安定为目的的补偿机制，以经济损失为前提条件。经济损失不是主观的臆断，而是客观的事实。在现代社会中，经济损失一般意味着发生货币收支不平衡，而这种情况的出现是由于人身或财产上发生的种种灾害事故导致了经济单位或个人收入减少、支出增多，破坏了收支平衡的局面。而当收支失去平衡时，其责任和后果完全由经济单位或个人承担，这样就带来了经济的不稳定。保险就是适应这种需要而产生的，对约定事故的损失给予赔偿或给付以维持经济单位或个人的货币收支平衡。它本质上是一种损失补偿机制，其作用是保障经济生活的安定。

第二，保险是以多数经济单位或个人的互助共济关系为必要条件。所谓多数经济单位或个人的数量，虽然不可能具体地划定为几百人或几千人，但应该是能使大数法则发挥作用的数字。大数法则就是人们在长期的实践中发现的，在随机现象的大量重复中出现的几乎必然的规律。具体地说，保险就是必须根据概率论的科学方法，合理地计算保险费率，由多数投保人交纳保险费，积聚起来的保险基金，能用于支付少数人实际发生的灾害损失。所谓互助共济的关系，就是多数经济单位或个人都立足于同一立场交纳保险费，积聚保险基金作为补偿经济损失的手段，任一经济单位或个人一旦发生事故，都可以按照合同规定得到赔偿。实际上，参加保险的许多单位或个人，即使分别加入而互不相识，也很自然地发生着这种互助共济的关系。不论男女、老少，只要参加了保险，交纳了保险费，就可以从保险基金中，对因灾害事故造成的经济损失得到相应补偿。这种保险基金的利用并不根据保险费的数量和交纳次数，而且不论保险费积累多少，都可根据保险合同的签订，以保险基金来维持经济的安定。当然，大部分投保人还未意识到已经结成的这种互助共济关系，但实际上，他们已经处于这种关系之中，并受到保险的保障。换言之，互助共济的关系就是"我为人人，人人为我"。

第三，保险的分摊金，即保险费是根据一定的数理技术合理计算出来的。自然灾害和意外事故的发生虽然不能个别的、凭主观预测出来，但综合的、凭客观的预测还是可以实现的。这是通过观察过去发生的大量事故的结果，从中可以测知特定事故在将来出现的可能性。我们把特定事故在过去实际发生的比率，叫做发生率，它适用于未来时，被称为概率。把过去的发生率视为概率，必须以过去的事实是将来的重演为前提条件，而这个前提条件则是根据大数法则进行算定的。大数法则认为，对某一特定事故过去的发生率通过大量观察可以得出一稳定的结果，只要一般情况不变，该事故的将来发生率即概率，和过去的发生率相同。简言之，某特定事故的将来发生率即概率，和大量观察过的发生率是相等的。

第四，保险是一种合同行为。保险经济关系的确立，一般来说，是通过双方当事人（保险人和被保险人）在平等自愿的基础上签订保险合同（强制保险除外）来实现的。因此，这种契约关系也就属于民事法律关系的范畴，受到国家法律保护。通常，保险人是按照双方事先协商签订的合同上的规定，在约定灾害事故发生后对投保人（被保险人）履行经济补偿或给付责任。

保险活动作为一种法律行为，是通过保险合同来实现的。投保人按照合同或法律规定向保险人缴纳一定数量的保险费，保险人则承担按规定补偿被保险人损失或给付保险金的责任。因为保险所承保的是风险这种特殊事物，而风险具有偶然性的特点，往往容易产生纠纷，因此要用合同的方式加以固定，并受到法律的保护。世界上大多数国家均将调整保险关系的准则用法律的形式固定下来。我国保险法——《中华人民共和国保险法》第二条对保险的定义为：本法所称保险，是指投保人根据合同约定，向保险人支付保险费，保险人对于合同约定的可能发生的事故因其发生所造成的财产损失承担赔偿保险金责任，或者当被保险人死亡、伤残、疾病或者达到合同约定的年龄、期限等条件时承担给付保险金责任的商业保险行为。

（2）保险的相关术语解释

1）保险标的：是指保险保障的目标和实体，指保险合同的双方当事人权利和义务所指向的对象，保险标的可以是财产或者是与财产相关的利益或责任，也可以是人的身体和生命。

2）保险利益：又称可保利益，指投保人对保险标的具有法律上承认的利益。

3）保险人：指与投保人订立保险合同，并承担赔偿或者给付保险金责任的保险公司。

4）投保人：指与保险公司订立保险合同，并按照保险合同负有支付保险费义务的人。

5）被保险人：指其身体、生命或财产受保险合同保障，享有保险金请求权的人。

6）受益人：指人身保险合同中由被保险人或者投保人指定的享有保险金请求权的人。

7）保险费：简称保费，指投保人交付给保险公司的钱。

8）保险金：指保险事故发生后被保险人或受益人从保险公司领取的钱。

9）保险金额：简称保额，指保险公司承担赔偿或者给付保险金责任的最高限额。

10）保险责任：指保险公司承担赔偿或者给付保险金责任的项目。

11）除外责任：指保险公司不予理赔的项目，如违法行为或故意行为导致的事故。

（3）保险的作用

保险的作用是保险职能在具体工作中的表现，不同的社会形态和历史时期，保险的职能表现有所不同，因此它的作用也有所不同。随着社会经济的发展，保险经济活动已经渗透到国民经济和社会经济生活的各个领域。因此，保险的作用日益广泛，实际效果日趋显著，主要表现在以下四个方面：

1）有利于国民经济持续稳定发展。

随着现代社会的发展，社会分工越来越细，各经济主体之间的联系越来越紧密。一家企业能否稳定发展，不仅对自身至关重要，而且对与之有密切联系的其他企业有非常重要的影响。整个国民经济就似一张错综复杂的网，任何一点受到振动就会波及其他单位和个人，局部的动荡会传递到经济的其他方面，将损失进一步扩大。随着生产力的发展，这种趋势会进一步加强，控制此类损失的最有效方法是提供保险保障。由于保险具有经济补偿和给付保险金的职能，任何企事业单位，只要平时缴付一定的保险费，一旦发生保险责任范围的灾害事故，就可以获得保险人的经济补偿，消除因自然灾害和意外事故造成经济损失引起企业生产中断的可能，从而把对别的企业的影响降低到最低点，保证了国民经济持续稳定的发展。

2）有利于社会的稳定。

“天有不测风云，人有旦夕祸福”，这是形容自然灾害和意外事故。这些灾害事故完全有可能使企业生产和人们生活陷入困境，给社会带来许多不安定的因素。从总体上看，灾害事故的发生是必然的，造成一定的财产损失与人员伤亡也是必然的。但是，只要在保险的责任范围内，保险的经济补偿和人身保险金给付是安全可靠的。保险能在较短的时间里帮助企业恢复生产，帮助人民恢复家园，解除经济上的后顾之忧。这是从根本上稳定企业、稳定家庭，消除社会不稳定的因素。

3）有利于增强社会防灾防损意识，减少灾害损失。

保险人是专业承担危险和管理危险的部门，保险人和被保险人在经济上有着相同的经济利益。保险人对保险财产和人身安全有着不可推卸的防灾防损的义务，在日常业务处理中，保险人掌握了许多数据和防灾防损的经验，并能拨出相当一部分资金增强防灾防损的能力，采取必要的措施降低灾害事故发生的可能性和破坏性。

4）有利于科学技术的推广应用。

科学技术就是生产力。但是，人们在研制和运用科学技术时往往又会产生新的风险，这就阻碍了人们对科学技术的运用。通过保险，可以将运用新技术带来的风险给予转嫁，从而促进新技术的推广和运用。

2. 保险的基本原则

保险原则是保险历史发展的过程中，伴随着保险制度的不断完善，逐步形成的一系列为人们公认的、特殊的、规范保险行为的基本原则。这些原则有的写进了法律文件，有的规定在保险条款里，并始终贯穿于整个保险活动中，成为保险双方当事人必须遵守的行为准则。

保险活动所必须遵循的基本原则包括：保险利益原则、最大诚信原则、近因原则和损失补偿原则，以及损失补偿原则的两个派生原则：代位求偿原则和重复保险分摊原则。

（1）保险利益原则

保险利益原则是保险行业中的一个基本原则，又称“可保利益原则”或“可保权益原则”。所谓保险利益是指投保人或被保险人对其所保标的具有法律所承认的权益或利害关系。即在保险事故发生时，可能遭受的损失或失去的利益。《中华人民共和国保险法》第12条规定：“保险利益是指投保人对保险标的具有法律上承认的利益。”需要特别注意的是保险利益建立在保险标的之上，但并非保险标的本身，而是一种经济利益关系。

保险利益原则作为保险运行中的一项重要的原则，其要求投保人或者被保险人在保险合同的订立或者履行过程中必须具有保险利益，否则保险合同无效。也就是说保险人只有对保险标的有利益关系，才有权据以保险，据已签订的保险合同在发生保险事故时，才拥有保险赔偿的请求权。

（2）最大诚信原则

最大诚信的含义是指当事人真诚地向对方充分而准确地告知有关保险的所有重要事实，不允许存在任何虚伪、欺瞒、隐瞒行为。而且不仅在保险合同订立时要遵守此项原则，在整个合同有效期内和履行合同过程中也都要求当事人具有“最大诚信”。

最大诚信原则的含义可表述为：保险合同当事人订立合同及在合同有效期内，应依法向对方提供足以影响对方做出订约与履约决定的全部实质性重要事实，同时绝对信守合同订立的约定与承诺。否则，受到损害的一方，按民事立法规定可以此为由宣布合同无效，或解除合同，或不履行合同约定的义务或责任，甚至对因此受到的损害还可以要求对方予以赔偿。

（3）近因原则

近因是指造成承保损失起决定性、有效性的原因。《保险法》上的近因原则的含义为“保险人对于承保范围的保险事故最直接的、最接近的原因所引起的损失，承担保险责任，而对于承保范围以外的原因造成的损失，不负赔偿责任。”按照该原则，承担保险责任并不取决于时间上的接近，而是取决于导致保险损失的保险事故是否在承保范围内，如果存在多个原因导致保险损失，其中所起决定性、最有效的，以及不可避免会产生保险事故作用的原因是近因。

由于导致保险损失的原因可能会有多个，而对每一原因都投保于投保人经济上不利益且无此必要，因此，近因原则作为认定保险事故与保险损失之间是否存在因果关系的重要原则，对认定保险人是否应承担保险责任具有十分重要的意义。

（4）损失补偿原则

损失补偿原则是指当保险事故发生时，被保险人从保险人所得到的赔偿应正好填补被保险人因保险事故所造成的保险金额范围内的损失。通过补偿，使被保险人的保险标的在经济上恢复到受损前的状态，不允许被保险人因损失而获得额外的利益。补偿原则的实现方式通常有现金赔付、修理、更换和重置。

保险人在运用补偿原则时，应掌握几个限度：经济补偿应以实际损失为限，以保险金额为限，以保险利益为限。此外，补偿原则还有分摊原则、代位求偿原则、委付原则等派生原则。

（5）损失补偿的派生原则

保险活动由损失补偿原则派生出来的两个原则是代位求偿原则和重复保险分摊原则。

1）代位求偿原则。

保险代位求偿原则是从补偿原则中派生出来的，只适用于财产保险。在财产保险中，保险事故的发生由第三者造成并负有赔偿责任，则被保险人既可以根据法律的有关规定向第三者要求赔偿损失，也可以根据保险合同要求保险人支付赔款。

如果被保险人首先要求保险人给予赔偿，则保险人在支付赔款以后，保险人有权在保险赔偿的范围内向第三者追偿，而被保险人应把向第三者要求赔偿的权利转让给保险人，并协助向第三者要求赔偿。反之，如果被保险人首先向第三者请求赔偿并获得损失赔偿，被保险人就不能再向保险人索赔。

2）重复保险分摊原则。

重复保险分摊原则也是由补偿原则派生出来的，它不适用于人身保险，而与财产保险业务中发生的重复保险密切相关。重复保险是指投保人对同一标的、同一保险利益、同一保险事故分别向两个以上保险人订立合同的保险。重复投保原则上是不允许的，但在事实上是存在的。其原因通常是投保人或者被保险人的疏忽，或者源于投保人求得心理上更大安全感的欲望。重复保险的投保人应当将重复保险的有关情况通知各保险人。

重复保险分摊原则是指投保人向多个保险人重复保险时，投保人的索赔只能在保险人之间分摊，赔偿金额不得超过损失金额。

在重复保险的情况下，当发生保险事故，对于保险标的所受损失，由各保险人分摊。如果保险金额总和超过保险价值的，各保险人承担的赔偿金额总和不得超过保险价值。这是补偿原则在重复保险中的运用，以防止被保险人因重复保险而获得额外利益。

3. 汽车保险的概念及特点

（1）汽车保险的概念

汽车保险是财产保险的一种，在财产保险领域，汽车保险属于一个相对年轻的险种，也就是我们常说的机动车辆保险，主要是指以机动车辆为保险标的的保险，其保障范围包括机动车辆本身因遭受自然灾害或意外事故导致的损失，及机动车辆所有人或其允许的合格的驾驶人因使用机动车辆发生意外事故所负的赔偿责任。

汽车保险包括以下几层含义：

1）它是一种商业保险行为。保险人按照等价交换关系建立的汽车保险是以盈利为目的的。简而言之，保险公司要从它所开展的汽车保险业务上赚到钱，因此汽车保险属于一种商业行为。

2）它是一种合同行为。投保人与保险人要以各类汽车及其责任为保险标的签订书面的具有法律效力的保险合同，比如要填制保险单，否则汽车保险没有存在的法律基础。

3）它是一种权利义务行为。在投保人与保险人所共同签订的保险合同（如汽车保险单）中，明确规定了双方的权利与义务，并确定了违约责任，要求双方在履行合同时共同遵守。

4）它是一种以合同约定的、以保险事故发生为条件的损失补偿或保险金给付的保险行为。正是这种损失补偿或保险金给付行为，才成为人们转移车辆及相关责任风险的一种方法，才体现了保险保障经济生活安定的互助共济的特点。

汽车保险是以汽车本身及其相关利益为保险标的的一种不定值财产保险。汽车保险具有保险的所有特征，其保险对象为汽车及其责任人。从其保障的范围看，它既属财产保险，又属责任保险；在保险实务上，因保险标的内容不同而赋予不同的名称。随着汽车保险业的发展，其保险标的除了最初的汽车以外，已经扩大到所有的机动车。世界上许多国家至今仍沿用汽车保险的名称，而我国已经将其改称为机动车辆保险。

（2）汽车保险的特点

1）保险对象具有广泛性和差异性。

汽车保险的对象具有广泛性和差异性的特点是针对汽车保险的被保险人和保险标的而言的。

①被保险人方面。被保险人的广泛性具体体现为由于企业和个人更加广泛地拥有汽车，尤其是私人拥有车辆数量的不断增加，使车辆逐步成为人们生活的必需品，使得汽车与每一个人的生活息息相关。而正是因为汽车拥有者的广泛性，必然存在差异性。不同类型的企业，不同类型的家庭，不同的个人，不同的风险倾向均是这种特性的体现。

②保险标的方面。广泛性是汽车已经成为现代社会的标志，人们的生产和生活已经无法离开汽车，尤其是在我国随着经济和社会的发展，人民生活水平日益提高，汽车从纯粹的生产工具逐步成为生产和生活工具。与此同时，汽车的差异性逐步体现：首先，汽车的类型逐年增多，从生产用车为主，逐步发展到以生活用车为主，同类车辆的车型品种繁多，性能各异；其次，生产厂家也从国产到进口，从整车进口到进口零部件组装，从合资建厂生产到独资生产；最后，汽车的价格也根据车型、产地、品牌、功能的不同差异较大，从几万元到几十万元，甚至几百万元不等。因此，保险标的必然存在差异性。

2）保险标的具有可流动性。

狭义的财产保险的标的划分标准之一是根据其流动性，即按动产或者不动产划分保险标的。汽车保险标的的可流动性是由于标的作为动产和运输工具的特点决定的。保险标的是否具有可流动性直接影响到其面临的风险以及风险的种类。

汽车保险标的流动性的特点，对汽车保险的市场营销、核保、出单、检验、理算提出了更高的要求：一是保险标的的可流动性导致其风险概率增大，增加了经营的不确定性。因此，保险人在研究条款和费率的同时，更应注重研究核保和核赔技术以及风险的防范工作。二是由于车辆保险标的具有流动性，核保时加大了“验标承保”的难度。因此，保险人对于承保风险的实际控制能力较差，只能依赖于投保人的诚信，为此，保险人更应注重防范道德风险和完善监控机制。三是由于保险标的可流动性、风险的不确定性，在发生保险责任事故时给检验和理赔工作增加了一定的难度。为此，保险人应建立和完善保险事故查勘检验的实务规程，还应建设和完善查勘检验的内外部代理网络。

3）出险频率高。

汽车保险相对于其他财产保险而言具有出险率高的特点。根据统计，全世界每年因交通事故死亡的人数大约为50万。中国每年的交通事故死亡人数约10万人。这一点从日常生活中每天都会发生大量的交通事故中也可以得到印证。

影响汽车风险通常有几个方面的因素。一是汽车本身的因素。汽车作为运输工具，其功能本身就是通过位移来实现的。所以，汽车的大多数时间必然处于一种动态，而这种动态就是风险的主要根源。二是外部环境因素，主要体现在汽车的使用环境上，即行驶和停放环境，尤其是汽车行驶的道路环境状况对汽车的风险影响最大。三是使用因素。使用因素对于风险的影响主要有以下几个方面：第一是机动车车况风险，如车辆性能、技术参数、防盗性能、使用年限、保养情况、电器是否老化等；第二是汽车用途风险，不同用途的汽车的风险显然不同，出租车、公司车和私家车的使用频率和利用状态都会有很大的差异；第三是车辆驾驶人员风险，不同的驾驶人员的风险也会有较大的不同，主要是由驾驶人员的年龄、性别、驾驶年限、驾驶技术，甚至驾驶人员的性格等决定。

4）条款和费率的管理具有刚性。

由于汽车保险业务的特殊性，在其发展过程中始终存在着如何加强管理，确保其健康发展的问题。之所以特别需要强调对汽车保险的管理，其原因有二：一是汽车保险涉及一个庞大和广泛的消费群体，其中大部分是单一和弱小的消费者，国家从公众利益的角度出发，必须加强对于汽车保险业务的监督和管理，使他们的利益得到切实和有效的保护；二是由于汽车保险业务在财产保险业务领域占有相当大的比例，汽车保险业务发展和管理的情况将对财产保险，甚至整个保险业带来较大的影响。所以，其始终是财产保险市场中竞争的焦点。同时，有关管理部门也特别注重对于汽车保险的监督和管理。在保险管理模式上，围绕着管理的刚性问题一直存在着争议。一方面加大管理的刚性固然可以对稳定市场、维护被保险人利益方面具有积极的意义，但另一方面刚性管理对于保险价格的市场调节以及促进保险人通过加强经营管理、提高产品和服务质量均产生了一定的消极制约作用。

从各国的实践情况看，大都经历过从无序竞争，到在相当长的一段时期对于条款和费率实行刚性的管理，然后，在条件成熟的情况下逐步过渡到在确保保险人偿付能力基础上实行自由费率的管理体系。我国的保险市场目前尚处于逐步形成和完善的阶段，同时，由于保险公司存在多种所有制性质的特点，使得对于现阶段市场的管理具有相当的特殊性。为此，中国保监会在现阶段采用条款和费率管制的刚性管理模式，即在全国对汽车保险条款、费率、附加条款进行了统一规范，继而对保险单也进行了统一监制。这是对现阶段我国保险市场的特点做出的必然选择，也将对保险业的发展起到积极的推动作用。

6.1.2 汽车保险产品

在保险实务上，汽车保险因保险标的及内容不同而赋予不同的名称。2006年7月1日，机动车交通事故责任强制保险（简称交强险）实施后，商业车险随之变化。根据保障的责任范围，目前我国车险行业产品体系实际上可分为交强险和商业车险两种，交强险由国家强制实施，而商业险遵循自愿购买的原则。

1. 交强险（机动车交通事故责任强制保险）

机动车交通事故责任强制保险，简称“交强险”，于2006年7月1日正式施行，根据配套措施的最终确立，于2007年7月1日正式普遍推行。按照《机动车交通事故责任强制保险条例》（简称《交强险条例》）的规定，交强险是由保险公司对被保险机动车发生道路交通事故造成受害人（不包括本车人员和被保险人）的人身伤亡、财产损失，在责任限额内予以赔偿的强制性责任保险，属于责任保险的一种。

根据《交强险条例》的规定，在中华人民共和国境内道路上行驶的机动车的所有人或者管理人都应当投保交强险，机动车所有人、管理人未按照规定投保交强险的，公安机关交通管理部门有权扣留机动车，通知机动车所有人、管理人依照规定投保，并处应缴纳的保险费的2倍罚款。

交强险的保险期间为1年，仅有四种情形下投保人可以投保1年以内的短期交强险：一是境外机动车临时入境的；二是机动车临时上道路行驶的；三是机动车距规定的报废期限不足1年的；四是保监会规定的其他情形。

交强险的保险责任为：在中华人民共和国境内（不含港、澳、台地区），被保险人在使用被保险机动车过程中发生交通事故，致使受害人遭受人身伤亡或者财产损失，依法应当由被保险人承担的损害赔偿责任，保险人按照交强险合同的约定对每次事故在下列赔偿限额内负责赔偿：死亡伤残赔偿限额为110 000元；医疗费用赔偿限额为10 000元；财产损失赔偿限额为2 000元；当被保险人无责任时，无责任死亡伤残赔偿限额为11 000元；无责任医疗费用赔偿限额为1 000元；无责任财产损失赔偿限额为100元。

死亡伤残赔偿限额和无责任死亡伤残赔偿限额项下负责赔偿丧葬费、死亡补偿费、受害人亲属办理丧葬事宜支出的交通费用、残疾赔偿金、残疾辅助器具费、护理费、康复费、交通费、被扶养人生活费、住宿费、误工费，被保险人依照法院判决或者调解承担的精神损害抚慰金。

医疗费用赔偿限额和无责任医疗费用赔偿限额项下负责赔偿医药费、诊疗费、住院费、住院伙食补助费，必要的、合理的后续治疗费、整容费、营养费。

2. 商业险

(1) 机动车商业险简介

商业险分为主险和附加险两大类，其中主险是对车辆使用过程中大多数车辆使用者经常面临的风险给予保障，主要有车辆损失险、全车盗抢险、车上人员责任险以及商业第三者责任险等。而附加险则是对主险的补充，它承保的一般是主险不予承保的自然灾害或意外事故，附加险不能单独投保，必须投保了相应的主险之后才能承保，主要包括车身划痕险、玻璃单独破碎险、自燃险、不计免赔险等等。

随着机动车保险业的发展，主险险种、附加险险种都在不断进行补充丰富或者改革创新，使得险种的数量及其承保的内容都大大增加。我国2007年4月1日起，正时启用中国保险行业协会牵头开放的2007版A、B、C三套条款（见表6-1），国内经营汽车保险的公司都必须从这三套条款中选择一款进行经营（天平汽车保险公司除外）。因此我国现行的汽车商业保险险种是有统一的主险险种和主要的附加险险种以及个性化的各家保险公司自主制定的其他附加险险种组成。

表 6-1　2007 版 A、B、C 三套条款的险种构成

A 款险种构成	B 款险种构成	C 款险种构成
机动车第三者责任保险 家庭自用汽车损失保险 非营业用汽车损失保险 营业用汽车损失保险 特种车保险 摩托车、拖拉机保险 机动车车上人员责任保险 机动车盗抢险 玻璃单独破碎险 车身划痕损失险 可选免赔额特约条款 不计免赔率特约条款	商业第三者责任保险 车辆损失险 全车盗抢险 车上人员责任险 摩托车、拖拉机保险 玻璃单独破碎险条款 车身划痕损失险条款 基本险不计免赔率特约条款	机动车损失保险 机动车第三者责任保险 机动车车上人员责任保险 机动车全车盗抢损失险 摩托车、拖拉机保险 玻璃单独破碎险 车身油漆单独损伤险 车损免赔额特约条款 基本险不计免赔率特约条款

（2）商业险条款的内容构成

2007 版 A、B、C 三套条款车险险种的内容构成的表现手法不尽相同，但其内容实质基本一致，都是把合同的相关事项和双方当事人的权利义务给予明确。具体内容如表 6-2。

表 6-2　2007 版 A、B、C 三套条款中车险险种的内容构成表

A 款险种内容构成	B 款险种内容构成	C 款险种内容构成
包括 12 项： 1. 总则 2. 保险责任 3. 责任免除 4. 保险金额和责任限额 5. 保险期限 6. 保险人义务 7. 投保人、被保险人义务 8. 赔偿处理 9. 保险费调整 10. 合同变更和终止 11. 争议处理 12. 附则	包括五部分： 总则 第一部分：基本险 （1）保险责任 （2）责任免除 （3）赔偿限额 （4）赔偿处理 第二部分：通用条款 （1）保险期间 （2）保险人义务 （3）投保人、被保险人义务 （4）其他事项 （5）争议处理 第三部分：附加险 第四部分：释义	包括 9 项： 1. 总则 2. 保险责任 3. 责任免除 4. 保险金额、保险期间、赔偿限额 5. 赔偿处理 6. 保险人义务 7. 投保人、被保险人义务 8. 无赔款折扣 9. 其他事项

现以 A 款为例，简单介绍条款内容的构成，A 款中各险种由 12 项内容组成，分别为：

1）总则。

主要阐述车险合同的组成与形式；相关概念，如第三者、机动车、家庭自用车等；合同性质为不定值等内容。

2）保险责任。

主要阐述保险公司承担保险金赔偿的车辆使用风险。

3）责任免除。

主要阐述保险公司不承担保险金赔偿责任的范围，是对保险责任的限制。

4）保险金额和责任限额。

主要阐述保险金额和责任限额的确定方式。

5）保险期限。

主要阐述车险合同的起止时间。

6）保险人义务。

主要阐述保险公司应该履行的义务，一般包括条款说明义务、及时查勘义务、及时定损义务、迅速赔偿义务和替用户保密义务等。

7）投保人、被保险人义务。

主要阐述投保人、被保险人应该履行的义务。一般包括如实告知义务、及时交费义务、出险报案义务、协助查勘义务和提供索赔证明资料义务等。

8）赔偿处理。

主要阐述赔偿的方式、赔偿的免赔率和被保险人索赔时应提供的相关单证等内容。

9）保险费调整。

主要阐述续保时投保人享受无赔款优惠的比例等内容。

10）合同变更和终止。

主要阐述标的转让或相关事项改变时必须办理变更、合同终止时如何扣除或退还保险费等内容。

11）争议处理。

主要阐述争议解决的方式，一般分为协商、仲裁和诉讼三种方式。

12）附则。

主要阐述前面各项的未尽事宜。

（3）商业险险种保险责任简介

1）车辆损失险（车损险）（主险）。

负责赔偿车辆在使用过程中因自然灾害和意外事故造成车辆损坏及必要、合理的施救费用。

自然灾害：雷击、暴风、暴雨、洪水、龙卷风、雹灾、台风、海啸、热带风暴、地陷、崖崩、滑坡、泥石流、雪崩、冰陷、雪灾、冰凌；

意外事故：碰撞、倾覆；火灾、爆炸、外界物体倒塌、空中物体坠落、保险机动车行驶中坠落。

主要免赔规定：事故责任免赔率（全责15%，主责10%，同责8%，次责5%）；应由第三方赔偿而无法找到第三方，实行30%绝对免赔率。个别公司对一些车型有费率浮动系数，会上浮保费。

2）第三者责任险（三责险）（主险）。

负责赔偿车辆在使用过程中发生意外事故，致使第三者遭受人身伤亡或财产的直接损失，对被保险人依法应支付的赔偿金额，对于超过机动车交通事故责任强制保险各分项赔偿限额的部分给予赔偿。限额分为5万元、10万元、15万元、20万元、30万元、50万元、100万元不等，由用户投保时决定。

主要免赔规定：事故责任免赔率（全责20%，主责15%，同责10%，次责5%）。

3）车上人员责任险（主险）。

负责赔偿车辆在使用过程中发生意外事故，致使车上人员遭受人身伤害，被保险人依法应支付的赔偿金额，保险人在扣除机动车交通事故责任强制保险应当支付的赔款后，给予赔偿。

主要免赔规定：事故责任免赔率（全责 15%，主责 10%，同责 8%，次责 5%）；风险概率小，如行车状况不复杂，可不保。

4）全车盗抢险（主险）。

负责赔偿车辆在使用过程中，因下列原因造成保险机动车的损失，保险人依照保险合同约定负责赔偿：

A. 全车被盗窃、被抢劫、被抢夺，经县级以上公安刑侦部门立案证实，满六十天未查明下落；

B. 全车被抢劫、被抢夺过程中受到损坏需要修复的合理费用；

C. 全车被盗窃、被抢劫、被抢夺后受到损坏或因此造成车上零部件、附属设备丢失需要修复的合理费用。

实行 20% 的绝对免赔率和车辆文件、钥匙等单项免赔，个别公司可通过购买基本险不计免赔转嫁 20% 绝对免赔率损失。个别公司对个别车型不足额承保盗抢险。

5）自燃损失险（附加险）。

负责赔偿车辆因非外界火源（自身电器、线路、供油系统故障）起火燃烧造成的损失。

实行 15% 或 20% 的绝对免赔率。个别公司可通过购买附加险不计免赔转嫁绝对免赔率损失。

6）车身油漆单独损伤险（划痕险）（附加险）。

负责赔偿车辆在使用过程中，发生无明显碰撞痕迹的车身表面油漆单独损伤。

部分公司对此险种有车龄要求，三年以上车辆不承保此险种。

理赔时实行 15% 的绝对免赔率。个别公司可通过购买附加险不计免赔转嫁绝对免赔率损失。

7）玻璃单独破碎险（附加险）。

负责赔偿车辆在使用过程中，发生本车玻璃单独破碎。

8）基本险不计免赔（附加险）。

投保了基本险后可特约本条款。保险机动车发生保险事故造成损失，对特约了本条款的基本险在符合赔偿规定的金额内扣除的免赔金额（事故责任免赔率），负责赔偿。个别公司能加费承保全部基本险。

9）附加险不计免赔（附加险）。

投保附加险后可特约本条款。保险机动车发生附加险项下保险事故造成损失，对特约了本条款的附加险在符合赔偿规定的金额内扣除的绝对免赔金额，负责赔偿。个别公司仅对部分附加险能加费承保。

6.1.3　投保与承保实务

所谓投保，就是指投保人向保险人请求签订保险合同的意愿，而保险人接受投保人的投保请求到签订保险合同等一系列过程称为承保。投保与承保只是针对的对象不同而已。一个完整的承保流程由 6 个环节组成，即展业、投保、核保、签发单证、批改和续保。其核心环节是投保、核保和签发单证。

1. 投保单的性质

因保险合同的要约一般要求为书面形式，所以汽车保险的投保需要填写投保单。投保单也称要约保单，经投保人如实填写后交付保险人，成为订立保险合同的书面要约。投保单是保险合同订立过程中的一份重要单证，是投保人向保险人进行要约的证明，是确定保险合同内容的依据。投保单原则上应载明订立保险合同所涉及的主要条款，投保单经过保险人审核、接受，就成为保险合同的组成部分。表 6－3 是某保险公司的汽车保险投保单。

表 6－3　某保险公司的汽车保险投保单

投保人/被保险人					
个人身份证号码			组织机构代码		
联系人姓名			联系电话		
联系地址			邮政编码		
行驶证车主					
投保险种	□商业车险　□交通事故责任强制保险	交强险承保公司		其保单号写入备注	
车辆类型		厂牌型号		排量	
新车购置价格		购置时间		车身颜色	
发动机号		车架号（VIN）			
核定座位或载质量		车牌号码			
车辆制造/登记年月	□国产　□进口　□改装或组装				

指定驾驶员	主	姓名		性别		年龄		准驾车型		驾龄	
	副	姓名		性别		年龄		准驾车型		驾龄	

投保险种		保险金额/赔偿限额（万元）	保费（元）
车辆损失险（□事故责任免赔率　□不计免赔率）			
商业第三者责任险（□事故责任免赔率　□不计免赔率）			
全车盗抢险（绝对免赔率□0　□10%　□20%　□50%）			
玻璃单独破碎险（□国产　□进口）			
自燃损失险			
新增加设备损失险			
车上货物责任险			
车上人员责任险	驾驶员		
	前排乘客（座位数____）		
	后排乘客（座位数____）		

续表

车载货物掉落责任险			
交通事故精神损害赔偿险			
附加第三方未投保第三者责任险			
代步车费用险（□10 天　□15 天　□20 天　□30 天）			
车身划痕损失险（限额□人民币 2 000 元　□人民币 5 000 元　□人民币 10 000 元）			
全车盗抢附加高尔夫球具盗窃险（限额□人民币 5 000 元　□人民币 10 000 元　□人民币 15 000 元　□人民币 20 000 元）			
车辆损失保额确定方式：按照□新车购置价　□新车购置价扣减折旧　□特别约定确定	月折旧率	□6‰　□9‰　□12‰	
往年保险索赔记录	□上三年无赔款记录　□上二年无赔款记录　□上年无赔款记录　□初次投保　□上年发生一次赔款　□上年发生二次赔款　□上年发生三次赔款　□上年发生四次赔款　□上年发生五次赔款　□上年发生五次以上赔款		
使用性质	□非营业	□个人用车　□企业用车　□机关用车　□货车□特种车一□特种车二□特种车三□挂车	
	□营业	□出租、租赁　□城市公交　□公路客运　□货车　□特种车一　□特种车二　□特种车三　□特种车四　□挂车	
摩托车	□50 mL 及以下　□50～250 mL（含）　□250 mL 以上及侧三轮		
拖拉机	□农用 14.7 kW 及以下　□农用 14.7 kW 以上　□运输型 14.7 kW 及以下　□运输型 14.7 kW 以上		
行驶区域	□省（市）内/500 km 单程内　□中国境内	货物装载性质	□化工易燃易爆　□建筑材料　□其他
保养状况		年行驶里程	千米/年
车辆损失绝对免赔额	□0　□300　□500　□800　□1 500　□2 000　□5 000（单位：人民币元）		
投保方式	□直接业务　□代理业务	投保年度	□首年投保　□续保
商业车险保费金额合计	（单位：人民币元）		
交强险与交通安全违法行为和道路交通事故相联系的浮动比率			
交强险保费金额：（单位：人民币元）			
总保费金额合计（人民币大写）：			
保险期间：自　　年　　月　　日零时起，至　　年　　月　　日二十四时止，共　个月			
本合同发生争议，双方应协商解决，如经双方协商未达成协议的，采取下列之一方式解决：□向________仲裁委员会申请仲裁，但未达成仲裁协议的可以向法院起诉；□向人民法院提起诉讼。			
付费约定：			
特别约定：			

续表

<table>
<tr><td colspan="6">投保人声明：
1. 上述所填内容和提供的其他相关资料全部属实；
2. 已认真阅读了保险合同条款的所有内容，了解了有关权利和义务，并充分注意到其中的责任免除条款，对此均无异议；
3. 同意按照上述条件投保。
投保人签名（盖章）： 年 月 日</td></tr>
<tr><td colspan="6">以下内容由保险公司填写</td></tr>
<tr><td>车型系数</td><td colspan="5"></td></tr>
<tr><td>车队管理</td><td colspan="5"></td></tr>
<tr><td>预期赔付率</td><td colspan="5">□30%以下 □30%～50% □50%～65% □65%～90% □90%以上</td></tr>
<tr><td>业务员</td><td></td><td>制单</td><td></td><td>核保人</td><td></td></tr>
<tr><td colspan="6">验车情况：
验车人：
年 月 日</td></tr>
<tr><td colspan="6">核保意见：
核保人：
年 月 日</td></tr>
<tr><td colspan="6">备注：</td></tr>
</table>

2. 投保单内容填写的基本要求

(1) 告知

投保时，保险人需要履行告知义务。其告知内容主要包括：

1) 依据《中华人民共和国保险法》和《机动车辆保险条款》以及保监会的有关要求，向投保人告知保险险种的保障范围，特别要明示责任免除及被保险人义务等条款内容。

2) 对车辆基本险和附加险条款解释产生异议时，特别是对保险责任免除部分的异议，应通过书面或其他方式给予明确说明。当保险条款发生变更时，应及时地明确说明。

3) 应主动提醒投保人履行如实告知义务，尤其对涉及保险人是否同意承保，承保时的特别约定、可能的费率变化等情况要如实告知，不能为了争取保险业务故意误导投保人。

4) 对于摩托车与拖拉机保险，应向投保人解释采用定额保单与采用普通保单承保的不同之处。

(2) 车辆检验

各保险公司对此规定不一，有的将车辆检验过程与投保单填写工作同时进行，属于承保阶段的实务。有的则将其放在核保阶段与查验车辆一起进行。

1) 车辆行驶证检验。投保时，应检验车辆行驶证或临时牌照是否与投保标的相符，车辆是否为已经办理有效年检的合格车辆，核实投保车辆的使用性质和车辆初次登记日期等。

2）车辆检验。投保时要重点检验下述车辆：首次投保的车辆；未按期续保的车辆；在投保第三者责任险后，又申请加保车辆损失险的车辆；申请增加投保附加险，如盗抢险、自燃损失险及玻璃单独破碎险；使用年限较长且接近报废年限的车辆；特种车辆；发生重大交通事故后修复的车辆。

车辆检验时，应重点检验车辆的牌照号码、发动机号和车架号是否与车辆行驶证的记录一致，车辆技术状况是否适合运行，消防装备配备是否齐全，投保盗抢险的汽车要拓印车架与发动机号码并将其附在保险单的正面，或拓印牌照留底并将照片贴在保险单背面，查验保险汽车是否装有防盗装置等。

3. 投保单的填写

投保单是投保人向保险人要约的书面文件，也是投保人要求投保的书面凭证。保险人接受了投保单，投保单就成为保险合同的要件之一。

投保单的内容包括被保险人、投保人的基本情况；驾驶员和保险车辆的基本情况；投保险种；保险金额；保险期限等内容。投保业务人员应指导投保人正确填写，如果投保车辆较多，投保单容纳不下，则应填写《机动车辆保险投保单附表》。填写时，应字迹清楚，如应更改，需要投保人或其代表人在更正处签章。保险单的填写要求如下。

（1）投保人的基本情况

投保人是任何保险合同不可缺少的当事人。如果投保人为自己投保，保险合同签订后，投保人即成为被保险人。投保人除了应当具有相应的权利能力和行为能力之外，对保险标的必须具有保险利益，因此，投保人应当在投保单上填写自己的姓名，以便保险人核实其资格，避免出现保险纠纷。

一方面，被保险人必须是保险事故发生时遭受损失的人，即受保障的人；另一方面，被保险人必须是有保险金请求权的人。因此，投保单上必须注明被保险人的姓名。

（2）被保险人的基本情况

投保单上需要填写被保险人的详细地址、邮编、电话及联系人，以便于联系和作为确定保险费率的参考因素。首先，保险人接到投保人填写的投保单后需要进行核保。保险合同生效后，保险人需要定期或不定期地向客户调研自身的服务质量或通知被保险人有关信息。为便于及时联系，需要填写被保险人的准确通信地址、邮编、电话及联系人等信息。其次，不同地区的汽车保有量、道路状况都不尽相同，危险因素也不一样，这是确定保险费率的重要依据。

（3）驾驶员的基本情况

投保单需要提供驾驶员的基本情况，如驾驶员的住址、性别、年龄与婚姻状况、驾龄、违章情况等，这是确定保险费的重要依据。

（4）保险汽车的基本情况

投保单要求说明保险汽车的有关情况，一般包括号牌号码、厂牌号码、发动机号、车架号、座位/吨位、车辆特征（车门数、颜色）等内容。我国汽车保险的投保单要提供车辆的号牌号码、厂牌型号、发动机号、车架号、座位/吨位、车辆颜色、初次登记年月等信息。

车辆价值对保险费影响较大，所以较为详细的保险汽车有关资料，可以帮助保险人核实保险汽车的价值和确定保险金额的多少。如我国的《机动车辆保险条款》规定："保险金额不能超过同类型的新车购置价，超过部分无效。"显然，提供上述保险汽车的基本资料为保险人核保提供了依据。

汽车的所有与使用情况。大多数投保单都会有下述类似的问题：

a. 该汽车所属性质是什么？

b. 该汽车是否为分期付款购买的？如果是，卖方是谁？

c. 该汽车的行驶证所列明的车主是谁？

d. 该汽车的使用性质是什么？行驶区域如何？

提出上述问题主要是为保险人核保时，确定保险标的的保险利益和保险费率提供依据，以免日后发生不必要的纠纷。

如果是分期付款购买的汽车，保险人一般会要求投保人选择保险范围较宽的险种，以保障财产的安全。在美国，分期付款的汽车必须购买包括汽车损失险在内的综合险。

一般情况下，营业用和非营业用汽车的保险费率差别较大。我国由于汽车保险起步较晚，保险费率尚处于完善发展阶段，除了深圳地区以外，目前我国仍执行统一的费率标准。

（5）投保险种与保险期限

车辆险中包括全车盗抢险、车上责任险（车上座位和车上货物）、车载货物掉落责任险、玻璃单独破碎险、车辆停驶损失险、自燃损失险、新增加设备损失险、不计免赔特约险等。在投保单上，需要选择投保险种，填写保险金额或赔偿限额，这是保险人在核保时确定保险费的基本依据。表 6－1 列出的是我国现行的部分保险险种，供投保人投保时选择。

保险期限一般为半年或一年。在美国，一般情况下规定保险期限为半年，除了一次交清保险费外，也可以采用按月交付。在我国规定的保险期限一般为一年。

（6）投保人签章

投保单必须由投保人亲笔签名认可方能生效。其主要作用为：

1）提供保险凭证所需要的信息。投保人签章就视同其确认了投保单上所提供的信息，保险人在签发保险证和保险单时，可以依据这些信息填写。

2）便于保险人核保。保险人核保时，需要甄别承担风险和确定保险适合的条款。只有投保人签章后，才能确认投保单所提供的信息，便于投保人核保。

3）获得投保人对保险合同信息的确认。投保人在投保单上签字后，保险人受理同意，投保单就构成保险合同的要件。如果核保后所填信息没有变化，保险人据此认为投保人已经确认了保险合同的信息。

4. 投保人在进行投保时需注意的事项

（1）合理选择一家保险公司

在我国，保险公司越来越多，选择一家保险公司是十分重要的。在选择保险公司时，首先，这家保险公司必须是在中华人民共和国内合法的公司；其次，我们要看这家保险公司的信誉度怎样；最后，我们要了解该保险公司提供的各项服务是否与自己的意愿相符。经过与多家保险公司的比较，选择一家对自己最有利的保险公司。

（2）合理选择保险代理人

投保人可以通过代理人为自己办理保险合同。选择代理人时，一定要谨慎，以防上当受骗。

（3）了解汽车保险的内容

了解内容，看是否与自己的意愿相符。投保人应当询问所购买的机动车辆保险条款是否经过保监会批准，认真了解条款内容，重点条款的保险责任、除外责任和特别约定，被保险人权利和义务，免赔额或免赔率的计算，申请赔偿的手续、退保和折旧等规定；此外还应当注意机动车辆保险的费率是否与保监会批准的费率一致，了解保险公司的费率优惠规定和无赔款优待的规定。通常保险责任比较全面的产品，保险费比较高；保险责任少的产品，保险费较低。

（4）根据实际需要购买

投保人选择机动车辆保险时，应了解自身的风险和特征，根据实际情况选择个人所需的风险保障。对于机动车辆保险市场现有产品应进行充分了解，以便购买适合自身需要的机动车辆保险。

（5）购买机动车辆保险的其他注意事项

1）对保险重要单证的使用和保管。投保者在购买机动车辆保险时，应如实填写投保单上规定的各项内容，取得保险单后应核对其内容是否与投保单上的有关内容完全一致。对所有的保险单、保险卡、批单、保费发票等有关重要凭证应妥善保管，以便在出险时能及时提供理赔依据。

2）如实告知义务。投保者在购买机动车辆保险时应履行如实告知义务，对与保险风险有直接关系的情况应当如实告知保险公司。

3）及时交纳保险费。购买机动车辆保险后，应及时交纳保险费，并按照条款规定，履行被保险人义务。

4）合同纠纷的解决方式。对于保险合同产生的纠纷，消费者应当依据在购买机动车辆保险时与保险公司的约定，以仲裁或诉讼方式解决。

5）投诉。消费者在购买机动车辆保险过程中，如发现保险公司或中介机构有误导或销售未经批准的机动车辆保险等行为，可向保险监督管理部门投诉。

6.2　汽车理赔

汽车事故理赔是指保险汽车在发生保险责任范围内的损失后，保险人依据保险合同的约定解决保险赔偿问题的过程。理赔工作是保险政策和作用的重要体现，是保险人执行保险合同，履行保险义务，承担保险责任的具体体现。保险的优越性及保险给予被保险人的经济补偿作用在很大程度上，都是通过理赔工作来实现的。

6.2.1　理赔的意义及原则

1. 汽车保险理赔的意义

理赔是在现实生活中使用非常广泛的词语。从广义上而言，理赔是指当事人的一方按一定的依据（法律、政策、规章和习惯等）对另一方提出的赔偿要求进行处理的行为和过程。

汽车保险理赔除了具有一般经济补偿的特性外，还有其特定的内涵。汽车保险理赔是指汽车保险合同所规定的事故，即车祸发生后，当保险人接到被保险人在规定的时间内提交的报案索赔报告时，按保险合同履行损失补偿的义务。汽车保险理赔是保险经营的最后一道环节，做好汽车保险理赔工作，对于维护投保人的利益，加强汽车保险经营与管理，提高保险企业的信誉和经营效益，具有重要意义。

(1) 通过汽车保险理赔，被保险人所享受的保险利益得到实现

汽车保险的基本职能是损失补偿。正是基于这种职能，被保险人通过与保险人签订汽车保险合同来转移自己可能遇到的风险。如遭遇交通事故，即通过签订保险合同的方式，在缴纳一定的保险费后，一旦车祸发生造成车辆损失、人员伤亡时即可享受损失补偿的权利。

(2) 通过汽车保险理赔，使人民生活安定，社会再生产过程得到保障

汽车保险理赔使车祸的伤亡者得到保险金给付，使他们本人或家属得到心灵上的慰藉；使车祸的受损车辆得到损失补偿，使他们本人、家庭能够重建家园，安定生活，树立或增强生活的信心，对社会的稳定发挥积极作用。所以，汽车保险的作用能否得到充分发挥，汽车保险经营方针能否得到贯彻，在保险理赔方面体现得最明显、最突出。

(3) 通过汽车保险理赔，汽车保险承保的质量得到检验

汽车保险承保手续是否齐全、保险费是否合理、保险金额是否恰当，平时不易察觉，一旦发生赔偿案件，上述问题就清楚地暴露出来了。从这个意义上讲，汽车保险理赔过程是对承保质量的检验。因此，保险经营企业对汽车保险理赔过程中暴露出来的问题必须认真研究、及时处理，才有利于承保工作的改进和业务质量的提高。

(4) 通过汽车保险理赔，汽车保险的经济效益得到充分反映

汽车保险经济效益的高低，在很大程度上取决于保险经营成本的大小，而在汽车保险经营成本中最大的成本项目是赔款支出。因此，赔款支出成本对保险经济效益具有决定性影响。一般说来，一定时期内，保险赔款支出少，在其他条件不变的情况下，保险经济效益就好；反之，保险赔款支出多，经济效益就差，或者无效益可言。

2. 汽车保险理赔遵循的原则

汽车保险理赔工作涉及面广，情况比较复杂。为更好地贯彻保险经营方针，提高汽车保险理赔工作质量，汽车保险理赔必须遵循以下原则：

(1) 满意性原则

在保险事故发生后，被保险人往往因惊恐而处于心理上的失衡状态。而被保险人对保险理赔工作的处理方式和处理意见是否满意，直接关系到保险人的信誉和经营效果。如果被保险人对保险的理赔过程和处理结果满意，则有助于通过被保险人的宣传而扩大保险经营的规模；如果被保险人对此不满意，往往导致当事双方诉诸法律。所以保险人理赔时所采取的处理方式和处理态度非常重要，保险理赔工作应首先遵循满意性原则。

(2) 迅速性原则

汽车保险理赔的速度直接关系到被保险人能否获得及时的补偿。所以，保险人在汽车保险理赔时应遵循迅速性原则。保险人接到被保险人的事故报案以后，应该迅速做出反应。这种迅速体现为两个方面：一方面，查勘定损应力求迅速，以确保保险人掌握第一手的事故资料，防止被保险人为利益而隐瞒事实，实施欺骗；另一方面，案件处理应迅速。如果案件清楚明了，就应该迅速支付赔款结案；如果案情复杂但可确定属于保险责任且符合预付赔款要求的，现场查勘之后应预付部分赔款，以解被保险人的燃眉之急；如果事故确实属于责任免除范畴，应有理有据地出具拒赔通知书，并做好安抚工作。

（3）准确性原则

涉及责任免除的确定、被保险人义务的遵守、免赔的计算方法等许多有关保险合同的专业性问题，并不是每一个被保险人都清楚无误，所以需要保险人在计算保险赔付时应力求准确性原则，不能因保险人具有专业知识而刻意压低赔款或欺骗被保险人。因此，在汽车保险理赔时，应对事故导致的直接损失费用计算准确，依据保险合同的约定，合理地确定各项损失费用，这是确保被保险人满意的基础。

（4）公平性原则

根据保险分摊性质，如果赔付过多，虽然个别被保险人受益，但会导致广大被保险人承担过多的保险费，同时也会影响到保险人的偿付能力；如果赔付过低，虽然保险人暂时受益，但因被保险人不满意将导致保险人的保险信誉下降，从而影响到保险的经营稳定性。所以，在保险理赔时，应遵循公平性原则，尽量做到理赔结果对保险当事双方都公平。对于不应赔付的案件，一定不赔付；对于应赔付的，不可多赔，亦不可少赔。

6.2.2　理赔的流程

对于汽车理赔业务流程，不同的保险公司有一些细微的差别，对于不同的实际业务类型也不是千篇一律的。总的来说，汽车理赔业务流程包括受理案件、现场查勘、确定保险责任并立案、定损核损、赔款理算、核赔、结案等过程。汽车理赔业务流程如图 6－1 所示。

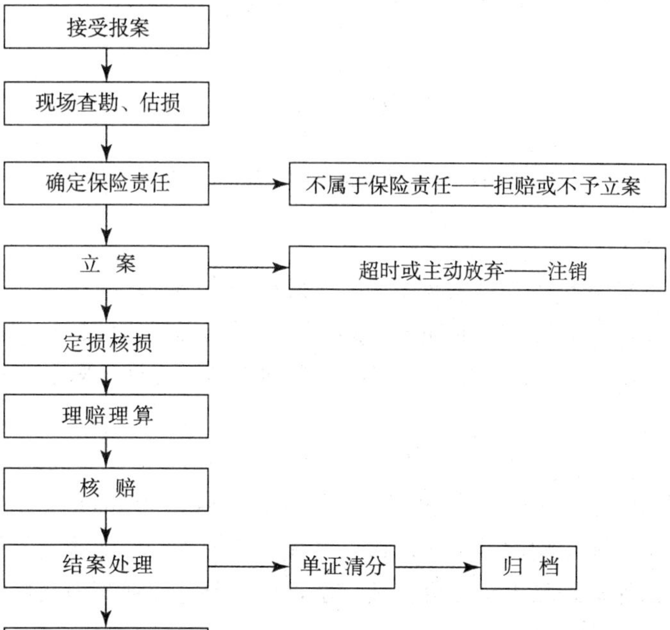

图 6－1　汽车保险理赔业务流程图

1. 受理案件

（1）报案记录

保险汽车出险后，被保险人一般是以口头或电话、电报等方式向保险公司理赔部门报案。理赔人员在接到被保险人报案时，应详细询问并记录相关信息，如被保险人名称、保险单号码、保险险别、驾驶员情况、厂牌车型、牌照号码、出险日期、出险地点、出险原因和预估损失金额等情况，并登入“汽车出险案件登记簿”。此外，还必须将报案人的姓名、工作单位、详细住址及报案时间等一起登记清楚；同时要求被保险人尽快填报“出险通知书”一份，便于及时立案处理。受理报案的操作流程如图 6－2 所示。

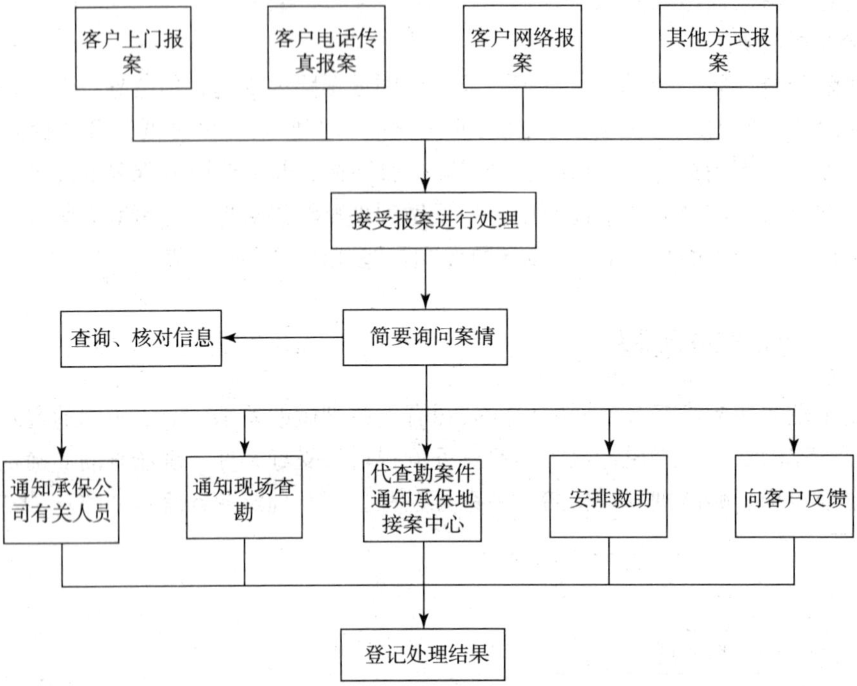

图 6－2　受理报案的操作流程图

（2）填写出险通知书

理赔人员在受理报案的同时，应向被保险人提供保险车辆出险通知书，并指导被保险人尽快据实详细填写保险车辆的出险通知书。其中“出险地点”应填写详细，“驾驶员情况”按驾驶证填写。“涉及第三者的情况”应将第三者的姓名、地址、联系方式、受伤情况、财产损失情况等具体填写。

（3）单证查核

理赔人员根据出险通知书，应尽快查找出险车辆的保险单和批单，核对保险费是否交付，查验出险时间是否在保险期限之内，核对驾驶员是否为保单中约定的驾驶员，根据报案人所述事故原因依据保险条款审核是否应负赔偿责任；若有下列各项之任何一项者，保险公司无赔偿责任，自可拒绝受理。

1）汽车出险日期不在保单承保有效期限内；

2）发生危险事故不在保单承保范围或投保种类内；

3）危险事故发生的地点不在保单约定的行驶区域内；

4）危险事故发生的结果并不构成要求理赔的条件；

5）被保险人无权提出赔偿损失。

对于不符合保险合同条件的，应及时通知被保险人，进行必要解释并采取相应措施，并且以书面的形式说明理由。

（4）报告案情

理赔内勤应根据报案通知和保险合同内容，及时向业务科（股）负责人报告。负责人应视案情分以下几种情况处理：

1）对案情较简单或损失较小的案件，安排分管外勤人员进行现场查勘或委托代理查勘。

2）对案情较复杂或损失较大的案件，负责人应向单位分管领导报告，领导视情况亲临现场参与查勘和定损。

3）对重大的和超出核赔权限的损案，应电话向省、市公司报告出险情况，经初步查勘掌握基本情况后，再及时向省、市报告处理意见。

4）对在外地出险的赔案，需委托当地保险公司代查勘的，应填制“代查勘委托书”一式两份，一份自留附案卷内，一份连同保险单底寄发委托公司，由理赔内勤登记“委托查勘登记簿”；同时应将注意事项，处理赔案的原则向被保险人交代清楚，以防事后发生扯皮现象。

受理案件结束后，由查勘定损人员进行现场查勘与定损。对于危险事故刚刚发生或危险尚未得到控制，出险地点又在本地，为了及时掌握出险现场的实际情况和督促被保险人进行施救，受理案件、现场查勘工作可同步进行，但现场查勘后要及时进行查核，以防盲目处理。

2. 现场查勘

现场查勘是指用科学的方法和现代技术手段，对交通事故现场进行实地验证和查询，将所得结果完整而准确地记录下来的全部工作过程。现场查勘是查明交通事故真相的根本措施，是分析事故原因和认定事故责任的基本依据，也为事故损害赔偿提供认据，所以，现场查勘应公正、客观、严密地进行。

查勘人员接到保险公司的查勘通知后，应在规定的时限内到达检查现场后，及时向接案中心报告，并在48小时内进行现场查勘或给予受理意见。受损标的在外地的检查，可委托当地保险公司在两个工作日内完成。如果车辆仍处于危险中应立即协助客户采取有效的施救、保护措施以避免损失的扩大。现场查勘操作流程如图6－3所示。

（1）现场查勘的主要内容

查勘定损人员接案后，应迅速做好查勘准备，尽快赶赴事故现场，会同被保险人及有关部门进行现场查勘工作。现场查勘工作必须由二位以上查勘定损人员参加，尽量查勘第一现场。如果第一现场已经清理，必须查勘第二现场，调查了解有关情况。现场查勘的主要内容包括：

1）查明出险的时间和出险的地点。确切查明出险时间是否在保险期范围内，对接近保险起止时间的案件应特别注意查实。为核实出险时间，应详细了解车辆启程或返回的时间、行驶路线、伤者住院治疗的时间，如果涉及车辆装载货物出险的，还应了解委托运输单位的装卸货物时间等。要准确地查明出险地点。对擅自移动出险地点或谎报出险地点的，要查明原因。

2）查明报案人身份，了解报案人姓名、住址、联系方式、发现险情时间和险情产生原因等。

3）查明出险车辆情况，如出险车辆车型、牌照号码、发动机号码、车架号码、行驶证、车辆安全设备的配置情况，查实车辆的使用性质是否与保险单记载的一致，并与保险单

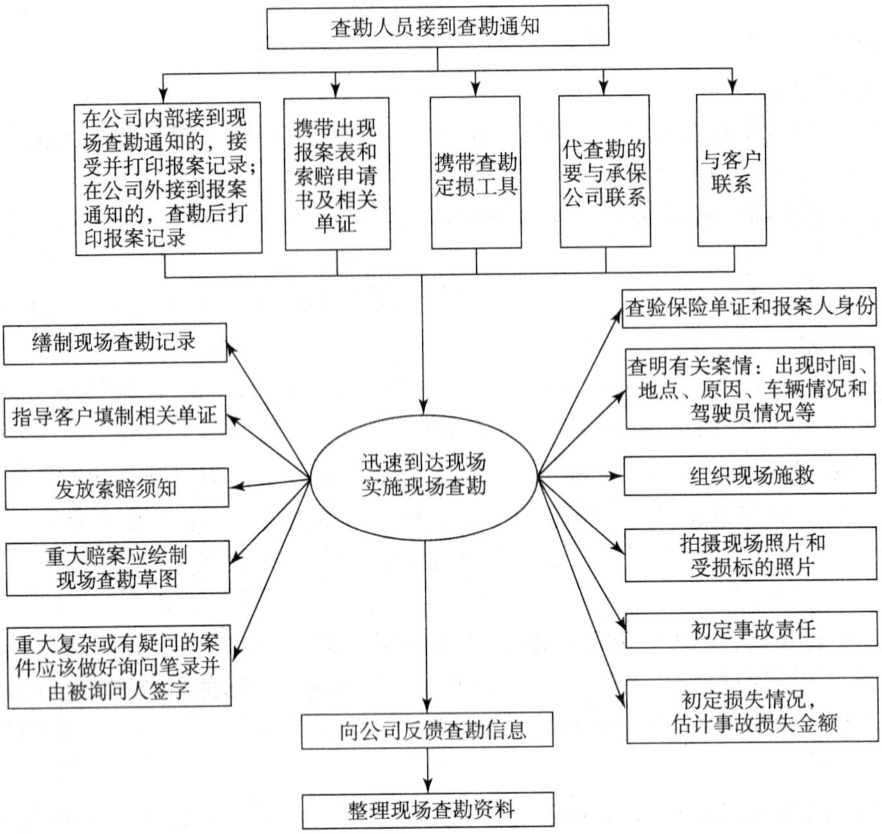

图 6-3　事故现场查勘操作流程图

或批单核对是否相符。如果与第三方车辆发生事故，应查明第三方车辆的基本情况。

4）查清驾驶员情况。查清驾驶员姓名、驾驶证号码、准驾车型、初次领证时间等。注意检查驾驶证的有效性，是否为被保险人或其允许的驾驶员等。

5）查明车辆的使用性质，查实保险车辆出险时的使用性质是否与保单相符，以及是否运载危险品、车辆的结构有无改装或加装。

6）查明出险的原因。这是现场查勘的重点，要深入调查，根据现场查勘技术进行现场查勘、索取证明、收集证据、全面分析。凡是与事故有关的重要情节，都要尽量收集以反映事故全貌。若发现是酒后驾车、驾驶证与所驾车型不符等嫌疑时，应立即协同公安交通管理部门获取相应证人、证言和检验证明等。对于重大复杂或有疑问的理赔案件，要走访有关现场见证人或知情人，了解事故真相，做出询问记录，载明询问日期和被询问人地址，并由被询问人确认签字。对于所查明的事故原因，应说明是客观因素还是人为因素，是车辆自身因素还是车辆自身以外的因素，是违章行驶还是故意违法行为。对于造成重大损失的保险事故，如果事故原因存在疑点难以断定的，应要求被保险人、造成事故的驾驶员、受损方对现场查勘记录内容确认并签字。

7）查明各方人员伤亡情况。

8）施救整理受损财产。现场查勘人员到达事故现场后，如果险情尚未控制，应立即会同保险人及有关部门共同研究，确定施救方案，采取合理的措施实施施救，以防损失进一步扩大。保险车辆受损后，如果当地的修理价格合理，应安排就地修理，不得带故障行驶。如果当地修理费用过高需要拖回本地修理的，应采取防护措施，拖拉牢固，以防再次发生事故。如果无法修复的，应妥善处理汽车的残值部分。

9）核实损失情况。查清受损车辆、承运货物和其他财产的损失情况及人员伤亡情况，查清事故各方所承担的事故责任比例，确定损失程度；同时应核查保险车辆有无重复保险情况，以便理赔计算时分摊赔款。

10）检查人员应十分注重通过摄影记录损失情况，照片不仅是赔款案件的第一手资料，是调查报告的一个客观的具有形象性的旁证资料，也是对文字报告的一个重要补充。重大案件应绘制事故现场草图。

在审定保险责任后，对于无异议的保险责任理赔案件，对事故损失金额进行估计，并填写在“机动车辆保险事故现场查勘记录”的相关项目内。

现场查勘结束后，查勘人员应按照上述内容及要求认真填写现场查勘记录。如果可能，应力争让被保险人或驾驶员确认签字，查勘人员应立即将查勘情况反馈给接案中心。

（2）代查勘

代查勘仅限于本保险公司各分支机构所承保的汽车在异地出险的情形，出险当地的保险分支机构均有代查勘并提供各种协助的义务。具体程序如下：

1）出险地保险公司业务人员接到外地保险车辆在本地出险的通知以后，应查验保险证或保险单，确认是本公司承保的车辆后，询问并记录报案日期、报案人、保险单号、保险类别、被保险人、承保公司、出险时间、地点、原因、牌照号码等，同时向报案人出示出险通知书并交代填写事项，督促其按期交回。

2）应立即安排现场勘查，并尽快通知承保公司。

3）查勘人员到达事故现场以后，应视同本公司的赔案处理，认真开展现场查勘工作，按照要求填写查勘记录并由代查勘的公司领导签章。

4）业务人员应将该案登录代查勘登记簿，并按照规定开具代查勘收据一式两联。一联连同出险通知书、查勘记录及现场照片、草图、询问记录及有关证明材料等发送承保公司，一联连同出险通知书、查勘记录等材料在代查勘公司留存备查。

此外，如果承保公司同意并委托进行代定损，应按照规定的定损程序处理。处理完毕后，应将全部案件材料移交承保公司，并在代查勘登记簿上注明移交时间。

3. 确立保险责任并立案

审定保险责任一定要以机动车辆保险条款及其解释为依据，领会条款精神，尊重客观事实，掌握案情的关键。依据保险条款，业务部门对于现场查勘记录及其相关材料应进行初审，按照规定的核赔权限，召集相关人员会议，听取查勘定损人员的详细汇报及其分析意见，研究审定保险责任。对于符合保险合同的案件，即在承保范围内且属于保险责任的理赔案件，业务人员应进行立案登记，统一编号并进行程序化管理。

审定保险责任应注意以下事项：

1）在现场查勘24h内，必须对所查勘的案件做出是否立案的决定，并注明责任人。管理部门定期对赔案的处理过程、时限进行监控，对报案登记后超过规定时间未立案的案件，必须进行处理。

2）对于属于责任范围的，应进一步确定被保险人对事故承担的责任和有无代位追偿的问题。对于确定无异议，属于保险责任的理赔案件，应立即开展定损和计算赔款工作。

3）认为是责任免除范畴应拒赔的案件，要有充分的、有说服力的依据和理由。

4）对不属于保险责任的案件，要认真讨论，反复推敲。

5）对于不符合保险合同的案件，即不在保险有效期内或不属于承保责任的案件，应在出险通知书和机动车辆保险报案、立案登记簿上签注“因××原因不予立案”的字样，并向被保险人做出书面通知和合理的解释。

6）对于责任界限不明，难以掌握的疑难案件和拒赔后可能引起诉讼的，或经反复研究仍无法定论的理赔案件，应将《拒赔案件报告书》连同有关材料报上一级公司审定。上级公司批准后，应填具《拒赔通知书》送交被保险人并进行耐心解释。

4. 定损核损

出险车辆的定损核损包括车辆定损、人员伤亡费用的确定、施救费用的确定、其他财产损失的确定以及残值处理等内容。核损是指核损员对保险事故中涉及的车辆损失和其他财产损失的定损情况进行复核，目的是提高定损质量，保证定损的准确性、标准化和统一性。定损核损的操作流程如图 6－4 所示。

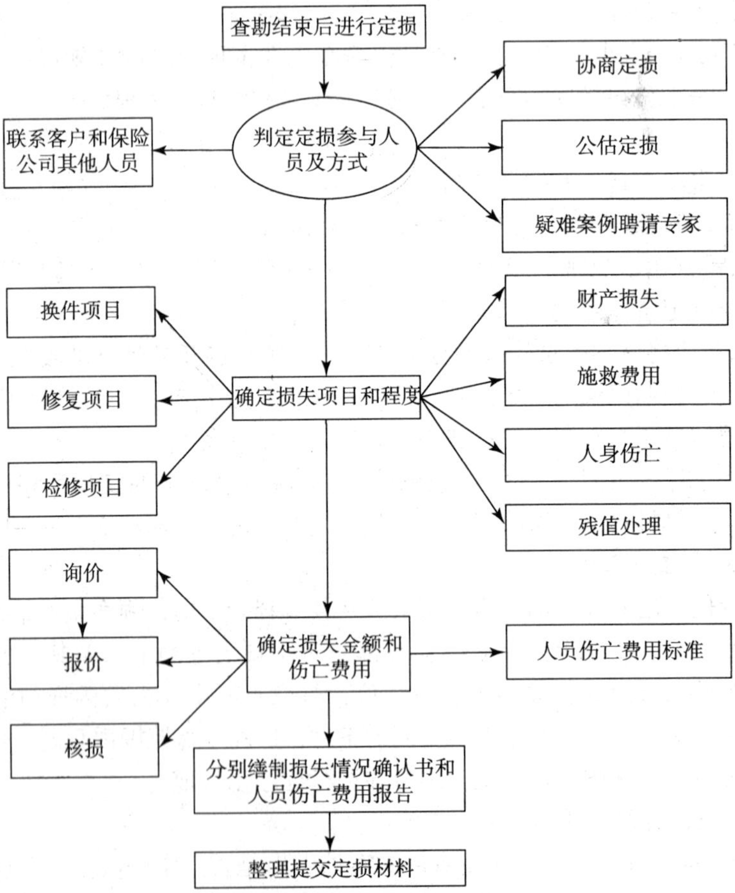

图 6－4　定损核损流程图

（1）车辆定损

在车辆定损时，保险人应会同被保险人和第三者损方一起核定。车辆定损过程的基本程序包括：

保险人必须指派两名定损员一起参与定损。定损员根据现场勘查的情况认真检查受损车辆，确定受损部位、损失项目、损失程度，并进行记录。

对更换的零部件属于本级公司询价、报价范围的，要将换件项目清单交报价员进行审核，报价员应根据标准价或参考价核定所更换的配件价格；对于估损金额超过本级处理权限的，应及时报上级公司并协助定损。首先，按照《汽车零件报价实务》的规定编制询价单，通过传真和计算机网络向上级公司询价；其次，上级公司接到下级公司询价单后立即查询，对询价金额在本身权限范围的，尽快核准操作，对询价金额高于本身报价金额的，上级公司应逐项报价，并将核准的报价单或询价单传递给询价公司。

定损员接到核准的报价单后，再与顾客（被保险人和第三者）协商确定修理方案，包括换件项目、修复项目、检修项目和一系列费用等。对损失金额较大，双方协商难以定损的或受损车辆技术要求高，难以确定损失的，可聘请专家和公估机构定损。在确定定损金额后，三方共同签订《汽车保险定损确认书》。

受损车辆原则上应采取一次定损。定损完毕后，可以由被保险人自选修理厂或到保险人推荐的修理厂修理。在招标定修，确定修理厂家时，应掌握以下原则：定损价格是否合理；修理厂条件是否能保证事故车辆的修复质量。

车辆定损应注意以下问题：

1）应注意区分本次事故和非本次事故的损失，事故损失和正常维修保养的界限，对确定事故损失部位应尽量坚持能修不换的原则，能更换零部件的，绝不更换总成。车主要求扩大修理范围的，超出部分的费用应由车主自行承担，并在定损确认书上明确注明。

2）在现场查勘定损时，应对投保新车出厂时车辆标准配置以外新加的设备进行区分，并分别确定损失项目和金额。

3）当车辆进厂修理经拆解后，又发现其他损坏的，保险公司理赔人员要进行复勘。受损严重的车辆解体后，如有因本次事故损失的部位没有定损的，经定损员核实后，可追加修理项目和费用。

4）受损车辆，未经保险公司和被保险人一起查勘定损或者未经保险人同意自行送修的，根据有关条款规定，保险人有权重新核定修理费用或拒绝赔偿。如果有被保险人要求自选修理厂修理，必须要在已经确定了保险责任和保险金额的情况下进行。

（2）人员伤亡费用的确定

涉及第三者责任险和车上人员责任险的人员伤亡费用，应根据保险合同的约定和有关法律法规的规定处理。

1）事故结案前，所有费用均由被保险人先行支付。待接案后，业务人员应及时审核被保险人提供的公安交通管理部门或法院等机构出具的事故证明、有关法律文书和伤残证明以及各种有关费用的单据，根据交通事故处理有关法律规定，向被保险人说明费用承担的标准。凡被保险人自行承诺或支付的赔偿金额，定损人员应重新核定，对不合理的部分应予以剔出。保险可以负责的合理费用包括：误工费、医疗费（现公费医疗的药品范畴）、护理费（住院护理人员不超过两人）、就医交通费、住院伙食补助费、残疾生活补助费、残疾用具费、丧葬费、死亡补偿费、被抚养人生活费、死亡者直系亲属或合法代理人参加事故处理的误工费、交通费、住宿费。不符合保险赔偿范围的费用：精神损失补偿费、困难补助费、营养费、被保险人处理事故时的生活补助费、招待费、事故处理部门扣车后的停车费、各种罚款和其他超过固定的费用等。

2）对车上及第三者人员伤亡的有关情况要进行调查，重点调查被抚养人的情况及生活费、医疗费、残疾鉴定证明等的真实性、合法性和合理性。

总之，承担费用的标准，应该符合现行道路交通事故处理的有关法律法规的规定。

（3）施救费用的确定

施救费用的确定要严格按照条款的规定，下面几种情况要尤为注意：

1）保险车辆发生火灾时，被保险人施救保险车辆使用他人非消防单位的消防设备所花费的合理费用应给予补偿。

2）为施救保险车辆而雇用的吊车及其他车辆进行抢救的费用，以及将出险车辆托运到修理厂的运输费用，保险人应按照当地的物价标准予以负责赔偿。

3）在抢救的过程中，因不慎或不得已而损坏他人的财产，可以酌情予以赔偿；但在抢救室，抢救人员个人物品的丢失，不予赔偿。

4）保险车辆出险后，被保险人或其允许的驾驶员，赶赴肇事现场处理所支出的费用，不予负责。

5）保险人只对保险车辆的施救保护费用负责。

6）经保险人同意的去外地修理的移送费，可予适当负责，但护送车辆者的工资和差旅费，不予负责。

7）当施救、保护费用与修理费用相加，估计已达到或超过保险金额时，则可推定全损予以赔偿。

8）第三者责任险的施救费用与第三者损失金额相加，不得超过第三者责任险的责任限额。

9）保险车辆发生保险事故后，对其停车费、保管费、扣车费及各种罚款，保险人不予负责。

（4）其他财产损失的确定

第三者责任险涉及的车辆损失以外的财产损失，还有车上货物责任险的财产损失，保险人应会同被保险人、第三者及相关人员逐项清理核对，确定损失数量、损失程度和损失金额，并填写财产损失清单。同时，要求被保险人提供有关货物、财产的原始发票。经审核后，定损人员在清单上签署审核意见，被保险人在“机动车辆保险财产损失确认书”上签字。

5. 赔款理算

被保险人提供的各种必要单证（如事故证明、裁决书、赔偿调解书等）经审核无误后，理赔人员根据保险条款的规定，对车辆损失险、第三者责任险、附加险及施救费用等分别计算赔款金额。

6. 核赔

在经过赔款理算之后，要根据有关单证编制赔款计算书。首先由相关工作人员制作“机动车辆保险赔款计算书”和“机动车辆保险结案报告书”。“机动车辆保险赔款计算书”

各栏要详细录入，项目要齐全，数字要正确，损失计算要分险种、分项目计算并列明计算公式，应注意避免赔率要分险种计算。“机动车辆保险赔款计算书”一式两份，经办人员要盖章、注明编制日期。业务负责人审核无误后，在“机动车辆保险赔款计算书”上签注意见和日期，送核赔人。

核赔是在授权范围内独立负责理赔质量的人员，按照保险条款及保险公司内部有关规章制度对赔案进行审核的工作。

（1）核赔的操作流程

核赔的主要工作包括审核单证、核定保险责任、审核赔款计算、核定车辆损失及赔款、核定人员伤亡及赔款、核定其他财产损失及赔偿、核定施救费用等（如图6－5所示）。核赔是对整个赔案处理过程进行控制。核赔对理赔质量的控制体现在：核赔师对赔案的处理过程，一是及时了解保险标的出险原因、损失情况，对重大案件，应参与现场查勘；二是审核、确定保险责任；三是核定损失；四是审核赔款计算。

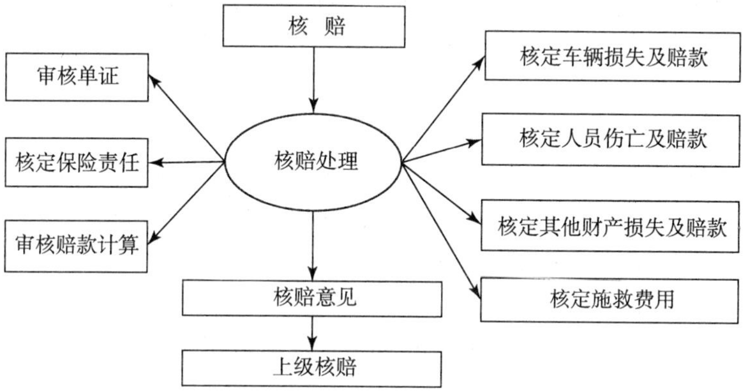

图6－5 核赔操作流程图

（2）核赔的主要内容

1）审核单证：审核被保险人按规定提供的单证、经办人员填写赔案的有关单证是否齐全、准确、规范和全面。

2）核定保险责任：包括被保险人与索赔人是否相符；驾驶员是否为保险合同约定的驾驶员；出险车辆的厂牌型号、牌照号码、发动机号、车架号与保险单证是否相符；出险原因是否属保险责任；出险时间是否在保险期限内；事故责任划分是否准确合理；赔偿责任是否与承保险别相符等。

3）核定车辆损失及赔款：包括车辆定损项目、损失程度是否准确、合理；更换零部件是否按规定进行了询问报价，定损项目与报价项目是否一致；换件部分拟赔款金额是否与报价金额相符；残值确定是否合理等。

4）核定人员伤亡及赔款：根据查勘记录、调查证明和被保险人提供的“事故责任认定书”“事故调解书”和伤残证明，依照国家有关道路交通事故的法律、法规规定和其他有关规定进行审核；核定伤亡人员数、伤残程度是否与调查情况和证明相符；核定人员伤亡费用是否合理；被抚养人口、年龄是否真实，生活费计算是否合理、准确等。

5）核定其他财产损失赔款：根据照片和被保险人提供的有关规定，核定施救费用有效单证和金额。

6）核定施救费用：根据案情和施救费用的有关项目和赔款。

7）审核赔付计算：残值是否扣除；免赔率使用是否正确；赔款计算是否准确等。

如果是上级公司对下一级进行核赔，应侧重审核：普通赔案的责任认定和赔款计算的准确性；有争议赔案的旁证材料是否齐全有效；诉讼赔案的证明材料是否有效；保险公司的理由是否成立、充分；拒赔案件是否有充分证据和理由等。

结案时"机动车辆保险赔款计算书"上赔款的金额必须是最终审批金额。在完善各种核赔和审批手续后，方可签发"机动车辆保险领取赔款通知书"通知被保险人。

7. 结案

（1）结案登记

在经过一系列的审批程序后，业务人员填发《机动车辆保险赔款通知书》和赔款收据，并通知被保险人领取《机动车辆保险赔款通知书》，被保险人在赔款收据上签章，同时会计部门支付赔款。被保险人领取赔款后，业务人员按照赔案编号，输入《机动车辆保险赔案结案登记》，同时在《机动车辆保险报案、立案登记簿》备注栏中注明赔案编号、赔案日期，作为续保时是否给付无赔款优待的依据。

（2）理赔案卷管理

理赔案卷须按照一案一卷整理、装订、登记、保管。赔款案卷要单证齐全、编排有序、目录清楚、装订整齐、照片与原始材料粘贴整齐并附必要说明。一般的理赔案卷单证可包括机动车辆保险审批表、赔款计算书、结案报告书、出险报案表、报案记录、索赔申请书、事故现场查勘记录、保险财产损失确认书、第三者机动车上人员伤亡费用清单、赔案照片、有关原始单据、保险权益转让书、领取赔款通知书、异地出险联系函及其他有关证明和材料。

6.2.3 事故现场查勘技术

查勘定损人员所采用的现场查勘技术是否科学、合理，是现场查勘工作成功与否的关键，直接关系到事故原因的分析与事故责任的认定，是计算事故损害赔偿的基础。

1. 交通事故现场分类

交通事故现场是指发生交通事故地点上遗留的车辆、树木、人、畜等与事故有关的物体以及其痕迹物证所占有的空间。交通事故现场是推断事故过程的依据和分析事故原因的基础。根据现场的完整真实程度，一般可以分为三类。

（1）原始现场

如图 6－6 为某连环追尾事故原始现场，原始现场也称第一现场，是指发生事故后至现场查勘前，在现场的车辆和遗留下来的一切物体、痕迹仍保持着事故发生过程的原始状况没有变动和破坏的现场。这类现场能够反映事故发生的全过程，可以较好地为事故原因的分析与责任鉴定提供依据，所以是取证价值最大、最理想的现场。

（2）变动现场

变动现场也称移动现场，是指发生事故后至现场勘查前，由于自然或人为的原因，致使事故现场的原始状态的一部分、大部分或全部面貌改变的事故现场。这类现场有种种不利因素，由于现场物证遭到破坏，不能全面真实反映事故全过程，给勘查工作带来很大的困难。

图6-6 某连环追尾事故原始现场

变动原因通常有以下几种：

1）抢救伤者：为抢救伤者而变动了现场的车辆和有关物体的原始位置。

2）保护不善：事故现场的痕迹因保护不善，导致被过往的车辆和行人碾踏，而变得模糊或消失。

3）自然影响：因刮风、下雨、下雪、日晒等自然因素的影响，造成现场的痕迹消失或被破坏。

4）执行任务：执行任务的消防、救护、警备、工程救险车或首长、外宾的车辆，在发生事故后因任务的需要而驶经现场，致使现场发生变化。

5）交通拥阻：主要交通干道或繁华地段发生交通事故，需及时排除交通堵塞而移动肇事车辆及相关证物而导致现场变化。

6）驾驶员疏忽：车辆发生交通事故后当事人没有发觉而驾车驶离现场。

7）伪造现场：当事人为了逃避责任，毁灭证据，或嫁祸于他人的目的，有意或教唆他人改变现场的车辆、物体、痕迹或其他物品的原始状态，或故意布置现场。这类现场事故状态不合常理，不符合事故发生的客观规律。

（3）恢复现场

一般是指事故现场因某种原因撤离后，以案件需要，根据原现场记录图、照片或查勘记录等资料重新布置恢复的现场。在特殊情况下，根据现场分析，目击人或当事人指认，将变动现场恢复到原始状态，此现场称为原始恢复现场。

2. 现场查勘程序

现场查勘的主要程序包括尽快赶赴事故现场、现场查勘、询问当事人和调查证人以及现场复核。

（1）尽快赶赴事故现场

现场查勘是一项实践性很强的工作，要抓住案发不久、痕迹比较清晰、证据未遭破坏、证明人记忆犹新的特点，取得证据。所以查勘人员在接到出险通知后，应立即赶赴出险现场进行查勘，这样有利于第一手资料的掌握。

如出险车辆在外地，则应委托当地保险公司及时赶到现场查勘，这样可以减少现场变动，掌握第一手材料。

（2）现场查勘

现场查勘人员尽快赶到出险现场后，现场查勘工作的主要内容很多，主要有收集材料、摄影、丈量、绘制草图、车辆检查、道路鉴定、询问当事人、访问证人和肇事时间、后果以及其他调查和现场复核，都要求有较强时间性和技术性。现场查勘和要收集的主要物件有：

1）丈量车辆制动印痕的长短，是判断事故肇事车辆速度的主要依据。

2）根据轮胎的印痕，确定胎面的宽度和花纹形状，这是判定和追查肇事车辆的主要依据。

3）车辆上的泥土及其他易碎装置的落下位置，用以确定相撞地点。

4）车门、把手和转向盘上的指纹，这是判定当事人的重要依据。

（3）调查证人

调查证人的工作非常重要。如有可能，最好取得证人的文字证明资料，将证人当时的位置和事情发生经过情况绘制成草图，表明各方的位置、行驶方向、估计的速度，借以确定谁是事故责任人。当车辆与人发生碰撞时，应调查行人横穿道路的原因，未穿越前有谁与当事人在一起；当车辆之间相撞时，应该询问对方车辆驾驶员，了解对方车辆行驶位置、动态以及其采取的措施等。

当然第一证人应该是保险车辆的驾驶员。他的证明非常重要，要尽量使他感受到保险公司是他的依靠，尽可能地使他心平气和而且客观地回忆并说明现场所发生的一切有关情况，以致有效地使赔偿得到合理的解决。

（4）现场复核

当现场丈量、摄影和绘制草图等查勘工作结束后，应复核一遍，尽量做到准确无误。

3. 现场查勘工作

现场查勘工作主要包括收取物证、现场摄影、现场丈量、绘制现场图和车辆检查等。

（1）现场查勘方法

现场查勘所采用的主要方法有：

1）沿车辆行驶路线查勘法。当事故发生地点痕迹清楚时，可以采用此种查勘方法。查勘时，沿着车辆的行驶路线进行取证、摄影与丈量，并绘制现场图，进行事故原因分析与责任认定。

2）由内向外查勘法。当出险现场范围不大、痕迹与事故遗留物集中、事故中心点明确时，可以采用此种查勘方法。查勘时，由事故中心点（接触点）开始，由内向外进行取证、摄影与丈量，并绘制现场图，进而分析事故原因和认定事故责任。

3）由外向内查勘法。当出险现场范围较大、痕迹较为分散时，宜采用此种查勘方法。查勘时，沿着事故现场外围向事故接触点的方向进行取证、摄影与丈量，并绘制现场图，分析事故原因和认定事故责任。

4）分片分段查勘法。当现场范围大或者伪造现场时，应采用此种查勘方法。查勘时，将事故现场按照现场痕迹、散落物等特征分成若干的片或段，分别进行取证、摄影与丈量，绘制现场图，并分析事故原因和认定事故责任。

（2）现场查勘工作

1）收取物证。

物证是再现交通事故发生过程和分析事故原因与责任的最为客观的依据，收取物证是现场查勘的核心工作。各种查勘技术、方法、手段均为收取物证服务。物证的收取过程实际上就是认识物证、发现物证和用科学的方法与手段取得物证的过程。

2）现场摄影。

①现场摄影的原则。现场摄影一般应遵循以下拍摄原则：先拍原始，后拍变动；先拍重点，后拍一般；先拍容易的，后拍困难的；先拍易消失与被破坏的，后拍不易消失与被破坏的。

②现场摄影的方式。一般现场摄影包括方位摄影、中心摄影、细目摄影和宣传摄影等四种摄影方式。

方位摄影。当拍摄事故现场的全貌时，一般采用此种摄影。方位摄影是指根据事故车辆为中心的周围环境，采用不同的方位拍摄现场的位置、全貌以反映事故现场轮廓的摄影。采用方位摄影应反映出事故现场的地形、地貌、路况以及事故车辆与人畜、建筑物、道路、山、树木、周边的其他物体之间的相互关系，也应反映出事故的时间、气候等。

中心摄影。当拍摄现场的中心地段时，宜采用中心摄影方式，即以事故接触点为中心，拍摄事故接触的各部位及其相关部位，以反映与事故相关的重要物体的特点、状态和痕迹特点。中心摄影重点应在被事故破坏的地方和遗留痕迹及物证的地方进行。

细目摄影。当需要拍摄事故现场的各种痕迹、物证，以反映其大小、形状、特征时，需要采用细目摄影。细目摄影的部位包括：

a. 事故车辆和其他物体接触部分的表面痕迹，用以反映事故原因。

b. 物体痕迹，如事故车辆的制动拖印痕迹、伤亡人员的血迹、机械故障的损坏痕迹等。

c. 事故车辆的牌号、厂牌型号等。

d. 其他的损失、伤亡与物资的损坏等。

宣传摄影。有时为了宣传和收集资料的需要，通过宣传摄影，运用技巧突出反映某一侧面，如车辆损伤、伤亡者以及事故责任者等。

③现场摄影的方法。

现场摄影的方法有很多种，主要包括相向拍摄法、十字交叉拍摄法、连续拍摄法、平行连续拍摄法、比例拍摄法等多种方法。 般进行现场摄影时，需要根据事故的情况以及现场的环境等因素采取多种摄影方法。

3）现场丈量。

现场丈量必须准确，必要的尺寸不能缺少。现场丈量前，要认定与事故有关的物体和痕迹，然后逐项进行并做好相应的记录。

①确定方位、选定坐标与现场定位。确定方位就是确定公路的走向，通常用道路中心线与指北方向的夹角来表示，可以用袖珍经纬仪测得。如果事故路段为弯道，可以用进入弯道的直线与指北方向的夹角和转弯半径表示。

选定坐标就是在事故现场附近选择一个永久性的固定点，作为固定现场的基准点。这个坐标可以用里程碑、电线杆等表示，但必须注明相应的里程或号码，这是恢复现场所必需的。

②丈量道路。丈量道路包括勘察道路的走向、附近的交通标志、安全设施、行车视距，

以及丈量路面、路肩及边沟的宽度和深度。

③丈量主要物体及痕迹。车辆位置及行驶方向。为了固定事故车辆的停放位置，一般以其停放地点为准，丈量四个距离，即车辆的四个轮胎外缘与地面接触中心点到道路边缘的垂直距离。可以根据现场遗留的痕迹判断车辆行驶的方向。如果车辆压折树枝、草棍等物，那么它们的断端所指的方向一般与车辆行驶的方向相反；如果从车上滴落油点、水点，一般其尖端的方向为车辆的行驶方向；如果车辆经过水沟或有污泥的地方，常会将水和污泥带到干燥、清洁的路面上留下痕迹，依次可以判断行驶方向；车辆行驶时，轮胎滚动常常带动尘土、沙尘等在其侧面形成扇面，其展开面与车辆行驶的方向相反。

制动印痕。车辆制动时，轮胎与地面摩擦留下炭黑的拖印痕迹为制动印痕。一般的拖印距离比较好测量，但当制动印痕为弧形时，应在印痕起止间等分四个距离，找出5个点，分别丈量各点至道路一边的垂直距离，再量出制动印痕的长度。如果有压印痕迹，丈量时也要一并测量。

测量车辆与车辆、人畜或与其他物体接触后双方留下的痕迹。

测量事故现场的微小痕迹，如指纹、毛发、血皮、纤维，或其他不易发现的微小印痕。

对现场的其他遗留物，如轮胎花纹、车身漆皮、玻璃碎片、脱落的车辆零部件、泥土、物资等进行测量。

④丈量事故接触部位。事故的接触部位是形成事故的焦点，也是判定事故责任的重要依据。交通事故的接触部位具有多样性，但都有其特定的空间位置和平面位置，对事故的接触部位首先应进行科学分析，认真判断。判定接触部位的依据一般包括：事故现场的物理现象，包括运动和受力，双方损坏的部位和受力情况；事故现场的散落物，如车体下的泥土、玻璃碎片等；车辆的制动拖印；根据碰撞物的运动轨迹和碰撞部位凹陷损坏情况，结合运动学与动力学理论和能量守恒理论进行分析。

根据现场查勘情况进行科学分析，确定出准确的接触部位才能丈量。丈量时，一般应测量车与车、车与人，或者车与其他物体接触部位距地面的高度、接触部位的形状大小等。

4）绘制现场查勘草图。

现场查勘草图是根据现场查勘程序，在出险现场边绘制边标注，当场完成的出险现场示意图。它是现场查勘的主要记录资料，是正式的现场查勘图绘制的依据。由于现场查勘草图在查勘现场绘制，绘制时间较短，对草图的要求可以不工整，但内容必须完整，尺寸数字要准确，物体的位置、形状、尺寸、距离的大小应基本成比例。

①现场查勘草图的基本内容。现场查勘草图实际上是保险汽车事故发生地点和周围环境的小范围地形图。所表现的基本内容包括：能够表明事故现场的地点与方位，现场的地形地貌和交通条件；表明各种交通元素，以及与事故有关的遗留痕迹和散落物的位置；表明各种事物的状态；根据痕迹表明事故的过程、车辆及人畜的动态。

②现场查勘草图的绘制过程。

根据出险情况，选用适当比例进行草图的总体构思。绘制前，应首先对出险现场进行总体观察，对车辆、人、物品、痕迹、道路状况、地形地貌、建筑设施等要有总的轮廓。根据图纸大小和对现场的感性认识，选用合适比例，进行图面构思。

按照近似比例画出道路边缘线和中心线，确定道路走向，在图的右上方绘制指北标志。标注道路中心线与指北线的夹角。

用同一近似比例绘制出险车辆，再以出险车辆为中心绘制各有关图例。有关图例的绘制按照规定执行。

根据现场具体条件，选择基准点和定位法，为现场出险的车辆和主要物品、痕迹定位，标注尺寸，必要时加注文字说明。

根据需要绘制立体图、剖面图和局部放大图。

现场查勘结束后，应根据现场查勘草图所标明的尺寸和位置，按照正投影的绘图原理，选用一定比例和线型，工整准确地绘制出正式的现场查勘图，它是理赔和申请诉讼的依据。图 6－7 是某一起交通事故的现场查勘草图。

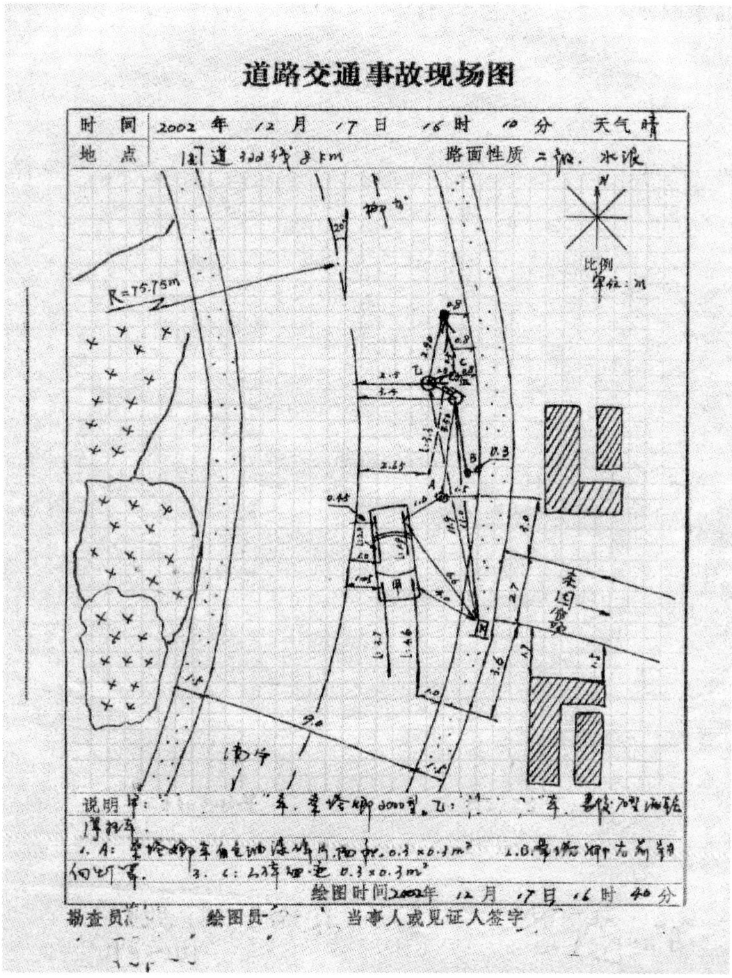

图 6－7　某一交通事故的现场查勘草图

思考与习题

1. 简述汽车保险的概念及特点。
2. 简述汽车保险应该遵循的原则。
3. 分析我国汽车保险 A、B、C 三套条款的特点。
4. 简述交强险的保险责任及责任免除。

5. 分析交强险和机动车商业保险的区别。
6. 简述车辆损失险的保险责任和责任免除。
7. 简述商业第三者责任险的保险责任和责任免除。
8. 简述承保的基本流程。
9. 客户投保时应该注意哪些问题?
10. 简述理赔的意义及原则。
11. 概括汽车保险理赔的主要程序。
12. 概括车辆定损过程中应该注意的问题。
13. 概括交通事故现场查勘的主要工作。

第 7 章　汽车美容服务

【本章知识点】

本章讲述了汽车美容服务的相关内容。要求学生了解汽车美容的分类、设备设施的作用、掌握汽车内外饰美容和漆面美容的工作内容以及相关工艺流程。

7.1　概　述

7.1.1　汽车美容的定义与分类

1. 汽车美容的定义

汽车美容是指针对汽车各部位不同材质所需的养护条件，采用不同性质的汽车美容护理产品及施工工艺，对汽车进行全新养护以达到延长汽车使用寿命，增强其装饰和美观的一种行为。

今天的汽车美容由于借鉴了人类“美容养颜”的基本思想，被赋予了仿生学新的内涵，正逐步形成现代意义的汽车美容。因而，汽车美容不再只是简单的汽车打蜡、除渍、除臭、吸尘及车内外的清洁服务等常规美容护理，还包括利用专业美容系列产品和高科技技术设备，采用特殊的工艺和方法，对漆面进行增光、打蜡、抛光、镀膜及深浅划痕处理，全车漆面美容、底盘防腐涂胶处理和发动机表面除垢等一系列美容养护技术，从而达到“旧车变新，新车保值，延寿增益”的功效。

汽车美容的界定分为三个层次。最基本的一个层次是自理性养护。国外车主对汽车的熟悉程度普遍较高，车辆最简单的养护基本都是由自己完成的。第二个层次是简单装饰。诸如太阳膜、犀牛皮等的张贴，大包围、防盗装置等的安装，内饰品（包括真皮座椅、桃木内饰等）的改装、划痕的处理、抛光翻新等一些主要的汽车美容项目则需要依赖快修店。这种快修店一般只进行车辆内外的装备设施养护，而不涉及发动机等车辆中心结构的护理工作。第三个层次是专业服务。这是技术含量较高的服务种类，属于美容施工深度处理，也是对整个汽车最深入的美容养护。

2. 汽车美容的分类

（1）根据汽车美容服务部位分类

根据汽车美容服务部位分类，汽车美容可分为车身美容、车饰美容、漆面美容和装饰美容。

车身美容主要包括高压水洗车、除锈（去除沥青、焦油等污物），上蜡增艳与镜面处理，新车开蜡，钢圈、轮胎、保险杠翻新等项目。经常洗车可以清除车表尘土、酸雨、沥青等污染物，防止漆面及其他车身部件受到腐蚀和损害。适时打蜡、镀膜、封釉不但能给车身带来光彩亮丽的效果，而且可以防紫外线、防酸雨、抗高温及防静电。

车饰美容包括内饰美容、外饰美容及发动机及底盘美容三部分。内饰美容的服务项目可分车室美容、行李舱清洁等项目。车室服务项目包括仪表台、内顶、地毯、脚垫、座椅、座套、车门内饰的吸尘清洁保护，以及高温蒸汽杀菌、冷暖风出口除臭、车室空气净化等项目。外饰美容包括车窗玻璃、车灯、后视镜、保险杠、轮毂、轮罩、裙边等外饰件的清洁与护理。发动机及底盘美容包括发动机清洁、喷上光保护剂、做翻新处理及三滤、散热器、蓄电池等的清洁、检查、维护项目以及底盘装甲处理。

漆面美容包括漆面装饰美容和漆面修复美容。漆面装饰美容又分为汽车漆面护理美容和漆面翻新美容。漆面护理美容的项目主要有汽车打蜡、汽车封釉、汽车镀膜等；漆面翻新美容主要是对漆面轻度失光、中浅划痕和斑点进行不喷漆美容处理。漆面修复美容是对漆面深划痕、局部漆面或全车漆面等进行喷漆修复的一种美容。

汽车装饰美容是指在原厂车的基础上通过加装、改装或更新车上装备和附件，以提高汽车的美观性、装饰性和安全性的行为。所增加的附属物品称为汽车饰品或汽车装车件。

（2）根据汽车美容程度分类

根据汽车美容程度分类，可分为护理美容、修复美容和专业美容。

护理美容是指对汽车漆面和室内表面进行美容护理，其中包括对汽车外表漆面、总成表面和内室物件表面进行清洗除污，对汽车漆面上光、抛光、研磨及对新车开蜡等作业。护理增加了车身表面的光亮度。护理性的美容作业项目有新车开蜡、汽车清洗、漆面研磨、漆面抛光、漆面还原、车身打蜡、内室护理等。

汽车修复美容是对车身漆膜有损伤的部位和内饰物出现破损的部位进行恢复性作业，其中包括对涂膜表面的病态、损伤和内室物件的破损进行修补处理等作业内容。汽车修复美容一般先进行漆膜修复，然后再进行美容。汽车修复美容的工艺过程为：沙子划痕→涂快干原子灰→研磨→涂快干底漆→涂底色漆→涂罩光漆→清除接口。

汽车修复美容应在正规的汽车美容中心进行，它需要必要的设备和工具，必须有一定的修复美容工艺才能满足汽车美容的基本要求。但是，这种美容并非很完善，对整车而言，只是对车身的漆膜部分进行了维护。

专业汽车美容不仅仅包括对汽车的清洗、打蜡，更主要的是根据汽车的实际需要进行护理，包括对汽车护理用品的正确选择与使用、汽车漆膜的护理（如对各类漆膜缺陷的处理、划痕的修复美容等）、汽车装饰、精品选装等内容。

一般认为，专业汽车美容是通过先进的设备和数百种用品，经过几十道工序，从车身、内室、发动机、钢圈、轮胎、底盘、保险杠、油路、电路、空调系统、冷却系统、进排气系统等各部位进行彻底的清洗、养护，使旧车变新并保持长久，使整车焕然一新。这样的汽车美容才是真正的专业汽车美容。

7.1.2　汽车美容主要设备与工具简介

1. 空气压缩机

空气压缩机是汽车美容护理以及维修的通用设备之一，应用范围很广。空气压缩机在汽车美容护理方面主要用于提供充足的达到预定压力值的高压压缩空气，以确保汽车美容护理作业车间所有的气动设备都能有效地工作。一般用于泡沫清洗机、各种气动工具（研磨、抛光和除尘工具）、发动机和变速器的免拆清洗以及轮胎充气等，空气压缩机如图7－1所示。

图7－1　空气压缩机

2. 高压清洗机

一般家用出水头水压为0.2～0.4MPa，必须配合人工手洗才能去除一般的顽垢，高压清洗机输出水压约10MPa以上，因此大部分的顽垢如车上的小虫尸体、鸟粪及黏着在悬架系统、底盘下侧、轮胎或轮毂内侧的泥垢都可以轻易去除。一般而言，人工洗一辆车的用水量是使用高压清洗机洗一辆车的10倍。使用高压清洗机洗车具有节省时间、体力及用水量等优点，唯一要注意的是高压水柱不可触及身体任何部位，以免造成伤害。清洗机的喷水头水柱形状可调整为柱状及扇形两种，高压清洗机如图7－2所示。

图7－2　高压清洗机

柱状水柱水压最强，可用来清洗悬架系统、底盘下侧、轮胎及轮毂内侧的泥土及顽垢；扇形水柱水压较弱，清洗的面积较大，可用来清洗钣金漆面、保险杠及各零件接合细缝等部位。

3. 泡沫清洗机

泡沫清洗机是汽车美容清洁用的主要设备之一，如图 7－3 所示。它与高压清洗机不同之处在于它输出的水不但可以增压（输出压力为 0.1～0.5MPa），而且还能加入专用的清洗剂，再通过压缩空气（由空气压缩机提供）使清洗剂泡沫化，然后从泡沫喷枪喷出。它能将泡沫状的清洗液均匀地涂敷于车身外表，通过化学反应起到极佳的除尘和去油污作用。

图 7－3　泡沫清洗机

使用泡沫清洗机的目的在于清洗剂内加入了强力发泡剂（一种阴离子活性剂）和助洗剂，在压缩空气的搅动下能产生丰富的泡沫，而浓稠的泡沫容易捕集污垢粒子，使油污溶解于泡沫的外表，减少了油污的沉积，所以去污能力特强，并且能使清洗剂发挥最大的效用。据统计，采用泡沫清洗机后，清洗一辆轿车的材料成本不足 0.2 元，经济效益明显提高。泡沫清洗机种类较多，有气动和电动两类。

4. 吸尘器

汽车车身内容易积聚大量的灰尘，特别是座椅上的皱裙和一些角落部位的灰尘极难清除。吸尘器是汽车美容车间必备的工具。现在市面上常见的吸尘器主要有便携式、家用型和专业型三种，又分干式和湿式两类。一般来说，专业型的吸尘器吸尘吸水效果最好，使用较多。它具有较好的防水性，集吸尘、吸水、风干于一体，配有适合于内饰结构的专用吸嘴，操作简单。其内置的真空泵能产生很大的真空度，再配上形状不一的各种吸头，能很方便地伸进各个角落部位，快速地吸去附着于其上的灰尘。干式吸尘器如图 7－4 所示。

5. 水枪和气枪

水枪和气枪是分别与高压清洗机和空气压缩机配套使用的，是重要的清洗设备。其种类较多，有的带快速接头，可做快速切换；有的带长短接杆，使用起来更为方便。

气枪通常为外购件，不随空气压缩机附送，水枪则常常作为高压清洗机的附件。此外，高级的水枪带水压和水形调节，高压水枪在汽车清洗中的应用，不但提高了清洗作业的质

图 7－4　吸尘器

量，极大程度地保护漆面，同时也提高了清洗作业的效率，使用起来十分方便。

6. 专用甩干桶

车上的座椅套、可拆式地毯和脚垫等织物容易弄脏，每隔一段时间后应取下用水或用泡沫清洗，彻底去除灰尘、污渍，杀灭滋生细菌。由于这些织物体积大、分量重，水洗后难以用普通脱水机脱水。

汽车美容专用甩干桶，其容量大、转速高、功率大，能在数分钟时间内达到很好的脱水效果，是汽车美容店必备的设备。

7. 高效多功能洗衣机

汽车上的座椅套、头枕套等织物极易弄脏，每隔一段时间都要进行清洗。为了节省车主的时间，汽车美容店应创造条件，做好全方位的服务工作。在为汽车美容的同时，也应做好织物的清洗工作。

汽车美容店使用的洗衣机不同于家庭用的普通洗衣机，它要求能清洗较大重量的织物（至少要 5kg 级）。而且必须是清洗、烘干和免烫三合一的高效多功能洗衣机，这样才能在完成汽车美容的同时，也完成各种织物的清洗和烘干，不会影响交车时间。

8. 多功能固定清洗机

多功能清洗机采用自动控制，对汽车整车外表面进行清洗，如图 7－5 所示。其由汽车自动输送线、滚刷及刷子、滚子百叶窗板、喷水清洗系统、排水系统及控制装置等组成。当汽车驶上自动输送线，则输送线将汽车送入清洗通道。操作人员根据车型、污垢分布及用户对清洗的要求，通过控制装置高速清洗系统的清洗方式、水流速度、压力、方向和水流形状等对汽车进行清洗。清洗后还可以根据需要对汽车做以下附加处理：局部重点清洗、车身清洁处理、上柔软剂和打蜡上光等。

9. 研磨机

1）机型的种类。按转速可分为高（中）速研磨机和低速研磨机。高（中）速研磨机速度可调，市场上常见的有 1 750～3 000r/min 的高速研磨机和 1 200～1 600r/min 的中速研磨机。低速研磨机一般为单速 1 200r/min。图 7－6 所示是一台研磨机实构图。

图 7 – 5　多功能清洗机

图 7 – 6　研磨机

2）配套材料。研磨机的主要配套材料是研磨盘和抛光盘，根据装盘方式分为吸盘式研磨盘和抛光盘以及紧固式研磨盘和抛光盘。研磨盘的材料有全毛、混纺毛和海绵三种，每种所用的研磨和抛光材料又有明显的区别，比如海绵研磨盘是黄色的，质地硬；抛光盘是白色的，质地软、细腻。盘的厚度和形状也不一样，美式的一般 1 ~ 1.25in 厚，圆盘直径 7 ~ 10in，圆盘有平底的，还有波纹底的；欧式的圆盘直径小，一般 6in，但厚度则有 2in，同样也有平底和波纹底两种。波纹盘的优点是可减少飞溅。

10. 打蜡机

打蜡机是汽车美容护理设备最基本、最常用的设备。如图 7 – 7 所示，主要以电为动力，使用简单。当车漆表面出现微划痕、中划痕或水渍时，可根据其严重程度来选择适应的蜡配合打蜡机进行修复。打蜡机像打磨机一样，其转速可调。通常要求汽车车漆表面打漆时，要求先低转速打磨，且不要只固定在一个位置打磨，要来回打磨，并每过 2 ~ 3min，用手面轻触打磨部位是否发烫，如发烫应洒点水，再继续打磨。

11. 抛光机

抛光机是汽车维修和美容护理的必备设备，其规格和型号较多，如图 7 – 8 所示。抛光机的基本操作较为简单，但操作要领很重要，需要考虑被抛光物的实际情况和环境条件。否则，会影响抛光效果。

图 7 – 7　打蜡机

图 7 – 8　抛光机

抛光机的动力，主要是电力和压缩空气，但电动抛光机用得最普遍。电动抛光机的外形与电动砂轮机很相似，结构也差不多，只是叶轮形状和材质不同而已。砂轮机用的是砂轮片；抛光机用的是抛光垫，其材质主要有布、海绵和羊毛等，可根据抛光的需要进行选择。

12. 喷枪

喷枪是漆装修理的关键设备，如图 7－9 所示。喷枪是将涂料（油漆）均匀地喷涂在车身表面，得到良好的防腐与漆装效果。利用压缩空气对进入喷枪的涂料进行雾化，使涂料成为可喷涂的细小且均匀的液滴。当这些小液滴以正确的方式喷上汽车表面就会结合形成一层厚度极薄的像镜子一样的平整的膜。

典型喷枪的主要零件包括气帽、喷嘴、针阀、扳机、气流控制钮、气阀、扇形调节钮（模式控制钮）和手柄。

13. 红外线烤灯

汽车的喷涂中，许多高质量的涂料在喷涂后都需要经过烘烤才能固化。局部修复后，为了提高生产率和保证喷涂质量，采用红外线烤灯进行烘烤固化。这种方法是将热能转变为各种波长的电磁振动的辐射能，其过程称之为热辐射。以红外线为辐射源的干燥设备，称为红外线干燥设备。红外线干燥设备是利用碳化硅管、碳化硅板、红外线辐射装置等组成。如图 7－10 所示。

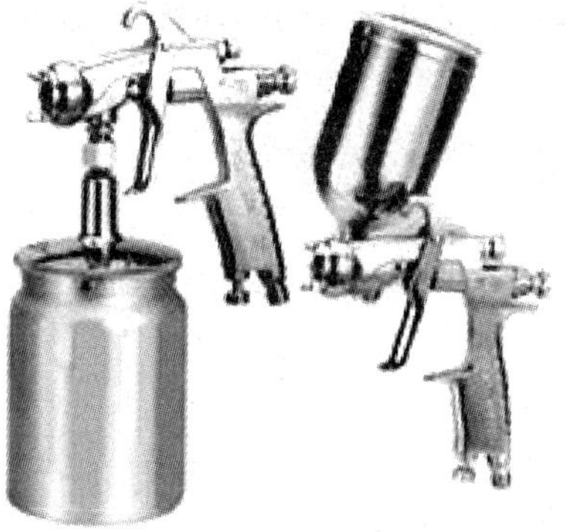

图 7－9　喷枪

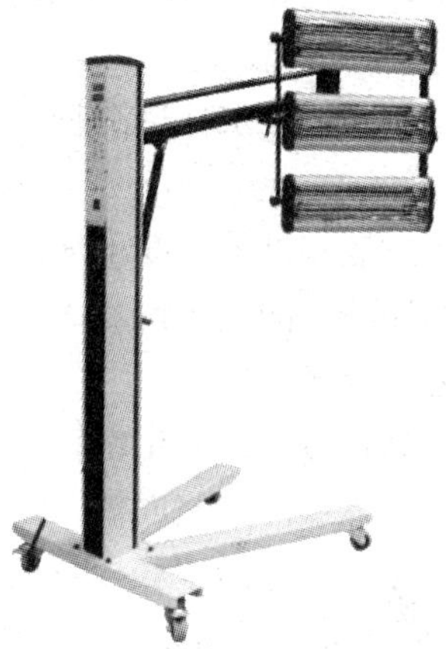

图 7－10　红外线烤灯

7.2　汽车内外饰美容

7.2.1　汽车内饰美容

汽车内饰美容的主要项目有驾驶舱美容护理、发动机美容护理和行李舱清洁。内饰美容是一项系统且细致的护理作业，因此，一定要遵循合乎规范的程序。其基本程序包括室内除尘、内饰清洁与护理和车室净化等。内饰美容不像漆面护理那样要求技术较高，只要有设备，基本上可以自己动手实施。内饰美容护理施工基本程序为“车室除尘→内饰清洁护理→车室净化→增光处理”。

1. 车室除尘

除尘吸尘是车室美容的第一步。现代汽车内饰最忌受潮，潮气会使内饰发霉、变质。因此，室内除尘应避免采用水洗的方法。

除尘一般是用吸尘器清除内饰各部件上的灰尘，现在市面上常见的吸尘器主要有便携型、家用型和专业型三种。一般来说，专业型吸尘器的效果最好，使用较多，它具有较好的防水性，而且集吸尘、吸水、风干于一体，配有适于内饰结构的专用吸嘴，操作简单，吸力大，并可与内饰蒸汽机配套使用。

真空吸尘器一般采用360°旋转吸口和多级过滤以及简单的过滤层更换，能十分方便地伸进各个角落部位，快速地吸去灰尘。为方便在不同空间中进行工作，常见的接头有正方行、圆形和长方形。

采用吸尘器进行车内美容的基本操作程序如下：

1）准备好两用吸尘器及其附件。可以接交流电再接转换器，也可直接使用汽车蓄电池电压，应从驾驶室内的点烟器插座接出。在使用吸尘器时应注意：由于是直接使用蓄电池电源，所以最好是发动机在工作，否则吸尘器吸尘时间过长易使蓄电池的电池容量不足，到时起动不了发动机。

2）先将车厢内的杂物及大型垃圾取出，包括脚踏板、坐垫、椅背、腰背靠垫、录音带、钱币、拐子锁等。

3）用高压水枪或水柱清洗脚踏板污秽面并风干，如果脚踏板两面都一起浸洗过，可用脱水机脱干再风干。

4）将后座底座拆下，双手伸入后背垫下方再往外翻。

5）脱离座椅下的固定钩。

6）拉起后椅背。

7）拆下后椅背上的固定螺钉。

8）用吸尘器吸除前室底板灰尘及沙粒。

9）用吸尘器吸除后座底板及座椅下灰尘及沙粒。

10）如果不拆下后椅座，也可吸除其座椅面上的灰尘及沙粒。

11）吸除后风窗玻璃下方及后椅背板上的污物，如纸屑或蚊虫等。

12）吸除车门板下置物槽内的污物。

13）用吸尘器除去置币槽及音乐带槽中的污物，并将其擦拭干净。

14）用清洁湿布擦拭车内与脚部易接触的部位（因易沾泥土）。

15）用清洁的干布擦拭前仪表板上的灰尘或前后风窗玻璃上的污物。

16）用透明胶布做底以隔绝沙粒灰尘沉入地毯中，且便于日后清理。

17）用吸尘器清洁后行李舱内的灰尘。

18）用吸尘器清除后风窗玻璃水沟内的污物。

19）用清洁布清除车门窗除雾通风口和自然风通风口上的灰尘。

20）用清洁湿布擦拭仪表板各处。

21）用吸尘器清洁座垫上的灰尘。

22）用吸尘器清洁地毯。

23）最后需要说明的是，下雨天时，可使用报纸类物品放置在脚踏板上，这样不易弄脏汽车。

2. 内饰清洁护理

内饰清洁护理通常在除尘后进行，目的是清除附着或浸渍在内饰表面的污物。基本用品是毛巾及相关清洁护理品。在车室清洁时，也要求遵循由高处到低处的原则，即从顶棚到纤维织物、真皮、玻璃、仪表板、门边，最后清洁地毯、脚垫等。

（1）座椅的清洁护理

座椅的使用频率极高，其上沾有的人体汗渍和细菌是车内清洁的重点。座椅的面料有丝绒、人造革或真皮等，不同的面料要使用不同的方法进行清洁。同时应该注意，织物和皮革的颜色是通过吸收染料而形成的，有机染料会与某些清洁剂发生化学反应，而出现褪色现象，当清洁剂首次使用时，应先在座椅面料的不显眼地方进行试用。座椅清洁使用的主要设备和工具是电热式多功能清洗机、蒸汽清洗机、拭布和毛巾。座椅清洁的清洁剂有皮革清洗剂、丝绒清洗剂、全能泡沫清洗剂、保护剂和光亮剂。轿车座椅一般有两种材质，一种是化纤织物，另一种是人造革或真皮制品。

（2）地毯和脚垫的清洁护理

地毯、脚垫的清洁设备和工具有电热式喷水/吸尘/吸水多功能清洗机、蒸汽机和专用脱水机。地毯、脚垫的清洁剂有泡沫清洗液和专用地毯清洗液。

具体的清洁方法：汽车里面最容易脏的就是地毯，汽车本身自带的地毯基本是和汽车一体的，不容易折下来清洁，因此最好在汽车里放置活动的脚垫。如果脚垫不太脏的话，可以拿到车外拍打就可以了。如果使用毛刷头的吸尘器进行吸尘处理的话，可以使较脏的地毯看上去不那么脏。地毯深处的小石头等的清除，可先用硬一点的刷子刷出后再吸。对于更加脏一些的地毯，就只能动用专用洗涤剂了。一般是在洗涤前先进行上述两项除尘工作，然后喷洒适量的洗涤剂，用刷子刷洗干净，最后用干净的抹布将多余的洗涤剂吸掉就可以了，这样可以使清洗后的地毯既干净又柔软。最需要注意的就是地毯不要完全放入水中浸泡刷洗，一方面会破坏地毯内部几乎不同材质的黏结，另一方面会使地毯在很长时间内不能干透而影响使用效果，甚至引起车内潮湿。

（3）仪表板的清洁护理

仪表板是汽车附属功能的控制面板，其形状复杂，开关、仪表数量多，有些仪表板为了和汽车造型相适应，其外形更为复杂，最容易藏污纳垢。如覆盖有人造皮革或真皮的仪表台，由于皮革表面纹路多或附有毛孔，长期操作使用和触碰按钮，容易附着污物或滋生细菌，应认真清洁。

（4）顶棚内衬的清洁护理

汽车顶棚内衬一般是用人造草或化纤混纺材料制成的。在清洗时，应按具体的材质选用适当的清洗方法。

（5）安全带的清洁护理

用中性的肥皂水或温水对安全带进行清洗，但不可选用染色剂或漂白剂作为清洗剂清洗，否则将降低安全带的强度。

安全带是在危险关头保护乘客和驾驶员生命安全不可或缺的装置，它的功效在所有安全试验中已被证明。清洁安全带时，应先检测安全带，其方法是：先用手慢慢地将安全带匀速拉出，检查其拉出时是否顺畅；然后，在用手拉出一小段后突然加速抖出，检查其安全锁止功能是否完好。此外，安全带若出现裂纹或产生脱出现象等都是危险的信号，不要误以为这样的安全带还可以继续使用，出现上述情况时，应向驾驶员报告并建议更换。

（6）空调通风口的清洁护理

汽车在行驶过程中，大量的灰尘、污物会进入空调的进风口，吸附在风道内，在高湿的环境下，会滋生大量的菌类，随着空气的流通，飘浮在室内空气中，使人感到头晕、乏力、恶心，时间长了还会患上一些呼吸道疾病，危害人们的健康。

清洁时，要先了解空调进出风口和进气滤网（有的车无进气滤网）的位置，用吸尘机对各进出风口吸尘，再用塑料清洁剂配合毛巾或海绵擦拭。

清洁完成后，喷施空气清新剂，净化室内空气。空调系统净化清新剂中的特效清新剂能够彻底全面地清除所有霉菌和孢子，并防止此类物质进一步滋长；能够快速、安全、有效地清除腐烂性异味，恢复车内空气清新，保护使用者的身体健康。

（7）车门、门柱、门框边缘的清洁护理

车门、门柱、门框边缘部分都是喷漆表面，可使用防静电清洁除油剂清除表面附着的油污，然后再打上幼蜡抛光处理。车门内衬（旁板）和拉扶手，因其材质的不同，按情形分别使用绒布清洁剂或真皮清洁护理剂进行清洁。车门锁、铰链部位，先喷上清洁除锈剂进行清洁，然后抹干净渣滓、油污，最后涂上润滑油脂，以确保其运转良好。此外，还应检查车门内侧底部的排水孔是否畅通，以避免积水。

（8）踏板的清洁护理

踏板包括制动踏板、离合器踏板和加速踏板，其中制动踏板尤为重要，若其表面胶垫的凹槽内塞满沙石、泥土，下雨天时很容易打滑，进而妨碍行车安全。清洁时，踏板胶槽内附着的泥土，应使用硬刷子刷掉或用尖细铲刀剔除。最后，用抹布蘸上清洁剂水溶液进行擦抹，驾驶座下地板及其周围的脏污也一并擦拭干净。

（9）转向盘的清洁护理

转向盘是驾驶员手触摸的地方，容易沾上人体的油脂和汗渍。对于转向盘的清洁，可针对其不同材质进行不同的处理。转向盘的外表材料有塑料、人造革、真皮、桃木等。对于塑胶材质的转向盘，可用干净的抹布蘸上中性的清洁剂进行擦洗，然后用塑胶护理上光剂轻轻擦拭即可。对于人造革、真皮材质的转向盘，可用真皮清洁柔顺剂进行擦洗，然后用真皮保护上光剂轻轻擦拭即可。对于有桃木饰条的转向盘，可用中性的清洁剂进行擦洗，然后用塑件橡胶润光剂轻轻擦拭即可。

（10）行李舱的清洁护理

行李舱在汽车的后部，密封较好，主要用于存放行李，有时也用于存放一些随车用品。当使用状态较好，油污、灰尘、异物较少时，采用一般的手工清洗法清洗即可。

行李舱内衬表面一般均用人造革铺置，清洗时，先用半湿毛巾擦拭，然后再用干毛巾擦拭，即可达到清洁行李舱的目的。

若行李舱内局部有油污时，可先用毛巾蘸上一点肥皂液或清洗剂，涂在油污处，然后再擦拭，即可把油污去除。擦洗后，为使行李舱内保持干燥，可用压缩空气吹干，也可用干毛巾多擦两遍，即可达到干燥的目的。

3. 车室净化的方法

车室净化的方法主要有高温蒸汽消毒法、臭氧消毒法、光触媒消毒法、喷施空气清新剂等。

（1）高温蒸汽消毒法

将消毒液按规定的比例稀释后，装入蒸汽机内，接通电源，加热约30min，观察温度及压力表，当温度高达130℃左右时，即可利用形成的高温蒸汽对车室各部件进行逐一消毒。消毒完毕后，可以选择适合的香型，喷洒少量空气清新剂，使乘坐环境更为舒适。为了得到清新的空气环境，还可采用如下措施：启动发动机，提高转速到1 500 ~2 000r/min，将空调打到外循环，打开鼓风机，保持5min，可使车内空气焕然一新。

（2）臭氧消毒法

臭氧杀菌是采用一个能迅速产生大量臭氧的汽车专用杀菌消毒机进行杀菌消毒的。臭氧是一种具有广泛性的高效快速杀菌剂，它可以杀灭使人和动物致病的多种病菌、病毒及微生物。臭氧杀菌的机理是：以氧化作用破坏微生物膜的结构实现杀菌作用，臭氧首先作用于细胞膜，使膜构成成分受损伤而导致新陈代谢障碍，臭氧继续渗透穿透膜而破坏膜内脂蛋白和脂多糖，改变细胞的通透性，导致细胞溶解、死亡。

（3）光触媒消毒法

光触媒技术也是一种清除汽车内室异味、净化内室空气质量的技术。光触媒美容用品可高效降解车内空气中的甲醛、苯、甲苯、二甲苯等有害气体，氧化消除各种异味，有效防止汽车内室隐蔽部位的霉菌滋生，从而保持车内空气清新。

（4）喷施空气清新剂

无高温蒸汽杀菌设备时，可在车室内喷施空气清新剂，也可清除室内的有害细菌。

4. 增光处理

车室内清洁干净后，应及时对内饰件进行上光护理。传统车室内护理产品只有单一的上光功能，只能保持光亮，起不到保护作用。新一代上光剂内含表面活化剂和软化剂，不仅具有增光作用，还具有护理功效，用后能迅速滋润表面，使其恢复弹性和光滑状态，防止龟裂、硬化及脱色等现象发生。

（1）塑料件上光

对汽车室内的塑料件应定期使用塑料上光剂进行上光处理，上光剂使用时可喷涂也可擦涂，经处理的塑料件表面光亮如新，同时可防止塑料老化。

（2）皮革件上光

选用皮革清洁柔顺剂和上光保护剂对皮革件进行上光处理。先将清洁柔顺剂喷在皮革件上，浸润1 ~2min后擦干，再喷施上光保护剂，浸润1 ~2min后，根据需要进行擦干处理，干燥后即可。

7.2.2 汽车外饰美容

汽车外饰件主要有风窗玻璃、车窗玻璃、后视镜、车灯、轮毂、轮罩、保险杠与饰板等。外饰美容主要包括玻璃的清洁与抛光、车灯的清洁与抛光、后视镜的清洁与护理、轮毂与轮罩的清洁与护理、保险杠及饰板的清洁与护理等作业项目。这些部件都必须清洁护理或抛光，这样能确保行车安全，并给驾驶人员美的享受，同时可以延长它们的使用寿命。各个部件都需要相应的专用清洗剂、抛光剂或护理剂来处理。

1. 玻璃美容

（1）清洗玻璃

玻璃的清洁不能用水，因为玻璃外侧常吸附有油烟，不但清洁费力费时，而且不能彻底清洁，可能留下烟膜和交通膜的花纹。清洁玻璃前，应先将上面黏附的污斑、昆虫和沥青用塑料或橡皮刮刀除去，千万不可用刀片等铁质材料刮玻璃，以防止划伤玻璃。然后才能用专门的玻璃清洁产品进行清洁。

一般玻璃清洁用品为玻璃清洁剂、风窗玻璃抛光剂。对于前风窗玻璃和后视镜，可先用玻璃清洁剂预处理，除去表面尘污，然后使用风窗玻璃抛光剂，将其尽量涂满欲擦部位，稍待片刻再用干净的软布做直线式擦拭，直到将玻璃擦亮为止。这种产品兼具抛光上光作用，不但能使玻璃表面洁净、光滑，防止灰尘二次沉降，同时也可改善刮水器留下的擦痕。

后风窗玻璃因内侧有防雾、除霜栅格，所以不能用风窗玻璃抛光剂处理。另外，有的玻璃贴膜后，也只能用玻璃清洁剂处理贴膜面，否则不但不能清洁玻璃反而会将膜面擦出花痕，影响采光效果。外面则可用风窗玻璃抛光剂进行处理。

清洁后风窗玻璃时要千万小心，不可破坏防雾、除霜栅格。只能用软布配合玻璃清洁剂进行仔细处理。如果不慎破坏了除霜栅格，可用修复工具将断了的地方用导电涂料涂上将其连接起来。贴有太阳膜的玻璃，有膜的一面用玻璃抛光剂处理，效果更加理想。如果玻璃上黏附有口香糖或透明胶的残痕，可先用塑料刮刀将残留物清除，然后使用新车开蜡水简单擦拭即可清除此类污迹，最后再用风窗玻璃抛光剂处理即可。

（2）抛光

玻璃经过抛光处理，不仅可以增亮，使玻璃表面洁净，还十分光滑，具有防止灰尘二次沉降的作用，同时，也可治理雨刷磨痕。

（3）风窗玻璃除冰处理

冬季行车时，风窗玻璃上有冰雪，影响驾驶员操作，因此可选用风窗玻璃除冰剂进行除冰雪处理。

（4）风窗玻璃渗水处理

无论是前风窗玻璃还是后风窗玻璃，日久后或更换玻璃后常常会发现有漏水现象，这些漏水一般都发生在风窗玻璃四周的胶垫接合处。造成渗水的原因往往是日久胶垫老化或更换时清除不良，如污物、碎玻璃仍留于接合处，造成缝隙，所以下雨时雨水就很容易渗入，如不马上处理，那么风窗玻璃安置处的钣金部件很容易生锈腐烂。

2. 塑料部件的美容护理与翻新

塑料部件如后视镜架、保险杠、车门把手等在长期的风吹日晒下，极易褪色、老化甚至龟裂。对塑料部件的清洁护理既可以起到维护作用，达到延长使用寿命的目的，还可以起到恢复表面原色，使其达到光洁如新的效果。

（1）汽车塑料部件面漆

汽车塑料件的面漆大多使用丙烯酸漆、丙烯酸磁漆或丙烯酸底漆，如光亮漆层，有的还在底漆中添加增韧剂。当汽车塑料件（如保险杠等）在维修美容或翻新美容时，必须根据塑料件的种类、涂层、涂料性质来采取相应的措施。

（2）塑料件的美容护理

保险杠等硬塑料件一般无底漆层，常用标准的挥发性漆作为面漆。美容护理时的操作要点有如下两点：

1）清洗。采用塑料件清洗液对保险杠的表面进行彻底清洗，去除污物或油垢，彻底干燥，擦干或风干均可。

2）选用亮光蜡进行美容护理。亮光蜡能在漆面上形成保护膜，能防止氧化、酸雨和雨水的侵蚀；光亮持久，品质稳定；还能使漆面不沾灰尘。其操作方法是将亮光蜡直接均匀地喷涂在清洁而干燥的保险杠漆面上，即可达到对保险杠护理美容的目的。

（3）塑料件的维修翻新美容

当保险杠的漆面在使用中受到了损伤，甚至穿透底漆层，但尚未使保险杠塑料件断裂时（塑料件断裂可采用塑料焊接或黏结法进行修复）的维修，称为翻新美容。

大多数车外硬性塑料件不需要用底漆，对于软性塑料的修补施工最好采用全修补的办法，这是因为整板进行打磨、清洗后，对涂料的附着力极为有利。保险杠用塑料一般分为两大类：第一类是聚氨酯和其他类似塑料，第二类是聚丙烯、乙丙酸橡胶或其他塑料。修复保险杠之前，首先根据前述简易鉴定法鉴别保险杠覆盖层的材料是由哪一类塑料制成的，然后采用不同的方法和涂料进行施工。

3. 不锈钢和电镀件美容

汽车外部有许多部件如防撞杆、保险杠、车标徽、发动机通风栅格、后视镜架、车身装饰条、拉杆天线等，均采用不锈钢和电镀件，它们大大提高了汽车的装饰效果。

对于镀铬件表面最有害的是空气中的硫化气体和海滨地区空气中的盐分，这些腐蚀性物质附着在镀铬件表面，久而久之会造成镀铬件失光，影响其装饰效果。且当镀铬件表面出现深达基层金属的划痕时，腐蚀会迅速扩展到镀铬层下面，此时对镀铬件的保养翻新尤为重要。

4. 轮胎美容

轮胎是汽车的易损件，在汽车的使用过程中，更换轮胎的费用占维修费用的20%左右。轮胎在使用过程中直接与各种条件的路面接触，易黏附路面上各种污物，这些污物有一些会浸入轮胎橡胶表面，造成以轮胎橡胶失光、轮胎橡胶老化、易磨损、甚至发生爆胎。为了确保行车安全，延长汽车使用寿命，降低汽车维修费用，对轮胎的维护美容是不可忽视的。

（1）轮胎维护美容方法

1）轮胎的清洗

①轮胎上污物的类型。附着在轮胎上的污物主要是淤泥、污物、油污、沥青、蜡膜、油脂以及硅化物等。

②清洗方法。可采用高压水冲洗法，洗去轮胎上的淤泥、污物等。同时，边冲洗、边用刷子刷，可除去深嵌在轮胎花纹中的淤泥、沙石等。

③用沥青清洗剂清洗轮胎。将此清洗剂喷涂在轮胎表面上，稍等20s左右，用软刷子对轮胎进行刷洗，并用清水将污物冲洗干净，这样可洗去轮胎表面上的焦油、蜡膜、油脂和硅化物等。

④再清洗。将万能清洁剂喷涂在轮胎表面上，再用软刷子进行刷洗，并用清水冲去污物，可达到彻底清洗，除去污物的目的。

⑤干燥轮胎。将清洗后的轮胎擦干或自然风干，也可用压缩空气吹干。

2）轮胎的维护美容

将轮胎光亮清洁保护液均匀地喷涂在轮胎表面上（薄薄地喷涂一层即可），自然风干后，即可完成对轮胎的维护美容。因为使用了轮胎光亮保护液之后，可极大地延缓轮胎的进一步龟裂和老化程度，同时可使轮胎表面快速生成一层乌黑闪亮的保护膜，且能防水，不易被水洗掉。轮胎经过上述的美容维护后，表面容光焕发，可达到维护美容的目的。

(2) 轮辋的美容护理

轮辋一般为铝合金材质，空气、水分与腐蚀性物质混合后对其表面会产生化学腐蚀作用并形成氧化锈蚀层，为了长期保持铝合金轮辋的美观，一般每两个星期要将其彻底清洗一次，以清除附着在轮辋上的污物。

轮辋的美容护理流程如下：

1) 用高压水枪冲洗掉轮辋表面上的大量泥沙、污物。

2) 将摇晃均匀的轮辋清洗剂喷于轮辋表面，保持2 ~ 3min 后用柔软的毛刷或海绵擦拭，注意轮辋的叶片及辐条之间不要有遗漏。

3) 最后用毛巾擦净，喷涂铝合金光亮剂。

注意：轮辋如有喷漆表面，可参照车身打蜡上光工艺进行打磨抛光。

5. 车灯美容

(1) 车灯的护理

车灯的护理很少被人重视。看着灯罩一天天变黄，灯光一天天变暗，许多人却束手无策。其实，车灯的护理很简单，用透明塑料件研磨剂对车灯表面进行研磨，再用透明塑料件抛光剂用同样的方法进行抛光保护即可，其原理与漆面的镜面处理相同。

基本操作方法是：用干净的软毛巾蘸少许透明塑料件研磨剂对车灯表面进行研磨，出现光亮后，用毛巾擦干。再用另一干净毛巾蘸少许透明塑料件抛光剂用同样的方法进行抛光，直到清澈透明为止。

(2) 转向信号灯罩轻微破损的修复

前、后转向信号灯或小灯的外灯罩亚克力板因撞击而造成破裂、破洞的情形，通常依规定是要拆下整组或分组后再重新安装，以防水渗进灯座内造成锈蚀或进水至行李舱内造成积水。若灯罩只有轻微破损，其处理步骤如下：

1) 将破孔内部碎片先清除干净。

2) 使用短锯片将其破损的边缘稍加修齐，然后再找一块颜色、大小相同的亚克力板补其缺口。

3) 使用强力胶黏剂先在四周固定好，再用 PU 胶黏剂或常用的硅胶在其四周涂上一层。

4) 涂完后即可结束处理程序。如果表面处理较细时，依旧看不出有补过的迹象。

7.3 汽车漆面美容

7.3.1 汽车漆面装饰美容

漆面装饰美容是指汽车在使用过程中漆面出现失光、划痕，为达到美观等需要而进行的美容处理，包括漆面护理美容和漆面翻新美容。

1. 漆面护理美容

护理美容是指汽车在正常使用中进行护理，保护漆膜而使漆面光泽持久，避免粗糙、失去弹性和光泽。汽车漆面护理美容主要有汽车打蜡、汽车封釉、汽车镀膜等。

(1) 汽车打蜡

汽车打蜡的正确程序为：洗车→清除车身附着物→上蜡→研磨、抛光→检查整理。

1）洗车。洗去车身上各种附着的污物。

2）清除车身附着物。经过洗车工序之后，汽车显得干净了不少。但如果仔细地观察，仍可发现车身上黏附着许多附着物。车身附着物的清除工艺为：

①将黏土清洁专用液和水按 1:5 的比例配兑，然后装入喷雾罐中使用。

②在需要处理的车身表面喷洒上黏土清洁专用液水溶液。

③用黏土清洁器（海绵块嵌入黏土块）小心轻擦喷上清洁液的处理表面，使脏物卷入黏土内，反复此项操作，并且不断更换新的黏土表面（不断搓揉黏土），即可去除掉车身表面的脏污、附着物，使车身变得光洁干净。

3）上蜡。上蜡可分手工上蜡和打蜡机上蜡两种。手工上蜡简单易行，打蜡机上蜡效率较高。无论是手工上蜡还是打蜡机上蜡，都要按一定的顺序进行，要保证车身漆面涂抹的均匀一致。上蜡时，每次不要涂得太厚，上太多的蜡不但会造成成本的增加，而且会增加抛光的工作量，还容易沾上灰尘，在抛光摩擦时有可能产生划痕。

①手工上蜡。首先将适量的车蜡涂在海绵上，然后按一定顺序往复直线或环形均匀涂布。涂布时，手感力度一定要掌握好，可将手指摊开，用大拇指和小拇指夹住海绵，其余三个手指及手掌按住海绵均匀涂抹。上蜡时，每次涂抹的面积不要过大，整个车身可分块进行，顺序可从前到后或从左到右，尽量做到薄而均匀。每次处理的面积要有 1/6 ~ 1/5 交叉重叠，防止漏涂。

②打蜡机上蜡。将车蜡洒在车身表面上，用手控制好打蜡机，启动开关，注意涂布时的力度、方向性及均匀度。车身表面在边、角、棱处的涂布使用打蜡机上蜡时不易把握，而在这方面手工涂布更有优势。

上蜡上几层较为合适要视车漆状况决定，并不是越多越好，太多的蜡反而会使抛光困难，而上得太薄，又无法填补车身的缝隙。通常新车需要上蜡一至两层，旧车可上三至四层。

4）研磨抛光。一般在上蜡后 5 ~ 10min 即可进行研磨抛光，抛光时应遵循先上蜡后抛光的原则。

①研磨抛光剂。研磨抛光剂是一种含有滑石粉等可以平整漆表层的研磨剂。通常地，含有粗糙颗粒的抛光剂称为研磨抛光剂，而那些含有细微颗粒的抛光剂称为精细抛光剂，此外，还有部分抛光剂不含磨料，如漆面镀膜用品等。

②手工研磨抛光。手工研磨抛光常用于小面积或弯抹角处等抛光机难于作业的部位。

首先，以柔软洁净的棉布或棉纱折叠成厚的盘状，然后再卷成球形，蘸少量研磨抛光膏，以中等程度的压力前后运动研磨，直至被抛光漆面出现光泽时即减小研磨的力量，布团脏污时应翻转另一面使用，继续研磨至修饰研磨的砂纸痕或橘纹、粗糙消失，然后以轻压、快擦动作来获得涂膜的光滑。最后，以另一块干净柔布抹拭干净。下一步是使用精细抛光剂或镜面蜡，必须使用另外一块布团，抛光方法与上述研磨抛光剂的使用方法相同。使用手工抛光想要得到光亮如镜面效果的技巧是，抛光到最后步骤时，必须使用“轻压快擦”法，并且最好使用法兰绒，轻快地连续擦拭几次。

手工研磨抛光的方向与汽车行驶方向相同，这样上蜡，可以逐渐修补车身的损伤，使光的散射消失，看起来更加漂亮，而且水滴也能顺利滴落，并可防止脏污附着。

③机械研磨抛光。机械研磨抛光需要采用抛光工具，通常有抛光机、打蜡机、研磨机三种，其中抛光机应用得较多。

对于大面积的部分，如全车抛光等场合，因研磨抛光剂会干燥，不宜一次性地全面涂布，而应分次涂布分别研磨抛光。在作业中应经常检视抛光盘，以免硬化的研磨抛光漆渣形成结焦，造成漆面擦伤。可使用钢丝刷清洁抛光盘上的漆渣，必要时可更换或拆下清洗。

使用抛光机进行研磨抛光时，加力不可太大，并且应保持连续不断地移动抛光机，不可停留在一个地点，否则会导致研磨过度，不仅把面漆磨去，亦可能把底漆也磨穿，或者因温度过热把漆面烧焦。对于角、边、凸起部分以及漆面有被磨穿可能的部位，应事先把防涂胶带（皱纹胶纸带）贴好、遮蔽，待机械抛光完毕，取去胶纸带，再用手工进行局部抛光。

此外，在抛光作业之前，应将抛光区域内以及抛光作业中可能触及的车身装饰胶条、门把手、刮水器喷水嘴、门及窗的装饰电镀边和胶饰条等物件进行遮蔽，最好贴上双层防涂皱纹胶纸带。使用气动抛光机等气动设备时，应配各润滑油壶，并且随时注意壶内润滑油量，不足时应及时补充。

5）检查整理。抛光后，要检查整个车身的护理质量，特别是车身较显眼的地方，如果发现蜡上得不均匀，产生无序的反光现象，可用干净的无纺棉布轻轻地擦拭，也可以用抛光机重新进行抛光，直到光线反射面的反光现象一致。此外，要仔细检查清除厂牌、车标内空隙及油箱盖周围、纤细的边缘或转角部分、车门车窗密封橡胶的边条缝、车牌、车灯、门边等处残存的车蜡。不要认为这些地方不显眼而有所忽视，进而影响整车的护理效果。打蜡结束后，设备及用品要做适当清洁处理并妥善保存。

如果想使车蜡保留的时间长些，可以在打完蜡的车身上喷抹一层护车素，既可保护车蜡，又可提高车身表面的光泽度，还可以起到一定的防晒、防酸雨的作用。

（2）汽车封釉

封釉美容是指运用专用的抛光机将一种高分子结构的涂装剂压进车漆内部，使其形成一层坚固的网状结构，类似“唐三彩”等陶器制品外表涂层的保护膜，罩在漆面。

封釉和打蜡都是保护汽车漆面光泽的美容手段，因此二者的作用是有相同之处的。但是，封釉和打蜡相比较，封釉的优势远远大于打蜡。原因是封釉的基本原理是依靠振抛技术将釉剂反复深压进车漆纹理中，形成一种特殊的网状保护膜，从而提高原车漆面的光泽度、硬度，使车漆能更好地抵抗外界环境的侵袭，有效减少划痕，保持车漆亮度。封釉前，首先要对全车抛光，以避免氧化层在釉和漆面间形成隔离，影响封釉效果。与汽车打蜡相比，封釉在光泽度、耐磨度、漆面保护效果、持久性上都具有明显的优势。在光泽度上，采用封釉技术的车光泽度可达95%以上。在耐磨程度方面，封釉能使漆层表面形成一层坚硬的保护层，防止行车时的风沙天气、泥沙飞溅及长期洗车造成的磨损，而汽车打蜡只是在车体表面附着，保护膜很薄，耐磨度较低。另外，釉不溶于水，而车蜡都是溶于水的，如果汽车刚刚打完蜡后碰到阴雨天气，车蜡就会被水溶解，起不到保护漆面和美容的作用，而封釉后的汽车就不用担心洗车的问题。

新车与旧车的封釉工艺流程有所差别，新车封釉施工的工艺流程为“洗车→除蜡→风干→上釉”。而旧车施工的工艺流程为“中性清洗→砂光→精细研磨→除蜡→风干→上釉→无尘打磨”。旧车封釉美容的工序有7道，作业时间需要4～5h。

①中性清洗。清洗剂要使用中性的，因为碱性的清洁剂会腐蚀车漆，如果残存在车体缝隙中，腐蚀性就更大了。

②砂光。用2000号水砂纸砂光漆面。砂光时，应不断加水冲洗漆面（使漆面上没有沙子，以免造成划伤），砂光中根据漆的强度高低和车漆使用的情况，掌握不同的砂漆力度。砂光主要去橘皮、油迹、斑点、垂流、针孔轻微划痕等缺陷，砂光时要均匀用力，一般砂光后的漆面呈哑光漆样，并有微小亮点为最佳。砂光中要注意边角部、带肋的部位和橘皮轻的部位，根据具体情况不砂光或轻微砂光，以免造成砂露底漆。特别注意的是，砂光时，不要砂到装饰条、密封条、镀铬条、门把手和不应砂光的部位，以免造成不必要的损伤，必要时，要把砂光相邻的不需要砂光的部位用胶带黏封起来。

③精细研磨。用4 000r/min的抛光机研磨，主要配合晶亮研磨剂做镜面处理，开始研磨时，研磨的压力要根据漆的强度高低和面漆的厚薄来决定，例如，进口车漆一般硬度比较高，其研磨压力稍大，而国产车的面漆比较薄，其研磨压力应稍小。高速抛光机转速高、切削力强，如力度掌握不好，就会抛露底漆，这点特别要注意。倒入漆面的研磨剂量要适中，如果过多，切削力差，反而会出现打滑，过少则会伤及漆面。研磨有两个作用，一是在湿的时候研磨起切削作用，用力稍大；二是在研磨中研磨剂逐渐变干，这时应当减轻压力到最小进行研磨，此时研磨起提光作用。二者不可忽视，反之会伤漆面。抛光时，抛光机要掌握平衡运行，倾斜度不宜过大，要随着漆面的角度变化角度，抛光时要及时清理毛轮上的污垢，以便增强毛轮的切削力，避免不必要的漆面损伤。研磨中严禁原地不动地进行研磨，特别注意相邻的门或边缘。因高低不平会造成伤害边缘部位，一定要注意相邻的装饰条、密封条、镀铬条、门把手等部位不要损伤，因抛光机没有调速，所以可用点动开关的方式来掌握速度的快慢。

④除蜡。先用除蜡水清除漆面蜡层，然后用洗车液擦洗车身（因抛光时所用的研磨剂有蜡成分，如果不消除将会影响产品的渗透力）。

⑤风干。将车身冲洗干净再用风机彻底风干车身的水分。

⑥上釉。釉分子能填充细小微孔起密封作用，所以用专用的封釉机上釉效果比较好。操作过程中，蘸少量晶亮釉振动涂抹，振涂时速度要慢要均匀，一般每处要振涂两次，然后轻微提起抛光机，使抛光机轮快速转动，抛出亮光时即可。接着，用棉布蘸少量晶亮釉再涂抹一薄层即可。

⑦无尘打磨。最后用无尘纸打磨一遍车身，可让车漆如镜面般光亮。

（3）汽车镀膜

汽车镀膜的工艺流程为“洗车→浅抛→去眩光→镀膜→清洁→增艳去静电→再清洁→验收”。

1）洗车。用清水冲洗车身，将漆面上的泥土、粉尘、细沙粒等彻底清洗干净。同时，用专用洗车泥进行车漆表层清洁处理。

2）浅抛。用高速抛光机以4 500r/min的速度配合微量研磨剂、兔毛轮做研磨处理。开始研磨时，研磨的压力要根据漆的强度高低和漆面的厚薄来决定。

3）去眩光。用低速抛光机配合波浪海绵加微量研磨剂，去除研磨剂留下的光环。

4）镀膜。镀膜需要用专业的喷枪喷涂，喷涂手法和喷漆一样，但没有喷漆的要求高，喷涂均匀即可，装饰条和后视镜、刮水器片如果是粗糙面用报纸胶带包裹起来，光滑部位如玻璃不需要包裹。

5）清洁。等膜彻底渗透漆面，干透以后用纳米擦巾将车漆面残留的膜等清理干净，特别注意车缝部位。

6）增艳去静电。镀膜后，采用增艳保护釉进行封釉增艳处理，消除细微光纹，更能消除汽车车身99.97%的静电。

7）再清洁。等釉彻底渗透漆面，干透以后用纳米擦巾将车漆面残留的釉等清理干净，特别注意车缝部位。

8）验收。全面检查汽车镀膜后的效果。

2. 漆面翻新美容

漆面翻新美容是指受污染的漆面造成粗糙、失光时，不需喷漆就能达到原来效果的美容护理。在日常使用中，汽车油漆表面由于长时间未做任何漆膜保护，以及受空气中的有害气体、紫外光照射、酸雨、鸟粪等侵蚀和汽车在高速行驶时与空气摩擦产生静电，将有害气体的分子和灰尘吸附黏结于车身油漆表面而形成一种氧化膜等，使车身颜色变暗、不鲜艳，同时严重影响上蜡质量，这时可做漆面翻新美容。随着汽车使用时间的增长，漆面常会出现氧化、龟裂、褪色、水痕（纹）、蚀痕等“皮肤病”，也需要用相应的方法进行去除。

汽车漆面翻新美容主要是对漆面浅划痕、斑点进行处理，做到不喷漆就可达到原来的漆面效果。

（1）漆面翻新美容的基本工艺流程

汽车漆面的翻新美容，实质上就是对旧车身漆面的损伤进行修复护理。因车况损伤的程度不一，使用条件不一，所以必须针对具体的汽车漆面的损伤状态，确定损伤原因及损伤程度，采用相应的护理措施，进行适当的护理。

1）对车身漆面损伤程度的确认。

对车身表面用清洁液进行彻底清洗，选用电动细磨机或气动细磨机，配合专用超软连接垫和超软尼龙细砂网，以中低速度将氧化膜除掉，然后用快干清洁剂清洁。

对清洗后的车身漆面缺陷或损伤表面进行检查。若漆面损伤严重，划痕较深或局部露底等，均需经过维修处理后，才能转入护理美容的施工工序施工。若漆面只有轻微腐蚀，表面有细划痕等缺陷，可进行打磨、打蜡及抛光美容护理。确定漆面损伤缺陷产生的原因及处理措施。

2）去除氧化膜。

用抛光机和粗海绵球配合水溶性抛光粗蜡，将抛光蜡涂于海绵球表面，用1 600r/min的中速扩散研磨一遍，可消除漆面纹理。

3）抛光处理。

将水溶性抛光细蜡加少许水，均匀地涂抹在需抛光的部位，然后改用羊毛球，将抛光机调至中高速，即1 900～2 200r/min进行抛光，可将砂纸纹痕抛掉，使漆面产生光泽。在抛光过程中，应尽量使羊毛球保持湿润，防止其过热而损伤漆面。

4）上光封闭保护处理。

用水溶性漆面上光保护蜡和细海绵球，将蜡均匀地涂抹在车身漆面上，10min后再用清洁的羊毛球进行抛光，即可使漆面焕然一新。

（2）漆面划痕的美容处理

1）漆面划痕产生的原因。

打磨、抛光不当留下打磨划痕：主要指在喷涂施工或维修喷涂施工中，由于选择的打磨砂纸或打磨盘粒度较大，打磨用力较重，或打磨失手划伤，从而在漆面表面上留下了不同程度的划痕，而抛光时又未能除掉。

运行中擦伤产生划痕：主要包括原车身漆面本无划痕，由于在行驶过程中，挫车时发生的擦伤；路边树枝或高草刮伤造成的划痕；交通事故撞伤出现的划痕；暴风、沙尘气候的“飞沙走石”撞击造成的裂纹、划痕等。

2）漆面浅划痕的美容处理。

浅划痕是指发丝划痕和微度划痕，即漆面表面的护理层或罩光涂层划伤可能涉及漆面表面，尚未伤及漆面；或漆面划伤到底漆层，但尚未划破底漆层。

浅划痕处理的一般程序为“洗车→开蜡→漆面研磨抛光→漆面还原增艳→漆面保护”。

①洗车。目的是清除汽车车身表面的污染物、泥土等，避免造成意外的伤害。

②开蜡。开蜡的目的是保证抛光效果。开蜡作业要求使用专用开蜡水，去除漆面原有的蜡质层，在对蜡质层进行彻底分解的同时，又不损伤漆面及塑料。操作方法同前述新车开蜡基本相同。

③漆面研磨抛光。在进行研磨抛光作业前，要根据漆面的状况及质量，如厚度、硬度、耐磨性等，选择合适的抛光剂。对于色漆遭受部分划伤的浅划痕，其研磨抛光过程可分四个步骤进行。

第一步：深切研磨。深切研磨的目的是去除漆面较深的划痕，提高作业效率，保证抛光质量。

第二步：中切研磨。中切的主要目的是清除粗切留下的砂痕。中切研磨剂的粒度应在400～600目为宜。具体操作方法与粗切相同，要注意的是一定要更换中切抛光盘。

第三步：微切研磨。微切的主要目的是清除中切留下的细微砂痕，进行表面磨光处理，以进一步提高漆面光泽度。微切用研磨剂的粒度一般在600目以上。具体操作方法与前述相同，需更换微切用抛光盘。

第四步：抛光。抛光的作用是清除研磨留下的细微划痕。具体操作方法与研磨施工基本相同。

④漆面还原增艳。抛光作业结束后，漆面浅划痕已基本消除，对于抛光作业中残留的一些发丝划痕、旋印等，可通过漆面还原进行处理。漆面还原时，用小块无纺布将还原剂均匀涂抹于漆面，然后用无纺布毛巾抛光即可。经还原处理后的漆面亮丽如新，即使有经验的内行也可能会误以为是蜡打得很漂亮。

⑤漆面保护。漆面保护通过对漆面上保护剂来实现，漆面保护剂有蜡质和釉质两大类。

上述介绍了浅划痕处理的基本程序及方法，应该注意的是，不同美容产品在使用上存在一定的差异，千万不可千篇一律，应根据具体情况灵活调整。

3）漆面深度划痕的美容处理。

深划痕伤及底漆，可见到底材金属，但对金属无损伤。

深划痕的处理程序为：

①用脱蜡洗车液除去划痕中的残蜡及周围的污垢。

②用 600 号砂纸将划痕棱角打圆。

③用含有原子灰的底漆涂于划痕处，应涂 2～3 层。

④待底漆干燥后进行打磨，然后按浅划痕处理的措施继续处理，直到抛光为止。

7.3.2　漆面修复美容

汽车漆面修复美容是通过重新喷漆的方式，对汽车漆面局部或全部进行修复，使修复的漆面恢复到原有状态。

1. 汽车漆面修复美容的类型与工艺流程

车辆在运行中难免出现漆面老化、破损、划伤等现象，如不及时处理，会加剧钣金腐蚀，影响车辆使用寿命。当汽车漆面出现以下情况时，必须进行喷漆处理以达到漆面修复美容。

1）漆面严重老化，无法采用抛光还原工艺解决时。

2）漆面受透镜效应侵蚀，严重失光时。

3）漆面氧化层较厚，出现局部腐蚀，无法抛光还原时。

4）漆面出现深度划伤，无法用抛光清除时。

5）漆面出现局部或大部分破损时。

汽车漆面修复美容按修复漆面的面积不同，可分为局部漆面修复和整车漆面修复两种。

局部漆面修复是指涂层被事故、碰撞等损坏的局部表面或经钣金修复及更换的零部件进行修补涂装。整车漆面修复是指经多年使用，涂层老化或汽车大修后进行翻新。汽车修补涂装按修补工作量的大小，可分为局部修补和整车修补。为改变汽车外表形象，一般都进行整车修补涂装。按涂层的老化、损坏程度不同，整车修补涂装又可分为车身“出白”全涂装和仅面漆涂层翻新涂装。目前，轿车车身底漆都采用阴极电泳涂料，使车身的耐腐蚀性能成倍提高。此外，车身“出白”后全涂装的工作效率低、成本高，所以在全涂装中以面漆涂层翻新涂装为主。

汽车漆面修复美容的工艺流程一般为“车身清洗→金属表面处理（除锈、除漆、除油、修补）→涂底漆→腻子刮涂与打磨→喷涂面漆→烘干→抛光、打蜡”。

2. 汽车喷漆前的车身表面处理

涂装前的汽车车身表面处理，主要包括清洗、除漆、除锈、修补及除油等工序。

（1）车身旧漆清除

旧漆清除的方法较多，常用的有机械法、脱漆剂法、火焰烤铲法和烧碱清除法等。

机械法清除旧漆，主要有手工工具清除、机动工具清除和喷砂抛丸清除三种。手工工具清除旧漆层，是最简单、最常用的方法，特别是在无专用设备的维修厂经常使用这种方法。利用人工借助简单的工具，如铲刀、锉刀、砂纸、钢丝刷等工具，将车身需要修补部位的旧漆层清除干净。这种方法适应性强，但效率不高，清除质量与操作者的责任心和技术水平有关。机动工具清除旧漆方法较手工清除旧漆法效率高。但利用机动工具除旧漆时，易产生强烈的气味和漆尘飞扬，所以要求工作间应有良好的通风除尘设施。喷砂抛丸清除旧漆是指利用喷砂和抛丸向旧漆层不断地冲击，靠冲击力将旧漆层清除掉，这种方法除旧漆，其表面光滑平整，但必须有相应的喷砂抛丸设备。

脱漆剂法清除旧漆是用脱漆剂（俗称“去漆药水”）清除旧漆面。

火焰烤铲法适用于旧漆面中腻子较厚、清除旧漆面较多的构件表面。操作时，用一种喷灯先将旧漆烧软，随后用铲刀将旧漆面铲除。喷灯有两种：一种是煤油喷灯，另一种是汽油喷灯。经火焰烤烘的旧漆面必须彻底清除干净，可用钢丝刷、砂纸打磨光，再用溶剂全面洗净，以防新涂膜起泡脱落。对大面积构件，特别是中央部位，烘烤时间不宜过长，以防温度过高而变形。

火烧碱（氢氧化钠）主要适用于可拆卸的零部件清除旧漆面。首先将固体的烧碱放入水中配制成一定浓度的液碱，然后将拆下来的零件放入经过加温后的浓烧碱液槽中，或用碱液有间隔地分多次涂刷于旧漆表面（一般为3～4遍），经过约10min的渗透后，漆面软化、溶胀，再用铲刀、钢丝刷将旧漆除去后，用清水冲洗，并立即用烤灯烘干，涂上防锈膜，防止生锈。

（2）车身除锈

汽车在使用过程中，不断受到大气等多种方式的腐蚀而被锈蚀，锈蚀可表现为表面锈蚀、锈坑及大面积锈蚀等形式。发现锈蚀后，应及时采取相应措施，进行除锈处理。除锈的方法主要有手工除锈、机械除锈、喷射法除锈、化学除锈和电化学除锈等。

（3）车身修补

对于车身局部锈蚀、轻度硬损伤等缺陷，如果一概挖补、敲平反而有些得不偿失。但不加以修补，而直接以腻子填充，其强度和耐腐蚀性均较差。漆前修补旨在有效地弥补这类缺陷，其方法主要有软金属填补和铝箔树脂板填补两种。

1）软金属填补。

软金属填补（俗称“挂锡”）修补部件表面缺陷，具有附着力好、工艺简单和抗冲击能力强等优点，特别适用于修补发动机罩、车门、侧梁、门槛等部位。

挂锡是技术要求比较严格的操作，对部件的清洁不仅限于漆面、油污的清除，还必须除去金属表面暴露于大气而形成的氧化膜。清洁的范围应比实际使用的稍大些。最好在打磨干净后的金属表面用汽油或酒精擦洗一遍，随后刷涂焊剂加热并及时抹去浮渣。没有挂锡的铬铁不能使用，焊前应先将烙铁打磨干净，然后加热到能使其挂锡的温度，蘸焊剂并挂锡。当需要修补的面积较大时，可一并清理干净后，再分成若干小块逐一挂锡。在挂锡过程中，注意钢板与焊料应同时均匀加热。为使表面平整，可一边加热填补，一边用刮刀修整，使焊料填足又不至于高出周围金属板的表面，以便挂锡后对表面的修平。

修补用的焊料是锡铅合金，比例一般约为7:3。这一比例的锡铅合金加热到183℃时即可开始熔化，继续加热至253℃便全部熔化。挂锡操作时，应将焊料的加热温度控制在半熔状态下使用。温度过低时焊料不能与之焊接，温度过高时，则会造成焊料的流淌也挂不上。

在挂锡修补中，焊料过渡于焊件表面的方法有两种：一种是用烙铁蘸焊料，然后直接施焊于焊接表面；另一种方法是手持条形焊料，借烙铁温度不断将焊料熔化在需要挂锡的金属表面部位。焊接终了，还要及时修整并清洁金属表面，对不平整之处还可使用锉刀或刮刀等加以修平。

2）铝箔树脂板填补。

在国外和进口的车身维修材料中，有一种被称为“铝箔树脂板”的新产品，是迄今为止最好的局部修补材料之一。其突出的优点是方便、快捷，并能获得良好的修补质量。铝箔上预涂合成树脂中，含有一定比例的金属粉以提高其强度。用铝箔树脂板修补车身金属表面时，应先将金属表面打磨清理干净，并用酒精先擦一遍。然后分别将金属表面和铝箔树脂板加热至50℃～60℃，随即趁热把铝箔树脂板贴在待修补的部位。常温下经过4～5min的固化后，即可进行打磨。在敷贴铝箔树脂板时，应均匀用力压平，并使少量树脂由表层上铝箔的小孔中溢出少许为宜。

（4）除油

汽车车身表面虽然经过清洗、除漆、除锈和修补等工序，但仍留存有沾污、工具上的油污以及原旧漆上的油污。若在涂底漆前不清除干净，必将影响底漆的附着力，甚至在面漆喷涂后，还会出现脱落或揭皮现象，因此上漆前还需要除油。

一般的修理及美容车间漆工，通常用干净纱头蘸上汽油在车身表面揩擦两遍，再用清洁精白棉纱通揩一遍后涂刷底漆。但是用汽油除蜡效果不太理想，有时它本身也会污染表面待漆的材料，所以最好使用除蜡除油剂，用洁净的干布擦拭待漆表面。

3. 喷涂底漆与刮涂打磨腻子

（1）喷涂底漆

汽车车身经过涂装前的表面处理后，就可以喷涂底漆。根据底漆施工的先后顺序，底漆有头道底漆、二道底漆和封闭底漆。

1）头道底漆的施工方法。

头道底漆的颜料含量最低，填充性能较弱，具有较强的附着力，较难被砂纸打磨。头道底漆的功用是：用于金属表面的防锈和防腐，增加腻子（原子灰）与车身金属表面的黏着作用。头道底漆的施工方法如下：

首先检查待涂金属表面是否干净，应达到无锈、无尘、无水、无油和其他污物。按指定的稀释剂稀释底漆，并按照说明书调配好底漆。配用专用工具，在金属表面喷涂一层薄薄的头道底漆。因头道底漆很薄，禁止打磨，如果底漆上有斑点，用400号或更细的砂纸轻轻地磨光即可。同时，头道底漆喷涂后，不能用手或布接触刚喷涂的头道底漆。待头道底漆干燥后才进行二道底漆的喷涂。

2）二道底漆的施工方法。

二道底漆具有最高的颜料含量，它的功能是填塞针孔、细眼等，具有良好的打磨性。其施工方法如下：

①检查头道底漆是否干透。

②使用指定的稀释剂稀释二道底漆。

③按施工要求选择好喷枪，并调整和检查好喷枪。在平板上试喷，观察扇辐是否合适。

④以上工作完成后，进行喷涂二道底漆。首先，薄薄地喷涂一层二道底漆，并使其自然干燥。

⑤接着再喷涂3～4道，每道涂层的厚度为4mm左右，每道涂层留出一定的待干燥时间，使二道底漆干燥后，进行打磨。

⑥手工打磨时最好采用湿打磨，因为湿打磨比干打磨好。湿打磨最好采用400号水砂纸，而干打磨采用320号、360号砂纸。在打磨边角、脊背和折边等突出部位时要小心，打

磨时力度要合适。如果不小心将部分二道底漆甚至头道底漆都磨掉，则必须重复上述工艺过程。

⑦用橡皮刮刀检查涂装质量。

3）封闭底漆的施工方法。

封闭底漆含颜料成分较低，主要用于填平打磨痕迹，给面层涂料提供最大光滑度，使面层涂料丰满，并可防止产生失光、斑点等现象。其施置方法如下：

①在已喷涂的二道底漆的表面，用清洗溶剂清洗二道底漆表面。

②按照说明书稀释封闭底漆。

③在适当压力下喷1~2道封闭底漆，其厚度不能超过产品说明书的指标。

④完成上述工作后，让封闭底漆自然干燥30min。

（2）腻子的刮涂与打磨

1）刮涂腻子。

腻子的刮涂很重要，在操作技法上必须得当，不然就不易把腻子刮实、刮平。腻子的主要刮涂方法有填刮、靠刮、先上后刮、上带刮、软上硬收、硬上硬收、软上软收等。

①填刮。刮涂时主要依靠刮具上部有弹力的部位与手配合操作，目的是利用较稠的腻子分多次把工件表面凹陷填平。

②靠刮。刮涂时，主要依靠硬刮具的刃口以刮涂区外的表面为导向刮涂较浅、较小的凹陷，刮涂的腻子层较薄且光滑，所用的原子灰稠度稍低，一般用于最后一两道的刮涂或用于平滑表面的刮涂。

③先上后刮。先将腻子逐一填满或刮平，然后再用刮具将其收刮平整。一般用于刮涂较大面积的刮涂。

④上带刮。边上腻子边将其刮平。一般用于较浅、面积较小或形状较复杂部位的刮涂。

⑤软上硬收。先用软刮具把腻子刮涂在垂直表面上，再用硬刮具将腻子层收刮平整，这样腻子不易掉落。

⑥硬上硬收。上腻子和收刮腻子都采用硬刮具。主要用于既有平面又有曲面的构件。

⑦软上软收。上腻子和收刮腻子均采用软刮具，以便于按照构件的表面形状刮出曲面。主要用手刮涂单纯的曲面构件。

2）腻子的打磨。

①第一道腻了的刮涂和打磨。

腻子施工中，第一道腻子的目的是填刮较大凹坑，用硬刮具刮涂。当使用自制油性腻子时要调制的较硬些，分若干次将构件表面凹坑填平，施工时只求刮平，不求光滑。操作中不能来回刮涂，以免腻子中孔隙被黏死，造成长期不干。原子灰可用粗灰，是聚酯腻子加固化剂调和而成，刮涂时可以较厚，不会出现不干现象。刮涂时，应使用刮刀与构件表面成60°，并略成弧形涂刮。

用手指甲检查腻子软硬程度，自制腻子一般隔夜后才干透，原子灰需1~2h。当腻子干透后，进行打磨，注意打磨太早腻子会继续收缩，打磨太迟则因腻子过硬不易打磨。打磨的方法：可用手工打磨，也可用机械打磨；可干磨，也可湿磨。

②第二道腻子的刮涂和打磨。

第二道腻子的刮涂目的，仍是以填平低处为主。自制油性腻子调制时要比第一道腻子油性略大些，刮涂厚度应小于第一道。若是局部补刮，则面积要略大于第一道。平面用硬刮刀，圆弯处可用橡皮刮刀。刮涂时应注意顺着汽车造型水平方向，从右到左，从上到下，为减少涂刮接头，刮涂时尽可能拉长一些。原子灰刮涂施工要求用自制腻子。

第二道腻子的打磨，一般采用湿磨，根据腻子层的厚薄可选用 120 ~ 180 号水砂纸。打磨时，用木块或橡胶块衬平水砂纸蘸水，对满刮腻子的打磨以汽车流线型方向为主，横向打磨为辅，来回幅度要长些。打磨动作要均匀平稳，并经常用手摸纵横面的平整性，要注意磨平腻子与旧漆交接处的“口子”，同时对构件边缘残余腻子用手衬砂纸将其磨光滑。打磨完后，等腻子干燥后再涂底漆，要求同第一道工序涂底漆，第三、四道工序主要是补缺。

4. 喷涂面漆

面漆喷涂的工艺流程是：选定面漆涂装工艺→施工环境准备→遮盖不应喷涂的车身部位→面漆配比→调节喷枪→喷漆→干燥→打蜡抛光→拆除遮盖→质量检查→修饰。

（1）面漆喷涂前的准备

1）全面检查各部位的底漆层是否平滑，如有不平之处，需再用砂纸用手工打磨。同时用铲刀清除残留腻子和其他污物，并打磨光滑，彻底清洗干净。然后用压缩空气吹除一切灰尘，再用黏性抹布仔细地擦拭汽车待修补处的表面。黏性抹布是用粗棉布经某种不干的黏性清漆处理而成。最通常的尺寸为 36cm × 30cm。这种黏性抹布能有效地从金属、塑料、旧涂膜表面清除掉尘埃、污垢、锈渣、打磨时产生的粉尘以及过喷留在表面的漆渣等。在喷漆前用黏性抹布擦拭表面速度要快，力量要轻，否则就有可能将黏性抹布上的清漆遗留在待涂装表面，造成缩孔、针孔，并使附着力、耐介质性能下降等。

2）对不需要喷涂的部位，用遮盖纸和胶带遮盖封闭。

3）根据车主的要求调漆（调色、调黏度）。

4）检查、调整喷枪。

（2）喷涂技巧

1）喷枪与工件表面的角度。

喷枪与工作表面必须保持垂直（90°夹角），绝对不可由手腕或手肘做弧形的摆动。

2）喷枪嘴与工件表面的距离。

正常的喷涂距离应与喷枪的气压、喷枪的扇面调整大小以及涂料的种类相配合。一般喷涂距离为 15 ~ 20cm（可按涂料供应商提供的工艺条件操作）。实际距离可通过对贴在墙上的纸张试喷而定。

3）喷枪的移动速度。

喷枪的移动速度与涂料干燥速度、环境温度、涂料的黏度有关，应以 30cm/s 的速度匀速移动。

4）喷涂气体压力。

正确的喷涂气体压力与涂料的种类、稀释剂的种类、稀释后黏度有关，一般气压为 0. 35 ~ 0. 5MPa，或进行试喷而定。压力过低极有可能雾化不好，会使稀释剂挥发过慢，涂料像雨淋一样喷涂到工件的表面，容易产生流泪、针孔、气泡等现象；而压力过高极有可能过度蒸发，严重时形成所谓干喷现象。

5）喷枪扳机的控制。

扳机扣得越深，液体流速越大。传统走枪，扳机总是扣死，而不是半扣。为了避免每次走枪行程即将结束时所喷出的涂料堆积，有经验的涂装工都要略微放松一点扳机，以减少供漆量。

在“斑点”修补或者新喷涂层与旧涂层的边缘润色加工时都要进行“收边”操作。“收边”是指在走枪开始时不扣死扳机。也就是说，开始时的供漆量很小，随着喷枪的移动，逐渐加大供漆量，直到走枪行程即将结束时再将扳机放开，使供漆量大大减少，从而获得一种特殊的过渡效果。

6）喷涂方法、路线。

喷涂方法有纵行重叠法、横行重叠法、纵横交替喷涂法。喷涂路线应按从高到低、从左到右、从上到下、先里后外顺序进行。在行程终点关闭喷枪，喷枪第二次单方向移动的行程与第一次相反，喷嘴与第一次行程的边缘平齐，雾形的上半部与第一次雾形的下半部重叠，重叠幅度为第二层与上一层重叠 1/3 或 1/2。

思考与习题

1. 简述汽车美容的分类。
2. 简述汽车美容工具的作用。
3. 简述汽车内饰美容护理程序。
4. 简述汽车车室净化方法。
5. 简述汽车外饰美容内容。
6. 简述汽车漆面护理美容项目与作用。
7. 简述汽车漆面划痕产生的原因。
8. 简述汽车漆面修复美容的工艺流程。
9. 简述汽车面漆喷涂的工艺流程。

第8章　二手车服务

【本章知识点】

本章主要阐述二手车服务的含义、二手车技术状况鉴定、价格评估，并介绍了二手车置换、交易模式及流程。

8.1　概　述

8.1.1　二手车服务的主要内容

1. 二手车的定义

商务部、公安部、国家工商行政管理总局、国家税务总局令 2005 年第 2 号《二手车流通管理办法》中首次提出了二手车的概念，并给出了二手车的定义。即二手车是指从办理完注册登记手续到达到国家强制报废标准之前进行交易并转移所有权的车辆，并明确了“二手车”的内涵与“旧车辆”相同。

2. 二手车服务的主要内容

二手车服务主要包括二手车的鉴定评估、拍卖、经销、经纪四项服务。

二手车鉴定评估是指二手车鉴定评估机构对二手车技术状况及其价值进行鉴定评估的经营活动。

二手车拍卖是指二手车拍卖企业以公开竞价的形式将二手车转让给最高应价者的经营活动。

二手车经销是指二手车经销企业收购、销售二手车的经营活动。

二手车经纪是指二手车经纪机构以收取佣金为目的，为促成他人交易二手车而从事居间、行纪或者代理等的经营活动。

8.1.2　国内外二手车市场概况

二手车交易市场是指依法设立、为买卖双方提供二手车集中交易和相关服务的场所。

1. 国外二手车市场

国外二手车市场相对于国内市场来说比较成熟，从美国、德国、瑞士和日本等二手车市场的情况看，越是汽车发达的国家和地区，二手车市场越活跃，并呈现出以下特点。

（1）二手车销量和利润大于新车

目前美国、德国、瑞士和日本等二手车的销售量分别是新车销售的3.5倍、2倍、2倍和1.4倍，其中美国二手车利润占利润总额的45%，瑞士二手车的利润占利润总额的15%~20%，而新车的利润只有8.9%左右。大交易量和高利润的原因是经营二手车的主体多元化、交易方式多样化和交易手续简便化。从发达国家和发展中国家的情况看，随着各国经济的发展，二手车作为一般商品进入市场，其销售多渠道，导致了品牌专卖、大型超市、连锁经营、二手车专营和二手车拍卖等并存的多元化经营体制，为消费者营造了购买二手车的便利消费环境。

（2）二手车享受售后服务

在国外，二手车实行规范化的售后服务标准。各国通过制定法规、行业协会管理以及品牌汽车企业来确定经营者的资质资格，规范其交易行为。从发达国家来看，他们通过技术质量认证，来保证售出二手车的质量，同时使购买二手车的消费者，在一定时期内，享受与新车销售相同的售后待遇。

（3）有较科学、较完善和较权威的二手车评估体系

二手车的评估是由第三方评估机构和评估公司来实现的。例如，在瑞士有一个较科学的二手车评估系统即优诺泰斯评估系统，这个系统由瑞士二手车协会制定，任何二手车的估价必须由这一套较科学的评估系统来确定。二手车销售价格的制定，首先要经过技术检测部门的技术人员的测定，列出测试清单，然后做出对此车的估价，销售商根据二手车的估价和原销售价格，最终确定二手车的实际售价。

（4）按照购进与销售之间的差价征税

从北美、欧洲情况看，绝大部分国家和地区在二手车交易中是按照购进与销售之间的差价征税，英国按照差价毛率征收。

（5）信息现代化

越是经济发达的国家，信息化程度越高，如美国、英国、德国和日本等，品牌专卖店基本是新车与二手车同店销售，在互联网上进行二手车拍卖，利用先进的信息网络实现对二手车各种信息的查询，极大地方便了二手车的交易。

2. 国内二手车市场

（1）二手车市场的特点

经过多年发展的国内二手车市场逐渐形成了以下几个特点：①政府扶植二手车交易政策的实施，使得二手车交易量快速增长，消费者得到了实惠；②二手车的流向是从经济发达地区向欠发达地区流动，从高收入者向低收入者流动；③二手车资源丰富、价格低廉，受到部分消费者青睐。2002年以来轿车频频问世，加快了轿车消费者换车的频率，加上中国加入世贸组织后进口汽车关税下降，进口汽车数量增长，丰富了二手车市场的资源，带动了车价下降；④二手车拍卖、新车置换为二手车市场注入了新的活力，进而加快了与国际接轨的步伐。

总之，国内二手车市场正处于起步阶段，发展也相对滞后，与发达国家之间的差距还相当明显，还有较大的发展空间。

（2）二手车市场目前存在的问题

尽管我国二手车市场有着巨大的潜力和广阔的发展前景，但目前我国二手车市场仍然存在着较突出的问题：

①二手车交易市场功能单一。

②受新车频繁降价的影响，二手车经营风险增加。

③行业诚信缺乏有效监督。

④交易行为不规范，缺乏相关的行业标准。

⑤评估缺乏标准与规范，评估行为随意性大。

⑥缺乏真正意义上的二手车经销商。

⑦尚无完善的全国二手车交易市场信息网络系统。

⑧销售渠道单一，手续烦琐。

⑨交易税收存在不合理因素。

二手车在二次交易和多次交易中，存在着多次征收增值税的情况。对于二手车经销企业，我国目前执行的是按照二手车交易的全额征收2%的增值税的政策，不管其销售的车辆在购销抵扣中是否有盈利，只要销售就要向国家交纳全额2%的增值税。在近年来汽车价格持续走低的情况下，二手车经销企业在经营过程中面临着税收征收基数不合理和经营上的风险，导致二手车经销企业普遍采取与市场联营的方式进行交易，以规避增值税的风险。

从国外的情况看，德国、英国、日本等国家的二手车流通渠道与我国不同，其主要流通渠道：一是通过大的拍卖公司实现异地联网销售，二是二手车经销企业销售的方式。另外，国外普遍按照二手车收购与销售的差额、按照一定的比例征收增值税。一个是按照交易的全额征收，一个是按照交易的购销差价征收，二者的基数不同，其征收的额度自然也不同。

3. 二手车市场的发展趋势

（1）交易数量接近甚至超过新车

按照国际惯例，在汽车进入家庭6至7年之后，会给二手车市场带来一个快速增长的行情，而我国汽车大量进入家庭是从2004年左右开始的。因此，中国二手车市场在2010年迎来了第一轮行情。随着我国汽车市场逐步完善成熟，二手车交易数量将逐步与新车持平，并最终达到2:1左右的比例，车辆的高保有量和消费观念的改变将为二手车市场的发展创造巨大的提升空间。

（2）二手车价格接轨国际市场

随着国际品牌的涌入，新车价格不断调低，大部分品牌将实现与国际市场的同步。新车市场将进入价格平稳期，新车价格竞争更充分，二手车价格在新车降价和市场供求关系的影响下，也将实现与国际接轨。

（3）二手车成为新的利润增长点

从经营利润上看，二手车将来一定会成为厂家和经销商的一个重要利润来源。数据显示，1992年美国汽车经销商的利润构成和2002年相比，来自新车销售的利润占总利润的比例基本相同，但是二手车销售利润所占比例从24.5%上升到28.6%。新车的单车利润已经非常低，有的甚至不到100美元，但是二手车的平均单车利润能超过1 000美元。

（4）二手车市场实现从卖方向买方的过渡

在成熟的市场环境下，二手车供求关系基本趋于平衡。二手车经营企业的主要工作重点也将从现在的组织车源向提升增值服务、树立自身品牌和建立销售网络的方向转变。

8.2　二手车技术状况鉴定

二手车技术状况的鉴定一般包括静态检查、动态检查、仪器检查三个方面。

静态鉴定是指二手车在静态状态下，根据检查人员的技能和经验，辅以简单的量具，对二手车技术状况进行检查鉴定。

动态鉴定是指二手车在工作状态下（发动机运转、二手车运动或静止），根据检测人员的技能和经验，辅以简单的量具，对二手车的技术状况进行检查鉴定。

仪器鉴定是指使用仪器、设备对二手车的技术性能和故障进行检测和诊断，既定性又定量地对二手车进行技术鉴定。

前两项在二手车鉴定评估中是必不可少的；第三项在实际工作中往往视评估目的和实际情况而定。根据《二手车鉴定评估技术规范（征求意见稿）》，在进行技术状况鉴定时，利用各种鉴定方法，主要鉴定项目有查验可交易车辆、判别事故平合鉴定车辆技术状况。

8.2.1　查验可交易车辆

1）二手车的识伪检查主要鉴别走私车辆、拼装车辆和盗抢车辆等。查验车辆登记证书、行驶证、有效车辆安全技术检验合格标志、车辆购置税完税证明、车船使用税缴付凭证、车辆保险单等法定证明、凭证是否齐全，并按照表8－1检查所列项目是否全部判定为“Y”。

表8－1　可交易车辆判别表

序号	检查项目	判别
1	是否达到国家强制报废标准	Y否　N是
2	是否为抵押期间或海关监管期间	Y否　N是
3	是否为人民法院、检察院、行政执法等部门依法查封、扣押期间的车辆	Y否　N是
4	是否为通过盗窃、抢劫、诈骗等违法犯罪手段获得的车辆	Y否　N是
5	发动机号与车辆　登记证书登记号码是否一致，且无凿改痕迹	Y是　N否
6	车辆识别代号或车架号码与车辆　登记证书登记号码是否一致，且无凿改痕迹	Y是　N否
7	是否走私、非法拼组装车辆	Y否　N是
8	是否法律法规禁止经营的车辆	Y否　N是

2）如发现上述法定证明、凭证不全，或表8－1中检查项目任何一项判别为“N”的车辆，应告知委托方，不需继续进行技术鉴定和价值评估（司法机关委托等特殊要求的除外）。

3）发现法定证明、凭证不全，或者表8－1中第1项、第4项至第8项任意一项判断为“N”的车辆应及时报告公安机关等执法部门。

8.2.2 判别事故车

1）参照图 8－1 所示车体部位，按照表 8－2 要求检查车辆外观，判别车辆是否发生过碰撞、火烧，确定车体结构是完好无损或者有事故痕迹。

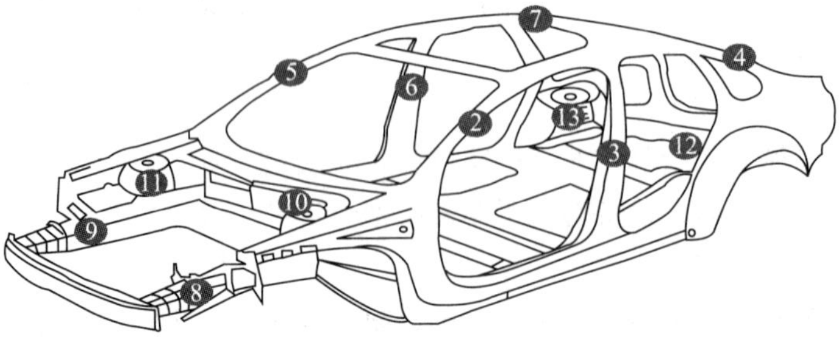

图 8－1　车体结构示意图

2）使用漆面厚度检测设备配合对车体结构部件进行检测；使用车辆结构尺寸检测工具或设备检测车体左右对称性。

3）根据表 8－2、表 8－3 对车体状态进行缺陷描述。即：车身部位 + 状态。例：4SH，即：左 C 柱有烧焊痕迹。

4）当表 8－2 中任何一个检查项目存在表 8－3 中对应的缺陷时，则该车为事故车。

5）事故车的车辆技术鉴定和价值评估不在本章节的范围之内。

表 8－2　车体部位代码表

序号	检查项目	序号	检查项目
1	车体左右对称性	8	左前纵梁
2	左 A 柱	9	右前纵梁
3	左 B 柱	10	左前减震器悬挂部位
4	左 C 柱	11	右前减震器悬挂部位
5	右 A 柱	12	左后减震器悬挂部位
6	右 B 柱	13	右后减震器悬挂部位
7	右 C 柱		

表 8－3　车辆缺陷状态描述对应表

代表字母	BX	NQ	GH	SH	ZZ
缺陷描述	变形	扭曲	更换	烧焊	褶皱

8.2.3　鉴定车辆技术状况

1）按照车身、发动机舱、驾驶舱、启动、路试、底盘等项目顺序检查车辆技术状况。

2）根据检查结果确定车辆技术状况的分值。总分值为各个鉴定项目分值累加，即鉴定总分 = ∑项目分值，满分 100 分。

3）根据鉴定分值，按照表 8－4 确定车辆对应的技术等级。

表 8－4　车辆技术状况等级分值对应表

技术状况等级	分值区间
一级	鉴定总分≥90
二级	60≤鉴定总分＜90
三级	20≤鉴定总分＜60
四级	鉴定总分＜20
五级	事故车

正常车辆技术状况鉴定有关要求：

（1）车身

1）参照图 8－2 标示，按照表 8－5、表 8－6 要求检查 26 个项目，程度为 1 的扣 0.5 分，每增加 1 个程度加扣 0.5 分。共计 20 分，扣完为止。轮胎部分需高于程度 4 的标准，不符合标准扣 1 分。

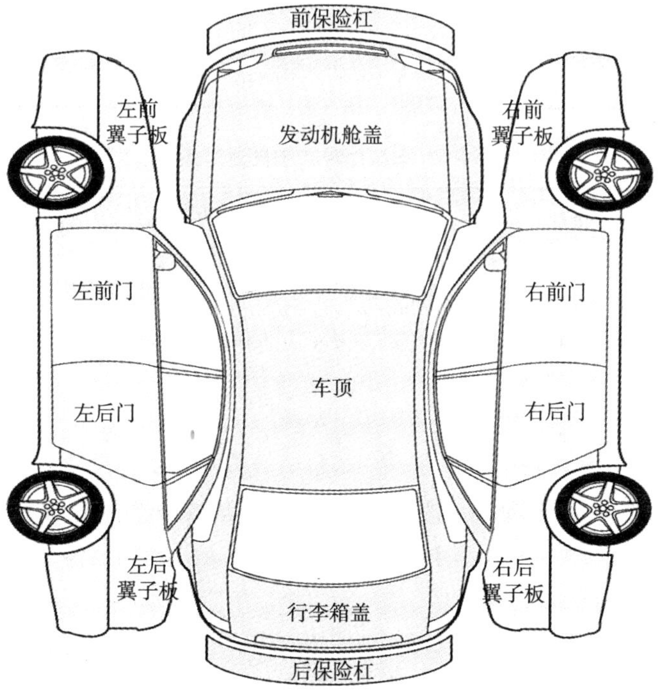

图 8－2　车身外观展开示意图

2）使用车辆外观缺陷测量工具与漆面厚度检测检测仪器结合目测法对车身外观进行检测。

3）根据表 8－5、表 8－6 描述缺陷，车身外观项目的转义描述为：车身部位＋状态＋程度。例：21XS2 对应描述为：左后车门有锈蚀，面积为大于 100mm×100mm，小于或等于 200mm×300mm。

表 8－5　车身外观部位代码对应表

代码	部位	代码	部位
14	发动机舱盖表面	27	后保险杠
15	左前翼子板	28	左前轮
16	左后翼子板	29	左后轮
17	右前翼子板	30	右前轮
18	右后翼子板	31	右后轮
19	左前车门	32	前大灯
20	右前车门	33	后尾灯
21	左后车门	34	前挡风玻璃
22	右后车门	35	后挡风玻璃
23	行李箱盖	36	四门风窗玻璃
24	行李箱内则	37	左后视镜
25	车顶	38	右后视镜
26	前保险杠	39	轮胎

表 8－6　车身外观状态描述对应表

代码	HH	BX	XS	LW	AX	XF
描述	划痕	变形	锈蚀	裂纹	凹陷	修复痕迹

程度：1——面积小于或等于 100mm×100mm；
2——面积大于 100mm×100mm 并小于或等于 200mm×300mm；
3——面积大于 200mm×300mm；
4——轮胎花纹深度小于 1.6mm。

（2）发动机舱

按表 8－7 要求检查 10 个项目。选择 A 不扣分，第 40 项选择 B 或 C 扣 15 分；第 41 项选择 B 或 C 扣 5 分；第 44 项选择 B 扣 2 分，选择 C 扣 4 分；其余各项选择 B 扣 1.5 分，选择 C 扣 3 分。共计 20 分，扣完为止。

如检查第 40 项时发现机油有冷却液混入、检查第 41 项时发现缸盖外有机油渗漏，则应在《二手车鉴定评估报告》或《二手车技术状况表》的技术状况缺陷描述中分别予以注明，并提示修复前不宜使用。

表 8－7　发动机舱检查项目作业表

序号	检查项目	A	B	C
40	机油有无冷却液混入	无	轻微	严重
41	缸盖外是否有机油渗漏	无	轻微	严重
42	前翼子板内缘、水箱框架、横拉梁有无凹凸或修复痕迹	无	轻微	严重
43	散热器格栅有无破损	无	轻微	严重
44	蓄电池电极桩柱有无腐蚀	无	轻微	严重
45	蓄电池电解液有无渗漏、缺少	无	轻微	严重
46	发动机皮带有无老化	无	轻微	严重
47	油管、水管有无老化、裂痕	无	轻微	严重
48	线束有无老化、破损	无	轻微	严重
49	其他	只描述缺陷，不扣分		

（3）驾驶舱

按表 8－8 要求检查 15 个项目。选择 A 不扣分，第 50 项选择 C 扣 1.5 分；第 51、52 项选择 C 扣 0.5 分；其余项目选择 C 扣 1 分。共计 10 分，扣完为止。

如检查第 60 项时发现安全带结构不完整或者功能不正常，则应在《二手车鉴定评估报告》或《二手车技术状况鉴定书》的技术状况缺陷描述中予以注明，并提示修复或更换前不宜使用。

表 8－8　驾驶舱检查项目作业表

序号	检查项目	A	C
50	车内是否无水泡痕迹	是	否
51	车内后视镜、座椅是否完整、无破损、功能正常	是	否
52	车内是否整洁、无异味	是	否
53	方向盘自由行程转角是否小于 15 度	是	否
54	车顶及周边内饰是否无破损、松动及裂缝和污迹	是	否
55	仪表台是否无划痕，配件是否无缺失	是	否
56	排档把手柄及护罩是否完好、无破损	是	否
57	储物盒是否无裂痕，配件是否无缺失	是	否
58	天窗是否移动灵活、关闭正常	是	否
59	门窗密封条是否良好、无老化	是	否
60	安全带结构是否完整、功能是否正常	是	否
61	驻车制动系统是否灵活有效	是	否
62	玻璃窗升降器、门窗工作是否正常	是	否
63	左、右后视镜折叠装置工作是否正常	是	否
64	其他	只描述缺陷，不扣分	

（4）启动

按表8-9要求检查10个项目。选择A不扣分，第65、66项选择C扣2分；第67项选择C扣1分；第68至71项，选择C扣0.5分；第72、73项选择C扣10分。共计20分，扣完为止。

如检查第66项时发现仪表板指示灯显示异常或出现故障报警，则应查明原因，并在《二手车鉴定评估报告》或《二手车技术状况鉴定书》的技术状况缺陷描述中予以注明。优先选用车辆故障信息读取设备对车辆技术状况进行检测。

表8-9　启动检查项目作业表

序号	检查项目	A	C
65	车辆启动是否顺畅（时间少于5秒，或一次启动）	是	否
66	仪表板指示灯显示是否正常，无故障报警	是	否
67	各类灯光和调节功能是否正常	是	否
68	泊车辅助系统工作是否正常	是	否
69	制动防抱死系统（ABS）工作是否正常	是	否
70	空调系统风量、方向调节、分区控制、自动控制、制冷工作是否正常	是	否
71	发动机在冷、热车条件下怠速运转是否稳定	是	否
72	怠速运转时发动机是否无异响，空挡状态下逐渐增加发动机转速，发动机声音过渡是否无异响	是	否
73	车辆排气是否无异常	是	否
74	其他	只描述缺陷，不扣分	

（5）路试

按表8-10要求检查10个项目。选择A不扣分，选择C扣2分。共计15分，扣完为止。

如果检查第80项时发现制动系统出现刹车距离长、跑偏等不正常现象，则应在《二手车鉴定评估报告》或《二手车技术状况表》的技术缺陷描述中予以注明，并提示修复前不宜使用。

表8-10　路试检查项目作业表

序号	检查项目	A	C
75	发动机运转、加速是否正常	是	否
76	车辆启动前踩下制动踏板，保持5~10秒钟，踏板无向下移动的现象	是	否
77	踩住制动踏板启动发动机，踏板是否向下移动	是	否
78	行车制动系最大制动效能在踏板全行程的4/5以内达到	是	否
79	行驶是否无跑偏	是	否
80	制动系统工作是否正常有效、制动不跑偏	是	否

续表

序号	检查项目	A	C
81	变速箱工作是否正常、无异响	是	否
82	行驶过程中车辆底盘部位是否无异响	是	否
83	行驶过程中车辆转向部位是否无异响	是	否
84	其他	只描述缺陷，不扣分	

（6）底盘

按表 8－11 要求检查 8 个项目。选择 A 不扣分，第 85、86 项，选择 C 扣 4 分；第 87、88 项，选择 C 扣 3 分；第 89、90、91 项，选择 C 扣 2 分。共计 15 分，扣完为止。

表 8－11　底盘检查项目作业表

序号	检查项目	A	C
85	发动机油底壳是否无渗漏	是	否
86	变速箱体是否无渗漏	是	否
87	转向节臂球销是否无松动	是	否
88	三角臂球销是否无松动	是	否
89	传动轴十字轴是否无松框	是	否
90	减震器是否无渗漏	是	否
91	减震弹簧是否无损坏	是	否
92	其他	只描述缺陷，不扣分	

（7）功能性零部件

对表 8－12 所示部件功能进行检查。结构、功能坏损的，直接进行缺陷描述，不计分。

表 8－12　车辆功能性零部件项目表

序号	类别	零部件名称	序号	类别	零部件名称
93	车身外部件	发动机舱盖锁止	105	随车附件	备胎
94		发动机舱盖液压撑杆	106		千斤顶
95		后门/后备厢液压支撑杆	107		轮胎扳手及随车工具
96		各车门锁止	108		三角警示牌
97		前后雨刮器	109		灭火器
98		立柱密封胶条	110	其他	全套钥匙
99		排气管及消音器	111		遥控器及功能
100		车轮轮毂	112		喇叭高低音色
101	驾驶舱内部件	车内后视镜	113		玻璃加热功能
102		座椅调节及加热			
103		仪表板出风管道			
104		中央集控			

（8）拍摄车辆照片

1）外观图片。分别从车辆左前部与右后部45度角拍摄外观图片各1张。拍摄外观破损部位带标尺的正面图片1张。

2）驾驶舱图片。分别拍摄仪表台操纵杆、前排座椅、后排座椅正面图片各1张，拍摄破损部位带标尺的正面图片1张。

3）拍摄发动机舱图片1张。

8.3 二手车价格评估

8.3.1 二手车评估基础知识

1. 二手车价格评估的含义

二手车价格评估是指在二手车技术状况鉴定的基础上，根据二手车鉴定评估目的，运用资产评估的相关理论和方法，对二手车现时价格进行综合评定和估算。

在每一项二手车价格评估业务中，通常采用一定的假设条件，以便做出合乎逻辑的推断。二手车价格评估的假设有继续使用假设、公开市场假设、清算假设。

2. 二手车价格评估的假设条件

（1）继续使用假设

继续使用假设是指二手车将按现行用途继续使用，或转换用途继续使用。对这些车辆的评估，就要从继续使用的假设出发，而不能按车辆拆零出售零部件所得收入之和进行估价。比如一辆汽车用做营运，其估价可能是4万元；而将其拆成发动机、底盘等零部件分别出售时可能仅值3万元。可见同一辆车按不同的假设用做不同的目的，其评估价格是不一样的。继续使用假设体现了二手车交易的本质，对不能继续使用的车辆进行估价属于卖废品，不属于本课程的讨论范围。

在确定二手车能否继续使用时，必须充分考虑的条件是：车辆具有显著的剩余使用寿命，且使用功能保持完好，能继续为所有者提供服务，满足经营上或工作上期望的收益；车辆所有权明确；车辆从经济上和法律上允许转作他用。

（2）公开市场假设

公开市场假设是指繁荣、完全竞争的市场条件。公开市场假设强调二手车市场各类车型车源丰富、交易活跃，经常有与被评估车辆相同车型或类似车型交易，交易双方容易获得相关交易信息，如车辆性能、交易活跃程度、市场评价等，方便通过类比对车辆的功能、用途及其交易价格等做出理智的判断。

不同类型的二手车，其性能、用途不同，市场交易活跃程度也不一样。一般用途广泛、质量和性能消费者口碑好的车辆比用途狭窄、消费者口碑差的车辆市场活跃，交易双方容易获得该车型近期成功交易信息，按照成功交易价格或做适当调整，能够很快做出比较接近市场行情的二手车估价，容易获得消费者认同。

（3）清算假设

清算假设是指二手车所有者由于种种原因（如破产、抵押违约、停业清理等），急于将车辆快速出售变现。清算假设强调快速变现，即要求在一定的期限内将车辆售出收回现金。快速变现最有效的方法是以大大低于现行市场价格出售。这种情况下二手车的评估价格往往明显低于继续使用或公开市场假设下的评估价格。

不同的假设，适用不同的评估方法。同一辆二手车按不同的评估方法，其价格是不一样的。

8.3.2　二手车评估的方法

车辆评估方法和资产评估的方法一样，按照国家规定的现行市价法、重置成本法、收益现值法和清算价格法等四种方法进行。

1. 现行市价法

现行市价法又称市场法、市场价格比较法，是指通过比较被评估车辆与最近售出类似车辆的异同，并将类似车辆的市场价格进行调整，从而确定被评估车辆价值的一种评估方法。现行市价法是最直接、最简单的一种评估方法。这种方法的基本思路是：通过市场调查，选择一个或几个与评估车辆相同或类似的车辆作为参照物，分析参照物的构造、功能、性能、新旧程度、地区差别、交易条件及成交价格等，并与评估车辆对照比较，找出两者的差别及差别所反映在价格上的差额，经过调整，计算出车辆的价格。

（1）现行市价法应用的前提条件

1）需要有一个充分发育、活跃的二手车交易市场，有充分的参照物可取，即要有二手车交易的公开市场。在这个市场上有众多的卖者和买者，交易充分平等，这样可以排除交易的偶然性和特殊性。市场成交的二手车价格可以准确反映市场行情，评估结果更公平公正，双方都易接受。

2）参照物及其与被评估车辆可比较的指标、技术参数等资料是可收集到的，并且价值影响因素明确，可以量化。运用现行市价法，重要的是要能够找到与被评估车辆相同或相类似的参照物，并且参照物是近期的、可比较的。所谓近期，即指参照物交易时间与车辆评估基准日相差时间相近，一般在一个季度之内；所谓可比，即指车辆在规格、型号、功能、性能、内部结构、新旧程度及交易条件等方面不相上下，还有选择参照物的数量，按照市价法的通常做法，参照物一般要在 3 个以上。因为运用现行市价法进行二手车价格评估，二手车的价位高低在很大程度上取决于参照物成交价格水平，而参照物成交价不仅仅是参照物功能自身市场价值体现，还要受买卖双方交易地位、交易动机、交易时限等因素影响。因此，在评估中除了要求参照物与评估对象在功能、交易条件和成交时间上有可比性，还要考虑参照物的数量。

（2）采用现行市价法评估的步骤

1）收集资料。

收集评估对象的资料，包括车辆的类别名称、车辆型号和性能、生产厂家及出厂年月、车辆目前使用情况、实际技术状况以及尚可使用的年限等。

2）选定二手车交易市场上可进行类比的对象。

所选定的类比车辆必须具有可比性。可比性因素包括：车辆型号；车辆制造厂家；车辆来源，是私用、公务、商务车辆，还是营运出租车辆；车辆使用年限、行驶里程数；车辆实际技术状况；市场状况，指的是市场处于衰退萧条或是复苏繁荣，供求关系是买方市场还是卖方市场；交易动机和目的，是以清偿为目的或是以淘汰转让为目的，买方是获利转手倒卖或是购建自用，不同情况交易作价往往有较大的差别；车辆所处的地理位置，不同地区的交易市场，同样车辆的价格有较大的差别；成交数量，单台交易与成批交易的价格会有一定差别；成交时间，应尽量采用近期成交的车辆作为类比对象，由于市场随时间的变化，往往受通货膨胀及市场供求关系变化的影响，价格有时波动很大。

3）选择与被评估对象相同或相似的交易案例。

按以上可比性因素选择参照对象，一般选择与被评估对象相同或相似的三个以上的交易案例。某些情况找不到多台可类比的对象时，应按上述可比性因素，仔细分析选定的类比对象是否具有一定的代表性，要认定其成交价的合理性，才能作为参照物。

4）分析和类比。

综合上述可比性因素，对待评估的车辆与选定的类比对象进行认真的分析类比。

5）计算评估值。分析调整差异，做出结论。

（3）现行市价法的具体计算方法

1）两类主要方法。

运用现行市价法确定单台车辆价值通常采用直接法和类比法。

①直接法：直接法是指在市场上能找到与被评估车辆完全相同的车辆的现行市价，并依其价格直接作为被评估车辆评估价格的一种方法。所谓完全相同是指车辆型号相同，但是在不同的时期，寻找同型号的车辆有时是比较困难的。我们认为，参照车辆与被评估车辆类别相同、主参数相同、结构性能相同，只是生产序号不同，并作局部改动的车辆，则还是认为完全相同。

②类比法：类比法是指评估车辆时，在公开市场上找不到与之完全相同的车辆，但在公开市场上能找到与之相类似的车辆，以此为参照物，并依其价格再做相应的差异调整，从而确定被评估车辆价格的一种方法。所选参照物与评估基准日在时间上越近越好，实在无近期的参照物，也可以选择远期的，再做日期修正。

其基本计算公式为：

评估价格 = 市场交易参照物价格 + ∑评估对象比交易参照物优异的价格差额 −
∑交易参照物比评估对象优异的价格差额

或者评估价格 = 参照物价格 ×（1 ± 调整系数）

用现行市价法进行评估，了解市场情况是很重要的，并且要全面了解。了解的情况越多，评估的准确性越高，这是现行市价法评估的关键。

2）几项具体方法。

在具体的二手车价格评估中，运用现行市价法进行评估的具体评估方法有以下几种：

①市场售价类比法。

以参照二手车的市场成交价为基础，考虑参照物二手车与被评估二手车在功能、市场条件及交易条件等方的差异，通过对比分析量化差异调整估算出二手车价值方法。其数学公式表达为：

二手车评估值 = 参照物二手车成交价 + 功能性条件差异 +

市场性条件差异 + 交易性条件差异

②功能价值法。

以参照物二手车的成交价格为基础，考虑参照物与评估对象之间的功能差异进行调整来估算被评估二手车价值方法。如同为奥迪牌二手车，被评估二手车是奥迪自动挡，而参照物二手车是手动挡，而其他条件完全相同，只是在功能上有差异，这时就可以用功能价值法进行评估。数学公式表达为：

被评估二手车价值 = 参照物二手车成交价格 × 功能价值系数

功能价值系数 = 被评估二手车功能 ÷ 参照物二手车功能

③价格指数法。

以参照物二手车成交价为基础，考虑参照物二手车成交时间与被评估二手车价格评估基准日之间间隔对二手车价值影响，利用价格指数调整估算二手车方法。其数学公式表达为：

二手车评估值 = 参照物二手车成交价格 × 物价变动指数

价格指数法是一种简单方法，在二手车价格评估中不常用，但有时遇特定目的和特殊情况，也会用到此法。

④成新率价格法。

以参照物二手车的成交价格为基础，考虑参照物二手车与被评估二手车在新旧程度上差异，通过成新率调整估算出被评估二手车的价值。其数学公式表达为：

二手车评估值 = 参照物二手车成交价 × 成新率系数

成新率系数 = 被评估二手车成新率 ÷ 参照物二手车成新率

对成新率的定义在学术上有争议，一般情况下成新率指二手车新旧程度比率。其计算公式为：

成新率 = 二手车的尚可使用年限 ÷（已使用年限 + 尚可使用年限）×100%

⑤市价折扣法。

以参照物二手车为基础，考虑到被评估二手车交易条件方面的因素，凭评估人职业经验或有关规定，设定一个价格折扣率来估算二手车价值。其数学公式表达为

被评估二手车价值 = 参照物二手车成交价格 ×（1 - 折扣率）

（4）采用现行市价法的优缺点

1）现行市价法的优点。

能够客观反映二手车辆目前的市场情况，其评估的参数、指标。直接从市场获得，评估值能反映市场现实价格；评估结果易于被各方面理解和接受。

2）现行市价法的缺点。

需要公开及活跃的市场作为基础，然而我国二手车市场还只是刚刚建立，发育不完全、不完善，寻找参照物有一定的困难；可比因素多而复杂，即使是同一个生产厂家生产的同一型号的产品，同一天登记，由不同的车主使用，其使用强度、使用条件、维护水平等多种因素作用，其实体损耗、新旧程度都各不相同。

2. 重置成本法

（1）重置成本法及其理论依据

重置成本法是指在现时条件下重新购置一辆全新状态的被评估车辆所需的全部成本（即完全重置成本，简称“重置全价”），减去该被评估车辆的各种陈旧贬值后的差额作为被

评估车辆现时价格的一种评估方法。其基本计算公式可表述为：

被评估车辆的评估值 = 重置成本 - 实体性贬值 - 功能性贬值 - 经济性贬值

或　　被评估车辆的评估值 = 重置成本 × 成新率

可以看出，被评估车辆的各种陈旧贬值包括实体性贬值、功能性贬值、经济性贬值。

重置成本法的理论依据是：任何一个精明的投资者在购买某项资产时，他所愿意支付的价钱，绝对不会超过具有同等效用的全新资产的最低成本。如果该项资产的价格比重新建造，或购置一全新状态的同等效用的资产的最低成本高，投资者肯定不会购买这项资产，而会去新建或购置全新的资产。这也就是说，待评估资产的重置成本是其价格的最大可能值。

重置成本是购买一项全新的与被评估车辆相同的车辆所支付的最低金额。按重新购置车辆所用的材料、技术的不同，可把重置成本区分为复原重置成本（简称“复原成本”）和更新重置成本（简称“更新成本”）。复原成本指用与被评估车辆相同的材料、制造标准、设计结构和技术条件等，以现时价格复原购置相同的全新车辆所需的全部成本；更新成本指利用新型材料、新技术标准、新设计等，以现时价格购置相同或相似功能的全新车辆所支付的全部成本。一般情况下，在进行重置成本计算时，如果同时可以取得复原成本和更新成本，应选用更新成本；如果不存在更新成本，则再考虑用复原成本。

和其他机器设备一样，车辆价值也是一个变量，它随其本身的运动和其他因素变化而相应变化。影响车辆价值量变化的因素，除了市场价格以外，还有：

1）车辆的实体性贬值。

实体性贬值也叫有形损耗，是指车辆在存放和使用过程中，由于物理和化学原因而导致的车辆实体发生的价值损耗，即由于自然力的作用而发生的损耗。二手车一般都不是全新状态的，因而大都存在实体性贬值。确定实体性贬值，通过依据新旧程度，包括表体及内部构件、部件的损耗程度。假如用损耗率来衡量，一辆全新的车，其实体性贬值为百分之零，而一辆完全报废的车辆，其实体性贬值为百分之百，处于其他状态下的车辆，其实体性贬值率则位于这两个数字之间。

2）车辆的功能性贬值。

功能性贬值是由于科学技术的发展导致的车辆贬值，即无形损耗。这类贬值又可细分为一次性功能贬值和营运性功能贬值。一次性功能贬值是由于技术进步引起劳动生产率的提高，现在再生产制造与原功能相同的车辆的社会必要劳动时间减少，成本降低而造成原车辆的价值贬值。具体表现为原车辆价值中有一个超额投资成本将不被社会承认。营运性功能贬值是由于技术进步，出现了新的、性能更优的车辆，致使原有车辆的功能相对新车型已经落后而引起的价值贬值。具体表现为原有车辆在完成相同工作任务的前提下，在燃料、人力、配件材料等方面的消耗增加，形成了一部分超额运营成本。

3）车辆的经济性贬值。

经济性贬值是指由于外部经济环境变化所造成的车辆贬值。所谓外部经济环境，包括宏观经济政策、市场需求、通货膨胀、环境保护等。经济性贬值是由于外部环境而不是车辆本身或内部因素所引起的达不到原有设计的获利能力而造成的贬值。外界因素对车辆价值的影响不仅是客观存在的，而且对车辆价值影响还相当大，所以在二手车的评估中不可忽视。重置成本法的计算公式为正确运用重置成本法评估二手车辆提供了思路，评估操作中，重要的是依此思路，确定各项评估技术、经济指标。

（2）重置成本及其估算

前面讲述重置成本分复原重置成本和更新重置成本。一般来说，复原重置成本大于更新重置成本，但由此引致的功能性损耗也大。在选择重置成本时，在获得复原重置成本和更新重置成本的情况下，应选择更新重置成本。之所以要选择更新重置成本，一方面随着科学技术的进步，劳动生产率的提高，新工艺、新设计的采用会被社会普遍接受；另一方面，新型设计、工艺制造的车辆无论从其使用性能，还是成本耗用方面都会优于旧的车辆。

复原重置成本和更新重置成本的相同方面在于采用的都是车辆现时价格，不同的在于技术、设计、标准方面的差异。对于某些车辆，其设计、耗费、格式几十年一贯制，复原重置成本与更新重置成本是一样的。应该注意的是，无论复原重置成本还是更新重置成本，车的功能、型号等要与被评估的二手车一致，如评估一辆“普桑”二手车，不能用“桑塔纳2000”来作为更新重置成本，也不能用其他型号的轿车来作为复原重置成本或更新重置成本。

重置成本的估算在资产评估中估算的方法很多，对于二手车评估定价，一般采用如下两种方法：

1）直接法。

直接法也称重置核算法，它是按待评估车辆的成本构成，以现行市价为标准，计算被评估车辆重置全价的一种方法。也就是将车辆按成本构成分成若干组成部分，先确定各组成部分的现时价格，然后加总得出待评估车辆的重置全价。

重置成本的构成可分为直接成本和间接成本两部分。直接成本是指直接可以构成车辆成本的支出部分。具体来说是按现行市价的买价，加上运输费、购置附加费、消费税、人工费等。间接成本是指购置车辆发生的管理费、专项贷款发生的利息、注册登记手续费等。

以直接法取得的重置成本，无论国产或进口车辆，尽可能采用国内现行市场价作为车辆评估的重置成本全价。市场价可通过市场信息资料（如报纸、专业杂志和专业价格资料汇编等）和车辆制造商、经销商询价取得。在重置成本全价中，二手车价格评估人员应该注意区别合理收费和无依据收费。有的为了地方经济利益，越权制定了一些有关车辆收费项目，是违背国家收费政策的，这些费用不能计入二手车重置成本全价。

根据不同评估目的，二手车重置成本全价的构成一般分下述两种情况考虑：

①属于所有权转让的经济行为或为司法、执法部门提供证据的鉴定行为，可按被评估车辆的现行市场成交价格作为被评估车辆的重置全价，其他费用略去不计；

②属于企业产权变动的经济行为（如企业合资、合作和联营、企业分设、合并和兼并等），其重置成本构成除了考虑被评估车辆的现行市场购置价格以外，还应考虑国家和地方政府对车辆加收的其他税费（如车辆购置附加费、教育费附加、社控定编费、车船使用税等），并计入重置成本全价。

2）物价指数法。

物价指数法是在二手车原始成本基础上，通过现时物价指数确定其重置成本。计算公式为：

车辆重置成本 = 车辆原始成本 × 车辆评估时物价指数/车辆购买时物价指数

如果被评估车辆是淘汰产品，或是进口车辆，当询不到现时市场价格时，这是一种很有用的方法。

（3）实体性贬值及其估算

车辆的实体性贬值是由于使用和自然力损耗形成的贬值。实体性贬值的估算，一般可以采取以下三种方法：

1）观察法。

观察法也称成新率法，是指对评估车辆，由具有专业知识和丰富经验的工程技术人员对车辆的实体各主要总成、部件进行技术鉴定，并综合分析车辆的设计、制造、使用、磨损、维护、修理、大修理、改装情况和经济寿命等因素，将评估对象与其全新状态相比较，考察由于使用磨损和自然损耗对车辆的功能、技术状况带来的影响，判断被评估车辆的有形损耗率，从而估算实体性贬值的一种方法。计算公式为：

车辆实体性贬值 = 重置成本 × 有形损耗率

2）使用年限法。

通过确定被评估二手车已使用年限与该车辆预期可使用年限的比例来确定二手车有形损耗。其计算公式为：

车辆实体性贬值 = （重置成本 - 残值） × 已使用年限/规定使用年限

式中，残值是指二手车辆在报废时净回收的金额，在鉴定估价中一般略去残值不计。

3）修复费用法。

也称功能补偿法，是通过确定被评估二手车恢复原有的技术状态和功能所需要的费用补偿，来直接确定二手车的有形损耗。这种方法是对交通事故车辆进行评估的常用法。其数学公式表达为：

二手车有形损耗 = 修复后的重置成本 - 修复补偿费用

（4）功能性贬值及其估算

1）一次性功能贬值的测定。

功能性贬值属无形损耗范畴，指由于技术陈旧、功能落后导致二手车相对贬值。对目前在市场上能购买到的且有制造厂家继续生产的全新车辆，一般采用市场价，即可认为该车辆的功能性贬值已包含在市场价中了。从理论上讲，同样的车辆其复原重置成本与更新重置成本之差即是该车辆的一次性功能性贬值。但在实际评估工作中，具体计算某车辆的复原重置成本是比较困难的，一般就用更新重置成本（即市场价）作为已考虑其一次性功能贬值。

在实际评估时经常遇到的情况是：待评估的车辆其型号是现已停产或是国内自然淘汰的车型，这样就没有实际的市场价，只有采用参照物的价格用类比法来估算。参照物一般采用替代型号的车辆。这些替代型号的车辆其功能通常比原车型有所改进和增加，故其价值通常会比原车型的价格要高（功能性贬值大时，也有价格更降低的）。故在与参照物比较，用类比法对原车型进行价值评估时，一定要了解参照物在功能方面改进或提高的情况，再按其功能变化情况测定原车辆的价值，总的原则是被替代的旧型号车辆的价格应低于新型号的价格。这种价格有时是相差很大的。评估这类车辆的主要方法是设法取得该车型的市场现价或类似车型的市场现价。

2）营运性功能贬值的估算。

测定营运性功能贬值的步骤为：

①选定参照物，并与参照物对比，找出营运成本有差别的内容和差别的量值；

②确定原车辆尚可继续使用的年限；

③查明应上缴的所得税率及当前的折现率；

④通过计算超额收益或成本降低额，最后计算出营运性功能贬值。

（5）经济性贬值估算的思考方法

经济性贬值是由车辆外部因素引起的。外部因素不论多少，对车辆价值的影响不外乎两类：一是造成营运成本上升；二是导致车辆闲置。二手车的经济性贬值通常与所有者或经营者有关，一般对单个二手车而言没有意义，因外部原因导致的营运成本上升和车辆闲置，对二手车本身价值影响不大，因此，对单个二手车进行评估时不考虑经济性贬值。由于造成车辆经济性贬值的外部因素很多，并且造成贬值的程度也不尽相同，所以在评估时只能统筹考虑这些因素，而无法单独计算所造成的贬值。其评估的思考方法如下：

①估算前提。车辆经济性贬值的估算主要以评估基准日以后是否停用、闲置或半闲置作为估算依据。

②已封存或较长时间停用，且在近期内仍将闲置，但今后肯定要继续使用的车辆最简单的估算方法是按其可能闲置时间的长短及其资金成本估算其经济贬值。

③根据市场供求关系估算其贬值。

（6）采用重置成本法的优缺点

优点：比较充分地考虑了车辆的损耗，评估结果更趋于公平合理；有利于二手车辆的评估；在不易计算车辆未来收益或难以取得市场（二手车交易市场）参照物条件下可广泛应用。

缺点：运用重置成本法的缺点是工作量较大，且经济性贬值也不易准确计算。

3. 收益现值法

收益现值法又称收益还原法、收益资本金化法，是指通过估算被评估资产的未来预期收益并折算成现值，借以确定被评估资产价值的一种资产评估方法。从资产购买者的角度出发，购买一项资产所付的代价不应高于该项资产或具有相似风险因素的同类资产未来收益的现值。

（1）收益现值法运用的前提条件

①被评估的二手车必须是经营性车，具有继续经营能力，并不断获得收益，救火车、救护车和自用轿车等非经营性的二手车不能用收益法评估；

②被评估的二手车继续经营收益能够而且必须用货币金额来表示；

③影响被评估未来经营风险的各种因素能够转化为数据加以计算，体现在折现率中。

（2）收益现值法评估值的计算

收益现值法评估值的计算，实际上就是对被评估车辆未来预期收益进行折现的过程。被评估车辆的评估值等于剩余寿命期内各期的收益现值之和。收益现值法的基本理论公式可表述为：

$$资产的重估价值 = 该资产预期各年收益折成现值之和$$

（3）收益现值法中各评估参数的确定

1）剩余经济寿命期的确定。

剩余经济寿命期指从评估基准日到车辆达到报废的年限。如果剩余经济寿命期估计过长就会高估车辆价格，反之则会低估价格，因此必须根据车辆的实际状况对剩余寿命做出正确的评定。对于各类汽车来说，该参数按《汽车报废标准》确定是很方便的。

2）预期收益额的确定。

收益法运用中，收益额的确定是关键。收益额是指由被评估对象在使用过程中产生的超出其自身价值的溢余额。

（4）采用收益现值法的优缺点

①采用收益现值法的优点。与投资决策相结合，容易被交易双方接受；能真实和较准确地反映车辆本金化的价格。

②采用收益现值法的缺点。预期收益额预测难度大，受较强的主观判断和未来不可预见因素的影响。

4. 清算价格法

清算价格法是以清算价格为标准，对二手车进行价格评估，所谓清算价格是企业由于破产或其他原因，要求在一定的期限内将车辆变现，在企业清算之日预期出售车辆可收回的快速变现价格。清算价格法在原理上与现行市价法相同，所不同的是迫于停产或停业，清算价格往往大大低于现行市场价格。

（1）清算价格法的适用范围和前提条件

清算价格法适用于企业破产、抵押、清理时要售出的车辆。

1）企业破产。

当企业或个人因经营不善造成严重亏损，不能清偿到期债务时，企业应依法宣告破产，法院以其全部财产依法清偿其所欠的债务，不足部分不再清偿。

2）抵押。

它是以所有者资产作抵押物进行融资的一种经济行为，是合同当事人一方用自己特定的财产向对方保证履行合同义务的担保形式。提供财产的一方为抵押人，接受抵押财产的一方为抵押权人。抵押人不履行合同时，抵押权人有权利将抵押财产在法律允许的范围内变卖，从变卖抵押物价款中优先受偿。

3）清理。

它是指企业由于经营不善导致严重亏损，已临近破产的边缘或因其他原因将无法继续经营下去，为弄清企业财物现状，对全部财产进行清点、整理和查核，为经营决策（破产清算或继续经营）提供依据，以及因资产损毁、报废而进行清理、拆除等。

（2）决定清算价格法的主要因素

在二手车评估中决定清算价格的有以下几项主要因素：

①破产形式：如果企业丧失车辆处置权，出售的一方无讨价还价的可能，那么以买方出价决定车辆售价；如果企业未丧失处置权，出售车辆一方尚有讨价还价余地，那么以双方议价决定售价。

②债权人处置车辆的方式：按抵押时的合同契约规定执行，如公开拍卖或收回己有。

③清理费用：在破产等评估车辆价格时应对清理费用及其他费用给予充分的考虑。

④拍卖时限：一般说时限长售价会高些，时限短售价会低些，这是由快速变现原则的作用所决定的。

⑤公平市价：指车辆交易成交双方都满意的价格，在清算价格中卖方满意的价格一般不易求得。

⑥参照物价格：在市场上出售相同或类似车辆的价格。一般地说，市场参照物价格高，

车辆出售的价格就会高；反之则低。

（3）清算价格法的评估方法

对于清算价格的确定方法，从理论上还难以找到十分有效的依据，在实践中，计算清算价格的方法主要有：

1）评估价格折扣法。

根据待估二手车的情况和其他资料，用其他三种评估方法中的一种确定待估二手车的价格，然后根据市场调查和快速变现的原则，确定一个合适的折扣率，用评估价格乘以折扣率，所得价格即为待估二手车的清算价格。

2）模拟拍卖法（意向询价法）。

向待估二手车的潜在购买者询价的办法取得市场信息，经待估人员分析确定其清算价格。用这种方法确定的清算价格受供应需求状况影响大，应当充分考虑其影响。

3）竞价法。

竞价法是由法院按照破产清算法定程序或由卖方根据评估结果提出一个拍卖的价格，在公开市场上由买方竞争出价，谁给的价格最高就卖给谁。

8.4　二手车交易

8.4.1　二手车交易模式

根据《二手车流通管理办法》和《二手车交易规范》规定，二手车交易有直接交易、中介交易和二手车经营销售几种交易模式。

1. 二手车直接交易

（1）直接交易概念

二手车直接交易是指二手车所有人不通过经销企业、拍卖企业和经纪企业将车辆直接出售给买方的交易行为。换句话说，二手车直接交易是指用户之间一对一的自由交易。

（2）直接交易的类型

二手车可以在任何身份的人群中交易。根据二手车买卖双方身份不同，二手车直接交易有以下四种类型：

1）个人对个人交易。

这种交易类型是：二手车所有权人为个人，二手车买受人也是个人。

2）个人对单位交易。

这种交易类型是：二手车所有权人为个人，二手车买受人是单位。

3）单位对个人交易。

这种交易类型是：二手车所有权人为单位，二手车买受人是个人。

4）单位对单位交易。

这种交易类型是：二手车所有权人为单位，二手车买受人也是单位。

但这几种交易类型的定价规定是不同的，单位车辆如果涉及国有资产的，必须通过评估定价；如果是个人交易，则交易价格可由买卖双方商定。

（3）二手车直接交易的场所

根据《二手车流通管理办法》规定：二手车直接交易应当在二手车交易市场进行。这个规定含有二层含义：直接交易不能在交易双方之间直接完成；这里所说的“应当”不是强制性的，也就是说，直接交易也可以在其他地方完成。原因是不管哪一种直接交易类型，卖车方都不能给买车方开具二手车销售统一发票，所以二手车买卖双方要完成交易必须到有开票资格的企业完成最终交易过程。根据《国家税务总局关于统一二手车销售发票式样问题的通知》规定，只有二手车交易市场、二手车销售企业、二手车拍卖公司才有开票资格。

二手车直接交易“应当在二手车交易市场进行”的理由如下：

①付出代价最少。通过二手车销售企业和二手车拍卖公司开票完成交易的，企业相当于销售了一辆车，企业除了按规定所开发票要纳2%增值税外，还要交纳营业所得税等，这笔费用肯定由直接交易方负担的；而由二手车交易市场开票，个人车主则是免税的，单位车主（小规模纳税人）只需交纳发票额的2%增值税。可见通过经营公司开票的价格远高于在二手车交易市场过户开票的价格。

②开发票合法。根据国家规定，二手车销售企业和二手车拍卖公司只能为本企业交易车辆开二手车销售发票，不得为其他企业及个人代开发票；二手车交易市场可以为直接交易和通过经纪公司中介交易的开票。

③交易方便。二手车交易市场是专业的二手车交易平台，负责对交易二手车的合法性进行把关，杜绝盗抢车、走私车、非法拼装车和证照与规费凭证不全的车辆上市交易。而且其功能齐全，包括二手车鉴定评估、收购、销售、寄售、代购代销、租赁、置换、拍卖、检测维修、配件供应、美容装饰、售后服务，以及为客户提供过户、转籍、上牌、保险等服务。这些优势和便利为二手车直接交易双方顺利完成交易提供了极大方便和保证。

④纳税规范。通过二手车交易市场统一开具二手车销售发票和代征增值税，有利于方便征收和管控，规范纳税程序。

（4）二手车直接交易的规范

在我国二手车交易属于特殊商品交易，一直以来二手车交易都存在交易双方信息不对称问题，同时交易时又缺乏规范、有公信力的专业技术评估手段，因而二手车交易屡屡出现二手车消费者上当受骗的“诚信危机”，严重地制约了二手车市场的健康发展。为了改变这一局面，2006年3月国家商务部颁布了《二手车交易规范》，对二手车直接交易做出了相关规范：

①二手车直接交易方为自然人的，应具有完全民事行为能力。无民事行为能力的，应由其法定代理人代为办理，法定代理人应提供相关证明。二手车直接交易委托代理人办理的，应签订具有法律效力的授权委托书。

这条规定强调了二手车直接交易卖方的合法性：卖方必须是对车辆具有处置权的二手车所有人（即车主）或委托代理人（有车主处置授权委托书）。只有合法卖方参与的直接交易才是合法有效的，否则买卖双方即使完成了“一手交钱一手交货”传统意义的商品交易，也因交易不合法而不能取得二手车销售统一发票，造成后续不能完成车辆转移登记手续的办理。

②二手车直接交易双方或其代理人均应向二手车交易市场经营者提供其合法身份证明，

并将车辆及真实、合法、有效的车辆号牌、车辆登记证书、车辆行驶证、车辆安全技术检验合格标志等送交二手车交易市场经营者进行合法性验证。

③二手车直接交易双方应签订买卖合同，如实填写有关内容，并承担相应的法律责任。

④二手车直接交易的买方按照合同支付车款后，卖方应按合同约定及时将车辆及真实、合法、有效的车辆号牌、车辆登记证书、车辆行驶证、车辆安全技术检验合格标志等交付买方。车辆法定证明、凭证齐全合法，并完成交易的，二手车交易市场经营者应当按照国家有关规定开具二手车销售统一发票，并如实填写成交价格。

2. 二手车中介交易

（1）中介交易概念

中介交易是指二手车买卖双方通过中介方的帮助而实现交易，中介方收取约定佣金的一种交易行为。中介经营包括二手车经纪、二手车拍卖等。二手车经纪是指二手车经纪机构以收取佣金为目的，为促成他人交易二手车而从事居间、行纪或者代理等经营活动；二手车拍卖是指二手车拍卖企业以公开竞价的形式将二手车转让给最高应价者的经营活动。

（2）二手车经纪

实现直接交易的难点在于买卖需求不容易得到满足，即卖车方找不到需求方，需求方不知哪里有所想购买的车辆出售。二手车经纪正是为满足这一市场需求应运而生的。《二手车交易规范》规定从事二手车经纪活动不得以二手车经纪人个人名义参与，而必须以有固定经营场所的二手车经纪机构进行；消费者购买或出售二手车可以委托二手车经纪机构（公司）办理，其完成的交易是一种委托交易。委托交易的最大特征是二手车经纪机构不拥有车辆的所有权。

1）二手车经纪的主要形式及经营场所。

二手车经纪的形式主要有代购、代销、买卖信息中介服务等。其中代销（也叫寄卖、委托销售等）是最常见形式。二手车寄卖，就是把二手车委托给二手车经纪公司进行出售的一种方式。买主和二手车经纪公司达成交易意向后，二手车经纪公司通知车主到市场办理过户手续。车主将二手车委托给经纪公司进行出售，可以省去自己寻找客户所耗费的时间、精力以及由于对市场行情或过户手续缺乏了解可能造成的不必要的损失。

二手车经纪公司以二手车交易市场为经营场所，是我国现阶段二手车交易市场的主力军。众多二手车经纪公司参与给二手车交易市场带来了公平竞争，使得市场交易活跃，容易形成二手车市场行情和公平市价，也为二手车评估和交易提供丰富的参照车辆。

2）二手车经纪的车辆来源。

二手车交易市场里二手车经纪公司数量多、从业人员多，掌握大量的二手车资源信息，很多个人消费者都是通过二手车经纪公司购买到二手车的。二手车经纪公司的车源主要有以下几个方面：

①车主主动委托销售。一些个人或单位车主由于对二手车交易信息不了解，自行寻找买者比较困难，此时，委托市场内的二手车经纪公司代销是比较方便和省事的。

②二手车经纪公司主动到社会上收购车辆。拥有代销车源是二手车经纪公司的生命线，但市场内二手车经纪公司众多，竞争激烈，靠守株待兔式地等待车主自动委托代销是无法获得稳定车源的，大多数经纪公司主要依靠在社会上广泛收集卖车信息（包括到二手车网络信息平台获得车辆信息）甚至将车辆买下补充代销车源的手段。这是现阶段主导二手车市

场的经纪公司主要交易模式。但二手车经纪公司这种收车买车的变相经营行为是不符合《二手车交易规范》规定的。

③与品牌4S店联手获得置换车辆。二手车经纪公司和4S店新车置换业务形成一种互补关系。对品牌4S店来说，主营的是新车业务，处置消费者置换后的旧车是比较麻烦的事情，而二手车经纪公司经营二手车业务是其强项。两者合作既补充了二手车经纪公司车源，也推动了4S店新车置换业务的增长。

④通过二手车拍卖会获得车辆。

（3）二手车拍卖

二手车拍卖建立在公开透明、公正交易的原则上，买卖双方信息沟通比较畅通，通过一个平等互信的中介平台，完成二手车的交易。二手车竞价拍卖以其直观、交易周期短、兑现快以及成交价最贴近市场真实价格等优势赢得消费者的青睐。对于买卖双方，拍卖都是一种非常理想的处理二手车交易的方式。

二手车拍卖有现场拍卖会和网上拍卖两种拍卖形式。

1）二手车现场拍卖会。

二手车拍卖会是在现场公开的环境下进行的，其特点：一是直观，能够现场看车、现场竞价成交；二是有拍卖师喊价与成交确认；三是过程公开、透明。

拍卖会竞买流程为：着车咨询→竞买登记→付保证金→参加竞买→结清车款→提取车辆→办理过户。过户手续由二手车拍卖公司业务人员代办。

通过二手车现场拍卖会形式处置车辆是政府机关、大型团体、租赁公司等集团用户进行车辆更新换代的有效途径，可有效防止人为因素导致的不正常交易行为。

2）网上拍卖。

网上拍卖是指二手车拍卖公司利用互联网发布拍卖信息，公布拍卖车辆技术参数和直观图片，通过网上竞价，网下交接，将二手车转让给超过拍卖底价的最高应价者的经营活动。网上拍卖过程及手续应与现场拍卖相同。只有取得二手车拍卖人资质的企业才能开展二手车网上拍卖活动。

网上拍卖的特点：一是在虚拟网络化的环境下进行，竞价者通过网络远程竞价，不受地域限制；二是竞价者不受现场竞价气氛的影响，自由竞价；三是在设定的截止时间自动结束竞价，成交便捷、迅速；四是扩大二手车交易范围；五是成交成本低。

网上拍卖过程及手续应与现场拍卖相同。网上拍卖竞买流程为；注册→浏览商品，确认拍卖标的→在指定的账号存入保证金→参加网上竞拍，若最后以最高价竞拍成功→拍卖方以电话等多种形式进行通知确认→进行标的车辆和车款的交接以及办理车辆交易的相关手续→没有竞拍成功的参拍者退回保证金。

3. 二手车经营销售

（1）二手车经销

二手车经销是指二手车销售企业收购、销售二手车的经营活动。汽车品牌经销商开展二手车和新车置换，销售置换下来的二手车销售也是一种二手车经销行为。二手车来源主要包括社会个人私家车、拍卖二手车、4S店置换二手车。

（2）二手车收购与销售规定

①二手车经销企业在收购二手车时必须核实卖方身份以及交易车辆的所有权或处置权，

并查验车辆的合法性。

②二手车经销企业将二手车销售给买方之前，应对车辆进行检测和整备。

③二手车经销企业应与买方签订销售合同，并向买方开具二手车销售统一发票。

④二手车经销企业向最终用户销售使用年限在 3 年以内或行驶里程在 6 万千米以内的车辆（以先到者为准，营运车除外），应向用户提供不少于 3 个月或 5 000 千米（以先到者为准）的质量保证，并建立售后服务技术档案。

上述规定保证了买方能买到合法、放心的二手车。

（3）汽车置换和品牌二手车

汽车置换（也称二手车置换）是指客户在汽车销售公司购买新车时，将目前在用的汽车经过该公司的检测估价后以一定的折价抵扣部分新车款的一种交易方式。二手车置换强调以旧换新。二手车置换业务主要是在同品牌的车型中开展，汽车品牌经销商将置换的汽车经过一定的检测、维修后，作为一辆认证二手车卖给消费者。汽车品牌经销商按照厂家技术标准检测认证及质保的二手车称为品牌二手车。品牌二手车由于有汽车品牌信誉、技术做保证，并且售后服务也比较周到，因此得到消费者青睐和信赖。目前，我国大部分汽车品牌都开展了认证二手车销售业务。

品牌二手车的最大优势是品牌和质量担保。4S 店在置换二手车时都要推行 100 多项严格检测，制定严格的操作流程及技术规范，二手车交易后可提供一定公里数的质量保修，同时提供一站式服务和 24 小时紧急救援等服务。以上海通用诚新二手车为例，置换的二手车必须经过 106 项全面检测并合格，满足上述标准。上海通用将提供原厂 6 个月或 10 000km 的质保期。这就相当于消费者用较低的价格购买了一款品质较高的车辆，且享受等同于新车的服务及保障。品牌二手车的优点是消费者购买放心和实惠，其缺点是消费者对车辆选择范围相对较小。

汽车销售商开展品牌二手车经营的目的有三：一是为了促进新车销售；二是稳定新车价格；三是带动售后业务的增长，如维修、保养和保险等业务。

（4）二手车销售与二手车经纪的区别

1）车辆所有权和处置权不同。

二手车经营公司收购车辆时已完成了商品的买卖过程，并签订了收购合同，实际上拥有了车辆所有权和处置权；而二手车经纪公司只是二手车交易的中介，对交易车辆没有所有权和约定外的处置权。

2）纳税性质不同。

二手车经营公司从事二手车交易是经营行为，要按照交易车辆销售价格的 2% 缴纳增值税；而二手车经纪公司从事的是中介活动，不需缴纳增值税。

4. 二手车交易的创新模式

上述介绍的几种常见二手车交易模式是传统的二手车交易模式，都是在有形市场里完成的交易，尤其是当所有二手车经营主体都集中在一个二手车交易市场里经营时，这种交易模式具有容易聚集二手车消费人气、形成市场行情、规范交易管理等诸多优点，但二手车消费以本地消化为主，二手车社会资源属性配置不够充分。如在经济发达地区新车消费活跃，社会汽车保有量大，也为二手车交易市场提供了充足的二手车车源，二手车供给量经常超出本地的消化能力；而经济欠发达地区新车消费能力不足，消费价格相对便宜的二手车却比较能满足大多数人拥有汽车的欲望，但由于二手车资源量少，供应量往往不能满足本地消费需求。如果能将二手车资源进行全国范围流通和合理配置，将会促进汽车销售和消费的均衡发展。通过网络交易二手车有助于实现这一目的。

（1）二手车网络交易概念与特点

二手车网络交易是一种创新的交易模式。它是指利用计算机、网络、视频等技术将人工交易（服务）系统整合在一起，形成的新型二手车网上交易平台。二手车交易市场、二手车经纪公司、二手车拍卖公司以及二手车销售公司都可以利用自身优势建立各具特色的网络交易平台。二手车网络交易具有信息和交易过程公开、透明、能实现远程交易、方便快捷和交易成本低的特点。运用二手车网络交易平台，有利于解决困扰企业经营的二手车来源问题；有利于打破二手车区域限制，实现二手车资源全国范围流通和合理配置；有利于企业发展客户与市场运作能力、加强抗风险能力。

（2）二手车网络交易系统案例介绍

1）“即时拍”网络交易系统。

“即时拍”网络交易系统是由北京市旧车辆交易市场有限公司建立的，该系统主要分为两部分：一部分是服务个人客户的即时拍卖，另一部分业务是和北京祥龙搏瑞汽车服务集团旗下的几十家4S店合作，把即时拍引入新车4S店，为置换客户提供二手车拍卖服务。

“即时拍”给车主提供随到随拍的卖车服务，包括车辆确认、手续检查、底价确定、网络竞价和交易支付等。车主从开车到服务中心再到拍卖结束，一般不会超过1个小时。“网上即时拍”业务以其方便、快捷、价高的特点，赢得了广大车主和二手车经纪公司的积极参与。通过网络公开竞价的方式，最大程度上让车主得到了较高售价的实惠。

2）“车易拍”网络交易系统。

“车易拍”是北京巅峰科技有限公司建立的一个二手车网上拍卖电子商务平台，位于北京北辰亚运村汽车交易市场内。“车易拍”有“C To B”和“B To B”两种模式：“C To B”模式是针对个人车主的；“B To B”模式是针对品牌4S店合作联盟置换车辆的。两种模式的竞价方都是在系统内注册的二手车经营机构。

“车易拍”实现了远程不看车而看技术检测报告的竞价交易，这是因为企业对所有参加竞拍的车辆都经过标准化二手车检测系统检测并出具标准化检测报告，且所有检测报告都附有诚信车况的赔付承诺。全部过程公开、透明、高效、安全。附有检测质量承诺的检测报告，最大程度规避了收购方在短时间难以对车况做出准确判断的风险；无须现场看车、互不见面的竞价方式，有效保障了交易价格的客观性和公平性。

“车易拍”的交易流程是：检查车主及车辆的合法手续→车主报预期交易价格→车辆检测，形成检测报告→检测报告等相关信息上传网络交易平台→网上竞价→满足车主心理价位→成交→办理过户或外迁手续。如果竞价结果没有满足车主心理价位，则不成交，不成交不收费；成交则收费300元。由于成交价都是市场的价格，因此能实现二手车价值的最大化。

8.4.2 二手车交易流程

二手车交易是一种产权交易，实现二手车所有权从卖方到买方的转移过程。二手车必须完成所有权转移登记（即过户）才算是合法、完整的交易。

二手车交易采取的是在市场集中交易办理证照的方法，由市公安局车辆管理所派驻警官驻场监管和指导，重点环节由警官进行审核把关，具体操作性事务由市场工作人员协助完成。它既保证了驻场警官对整个操作过程的有效监管，也充分提高了市场工作人员的责任心、积极性，从而使二手车交易的证照办理工作有条不紊地进行。

二手车的交易程序，根据其交易的特性，为杜绝盗抢车、走私车、拼装车和报废车的非法交易，切实维护消费者的合法权益，科学合理地设计了“一条龙”的作业方式，使二手车交易在规范有序的流程内进行，减少了购销双方的来回奔波。二手车交易流程如图8－3所示。

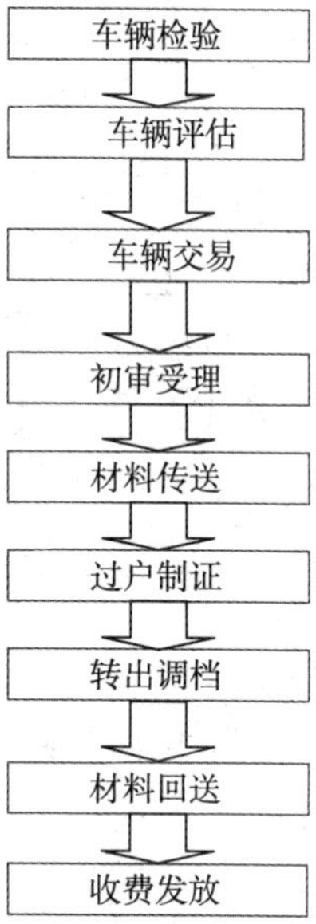

图8－3　二手车交易流程

思考与习题

1. 二手车的定义是什么？
2. 二手车服务的主要内容是什么？
3. 阐述二手车技术状况鉴定的主要内容。
4. 阐述二手车价格评估含义及方法。
5. 阐述二手车交易模式及流程。

第9章 汽车再生服务

9.1 概 论

【本章知识点】

本章阐述了汽车再生资源含义及利用现状、废旧汽车拆解与回收利用；详细讲述了汽车拆解工艺以及汽车再生资源利用分析。

9.1.1 汽车再生资源含义及作用

1. 汽车再生资源含义

(1) 资源

根据《辞海》解释，资源是“资财的来源”。广义上讲，资源包括自然资源、社会资源和经济资源3个方面。例如，自然资源包括土地资源、气候资源（日照、风力和雨水）、水资源、生物资源、海洋资源、景观资源和矿产资源等；社会资源包括人力（体力和智力）、科技、文化、教育、卫生、通信、传媒、体育和福利事业等；经济资源包括工业、农业、商业、建筑业、金融业以及交通运输业等。其中，有些资源是可再生的，有些则是不可再生的。社会的可持续发展需要可再生资源的支持，因为不可再生资源的开发利用实际上是对有限资源的消耗。所以，只有当不可再生资源转化成为可再生资源后，才能支持社会的可持续发展。

(2) 再生资源

再生资源是指社会生产和消费过程中产生的可以回收利用的各种废旧物资。所谓废物是相对于消费水平及废旧物质处理能力而言，具有明显的相对性。可以说，弃而不废是现代垃圾的一种特性。美国、日本和德国等工业发达国家在社会高消费之后，形成了“汽车坟墓”“轮胎大山”“钢铁城市”和“塑料矿山”等固体废旧污染问题。废旧物质弃置不用，天长日久就成为垃圾。因此，如何使废旧物质变成再生资源，引起了人们广泛的关注。

随着人类社会和生产技术的发展，特别是到18世纪中期英国工业革命以后，人与自然资源之间的供求关系发生了急剧变化。社会生产力的不断提高和人口的大量增加，使人类对地球自然资源的开发不断强化，甚至出现了掠夺性的开发。因此，人与自然资源之间的供求矛盾就初步显现出来。社会人口的增加和消费量的增大，生产和生活过程中所产生的无用之物即垃圾或废弃物也日益增多。早在100多年前，马克思对这些称之为生产和消费排泄物的认识和利用做了精辟论述。他既指出了废物利用的主要原因，即“原料的日益昂贵，自然成为废物利用的刺激”，也阐述了废物利用的主要条件，即“这种排泄物必须是大量的，而这只有在大规模劳动条件下才有可能；机器的改良，使那些在原有形式上本来不能利用的物质，获得一种在生产能力中可以利用的形式；科学的进步，特别是化学的进步，发现了那些废物的有用性质。”但是，直到20世纪20代后，发达国家才开始认识和重视垃圾对社会发展的影响及使用价值。

实际上，发达国家在解决垃圾处理问题上曾受到我国收旧利废方式的影响及经验的启发。早在20世纪50年代，我国就开始重视废物的综合利用。1958年，周恩来总理明确指出：“抓紧废物利用这一环节，实行收购废品，变无用为有用；扩大加工，变一用为多用；勤俭节约，变破旧为崭新；把工、农、商、学、兵连成一片，密切协作，为全面地发展生产服务，以便更好地实现勤俭建国，改造社会的任务。”

废弃物要成为一种“资源”并被利用，必须具备3个基本条件：一是产生数量可观，具有产生和利用的规模形态；二是利用费用合理，具有竞争优势的再利用价格；三是符合环保要求，对自然环境无污染。

（3）汽车再生资源含义

汽车再生资源是指对废旧汽车进行资源化处理后所获的可以回收利用的物资。所谓的废旧汽车资源化，是指从废旧汽车中获得用于汽车产品制造、维修的零部件以及各种原材料所进行的回收、拆解及再利用等活动。

20世纪90年代以来，世界性的环境污染日趋严重，废旧汽车也成为一大固体污染源。全世界汽车保有量已突破10亿辆，每年有5 000万~6 000万辆报废汽车，仅停放就要占用500~600km^{2}的土地。而报废汽车当中含有多种重金属、化学液体和塑料等物质，不当拆解也会造成环境污染。汽车生产要使用数百种材料，消耗上亿吨的钢铁、上千万吨的塑料，以及大量的橡胶、玻璃、纺织品、铝、铜、铅、铬和各种化工产品等。其消耗的原料绝大部分是不可再生的自然资源，因此，汽车工业要可持续发展就要解决所用材料的循环再生利用问题。

废旧物质的资源化是节约资源、实现资源永续利用的重要途径，是社会经济可持续发展的重要措施之一。以废旧物品为对象，通过采用现代技术与工艺加工，在规范的市场运作下最大限度地开发利用其中蕴含的材料、能源及其附加值等财富，使其成为有较高品位可以使用的资源，可以达到节能、节材、保护环境等目的，从而支持社会经济的可持续发展。

2. 汽车再生资源的作用

我国是一个人口众多、资源相对贫乏和生态环境脆弱的发展中国家。建设节约型社会，以尽可能少的资源消耗满足人们日益增长的物质和文化需求，以尽可能小的经济成本保护好生态环境，实现经济社会的可持续发展，已成为国家重要的战略发展方向。建设节约型社会，必须实现节约的生产方式。传统的生产方式侧重于产品本身的属性和市场目标，把生产和消费造成的资源枯竭和环境污染等问题留待以后“末端治理”。从可持续发展的高度审视产品的整个生命周期，在汽车开发之前就预先评估新车型所使用的材料组合或零部件的可循环利用性，这种理念也许不会在销售新车时直接带来经济效益，但却能在未来获得环境效益。报废汽车回收利用是节约原生资源、实现环境保护、保证资源合理利用的重要途径，是我国经济可持续发展的重要措施之一。报废汽车的回收利用是一个涉及面广的系统工程，既需要政府通过完善的法规加强宏观调控，又需要市场合理配置资源。对于当今的汽车工业，汽车回收已成为一个必然面对的问题。因此对再生资源利用的作用可以从以下几个方面阐述。

（1）在社会效益方面

再生资源的循环利用不仅可以节约自然资源和遏制废弃物的泛滥，而且与利用矿物原料进行加工制造产品相比，还可减少能源消耗和污染物排放。汽车生产和使用需要耗用多种材料和能源，这些资源中大多数是不可再生资源。如某些有色金属需要开采矿产获得，而这些矿产资源需要亿万年才能生成。若能够合理回收，可以最大限度地利用这些资源，实现资源利用的良性循环。例如从一辆报废的轿车中，可以回收废旧钢铁近 1 000kg，有色金属近 50kg；对一辆中型载货汽车可以回收废旧钢铁近 3 000kg 和 50kg 有色金属。同时，由于部分回收的汽车零部件经修复处理后再次进入市场，降低了汽车用户的使用成本。

（2）在经济效益方面

实践证实，废旧汽车上的钢铁、有色材料零部 90% 以上可以回收利用，玻璃、塑料等的回收利用率也可达 50% 以上。汽车上的一些贵重材料，回收利用的价值更高。统计表明，在 50 万辆梅赛德斯·奔驰轿车的催化转换器中含有 2t 铂，这些铂和转换器中使用的约 0. 5t 铑至少值 1 亿马克。

根据美国对专门从事汽车再制造工程最大的 Lucas 和 Jasper 公司的一项调查，美国 5 万家再制造商的产值已达 360 亿。2005 年的从业人员已超过 100 万人，年销售额超过 1 000 亿美元。德国的汽车再制造工程产业也已经达到相当高的水平，至少 90% 零部件可以得到重用或合理处理。

（3）在环境效益方面

美国是世界汽车消费大国，其汽车消费所产生的“垃圾”也十分可观。美国每年因老旧或交通事故而报废的车辆超过 1 000 万辆。以往废旧汽车都被一扔了事，人为造成了巨大的环境污染，这同汽车尾气带来的大气环境恶化一样成为社会公害。随着废旧汽车对环境危害的不断加剧，美国 20 世纪后期开始重视废旧汽车的回收利用，目前已成为世界上汽车回收卓有成效的国家之一。如果美国汽车回收业的成果能被充分利用，汽车制造对大气污染的水平将比目前降低 85%，而水污染业将比目前减少 76%；由于汽车回收业的存在和发展，减少了公路两旁废弃车辆的停放和堆积，消除了固体废物产生的影响。

9. 1. 2　汽车再生资源利用现状与趋势

1. 国外汽车再生资源利用现状与趋势

（1）现状

国外发达国家对报废汽车回收利用十分重视，从立法到拆解方式已经形成了完整的体系，报废汽车成为产生巨大经济效益和社会效益的现代化产业。其主要特点是：技术成熟、全国性回收网络、管理信息化及零部件利用率高。现以美国为例进行说明。

美国汽车报废量居世界首位，因此每年需进行回收处理的数量也最大。美国回收处理报废汽车的方式是采用破碎机将废旧汽车破碎成块状，再通过磁选机和气流分选机进行不同材料的分离。汽车破碎后分为三部分：黑色金属碎片、有色金属碎片及破碎汽车残渣。破碎

1 200 万辆汽车可回收 1 140 万 t 黑色金属、80 万 t 有色金属、390 万 t 残渣。美国废旧汽车回收业已经成为一个年获利 10 亿美元的新产业，报废汽车零部件回收率达 80% 以上。在进行汽车设计时，就要将回收利用和可拆解性包含进去。因此，报废汽车回收拆解业已成为汽车工业的一部分。

早在 1991 年，美国就出台了关于回收利用废旧轮胎的法律。根据美国有关法律，汽车零部件只要没有达到彻底报废的年限，不影响正常使用，就可以再利用。经过多年的摸索，特别是采用了先进的回收技术和设备，美国已经能把占每辆汽车质量 80% 的零部件都回收重新利用。

目前，美国约有 1. 15 万家汽车零部件回收商，汽车回收业每年向美国钢铁冶金行业提供的废钢铁占冶金业回收量的 1/3 还多。美国的再制造活动已在包括汽车、冰箱压缩机、电子仪器、机械制造、办公用具、轮胎、墨盒、工业阀门等领域开展。美国汽车工程师协会（SAE）还对诸如起动机、离合器、转向器、水泵和制动主缸等一些具体零部件的再制造制定了行业标准。

在美国汽车研究理事会（USCAR）的支持下，通用、福特、戴姆勒—克莱斯勒三大汽车公司与美国能源部及阿贡国家实验室签订了一项价值数百万美元的名为“合作研究与开发”的协议（CRADA）。这项为期 5 年协议的主要内容是：最大限度地节约成本，对报废汽车进行再回收。美国塑料理事会也参与了该项目的研究工作。阿贡实验室、美国塑料理事会和 USCAR 三方研究计划的重点放在现有的回收框架内，对汽车材料进行恢复和回收的开发和认证工作上。目前，在芝加哥的阿贡实验室中，已经有一台新型回收设备开始用于 CRADA 研究，它能够将四类报废的汽车垃圾进行 2 个阶段的分解回收：精细物（铁氧化物、其他氧化物、玻璃和污垢）、聚亚胺酯泡沫材料、聚合物（聚丙烯、聚乙烯、丙烯脂 - 丁二烯 - 苯乙烯（ABS）、尼龙、聚氯乙烯（PVC）和聚酯等）、含铁和无铁材料。

美国的三大汽车公司还在密歇根州的海兰帕特建立了汽车回收开发中心。这里的工作人员是各汽车公司派来的，他们的工作就是研究如何更快、更有利的进行拆车，拆得越快，效率越高。因此，美国已形成了年获利可达数十亿美元的废旧汽车回收行业，他们已经能够做到将一辆旧车 80% 的零部件加以回收和利用。北美五大湖废旧物品循环利用研究学会 1998 年完成的废旧汽车回收示范项目，包括生产工艺示范、装备示范、仓储物流示范、零部件再利用、再制造示范等方面的内容，所有过程的信息通过计算机管理，并专门为拆车厂提供了业务流程管埋软件。

（2）趋势

国外汽车回收再生的发展趋势主要是尽可能提高回收利用率；开发利用快速装配系统和重复使用的紧固系统及其他能使拆卸更为便利的技术及装置；开展可拆解、可回收性设计；开发由可循环使用的材料制作的零部件及工艺；开发易于循环利用的材料；减少车辆使用中所用材料的种类；开发有效的清洁能源回收技术。

由美国能源部先进汽车技术办公室和阿贡实验室赞助的一项研究，提出了未来 20 年影响汽车回收利用的主要因素及它们之间的关系，如图 9 - 1 所示。该研究还为实现 95% 回收率目标做了规划，如图 9 - 2 所示。

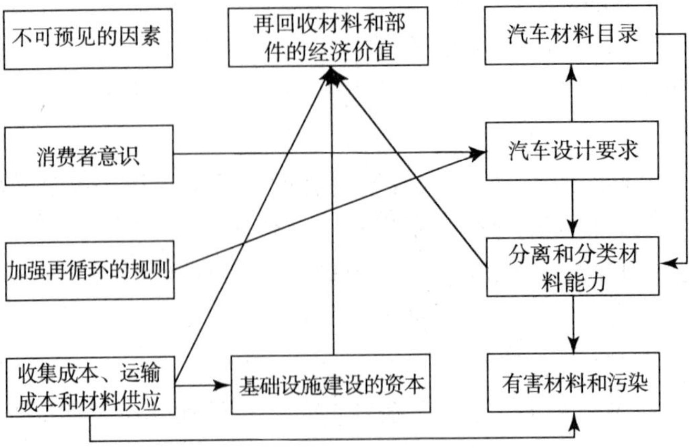

图 9－1　影响汽车回收用的主要因素之间的关系

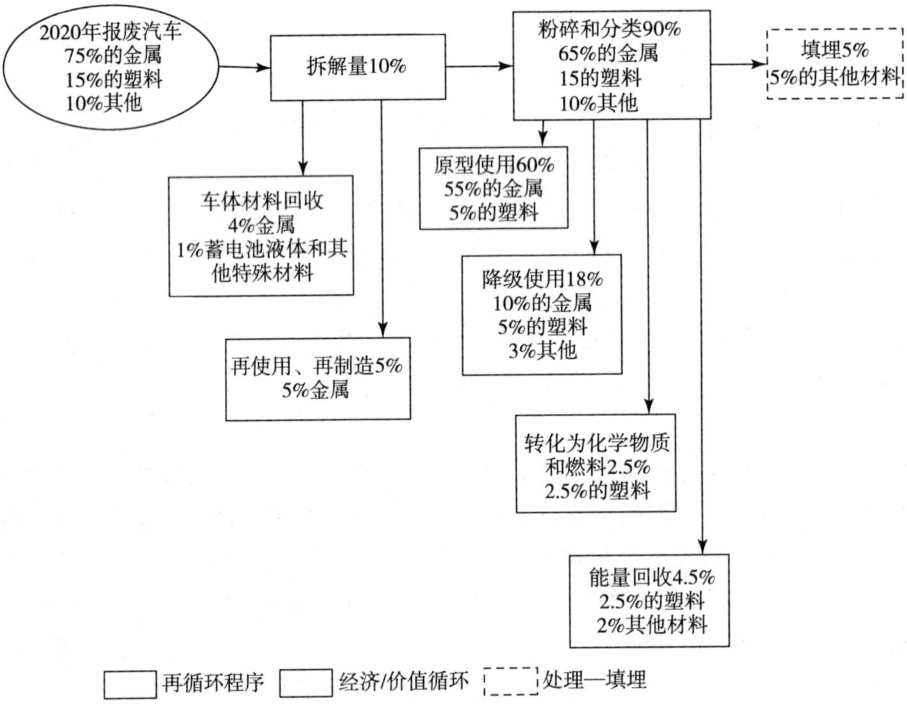

图 9－2　实现汽车回收率 95％目标的规划

2. 国内汽车再生资源利用现状与趋势

我国报废汽车回收拆解业一开始便纳入再生资源范畴。报废汽车回收拆解业是再生资源产业的重要组成部分。因此，再生资源产业的整体发展状况也就反映出同报废汽车回收拆解业的发展与现状。再生资源产业在我国已有近 50 多年的发展历史，为国民经济发展和环境保护做出了重大贡献。

（1）现状

1）报废汽车回收利用体系的建立与管理机制。

①初建时期（1980—1994 年）。

1980年，为了节约能源，国家计委、国家经委、交通部和国家物资总局等部门联合发文（计综〔1980〕666号），要求车辆更新单位必须将废旧汽车交给物资金属回收部门回收。回收部门接收旧车后，应及时解体做废钢铁处理，不得用旧零部件拼装汽车变卖。

1981年以后，国务院、国家汁委、国家经委、国家机械委和国家能源委等政府部门分别发布了《关于更新改造老旧汽车报告的通知》（国发〔1981〕173号）、《关于加速老旧汽车更新改造的通知》（计机〔1983〕065号）、《报废汽车回收实施办法》（物再字〔1990〕421号）及《关于加强老旧汽车报废更新工作的通知》（计工〔1990〕767号）等文件。其中，决定成立全国老旧汽车更新改造领导小组，设办公室，由国家物资局为主，负责日常工作。强调加强老旧汽车更新工作的组织领导，加快更新步伐，做好报废汽车的回收、拆解工作。同时，制定具体办法和规定，对加速老旧汽车更新实施了一系列鼓励政策措施。重申报废汽车回收工作由物资部统一管理，要求各地方物资部门要指定和适当增设回收、拆车的网点。物资部门再生利用总公司和地方各级物资局指定的物资再生（金属回收）公司负责收购报废汽车，回收单位要及时对报废汽车进行解体加工，发动机、前后桥、变速器、车架和转向机等几大总成必须做废钢铁处理，禁止出售报废旧车和总成；对尚可使用的零件允许回收单位作价出售，严禁拼装整车转卖。

②完善时期（1995—1999年）。

1995年，全国老旧汽车更新改造办公室和国内贸易部联合发布了《报废汽车管理办法》（汽更办字〔1995〕第016号），对报废汽车回收管理及报废汽车回收程序等做了详细规定。

1996年，国家经贸委、国内贸易部联合下发了《关于加强报废汽车回收工作管理的通知》（国经贸〔1996〕724号），规定实行报废汽车回收拆解企业的资格认证制度。资格认证具体实施办法由国内贸易部颁布并负责资格认证工作。公安部门根据资格认证文件核发特种行业许可证，工商行政管理部门根据资格认证文件和特种行业许可证核准注册登记。

1997年，国内贸易部、国家经贸委印发了《报废汽车回收（拆解）企业资格认证实施管理暂行办法》的通知（内贸再联字〔1997〕第53号），明确了企业资格认证的条件、程序和年审制度等，规定国内报废汽车回收（拆解）企业控制在400家，企业年回收（拆解）量不低于900辆的行业规划。严禁审批新的报废汽车回收（拆解）企业。

1997年7月15日，国家经济贸易委员会、国家计划委员会、国内贸易部、机械工业部、公安部和国家环境保护局发布了《汽车报废标准》（国经贸经〔1997〕456号），这是对1986年制定的《汽车报废标准》的修订。

1998年7月7日，国家经济贸易委员会、国家计划委员会、国内贸易部、机械工业部、公安部和国家环境保护局发布了《关于调整轻型载货汽车报废标准的通知》（国经贸经〔1998〕407号）。2000年12月1日，国家经济贸易委员会、国家发展计划委员会、公安部和国家环境保护总局又发布了《关于调整汽车报废标准若干规定的通知》（国经贸资源〔2000〕1202号）。

1999年，国家国内贸易局、公安部和国家工商行政管理局联合下发了《关于做好报废汽车回收（拆解）企业管理工作有关问题的通知》（内贸局联发再字〔1999〕第11号），重申了报废汽车回收管理工作的重要性，要求认真做好认证工作。

这一时期，我国报废汽车回收拆解业逐步建立了一套符合中国国情的管理制度、操作程序和服务体系，是行业快速发展的阶段。

③规范时期（2000 年至今）。

国内一些地区先后出现违反国家规定，在利益驱动下无证无照或证照不全就擅自回收拆解报废汽车，甚至利用报废汽车五大总成和零配件拼装汽车的现象。通过抬高报废汽车回收价格，导致报废汽车回收拆解秩序混乱，并客观上危及了人民群众的生命财产安全，影响我国汽车工业的健康发展。

2001 年 6 月 16 日，国务院颁布了《报废汽车回收管理办法》（第 307 号令），其中明确了报废汽车车主和回收企业的行为规范及依法应予禁止的行为；明确负责报废汽车回收监督管理的部门及其职责分工，明确了地方政府对报废汽车回收工作的任务；明确了对违法行为的制裁措施等。《报废汽车回收管理办法》的颁布，标志着我国报废汽车回收拆解业开始走上规范化、法制化的轨道，也为进一步加强立法和管理，积极探索适应社会主义市场经济要求的中国报废回收拆解体系和模式提出了新的要求。

2005 年 8 月 10 日，商务部令 2005 年 16 号《汽车贸易政策》颁布实施。其中，第六章（从第二十九条到第三十五条）对汽车报废与报废汽车回收的问题进行了详细的规定。

2006 年 2 月 6 日，国家发展改革委、科学技术部和国家环保总局联合发布《汽车产品回收技术政策》。这是推动我国对汽车产品报废回收制度建立的指导性文件，目的是指导生产和销售及相关企业启动、开展并推动汽车产品的设计、制造和报废、回收、再利用工作。

2006 年 9 月 30 日，商务部发布了《机动车强制报废标准规定》（征求意见稿）对汽车强制标准进行了修订，其中的重要内容就是取消对非营运乘用车报废年限的限制，而由排放和安全技术状况决定汽车是否报废，这对汽车生产企业提出了更高的要求。

2）汽车再生资源利用技术研发。

随着我国汽车拥有量的增多，汽车再生资源利用问题也得到了更多的关注。但我国汽车工业起步晚、基础差，汽车回收利用技术还相当落后，汽车再生资源利用率低。2002 年，上海市科学技术委员会立项《上海报废汽车处置关键技术与示范研究》课题，着重开展报废汽车拆解企业示范工程、报废汽车零部件的综合利用示范系统的建立、管理信息化示范，并由市政府、回收企业和上海交通大学共建了汽车回收与循环利用研究所。

近年来，我国一些科研单位和企业积极开展再制造方面的实践，已基本掌握了再制造基础理论和关键技术。2003 年 6 月 25 日，装甲兵工程学院成立了我国第一个装备再制造技术国家重点实验室，在研发具有自主知识产权的用于再制造的工程技术方面取得了进展。上海大众等企业在引进国外先进技术开展汽车发动机制造方面进行了有益的探索，取得了初步成果。但是，我国汽车再制造产业发展仍处于起步探索阶段，与发达国家相比还有很大的差距。

（2）国内发展趋势

报废汽车回收利用并不单纯是行业自身发展的问题，它在资源综合利用、环境保护、提供就业机会等方面有积极影响。在报废汽车回收利用产业发展进程中，将以提高报废汽车回收、再制造利用率和保护环境为目的，完善立法，调整产业布局；加强科学管理和科技投入，提高回收利用水平，减少环境污染；推动企业规模化、市场化进程，引入多元投资渠道，加大企业技术装备改造力度，推进技术进步，促进报废汽车回收利用的发展。近年来，我国对发展汽车再生资源利用产业比较关注和重视。例如，在对国内外再制造产业发展状况深入研究的基础上，提出了中国汽车零部件再制造产业发展的对策与措施：

①大力度地对汽车零部件再制造示范工程进行支持。

②适时修订、完善相关法规和汽车零部件再制造管理办法，建立汽车零部件再制造与报废汽车回收拆解相衔接的制度。

③加强对再制造产品市场流通的监管，建立再制造产品生产和市场监管体系，对汽车零部件再制造实行严格的市场准入制度；制定再制造行业标准；实施再制造产品认证和标识制度；建立产品信息登记管理系统等。

④加大再制造关键技术研发和产业化示范的支持力度。科技部已将再制造关键技术开发列为重大科技攻关项目，国家发改委也将利用国债资金对再制造产业化示范项目给予支持。

⑤提高社会各界对发展再制造产业重要性和紧迫性的认识，鼓励消费者使用再制造产品。汽车回收利用产业健康、有序、稳定和协调地发展。

9.2 废旧汽车回收

废旧汽车回收作为汽车寿命周期的一个阶段，对整个汽车寿命周期过程具有重要影响。报废制度的完善、回收管理的强化和网点布局的优化，既有利于汽车工业和消费市场的健康发展，也对环境保护和交通安全有重要意义。产品回收是指废旧产品的收集过程，称为废旧产品收购或收集。收购报废汽车的活动是汽车再生资源利用物流过程的开始，决定着可进行资源化的废旧汽车数量。而且废旧汽车的回收受法律法规的制约，因此本节从汽车报废标准出发进行论述。

9.2.1 汽车报废

汽车经过长期使用，车型老旧、性能低劣、物料消耗严重、维修费用过高，继续使用不经济、不安全的应予以报废。车辆报废应根据车辆报废的技术条件，提前报废会造成运力浪费，过迟报废则又增大运输成本，影响运力更新。

1. 汽车报废的含义

汽车报废是指汽车达到了使用寿命周期（通常为使用年限或行驶里程），技术状况处于不良或极限状态，使其停止使用并回收利用。

2. 汽车报废标准

《汽车报废标准》自1986年开始实施，历经《关于发布〈汽车报废标准〉的通知》（国经贸经〔1997〕456号）、《关于调整汽车报废标准若干规定的通知》（国经贸资源〔2000〕1202号）等修订和调整，国家商务部、发改委、公安部、环境保护部令2012年第12号《机动车强制报废标准规定》已经于2012年8月24日商务部第68次部务会议审议通过，并经发展改革委、公安部、环境保护部同意，发布，自2013年5月1日起施行。新的标准具有如下内容：

①法律依据：

《中华人民共和国道路交通安全法》及其实施条例、《中华人民共和国大气污染防治法》、《中华人民共和国噪声污染防治法》等。

②报废依据：

根据机动车使用和安全技术、排放检验状况，国家对达到报废标准的机动车实施强制报废。

③强制报废情形：

达到规定使用年限的（具体见表9－1）；经修理和调整仍不符合机动车安全技术国家标准对在用车有关要求的；经修理和调整或者采用控制技术后，向大气排放污染物或者噪声仍不符合国家标准对在用车有关要求的；在检验有效期届满后连续3个机动车检验周期内未取得机动车检验合格标志的。

④对变更使用性质或者转移登记的机动车明确规定了相应使用年限和报废标准。例如对于非营运小微型载客汽车和大型轿车变更使用性质后累计使用年限计算公式如下：

$$\text{累计使用年限} = \text{原状态已使用年} + \left(1 - \frac{\text{原状态已使用年}}{\text{原状态使用年限}}\right) \times \text{状态改变后年限}$$

其中：公式中原状态已使用年不足一年的按一年计算，例如，已使用2.5年按照3年计算；原状态使用年限数值取定值为17；累计使用年限计算结果向下圆整为整数，且不超过15年。

表9－1　机动车使用年限及行驶里程参考值汇总表

车辆类型与用途					使用年限/年	行驶里程参考值/万千米
汽车	载客	营运	出租客运	小、微型	8	60
				中型	10	50
				大型	12	60
			租赁		15	60
			教练	小型	10	50
				中型	12	50
				大型	15	60
			公交客运		13	40
			其他	小、微型	10	60
				中型	15	50
				大型	15	80
		专用校车			15	40
		非营运	小、微型客车、大型轿车*		无	60
			中型客车		20	50
			大型客车		20	60
	载货	微型			12	50
		中、轻型			15	60
		重型			15	70
		危险品运输			10	40
		三轮汽车、装用单缸发动机的低速货车			9	无
		装用多缸发动机的低速货车			12	30
	专项作业	有载货功能			15	50
		无载货功能			30	50

续表

车辆类型与用途			使用年限/年	行驶里程参考值/万千米
挂车	半挂车	集装箱	20	无
		危险品运输	10	无
		其他	15	无
	全挂车		10	无
摩托车	正三轮		12	10
	其他		13	12
轮式专用机械车			无	50

注：1. 表中机动车主要依据《机动车类型术语和定义》（GA802—2008）进行分类；标注 * 车辆为乘用车。

2. 对小、微型出租客运汽车（纯电动汽车除外）和摩托车，省、自治区、直辖市人民政府有关部门可结合本地实际情况，制定严于表中使用年限的规定，但小、微型出租客运汽车不得低于 6 年，正三轮摩托车不得低于 10 年，其他摩托车不得低于 11 年。

9.2.2　废旧汽车回收运作

在汽车工业发达的国家中，汽车制造商及环保部门已日益重视废旧汽车的回收，并正在形成一个颇为诱人的新兴产业。汽车回收行业的兴起一方面得益于利润丰厚的回收零部件再造环节，另一不容忽视的因素是各国环保政策对汽车生产商及汽车消费者的约束。随着各国“生产者负责法”的制定与实施，制造商担负起双重职责：即对汽车的生产制造负责和对汽车的报废回收负责。因此，制造商做研发时就必须考虑产品的可回收利用性，以保证汽车上万个零部件都易于回收利用。

1. 废旧汽车回收企业资质

2001 年 6 月 13 日，国务院第 41 次常务会议通过了中华人民共和国国务院令第 307 号《报废汽车回收管理办法》，其主要目的是规范报废汽车回收活动，加强对报废汽车回收的管理，保障道路交通秩序和人民生命财产安全，保护环境。

国家对报废汽车回收业实行特种行业管理，对报废汽车回收企业实行资格认定制度。除取得报废汽车回收企业资格认定的外，任何单位和个人不得从事报废汽车回收活动。报废汽车回收企业除应当符合有关法律、行政法规规定的设立企业的条件外，还应当具备下列条件：

①注册资本不低于 50 万元人民币，依照税法规定为一般纳税人；

②拆解场地面积不低于 5 000m^2；

③具备必要的拆解设备和消防设施；

④年回收拆解能力不低于 500 辆；

⑤正式从业人员不少 20 人，其中专业技术人员不少于 5 人；

⑥没有出售报废汽车、报废“五大总成”、拼装车等违法经营行为记录；

⑦符合国家规定的环境保护标准。

设立报废汽车回收企业，还应当符合国家经济贸易委员会关于报废汽车回收行业统一规划、合理布局的要求。

2. 废旧汽车回收处理程序

根据国务院令第307号《报废汽车回收管理办法》规定，我国报废汽车处理流程如下：

①报废汽车拥有单位或者个人应当及时向公安机关办理机动车报废手续。公安机关理当于受理当日，向报废汽车拥有单位或者个人出具《机动车报废证明》，并告知其将报废汽车交售给报废汽车回收企业。

②报废汽车回收企业凭《机动车报废证明》收购报废汽车，并向报废汽车拥有单位或个人出具《报废汽车回收证明》。

③报废汽车拥有单位或者个人凭《报废汽车回收证明》，向汽车注册登记地的公安机关办理注销登记。

具体处理程序如图9－3所示。

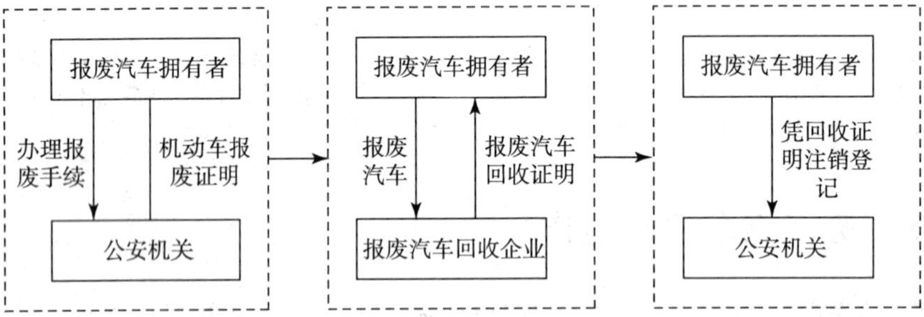

图9－3　我国报废汽车处理流程

3. 报废汽车回收处理要求

报废汽车拥有单位或者个人应当及时将报废汽车交售给报废汽车回收企业。任何单位或者个人不得将报废汽车出售、赠予或者以其他方式转让给非报废汽车回收企业的单位或者个人；不得自行拆解报废汽车。

报废汽车回收企业对回收的报废汽车应当逐车登记；发现回收的报废汽车有盗窃、抢劫或者其他犯罪嫌疑的，应当及时向公安机关报告。报废汽车回收企业不得拆解、改装、拼装、倒卖有犯罪嫌疑的汽车及其“五大总成”和其他零配件。

报废汽车回收企业必须拆解回收的报废汽车；其中，回收的报废营运客车，应当在公安机关的监督下解体。拆解的“五大总成”应当作为废金属，交售给钢铁企业作为冶炼原料；拆解的其他零配件能够继续使用的，可以出售，但必须标明“报废汽车回用件”。

禁止任何单位或者个人利用报废汽车“五大总成”以及其他零配件拼装汽车。禁止报废汽车整车、“五大总成”和拼装车进入市场交易或者以其他任何方式交易。禁止拼装车和报废汽车上路行驶。

报废汽车回收企业拆解报废汽车应当遵守国家环境保护法律、法规，采取有效措施，防治污染。

各省市根据本地的实际情况又颁布了具体的《报废汽车回收管理办法》实施细则。例如，回收企业回收报废汽车时，首先核对发动机号、车架号，对整车附号牌以回收企业为背景进行拍照存档，然后到公安机关车辆管理部门核对档案资料，核对无误后立即进行解体（大型客车、大型货车及其他营运车辆应当在公安机关车管部门的监督下解体）。解体后，还需拍照、刻录光盘存档。

拆解报废汽车必须符合下列要求：

①发动机缸体侧面冷却水道附近敲出一个面积不小于100cm^2、贯通水道的深洞；发动机缸盖从中部沿横向切断成两截。

②方向机壳体砸裂，裂口长度应不小10cm；转向轴管从中部横向切成两段。

③变速器壳纵向侧面或底部敲裂，裂口面积应不小于15cm^2，且从外到内贯通。

④前后桥左右两端靠近钢板弹簧支座位置横向切断，前桥和后桥分别切成3段。

⑤车架纵梁两侧前后钢板弹簧支架附近切断纵梁，横向把纵梁切成3段；对于承载式车身，应当从车身的横向沿驾驶室前车门后支柱前缘位置切断车身，车身横向切成两段。

⑥客车车身从中部横向切割成两段。

9.2.3　汽车回收物流

1. 汽车逆向物流

（1）基本概念

1）汽车物流。

汽车物流按业务流程可分为4大部分，即供应过程中的零部件配送、运输，生产过程中的储存、搬运，整车与备件的销售储存及运输和工业废弃物的回收处理。

汽车物流是集现代运输、仓储、保管、搬运、包装、产品流通及物流信息于一体的综合性管理，是沟通原料供应商、生产厂商、批发商、零件商、物流公司及最终用户满意的桥梁，更是实现商品从生产到消费各个流通环节的有机结合的载体。对汽车企业来说，汽车物流包括生产计划制定、采购订单确认及跟踪、供应商管理、运输管理、进出口、货物的接收、仓储管理、材料发放及在制品管理和生产线上物料管理及整车发运等。

2）汽车逆向物流。

汽车逆向物流是以满足顾客和保护环境为出发点，根据实际需要对汽车产品实行回收或再利用的物流活动。

（2）汽车逆向物流的形成

汽车逆向物流的形成主要有以下原因。

1）退货。

在汽车制造中，成千上万的零部件，只有很少一部分由本地生产，特别是全球经济一体化以及供应链管理的实施，大部分汽车零部件都需要通过跨地域的物流活动进行供应。大规模的生产和配送、运输及存储等环节都会造成零部件的缺陷和瑕疵。顾客在购买由于此类原因造成的问题产品后，就会对此类汽车产品进行退货。

2）汽车召回。

产品召回制度源于20世纪60年代的美国汽车工业。经过多年实践，目前美国、日本、欧洲和澳大利亚等国家及地区对缺陷汽车的召回都已经形成了比较成熟的管理制度。2004年3月15日，我国颁布了《缺陷汽车产品召回管理规定》。

汽车召回是指按照《缺陷汽车产品召回管理规定》要求的程序，由缺陷汽车产品制造商进行的消除其产品可能引起的人身伤害、财产损失的缺陷的过程。包括制造商以有效方式通知销售商、修理商和车主等有关方面关于缺陷的具体情况及消除缺陷的方法等事项，并由制造商组织销售商、修理商等通过修理、更换或收回等具体措施有效消除其汽车产品缺陷的过程。

3）废旧汽车回收。

汽车的使用寿命是有限的，经过了一定时期的运行后，汽车零部件的磨损达到极限，汽车废气排放量加大，对环境造成严重污染，而且也容易造成汽车事故的发生。此时，汽车必须进行报废，以降低其对环境的破坏程度，消除安全隐患。从经济角度上看，报废汽车上的钢材、铝材等金属能经过处理后重新利用；某些零部件拆解后能重新使用。因此，废旧汽车回收利用形成的逆向物流将不断增加。

4）生产过程的废弃物。

汽车生产过程中会产生许多废弃物，主要包括边角废料和废弃包装物等。以汽车生产所需的钢材为例，由于产品设计和一些不可避免的原因，大量的钢材边角在切割完后被弃用，不仅影响到生产环境，还造成资源的浪费。此外，汽车生产中零部件包装用的泡沫、纸箱和塑料袋等也是废弃物，同样会对环境造成影响。所以，对生产过程中废弃物的回收也是汽车逆向物流中的主要内容。

（3）汽车逆向物流的意义

汽车逆向物流的成功运作，能够确保不符合订单要求的产品及时退货，保证有质量问题的产品能够及时被召回，从而增强消费者对企业的信任感及忠诚度。

汽车企业能否顺利地实施可持续发展战略，是企业向社会承诺和负责的伦理道德尺度。通过对有安全隐患问题的车辆进行召回和对到期报废的汽车进行回收处理，可体现出企业勇于承认错误的诚信行为及主动实施可持续发展战略的经营理念，可在公众心目中树立具有良好的社会责任感的企业形象，以增加企业的无形资产。

汽车工业是一个高耗能产业，能源、钢材等原材料的耗用很大，而且多属不可再生资源。对报废汽车钢材等原材料的再利用，不单能提高资源的利用率，也能降低企业的生产成本。汽车企业如何有效利用和配置资源，关系到企业的发展前景。充分发挥汽车逆向物流中回收物流的作用，能给企业带来巨大的效益。

（4）汽车逆向物流存在的问题

1）缺乏对逆向物流的认知。

物流是一个服务性的行业，空间和时间效益是物流的基本效益。但是与汽车正向物流的效益相比，汽车逆向物流的效益不能在短期体现出来，致使汽车逆向物流得不到应有的重视，甚至有些企业还认为逆向物流会给企业带来时间和效益的损失，使逆向物流的作用得不到体现。

2）缺少有效的逆向物流信息系统。

汽车制造企业通过逆向物流信息系统可以对退货品进行逐一管理，反馈退货原因；可以为其服务商提供包括产品质量评价、产品寿命周期分析在内的各类营销信息，这对企业的生产经营都是非常有价值的。

目前，我国汽车企业的汽车逆向物流信息系统严重缺乏，一方面是由于逆向物流活动本身对信息系统的柔性化要求高，因而难以在传统物流信息系统的基础上进行扩展；另一方面是由于企业经营理念未能跟上时代发展的步伐，多数企业还不愿意在开发逆向物流信息系统上投入资金。

3）缺少汽车逆向物流网络。

虽然绝大部分汽车企业都有自己的物流设施，但汽车逆向物流服务仍处于分散、割裂、封闭和无序竞争状态。尽管逆向物流可以利用汽车正向物流所布置的网络，但逆向物流的特性使其在利用这些网点时不能充分发挥网点的作用。因此，企业间必须加强合作，完善汽车逆向物流渠道，对仓储设施和运输设备进行整合，建立信息资源共享平台，充分利用网络资源优势，降低逆向物流成本。例如，丰田公司在欧洲就使用通用公司的汽车逆向物流系统，不但使丰田降低了成本，而且通用也能充分利用它，形成共赢。在建立汽车逆向物流网络中，不仅要加大对基础设施信息系统和网络布点的投入，更重要的是要有一套合理高效的衔接机制，在企业理念、服务标准和渠道上达到互通，从而降低合作成本。

2. 汽车回收物流及其特点

（1）汽车回收物流

1）定义及其分类。

汽车回收物流是逆向物流的一种形式。汽车回收物流是指将废旧汽车进行回收，并将其送到专门的回收利用地点的物流过程。汽车回收物流分类如图9－4所示。

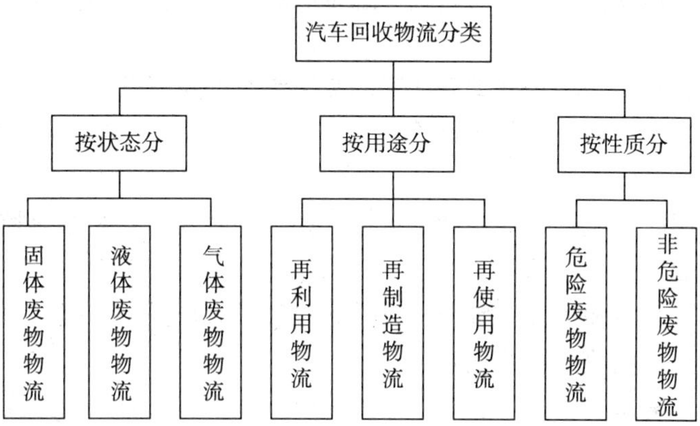

图9－4　汽车回收物流分类

2）广义与狭义的回收物流。

狭义的回收物流是指对有环境问题或已过时的产品、零部件或物料回收的过程。它是将废弃物中有再利用价值的部分加以分拣、加工、分解，使其成为有用的资源，重新进入生产和消费领域；广义的回收物流除了包含狭义的回收物流的含义之外，还包括废弃物物流。其最终目标是减少资源使用，并通过减少使用资源达到废弃物减少的目标，同时使正向以及回收的物流更有效率。

国家质量技术监督局发布的GB/T 18354—2001《物流术语》中所述的“回收物流”是狭义的回收物流，它不包括废弃物物流。它们的具体定义如下：

①回收物流是指不合格物品的返修、退货以及周转使用的包装容器从需方返回到供方所形成的物品实体流动。例如，回收用于运输的托盘和集装箱、接受客户的退货、收集容器、原材料边角料、零部件加工中的缺陷在制品等的销售方面物品实体的反向流动过程。

②废弃物物流是指将经济活动中失去原有使用价值的物品，根据实际需要进行收集、分类、加工、包装、搬运、储存等，并分送到专门处理场所时形成的物品实体流动。

由此可见，回收物流的表现是多样化的，从使用过的包装、原材料，到各类废旧机电设备等。也就是说，回收物流包含来自于用户废弃的包装品、零部件、产品及物料等物资的流动。简而言之，回收物流是从用户或消费者手中回收用过的、过时的或者损坏的产品及包装物开始，直至最终处理环节的过程。一般的情况下，“回收物流”除特别说明外均是从广义角度而言的。

（2）汽车回收物流的特点

回收物流与正向物流相比具有其特殊性，汽车回收物流的一般特点如下。

1）分散性。

汽车废旧产品或材料可能产生于生产领域、流通领域或消费领域，涉及任何领域、任何部门、任何个人，汽车回收物流产生的地点、时间、质量和数量等方面都不是集中的。这与具有按量、按时和按地等基本特点的正向物流，有着明显的区别。

2）延迟性。

首先，同一或同类产品开始回收时，回收物流数量少，在不断汇集的情况下才能形成较大的物流规模。其次，废旧汽车产品或材料的产生往往都需经过较长的时间，同时其达到一定的可再利用数量的规模也需较长的时间，这都决定了废旧汽车的回收具有延迟性。

3）多样性。

废旧汽车回收过程中，不同种类和状况的废旧汽车都是混杂在一起的，回收的废旧汽车具有多样性。但是，当对回收产品经过检查与分类后，回收物流的多样性将产生逐渐衰退。

4）多变性。

由于废旧汽车回收物流的分散性和延迟性，回收的时间与空间难以控制，这就导致了多变性。主要表现在以下 3 个方面：

①回收物流过程具有随机性。废旧汽车回收过程具有产品种类复杂、地点分散及产生时间无序等特点，使回收物流具有不确定性。

②回收物流方式具有复杂性。废旧汽车的回收处理系统与方式复杂多样，不同处理手段对恢复资源价值的贡献差异显著。

③回收物流技术具有特殊性。尽管废旧汽车的回收物流仍然是由运输、储存、装卸搬运、包装、流通加工和物流信息管理等环节组成，但是回收物流技术也具有自身的特点：多采用小型化、专用化的装运设备；除危险品等特殊物品外一般只要求简易、低成本的储存、包装；常需要多样化的流通加工，包括分拣、分解、分类，压块和捆扎，切断和破碎三大类。

9.3 废旧汽车拆解、回收利用及再制造

9.3.1 废旧汽车拆解

1. 拆解业务内容

（1）废旧汽车接收

废旧汽车拆解企业所接收的应是具有《机动车报废证明》的废旧汽车，对报废车辆进

行检查确认后才能接收。

从接收废旧汽车时起，就必须建立废旧汽车拆解文档。拆解文档的内容应包括：车辆识别信息、车辆状态信息、报废证明、拆解日志以及废旧汽车再生利用情况等。

（2）废旧汽车存放

废旧汽车拆解企业必须有足够的区域存放废旧车辆。企业整个区域的面积及其划分应与拆解废旧汽车的数量和拆解车型相协调，一般被分成以下区域：运输区、待拆解区、预处理区、拆解区、零部件存储区、压实区以及辅助区。

废旧汽车存放时，不允许直接的堆放、侧立和倒放。如果采用堆放方法存放车辆，必须确保堆放的稳定性。如果没有保护装置，堆放的数量不得超过4辆。车辆放置时，应避免损坏盛装液体的器件（油底壳、油箱、制动管线）及可拆解部件，如玻璃窗框等。

拆解企业的运输区、待拆解区、预处理区和拆解区的地面应按照标准进行矿物油污染防护，设置沉井，以符合水保护要求。如果这些区域有篷盖，可以不设置沉井。废旧汽车存放场地必须隔离，未经授权者不能进入。此外，场地必须要有足够的灭火器。

（3）废旧汽车拆解

废旧汽车拆解是拆解企业主要的业务内容，包括以下工作过程：①预处理；②拆解；③分类。

拆解人员必须经过拆解技术培训，获得相应的职业资格。遵守相关的法律法规，掌握拆解作业安全知识，了解环保要求；拆解设备的操作者必须具有劳动部门颁发的操作许可。拆解设备的设计、使用和维护必须满足回收、再生和废弃物填埋的要求，以满足公共利益的要求。拆解人员必须按照操作规范手册进行拆解并写拆解日志。操作手册包括预处理说明、放置要求以及操作方法。

预处理作业主要是对环境有污染或危害的物质、材料和零部件进行的无害化和安全化处理。例如，各种废液的集中抽取、安全气囊的处理及氟利昂的回收等。

此外，根据零部件和液体的回收再生特性，一般分为：可再用件、可再循环材料和废弃物。但是，根据零部件拆解后具体的状态也可以分为：不含任何液体的可再用部件、含有液体的可再用部件、可再生零部件或液体、废弃的固体或液体等。

（4）拆解物品存储

拆解物品存储区分一般分为：可再用件存储区、循环材料存储区、液体存储区、含液体部件存储区、固体废弃物存储区及液体废弃物存储区等。应该有具体的措施保证可回收的部件处于自然状态，并对环境没有任何损坏。这种状态可通过封闭、覆盖、压实等方法实现，以保证对土壤和水没有污染。电池应存放在耐酸的容器中，或没有泄漏及排放的耐酸地面上。

（5）拆解车体压实

报废汽车拆解下来的零部件和材料被分类存储后，将剩余的车体压实，以便于运输破碎处理厂或剩余物处理场进行处理。

2. 拆解方式及其选择

（1）拆解方式分类

根据对废旧汽车回收利用的目标，即是零件再使用还是材料再利用，拆解方式分为非破坏性拆解、准破坏性拆解和破坏性拆解。破坏性拆解是对被拆解零部件进行没有限制性条件的任意分解，而准破坏性拆解主要是对连接件进行破坏拆解。

破坏性拆解可以使用各种工具将螺栓切断、在零件上穿孔或对零件锯切，以及利用液压工具将基础件、运动件和连接件分离。例如，采用破坏性拆解方式，使用液压剪可以快速地分离部件；而使用液压钳，则可以进行准破坏性拆解。

对报废汽车零部件的拆解可分成两个层次，或称为拆解深度。第一层次拆解，是指从车上直接拆卸的部件；第二层次拆解，是对拆卸下来的部件进行的更细的拆解。

根据欧盟指令的要求，第一层次拆解的部件应包括催化转化器，轮胎，较大的塑料件，玻璃，含有铜、铝和镁等材料的零件。此外，对含有汞的部件应尽可能地进行无害化处理。拆卸下来的部件是否可以再使用或再利用，取决于元器件的市场价格、拆解时间和拆解成本等因素。第一层次的拆解次序是从外到内，它要求较好的可达性和可操作性。对零部件进行第二层次拆解，增加了拆解深度。例如，将接线盒的盒盖和电路板拆下来，分别回收处理。第二层次拆解目的是：

①减少零部件及其材料再利用过程中的危险物质和环境污染。

②分离有价值的零部件和材料。

③提高回收利用的经济效益及其再利用材料的纯度。

（2）拆解方式选择

废旧汽车拆解方式的选择过程是，根据废旧汽车的状态或零部件损坏程度，首先选择拆解方式，然后再确定拆解深度。

对于报废汽车零部件的拆解不能完全按装配的逆顺序来考虑，其主要原因是废旧汽车的拆解具有以下特性：

①有效性：选择非破坏性拆解，但没有效率和效益可言。

②有限性：根据经济效益最大和环境影响最小的原则，确定拆解深度。

③有用性：拆卸下来的元件已经由于变形或腐蚀等原因损坏，没有可使用价值。

例如，对于事故造成损伤的汽车，应根据损伤程度确定可拆解的零部件。但当汽车顶棚被压扁时，其内部零部件的拆解受到了限制，一般也作为材料回收。

对于可再使用的零部件，在满足经济效益的前提下，应选择非破坏和准破坏方式进行拆解。对以材料回收利用为目的拆解方式选择，还应满足以下要求：

①可有效分离各种不同类型材料。

②可提高剩余碎屑的纯度。

③可分离危险有害物质。

3. 拆解工艺组织

汽车拆解工艺组织是对汽车拆解过程的各种作业，按一定的作业方式、操作顺序进行组合协调的过程：工艺组织的目的是使汽车拆解作业按照一定的顺序进行，充分利用人力、物力和财力，节省各种消耗，发挥最高效能，以取得最佳效果。

汽车拆解工艺组织，应考虑企业的生产纲领、拆解汽车的类型、数量、拆解技术、设施与装备、作业内容以及环保要求等。工艺组织包括拆解作业方式和劳动组织形式的选择与确定。

（1）汽车拆解作业方式

汽车拆解作业方式有两种，即定位作业和流水作业。

1）定位作业。

定位作业是指废旧汽车被放置在一个工段上进行全部拆解作业的方式。在工段上，进行拆解作业的工人按不同的劳动组织形式，在定额规定的时间内，分部位和按顺序地完成作业任务。这种方式便于组织生产，适应于车型复杂的拆解企业。

2）流水作业。

流水作业是指废旧汽车被放置在拆解生产线上，按照拆解工艺顺序和节拍依次经过各个工位进行拆解作业的方式。流水作业方式的拆解工作效率高，拆解车辆的再生利用率高，平均每辆车的面积利用率高。但是，要求拆解的车型较单一，设备数量较多。

（2）汽车拆解劳动组织形式

汽车拆解作业的劳动组织形式有综合作业和专业分工两种。综合作业：是指将可以进行全面拆解作业的人员安排在一起的劳动组织形式。这种劳动组织形式需要的人员比较少，拆解进度较慢，效率较低。一般适用于拆解数量少，车型复杂的企业。综合作业劳动组织形式一般与定位作业方式相配合。专业分工：是指将每项作业安排固定的人员进行拆解作业的劳动组织形式。它既适应定位作业方式，也适应于流水作业。

4. 拆解工艺流程

（1）定位作业拆解工艺流程

由于每次拆解的报废车型可能不同，因此拆解操作及其程序不仅具有个性，而且也有共性。同流水作业拆解工艺流程类似，定位作业拆解的一般工艺流程是：登记验收、外部情况检视、预处理（放净油料、先拆易燃易爆零部件）、总体拆卸、拆解各总成的组合件和零部件及检验分类。由于轿车和载货车结构的差别，因此，拆解程序可能存在差别。报废汽车的解体应按照由表及里、由附件到主机，并遵循先由整车拆成总成，由总成拆成部件，再由部件拆成零件的原则进行。

1）载货汽车总体拆解。

报废汽车的总体拆解就是将汽车拆卸成总成和组合件的过程。载货汽车总体拆解的一般作业程序如下：

①准备工作

a. 鉴定：对报废车辆的完好程度进行细致的分析，确定拆解深度和解体程序。

b. 预处理工作：检查报废车辆是否有易燃物和危险品；放净油箱内残余油料；放净润滑油并收集在专用容器内。

②解体程序

a. 吊拆车厢：拆解车厢与车架连接的U形螺栓，把车厢吊下。

b. 拆卸全车电器及线路：包括蓄电池、起动机、发电机、点火、仪表、照明设备和信号装置等。

c. 拆卸发动机室罩和散热器：拆下发动机室罩；拆卸散热器与车架连接处的螺母、橡胶软垫、弹簧以及橡胶水管、百叶窗拉杆、拉手和百叶窗等；最后拆下散热器。

d. 拆卸挡泥板及脚踏板。

e. 拆卸汽油箱：拆卸与汽油箱连接的油管、带衬垫的夹箍，再把汽油箱拆下。

f. 拆卸转向盘和驾驶室：拆卸转向盘、驾驶室与车架连接处的橡胶软塑及螺栓、螺母，吊下驾驶室。

g. 拆卸转向器：将转向摇臂与直拉杆分开，拆下转向管柱和转向器。

h. 拆卸消声器：先拆下消声器与排气歧管夹箍的固定螺栓，然后拆下消声器。

i. 拆卸传动轴：先拆下万向节凸缘与变速器及主减速器凸缘的连接螺栓，然后拆卸中间支承。

j. 拆卸变速器：先拆下变速器与发动机连接的螺栓，然后拆下变速器。

k. 拆卸发动机附离合器：拆卸发动机与车架的支承连接，吊下发动机附离合器。

l. 拆卸后桥：将车架后部吊起，拆卸后桥与车架连接的钢板弹簧和吊耳；或先将后桥与钢板弹簧的U形螺栓拆下，然后将后桥推出车架。

m. 拆卸前桥：将车架前部吊起，拆卸前桥与车架连接的钢板弹簧和吊耳；或先将前桥与钢板弹簧的U形螺栓拆下，然后将后桥推出车架。

2）乘用车汽车总体拆解。

按照“先易后难、先少后多”的原则，正确选择拆解部位。对于首次遇到的新车型，要先拆容易作业的部位，后拆作业空间小、结构复杂的部位。切忌“遇到什么拆什么”的做法，要先观察，再做行动。对于前置后驱动结构的车型，其基本拆解如下：发动机、离合器、传动轴、驱动桥、悬架、制动系统、转向系统及车身。

3）常见连接的拆解。

汽车上有上万个零件，部件相互间的连接形式有多种，主要有螺纹、过盈配合、链、铆接、焊接、黏结和卡扣连接等。这些连接拆解量大，技术要求高，其拆解方法介绍如下：

①螺纹连接的拆解：螺纹连接在全车拆解工作量中占50%～60%。在拆解过程中，通常遇到最麻烦和困难的是拧松锈蚀的螺钉和螺母。在这种情况下，一般可采用下列方法：

a. 非破坏性拆解：在螺钉及螺母上注上些汽油、机油或松动剂，待浸泡一段时间后，用小锤沿四周轻轻敲击，使之松动，然后拧出；用乙炔氧火焰将螺母加热，然后迅速地将螺母拧出。先将螺钉或螺母用力旋进1/4圈左右，再旋出。

b. 破坏性拆解：用手锯将螺钉连螺母锯断；用錾子铲松或铲掉螺母及螺栓；用钻头在螺栓头部中心钻孔，钻头的直径等于螺杆的直径，这样可使螺钉头脱落，而螺栓连螺母则用冲子冲去；用乙炔氧火焰割去螺钉的头部，并把螺栓连螺母从孔内冲出。

②螺钉组连接件的拆解：在同一平面或同一总成的某一部位上有若干个螺钉和螺栓连接时，在拆解中应注意：先将各螺钉按规定顺序拧松一遍。如无顺序要求，应按先四周、后中间或按对角线的顺序拧松一些，然后按顺序分次匀称地进行拆解，以免造成零件变形、损坏或力量集中在最后一个螺钉上面而导致拆解困难。

首先，拆下处于难拆部位的螺钉；对外表不易观察的螺钉，要仔细检查，不能疏漏。在拆去悬臂部件的螺钉时，最上部的螺钉应最后取出，以防造成事故。

③折断螺杆的拆解：如折断螺杆高出连接零件表面时，可将高出部分锉成方形焊上一螺母将其拧出；如折断螺杆在连接零件体内，可在螺杆头部钻一小孔，在孔内攻反扣螺纹，用丝锥或反扣螺栓拧出，或将淬火多棱锥钢棒打人钻孔内拧出。

④销、铆钉和点焊的拆解：销钉在拆解时，只要用冲子冲击即可。对于用冲子无法冲击的销钉，只要直接在销孔附近将被连接的铰链加热就可以取出。当上述方法失效时，只能在销钉上钻孔，所有钻头的尺寸比销钉直径小0.5～1mm即可。

对于拆解铆钉连接的零件，可用扁尖錾子将铆钉头铲去，尤其对拆解用空心柱铆钉连接的零件十分有效。当錾去铆钉头比较困难时，也可用钻头先钻孔，再铲去。

用点焊连接的零件，在拆解时，可用手电钻将原焊点钻穿，或用扁錾将焊点錾开。

⑤过盈配合连接的拆解：汽车上有很多过盈配合连接，如气门导管与缸盖承孔间的连接，气缸套与缸体承孔间的连接，轴承件的连接等。

拆解时，一般采用压（拉）出法，如果包容件材料的热胀性好于被包容件，也可用温差法。根据用途不同，拆解设备可分为压力机和拉器两类，在拆解过盈量不大等易拆零件时，也可用手锤和螺丝刀等简单工具进行操作。

⑥卡扣连接的拆解：卡扣连接是应用于汽车上的新型连接方式，一般用塑料制成。在拆解时，要注意保护所连接的装饰件不受损坏，对一些进口车上的卡扣更要小心，因为无法购到备件，要使之完好，以便二次利用。拆解的工具比较简便，主要是平口螺丝刀及改制的专用撬板等。

（2）流水作业拆解工艺流程

将待拆解废旧汽车运送到汽车拆解线，并固定在拆解工作台上。然后，按工位进行拆解操作。

①预处理。

对报废汽车进行拆解前，首先要进行预处理工作。其各工位主要作业内容如下：

a. 拆卸蓄电池和车轮。

b. 拆卸危险部件：由认定资格机构培训后的人员按制造商的说明书要求，拆解或处置易燃易爆部件，并进行无害化处理。

c. 抽排液体：在其他任何进一步的处理前，必须抽排下列液体：燃料（包括液化气）、冷却液、制动液、挡风玻璃清洗液、制冷剂、发动机机油、变速器齿轮油、差速器双曲线齿轮油、液力传动液、减振器油等。液体必须被抽吸干净，所有的操作都不应当出现泄漏，存储条件符合要求。根据制造商提供的说明书，处置拆卸液体箱、燃气罐和机油滤芯等。

燃油的清除必须符合安全技术要求，冷却液的排出必须是在封闭系统内进行；处理可燃性液体时，必须遵守安全防火条例，以防止爆炸。在做进一步拆解前，由于某些部件的危险或有害等特性，还应拆解以下物质、材料和零件：根据制造商的要求，拆卸 PCM 模块、含油减振器（如果减振器不被作为再利用件，在作为金属材料回收前，一定要抽尽液体减振器油）、含石棉的零件、含水银的零件、编码的材料和零件、非附属机动车辆的物质等。废旧汽车拆解作业的预处理工艺流程，如图 9－5 所示。

②拆解。

拆解厂必须组织技术人员，将可再利用部件无损坏地拆卸下来。拆解过程是从外到里，或分外部拆卸、内部拆卸和总成拆卸 3 个工位。

③分类。

从报废的汽车上拆下的零件或材料应首先考虑再使用和再利用。因此，拆解过程应保证不损坏零部件。在技术与经济可行的条件下，制动液、液力传动液、制冷剂和冷却液可以考虑再利用，废油也可再加工，否则按规定废弃。再利用的与废弃的油液容器应标明清楚，以便分辨。再将拆解车辆送往破碎厂或做进一步处理时，应分拣全部可再利用和可循环使用的零件及材料，主要包括：三元催化器、车轮平衡块和铝轮辋；前后侧窗玻璃和天窗玻璃；轮胎；大的塑料件；含铜、镁和铝的零部件等。

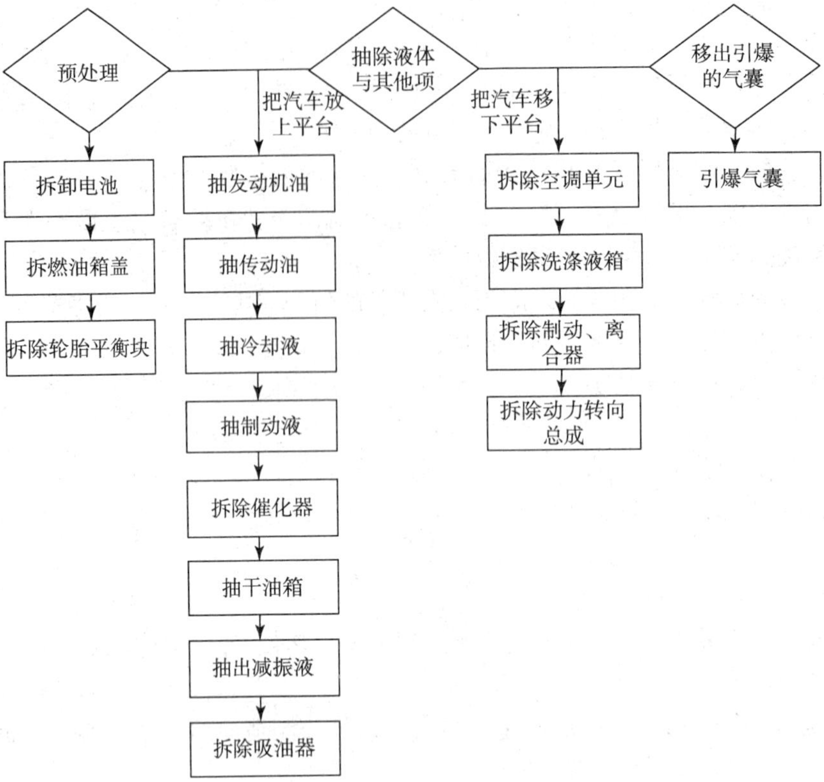

图 9-5　汽车拆解预处理工艺流程

④压实。

预处理后或拆解后的汽车可以压实后进行运输。

⑤废弃处理。

废弃物必须保证处置过程符合公共利益。

9.3.2　废旧汽车回收利用

1. 废旧汽车资源化

废旧汽车资源化是以废旧汽车为再生资源开发对象，在符合法律规章要求及获得合适经济效益的前提下，通过采用新技术与新工艺，最大限度地回收利用可使用零部件、可利用材料及能源物质等具有使用价值财富的工程活动。其目的是节约资源、减少能耗和保护环境，从而支持社会的可持续发展。

汽车制造不仅消耗大量的资源，而且汽车报废还会造成环境污染和资源的浪费。当资源枯竭和环境污染成为制约社会发展的主要问题时，必然对国民经济的增长和人类生活质量的提高产生影响。当以科学发展观开始重新思考资源有效利用问题时，废旧产品的资源化就成为必然的选择。

20 世纪 50 年代，全国建立了 16 万个遍及全国每个角落的回收点，实行了“牙膏皮换牙膏”政策，建成了当时世界上最完善的废旧物资回收系统。后来，西方发达国家吸取我国的经验，将其发展成一个集回收利用为一体的独立产业——再生资源产业，也称作“第四产业”。巨额资金的投入、优惠政策的导向、前沿科技的支持，使其成为全球发展最快的朝阳产业。

2. 废旧汽车资源化方式

根据回收处理方式，废旧汽车零部件可分为以下类型。

1）再使用件。

指经过检测确认合格后可直接使用的零部件。由于同一辆汽车的所有零部件不可能达到同等寿命设计，当汽车报废时总有一部分零部件性能完好，因此既可以作为维修配件，也可作为再生产品制造时的零部件。

2）再制造件。

指通过采用包括表面工程技术在内的各种新技术、新工艺，实施再制造加工或升级改造，制成性能等同或者高于原产品的零部件。

3）再利用件。

指无法修复或再制造不经济时，通过循环再生加工成为原材料的零部件。

4）能量回收件。

指以能量回收方式回收利用的零部件。

5）废弃处置件。

指无法再使用、再制造和再循环利用时，通过填埋等措施进行处理的零部件。

所以，废旧汽车资源化的基本方式可分为再使用、再制造、再利用及能量回收4种主要方式。表9－2为汽车常见部件的回收利用途径。

表9－2　常见汽车部件回收利用途径

序号	部件名称	利用途径
1	废旧轮胎	直接利用、旧胎翻新、再生橡胶、硫化胶粉、热分解
2	废旧汽车塑料	熔融再生、回收原料、能量回收、热裂解等
3	废旧汽车玻璃	原型使用、转型利用
4	废旧汽车金属	解体、分选、压块、破碎、冶炼
5	废润滑油	物理方法（沉淀法、过滤法、蒸馏法）、物理化学法（絮凝法、吸附法）、化学方法（酸性法、碱性法）
6	废旧电器原件	拆解、粉碎

3. 废旧汽车资源化目标

废旧汽车产品资源化的目标是通过采用先进技术和严格管理，使再利用和再制造部分得到充分的利用，以获得最佳的经济效益；使再利用部分的循环利用率最高，以获得最优的资源效益；使能量回收件的比例最小，产生的环境影响最低；使废弃处置部分趋于零，最大限度地提取废旧汽车产品中所蕴含的财富。

传统工业经济的生产观念是最大限度地开发利用自然资源，最大限度地创造社会财富，最大限度地获取利润。而循环经济的生产观念是要充分考虑自然生态系统的承载能力，尽可能地节约自然资源，不断提高自然资源的利用效率，循环使用资源，创造良性的社会财富。

在生产过程中，循环经济观要求遵循如下原则：资源利用的减量化原则，即在生产的投入端尽可能少地输入自然资源；产品的再使用原则，即尽可能延长产品的使用周期，并多周期使用；废弃物的再循环原则，即最大限度地减少废弃物排放，力争做到排放的无害化，实现资源再循环。同时，在生产中还要求尽可能地利用可循环再生的资源替代不可再生资源，使生产合理地依托在自然生态循环之上；尽可能地利用高科技，尽可能地以知识投入来替代物质投入，以达到经济、社会与生态的和谐统一。

4. 汽车再生资源利用方式比较

再使用和再制造是废旧汽车产品资源化的最佳形式，虽然受汽车产品设计、制造等多种因素的影响，整车的再使用和再制造的比例还较低，但是，某些总成的可再使用和再制造零部件比例还是较高的。再利用即零部件材料的回收是目前整车回收利用的主要方式，是获得资源效益的首选途径。而能量回收是在当前循环利用技术水平低或回收利用经济效益差的条件下，不得已采取的回收利用方式，应尽量限制。根据文献资料的统计，3 000 台斯太尔WD615 型废旧发动机可采用的不同资源化方式的统计结果，如表 9－3 所示。

表 9－3　对废旧发动机可采用的不同资源化方式的比例（单位：%）

资源化方式 / 统计标准	再使用	再制造	再利用
零件价值	12.3	77.8	9.9
零件重量	14.4	80.1	5.5
零件数量	23.7	62.0	14.3

9.3.3　汽车总成及零部件再制造

近年来，我国汽车产量和保有量都在快速增长，同时报废汽车的数量也在增加。因此，汽车零部件再制造产业的发展有着巨大的市场潜力。2005 年，国务院发布了关于加快发展循环经济的若干意见和做好建设节约型社会近期重点工作的通知，明确提出要积极支持废旧机电产品再制造。2006 年 3 月，全国人大审议批准了《国民经济和社会发展第十一个五年规划纲要》，提出“十一五”期间要建设若干汽车发动机等再制造示范企业。国家发展改革委对发展再制造产业一直非常关注和重视，在对国内外再制造产业发展状况深入研究的基础上，提出了中国汽车零部件再制造产业发展对策。商务部、公安部和国务院法制办等有关部门就加快推进再制造产业发展也制定了相关政策。

1. 再制造的内涵及类型

(1) 再制造含义

再制造是以产品全生命周期理论为指导，以优质、高效、节能、节材和环保为目标，采用先进技术和产业化生产方式，进行修复或改造废旧产品的一系列技术措施或工程活动的总称。

再制造是废旧机电产品循环利用最重要的措施，是再生资源利用的高级形式。再制造通过运用先进的清洗技术、修复技术和表面处理技术，使废旧机电产品达到与新产品相同的性能，延长了产品的使用寿命。同时，还充分利用了废旧产品中蕴含的二次资源，节约制造子产品所需的能源和原料，降低了生产成本，方便了产品维修。

（2）再制造类型

1）再制造加工。

对于达到技术寿命和经济寿命而报废的产品，在失效分析和寿命评价的基础上，把有剩余寿命的废旧零部件作为再制造毛坯，采用先进技术进行加工，使其性能恢复，甚至超过新品的生产活动。

2）产品性能升级。

对技术性能相对落后的产品，往往是几项关键指标存在着差别。但是，采用新技术对其进行局部改造，可使原产品的性能改进或提高。

2. 再制造的特点及意义

（1）再制造的特点

1）再制造的产品可拆解。

拆解是再制造生产过程的开始，是零部件进行再制造的基本条件。产品被拆解并经性能检测与可再制造性评估后，才能确定是否能进行再制造。产品的初始设计对拆解性有决定性的影响，因为装配设计与拆卸设计并不是一个完全可逆的对称问题。

2）再制造不同于维修。

维修是在产品的使用阶段为了保持其良好技术状况及正常运行而采取的技术措施。维修多以换件为主，辅以单个或小批量的零（部）件修复。而再制造是将大量相似的废旧产品回收拆卸后，按零部件的类型进行收集和检测，将有再制造价值的废旧产品作为再制造毛坯，对其进行批量化修复和性能升级。因此，再制造是一个将旧产品恢复到“新”状态的过程。

可进行再制造的产品一般具有如下的特征：耐用型产品，某些功能受到损坏；通用件组成，各部件均可更换；剩余价值较高，且再制造的成本低于剩余价值；产品的各项技术指标稳定；市场认同并且能够接受再制造产品。

3）再制造不同于再循环。

再循环是指通过回炉冶炼等加工方式，将废旧产品材料再生利用的过程。材料循环再生要消耗较多的能源，而且对环境还会有较大的影响。再制造是指以废旧零部件为毛坯，通过采用先进的加工技术，获得高品质、高附加值的再制造产品，同时要求消耗能源少，最大限度地回收废旧零部件中蕴含的附加值，且成本低于新品制造。

此外，再制造的对象是广义的，它既可以是设备、系统或设施，也可以是零部件。实践证明，再制造是废旧机电产品资源化的最佳形式和首选途径。

（2）汽车再制造意义

再制造是一种以旧零部件作为“毛坯”，按照新品的制造技术标准，采用专用设备和生产工艺进行加工的生产模式。这不仅节约了新品制造所需的原材料，而且再制造产品所需能源也只是生产新产品所需能源的1/5～1/4，同时，还避免了新产品生产带来的环境污染。

汽车再制造工程是以废旧汽车的再生资源利用为目标，通过产品化的生产组织方式，对可再用的总成、零部件运用先进的再制造加工技术、严格的质量控制和系统的利用管理，使汽车再生资源得到高质量再生的生产过程和充分利用的系统性工程活动。汽车再制造具有以下意义：

1）充分发挥废旧汽车零部件的使用价值。

汽车的寿命可分为物质寿命、技术寿命和经济寿命，技术和经济寿命通常大大短于其物质寿命。由于一部分废旧汽车总成和零部件没有达到它的物质寿命，可以再使用或通过再制造成为新型零部件。

2）有利于提取废旧汽车零部件的附加值。

再制造是直接以废旧零部件做毛坯的，所以能充分提取报废零部件的附加值。而再循环不能回收产品的附加值，还需要增加劳动力、能源和加工等成本，才能把报废产品转变成原材料。再制造是一种从部件中获得最高价值的合理方法，其产品的平均价格约为新品的40% ~60%。

再制造作为从旧产品中获取最高价值的方法，是对产品的二次投资，更是使废旧产品升值的重要手段。再制造零部件借助专用设备和特殊加工工艺，不仅能够充分挖掘、利用旧零部件的潜在价值，而且再制造过程采取专业化、大批量的流水线生产方式，提高了生产效率，降低了生产成本。

3）使汽车全寿命周期延长。

传统的汽车寿命周期是由论证、设计、制造、使用和报废环节组成，而现代的汽车全寿命周期是“从研制到再生”，即汽车报废后通过回收利用零部件的寿命被延长，并形成资源的循环利用系统。

4）使汽车产业链得到延伸。

在汽车全寿命周期延长的同时，汽车产业链也得到了延伸，即形成了汽车再制造产业。汽车再制造业是美国最大的再制造产业。在美国有专门的发动机再制造协会，仅美国该协会就有160多个会员。协会负责管理协调汽车发动机再制造行业之间的一切技术、设备、产品和备件供应等事宜。世界著名的汽车制造厂如福特、通用、大众和雷诺等，或者自己有发动机再制造厂，或者与其他独立的专业发动机再制造公司保持固定的合作关系，对旧发动机进行再制造。再制造发动机作为它们售后服务体系不可缺少的组成部分，对维护本公司产品在市场上良好的形象和声誉，起到了强有力的保证作用。

5）可节约能源和降低污染。

虽然传统的废品回收利用也具再生利用的意义，但是这种回收利用的层次较低。重新利用废旧产品的材料需要消耗较多的能源，并可能造成环境的二次污染。与此相反，汽车零部件再制造不仅能节约能源消耗，而且还降低了零部件在制造过程中对环境的污染。据美国Argonne国家实验室统计，美国的汽车再制造在节约能源方面具有十分明显的作用，例如，新制造一台汽车的能耗是再制造的6倍；新制造一台汽车发电机的能耗是再制造的7倍；新制造汽车发动机中关键零部件的能耗是再制造的2倍。

3. 再制造工艺流程

(1) 再制造生产的不确定性

由于产品再制造是以回收的废旧产品为坯料，因此生产过程具有以下不确定性：

1）回收产品到达时间和数量不确定。

回收产品到达再制造厂的时间和数量的不确定性，一方面受产品使用寿命的随机性影响，另一方面与回收的可能数量相关。要保证产品再制造生产的稳定进行，要求对回收产品到达的时间和数量做出不同时间尺度的预测，即短、中和长期预测。

2）回收产品可再制造率的不确定。

如果在产品设计时对拆解性考虑不周，产品的再制造率就可能较低。因为这样的产品不但在拆卸上花费的时间较长，而且拆卸的过程还可能会损坏零部件，使再制造生产需要更多的替换部件，使制造成本增加。此外，产品拆解后，因为零部件的状态不同，所以可以有多种利用途径。除了用于再制造之外，还可以当作配件或材料再利用。

3）回收产品再制造加工时间的不确定。

再制造加工时间的不确定性将影响实际生产计划的制定。例如，拆解时间具有很大的随机性，即使是同样产品的拆解时间也具有不确定性。

4）回收产品再制造加工工序的不确定。

由于回收产品个体状况的不一致，使产品的再制造工序具有一定的差别。在再制造加工过程中，有些工序是必需的和一致的，如清洗和检验等。但是，根据零部件的具体状况，也有可能随机地安排一些必要的附加工序。生产工艺文件要列出所有可能的加工工序，所有的部件都需要通过检验分类，确定具体的工艺过程。

5）回收产品再制造数量与市场需求的不确定。

为了得到最大化的生产利润，必须考虑把回收产品的数量与对再制造产品需求的数量进行平衡。因此，在生产管理上需要对回收产品的库存量和市场需求进行平衡。一般采用如下方法来解决这个问题，即基于实际需求和预测需求来平衡回收数量，或针对实际需求来控制回收数量。针对实际需求来控制回收量，通常采用按订单生产和按订单装配的策略；而其余情况则选择按库存生产的策略。

（2）再制造工艺组织方法

由于再制造生产具有更多的不确定，所以带来了许多特殊的问题。因此，必须采取具有一定柔性的工艺方法组织生产。再制造工艺组织直接影响到再制造产品质量、加工成本、生产效率和生产周期。再制造生产企业应根据生产纲领、设备条件、技术水平及原料供应等具体情况合理组织与安排再制造工艺。

再制造产品以批量化生产为特点，其劳动组织采用专业分工作业方法。专业分工作业方法是将产品再制造加工过程按工种或工序划分为若干个作业单元，每个单元由一个工人或一个工组专门担负。作业单元分得越细，专业化程度便越高。这种作业方法易于提高工人单项作业的技术熟练程度，并有可能大量利用专用工具，从而达到提高工效、保证质量和降低成本的目的。作业方式采用流水作业，即产品的解体、再制造加工和装配是以流水线的形式在各个工作站（工位）上按工序顺序依次完成。

（3）再制造工艺基本流程

再制造工艺过程是指根据再制造产品技术条件对废旧产品进行加工的过程，如图 9 - 6 所示，但不包括废旧产品的回收和再制造产品的销售环节。再制造工艺主要包括以下工序：产品拆解、零件清洗、检测分类、再制造加工、质量检查、整机装配、性能测试和喷漆包装等。

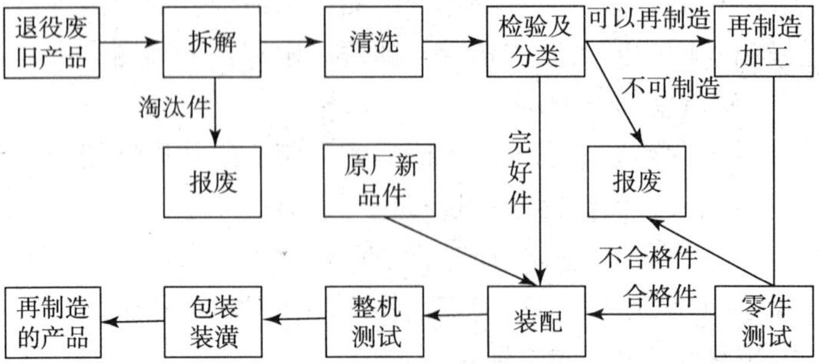

图9-6　再制造工艺基本流程

9.4　汽车再生资源利用分析

9.4.1　汽车再生资源利用技术分析

1. 再生资源利用技术体系

汽车再生资源的利用不仅可以减少环境污染，同时还可以减少对自然资源的依赖和过度使用，有利于保护自然环境。如果再生资源利用方法得当，还可以改善废旧材料的性能，提高材料的使用性能和耐久性。但是，对废旧汽车进行资源化处理，必须有基本设施、设备、技术和人力等方面的投入。虽然，对废旧汽车进行再生资源化处理增加了企业的投资，但是，也应看到其带来的经济与社会效益。

任何产业的形成和发展都是以一定产业技术为其内在的推动力。早在100多年前，马克思就指出："机器的改良，使那些在原有形式上本来不能利用的物质，获得一种在新的生产中可以利用的形式；科学的进步特别是化学的进步，发现了那些废物的有用价值"。这就是说，资源再生利用产业的发展，是主要通过科学和技术的进步来达到的。在科学技术发展中，科学是理论指导，是潜在的生产力，它对社会发展的推动作用必须经过技术这个显性因素来实现。而技术的进步表现在生产机器的改进和使用，以及生产工艺的优化和革新。由于机器与工艺的有机结合形成了人类社会生产活动的现实生产力，这是科学技术成为生产力的必然发展过程。在再生资源利用产业发展中，机器的改进不仅是机械技术的直接应用，而且涉及多种技术的应用。同样，工艺的优化和革新也是化学、物理和机械等多种方法的组合，这有效拓宽了再生资源利用产业发展的道路。再生资源利用产业技术体系结构如图9-7所示。

再生资源利用产业技术体系结构具有以下基本特点：

①不仅反映了再生资源利用产业的形成原理及其产业内容，而且反映了再生资源利用产业技术的体系结构及组成要素。

②不仅反映了再生资源利用产业与整个人类社会生产、交换及消费环节的关系，而且还反映了产业内部的发展阶段和发展内容。

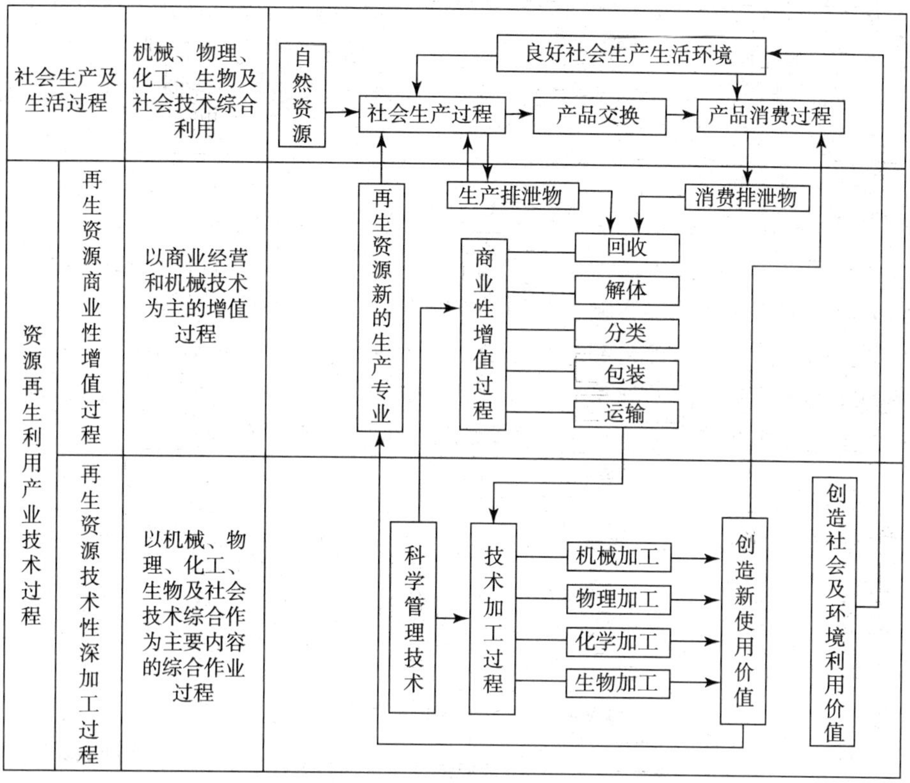

图9－7　再生资源利用产业技术体系结构

③不仅反映了再生资源利用产业的经济增值过程，而且还反映了它对人类社会环境保护效益所做的贡献。

2. 资源化技术装备

任何产业的进步和发展都离不开机器设备的使用与改进。例如，废旧汽车金属的回收利用，必须拆解成符合钢铁冶炼要求的尺寸。如果采用气割解体的方法，不仅加工成本比采用机械加工成本高，而且还浪费材料，其烧损量达到4%～5%。同时，还存在着安全和环境污染隐患。所以，采用先进的技术装备，将废旧产品加工成可利用的再生资源，无疑是再生资源利用产业的正确选择。

现阶段再生资源利用产业的加工设备主要有3种类型：一是用于废旧产品的存储、运输及破碎加工等设备。在存储和运输方面，除特殊需要外，一般均采用常规的存储运输设备与装置。而在破碎设备方面，一般常规的破碎剪切设备对于较大的废钢铁结构件是无能为力，因此，需要特制的破碎设备。二是物料分选设备，目前国内外所使用的分选设备主要有磁选、风选和筛分设备。三是能量回收设备。

3. 再生资源利用技术评价

不同的再生资源利用技术的实施所取得的经济效益与劳动消耗是不同的，所以在技术方案选择中，应该拟出2种以上的备选方案，通过技术经济评价对技术发展和应用的经济效益进行预测，并按照技术相对先进和经济相对合理的原则，对技术选择进行分析论证，从而找出符合客观规律、使技术与经济要素达到最佳匹配、具有最佳经济效果的方案。

技术方案的技术经济分析主要根据生产目标，充分利用已有的资料和数据，运用科学方法对技术可行性和经济合理性进行分析评价，并通过多方案论证比较，从总体上判断其合理程度、应用价值和各方案的优劣顺序，为择优与正确决策提供可靠依据和有关建议。

（1）工艺方案评价

工艺方案是应用具体技术方法进行生产的基本要求与过程。工艺方案决定了生产流程、所需装备和生产节拍等有关生产活动。它一方面通过其技术特性直接影响产品的生产质量，另一方面又通过工艺成本直接影响企业的经济效益。工艺方案的技术经济评价主要从3个方面进行，即技术评价、经济评价和综合评价，如图9－8所示。在不同的评价阶段，针对技术、经济和综合评价有不同的评价方法、评价指标与体系，也得到了不同的结论。表9－4为整理过的工艺方案技术经济评价不同阶段所采用的方法及其优缺点。

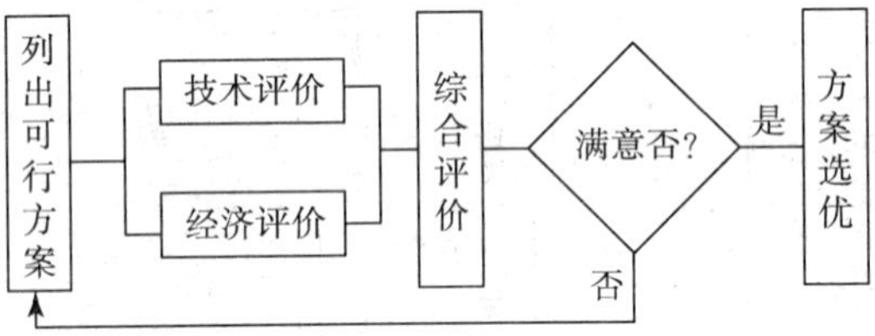

图9－8　工艺方案的技术经济评价

表9－4　工艺技术经济评价方法及其优缺点

序号	评价分类	评价方法	优点	缺点
1	技术评价	加法评分法	简单易行；定性分析指标定量化；评价指标因项目而变异，较全面	比较粗略；主观性较强
		加权评分法	分配了考核指标权重；方法简单实用；结论可信	比较粗略
		层次分析法	分析深入细致；结论客观准确	计算过程比较繁琐
2	经济评价	计算法	相对比优； 简单、实用、易于掌握	不直观
		图解法	简单、直观、实用；适于多方案择优；快速判断	
		临界产量法	判断力强；计算结果可信	计算较复杂；判断过程繁琐
3	综合评价	综合评分法	简单易行；定性分析指标定量化	比较粗略；主观性较强
		层次分析法	分析深入细致；结论客观准确	计算过程比较繁琐

汽车再生资源利用技术经济分析汽车再生资源利用，可分为以下几个基本阶段：

①废旧汽车回收拆解；

②零部件再利用（再使用、再制造）；

③回收利用（材料利用、能量利用）；

④填埋处理。

由于每个阶段所要达到的目的不同，因此，对所采用工艺方案的评价指标也不相同。技术评价的主要指标有：性能、质量、效率、能耗、环保和安全等指标。

例如，在废旧汽车回收拆解阶段，可以按所采用的拆解方法是否可以将零部件从车辆上被拆解下来的能力作为技术评价的指标之一。但是，还可分为拆解时间、无损拆解和有损拆解比率等具体的评价拆解效率和质量指标。实际上，对汽车再生资源利用的每个阶段都涉及质量、效率、能耗、环保和安全等评价问题。

现有的汽车再生资源利用技术主要强调回收性和环保性。在回收性方面，通过对废旧汽车的深度拆解使直接使用或经过再制造的部件以备件的形式再利用；对不可再利用的部件可以通过破碎处理，进行材料分离和分类回收；经过材料回收后的破碎残余物，其中可燃部分可以进行能量回收；最终使得产生的填埋量最少；在环保性上要求在整个回收处理过程中污染排放总量小，且污染可以控制。

（2）性能与质量评价

汽车再生资源利用的不同阶段，再生利用的目标产物（产品或材料）不同。因此，对再生利用技术所获得的目标产物的性能和质量评价的指标也不同。

例如，在零部件再制造中，对于磨损表面要进行尺寸恢复和表面强化，通常采用堆焊、热喷涂，或电刷镀等表面工程技术，并配合前、后处理和机械加工等工艺过程。对其工艺的技术评价指标主要有机械性能（涂层与基体结合强度、涂层硬度及抗疲劳强度）、最佳涂敷厚度和使用寿命等。

（3）能耗与环保评价

废旧汽车的传统处理方法是将其做原料回炉冶炼、填埋或焚烧等，这不仅造成资源的极大浪费，还造成环境的严重污染，而废旧汽车的资源化则可以获得良好的资源和环境效益。例如，在废旧产品再制造中，零部件一般分成3种类型：

①可再使用零部件；

②可再制造零部件；

③被新品替换的报废零部件。

其中：类型①基本上没有资源、能源消耗和污染排放；类型③的资源能源消耗和污染排放与原始制造相同；而类型②再制造零部件，根据其采用的工艺不同，资源能源消耗和污染排放各不相同。再制造在与原始制造相比，主要是在原料获取和生产阶段的能耗和环保效果上明显不同。

1）能源消耗。

原始制造使用的各种钢材、有色金属、塑料、橡胶等原材料，都要消耗大量的不可再生的自然资源，并在采矿、冶炼和合成等过程中消耗大量的能源；而再制造使用的“原料”（或称“毛坯”），是前期制造并经过使用的废旧产品及其零部件，其获取过程也就是废旧产品的回收过程。显然，此过程不需要消耗自然资源，也极少消耗能源。

2）环境保护。

原始制造在原料生产中将消耗大量的资源和能源，相应地在矿物质冶炼过程中要排放出大量的有害物质，直接造成大气、水和土壤等污染。而以废旧产品回收作再制造“原料”，不仅不会产生污染环境的有害物质，反而避免了大量固体垃圾的焚烧、堆放和填埋，使环境负荷大大减轻。

由于再制造省去了其原始制造中原材料生产、毛坯加工及材料处理过程中的大部分资源与能源消耗以及废弃物排放，其相应总量比原始制造一般低 1 ~2 个数量级，整个产品再制造的资源环境效益随新品零件替换率的降低而提高。材料（产品及零部件）对环境的影响可用如下泛环境函数来表达：

$$E_{lf} = f(R, E, P) \tag{9-1}$$

式中，R 为材料的资源消耗因子：E 为材料的能源消耗因子：P 为材料的三废排放因子。

对于环境负荷函数而言，其资源消耗因子、能源消耗因子、废弃物排放因子的叠加模型分别为：

$$R = \sum A_i B_i ; E = \sum C_j D_j ; P = \sum E_k F_k$$

式中 A_i 、C_j 、E_k 分别为各种资源消耗、能源消耗、废弃物项；B_i 、D_j 、F_k 分别为各相应项的权重系数。

上式采用的是叠加型模型，还可以使用均值型、加权型、均方根等模型加以处理。材料（产品及零件）对环境的影响的定量描述，可以在获得了 R、E、P 之后，利用不同的权重系数对其进行累加，即

$$E_{lf} = C_R \cdot R + C_E \cdot E + C_P \cdot P \tag{9-2}$$

式中，C_R 、C_E 、C_P 为权重系数。

式（9-2）最简单的形式是取各权重系数均为 1，亦可用专家评估法确定。

从整个零件原始制造过程来讲，再制造投入的资源、能源和废弃物排放要少得多。再制造的资源、能源消耗和排放，主要取决于上述 3 种类型的零部件比例。因为被新品替换的报废零部件③的资源环境特性同原始制造完全一样，所以应尽量扩大第①、②部分的比例，减少第③部分的比例。

原始制造与再制造在装配、调试过程中的消耗和排放差别并不大，由于使用了相当比例的新品替换件③，加上前期的废旧产品拆解、清洗及后期的装配、调试等消耗和排放，使得产品再制造比零件再制造在资源、能源和废弃物排放的减少幅度要小。

9.4.2 汽车再生资源利用效益分析

1. 再生资源价值分析

(1) 再生资源价值

再生资源是有用的废弃物，具有利用价值。由于有限的自然资源面临着枯竭，因此社会生产对再生资源存在着需求，各种再生资源已被纳入利用范围。再生资源本身是一次自然资源开发利用后的转化产物，含有物化劳动。所以，再生资源具有价值。

由于再生资源中存在着一次资源开发与利用之后的物化劳动，而且含有的部分劳动并未完全消失。根据这种分析，再生资源的价值含量是由所含的各种一次资源价值和物化的劳动价值所决定，即再生资源的价值可以表示为：

再生资源价值 = 一次资源价值 + 可利用的物化劳动价值

但是，在实际测算中，上式中的物化的劳动价值一项一般难于估算。这是因为废弃物中含有的物化劳动量是不可识别的。由于废弃物是主产品在丧失其功能之后的产物，或者是主

产品的生产加工过程中的副产品。它们共同的特征是：供给量完全由主产品的供给量来确定，不存在单独的废弃物供给。这说明再生资源实际上是一种联产品。用上式测算再生资源所含有的价值，就要求计算联产品所含的劳动量。所以，试图通过上式测算再生资源的价值含量是不可能的。

（2）价值测算方法

商品价值反映了一种社会关系，即生产者之间在交换过程中的平等关系。这种平等关系由具体的生产力发展水平所决定的互易条件所限定。再生资源的再利用一般是作为某些商品生产的投入，而这些商品的生产过程也可不将再生资源作为投入。因此，再生资源利用过程一般都存在着可替代的生产过程。

再生资源利用的生产过程与其替代生产过程一般同时存在于社会生产中。这是因为再生资源即使不投入生产，也存在着自然损耗，如废钢铁的氧化。所以，即使在一个静态均衡的经济系统中，仅仅依靠再生资源作为生产投入是不够的，还要开发利用一次资源。因此，任何社会都不能仅仅由再生资源来维持生产，都必须开发利用一次资源。由于一次资源的稀缺性，再生资源的利用也为社会需要。因为利用再生资源进行生产可节约一次资源和物化劳动。这样，任何社会都必须同时开发利用一次性资源和再生资源。在实际的利用过程中，通常是将一次性资源和再生资源同时作为某种生产过程的投入。例如，我国炼钢过程中的废钢比例为30%，两者的投入比例可以在一定范围内变动，因而可替代的生产过程有多种。

假定A和B代表任意两种可替代生产过程，都生产同一种产品。A所投入的再生资源比例低于B所投入的再生资源的比例，因而B相对A在生产单位产品时，所耗去的价值（劳动或一次资源）要少些。由于再生资源是一种联产品，其供给由主产品供给及实际折旧决定。实际折旧是不确定的，因而再生资源的供给存在不确定性。因此，再生资源再利用过程的投入比例不是固定不变的，存在着多种可选择的投入比。所以，上述关于A与B的假定是可行的。

生产者之间的平等关系要求采用不同生产过程的生产者，在生产同种产品时应耗费相同的价值。这样B的生产者必须在直接耗费于生产过程中的价值外，还应支付一个价值差额，该差额等于A过程的价值耗费与B过程的价值耗费之差。显然，获得这个差额的应该是再生资源所有者。这表明，再生资源作为一种特殊的联产品，其价值是可以间接测算的。其原因是再生资源的利用存在着多种可替代过程。

不同生产过程之间形成的价值耗费差额，是由于某一生产过程利用了更多的再生资源，从而节省了一定资源物化所形成的价值，这种再生资源价值测算方法可称为价值节约法。价值节约法实质上就是再生资源的价值含量确定为在生产过程中，利用这种再生资源所能带来的资源物化所形成的价值节约量，包括物化劳动和资源的节约。

（3）汽车再生资源价值形态

1）再利用件剩余价值。

对可再利用零件的性能进行评估，计算零件的剩余价值。

寿命函数。设产品的功能特性值为y，目标值为m。当特性值$y=m$时，产品使用寿命T为最大。若产品的寿命函数为L_y，在$y=m$处L_y存在二阶导数，按泰勒公式有：

$$L_y = L_m + \frac{L_m}{L_y}(y-m) + \frac{L_m}{2!}(y-m)^2 + o[(y-m)^2] \qquad (9-3)$$

不失一般性，当 $y=m$ 时，有 $L_y=T$，即 $L_m=T$。又因为 $L(y)$ 在 $y=m$ 处有最大值，所以 $L'(m)=0$。再略去二阶以上的高阶项，式（9-3）可简化为：

$$L_y = T - K(y-m)^2 \tag{9-4}$$

式（9-4）即为产品寿命函数，其中，$K=-\frac{L'(m)}{2!}$ 是不依赖于 y 的常数。

2）价值估算。

若产品的成本是 C 元，即相当于用 ε 元换取了产品 r 年的使用寿命，称 C/T 为产品的成本率，用 R_T 表示，显然 R_T 值越小越好。通过产品寿命函数，可以估计产品的剩余使用寿命，进而根据产品价值在其寿命区间的分布形式计算其剩余的价值。

假设产品成本在其寿命区间是线性分布的，那么产品的剩余价值可以用下面的公式计算：

$$\text{产品的剩余价值}=\text{产品成本}\frac{L(y)}{T}+\text{产品残余价值}$$

这种方法需要对产品的实际性能参数进行检测，计算前的准备工作量大，适用于较精确的评估。

3）材料再生利用价值。

汽车报废后，部分零部件已不能再继续使用，应考虑如何对其进行材料回收。材料回收方式有同化利用和异化利用两种方式，保证材料回收品质是提高再生材料价值的重要条件。作为再生材料回收时，其价值的计算应根据其品质，并参考当前再生材料市场价格。设某种再生材料的当前市场价格为 v 元/kg，那么，作为材料回收的零件价值为 P_m。

$$P_m = v \cdot W \tag{9-5}$$

式中：W——零件质量，单位是 kg。

如果该零件包含多种材料组成，必须首先进行材料分离，分别计算。否则，价值将降低。

4）能量回收利用价值。

能量利用价值主要体现在作为燃料利用的材料发热值的大小。可以根据作为燃料时的形态，即固态或液态，按常用液态燃料（如汽油、柴油）或固态燃料（如煤炭）的热值比例计算价值。

2. 废旧汽车资源化成本

废旧汽车的资源化成本与车辆具体的损坏程度、材料构成、设计结构以及回收利用技术水平、回收工艺密切相关。废旧汽车资源化的形式主要有：可再利用零部件；材料再生利用；作燃料回收能量。

（1）再使用成本

在产品生命周期的结束阶段，整个产品已经报废，但这并不意味该产品所有零部件都失去原有功能。再使用是零部件无须做任何处理或只需要简单的清洁处理后就可以重新使用。这部分零部件多是耐用件或是在产品使用中曾经被更换过，但在产品报废时还未损坏，有正常的使用价值。这种再使用形式的成本主要是拆解、清洗、检测、存储和运输等费用。

（2）再利用成本

1）再制造。零部件能通过再制造恢复其使用性能，但是，采用再制造方法回收再利用

时应满足的条件是：所制造出来的零部件价值减去再制造消耗应大于该零部件作为材料回收所得收益，即

$$V_{rs} - C_{rs} = V_m - C_m \tag{9-6}$$

式中：

V_{rs}——再制造零部件的回收价值；

C_{rs}——再制造零部件的费用；

V_m——材料的回收价值；

C_m——材料的回收费用。

因此，若将零部件作为材料回收时有经济损失，则应根据实际情况重新再制造加工。零部件的再制造成本主要由再制造工艺的复杂程度和生产消耗决定。

2）材料回收。产品报废后部分零部件已不能再继续使用，应考虑如何对其材料进行回收。应注意提高产品回收率和回收效率，即材料回收的程度和便于材料回收。

对不同性质的材料其回收成本有很大的差别，这是因为回收再利用的工艺流程不同。例如，钢铁材料的回收成本主要包括拆解、破碎、分离和运输等。而对于塑料件为提高回收的纯度和利用价值，还需要对废旧件进行必要的处理，如清除表面漆膜。

（3）能量回收成本

作为燃料回收能量利用的成本主要是拆解和运输的费用。

（4）其他成本

其他成本主要包括焚烧处置费和填埋处置费用等。

3. 资源化回收利用效益

产品回收效益是指回收利用的总价值扣除回收总费用后所得到的效益，即

$$V_{\text{total}} = V_r - C_c = V_{re} + V_{rs} + V_m + V_e - C_{re} - C_{rs} - C_m - C_e - C_i - C_l \tag{9-7}$$

式中：

V_{total}——回收利用的总效益；

V_r——回收利用总价值；

C_c——回收利用总费用；

V_{re}——再使用零件回收价值；

V_{rs}——再制造零部件的回收价值；

V_m——材料的回收价值；

V_e——作能量回收利用价值；

C_{re}——再使用零件的回收费用；

C_{rs}——再制造零件的费用；

C_m——材料的回收费用；

C_e——作能量回收利用费用；

C_i——焚烧处置费用；

C_l——填埋处置费用。

产品的回收效益率 I 是指零部件的净回收效益与其本身所具有的回收总价值之比：

$$I = (V_r - C_c)/V_r$$

思考与习题

1. 汽车再生资源的含义和作用是什么？
2. 阐述国内汽车再生资源利用现状与趋势。
3. 阐述废旧汽车回收处理程序。
4. 废旧汽车资源化定义及方式。
5. 汽车逆向物流的形成原因是什么？
6. 汽车回收物流的含义及其特点。
7. 通过查阅相关资料，分析 2013 年 5 月 1 日起施行的《机动车强制报废标准规定》与以往报废标准的区别。
8. 试述载货汽车总体拆解过程。
9. 阐述汽车拆解预处理工艺流程。
10. 废旧汽车资源化回收利用效益如何分析？
11. 废旧汽车资源化技术评价包括哪几方面？如何评价？

第 10 章　其他汽车服务

【本章知识点】

本章阐述了汽车服务中的其他服务内容。主要包括汽车消费信贷服务、汽车租赁服务、汽车驾驶服务、汽车救援服务、汽车广告与展会服务以及智能交通服务等，重点掌握各服务的含义及服务内容。

10.1　汽车消费信贷服务

汽车消费信贷是目前国际上通行的一种耐用消费品贷款业务。20 世纪初，汽车还属于奢侈品，绝大多数人还没有能力进行汽车消费，因而银行也不愿意开展汽车消费贷款业务。这给消费者和汽车销售商带来交易障碍，致使汽车制造业缺乏动力而发展缓慢。为解决这个问题，美国的一些汽车公司便开始组建专门服务于汽车生产和销售的融资公司，从而开始了汽车消费信贷的历史。改革开放以来，我国经济得以快速发展，人们生活水平不断提高，国内汽车消费不断升温，汽车信贷业的市场日渐形成。在购车过程中，选择到银行贷款购车是许多人实现汽车梦的捷径。从目前的汽车消费发展趋势看，将汽车消费信贷业务逐步建成一个较为系统的汽车金融体系势在必行。

10.1.1　汽车消费信贷的概念及特点

1. 汽车消费信贷的概念

消费信贷是个人和家庭用于满足个人需求（房产抵押贷款例外）的信贷。主要由商业企业、银行或其他金融机构对消费者个人提供信贷。

消费信贷有两种基本类型：封闭式信贷和开放式信贷。封闭式信贷指在一段时间内以相同金额分数次偿还债务的方式。开放式信贷是循环发放的贷款，部分付款根据定期邮寄均账单缴付。封闭式信贷包括抵押贷款、汽车贷款、分期付款贷款（分期付款销售合同、分期现金支付信贷和一次性信贷）；开放式信贷包括旅游与娱乐卡、信用卡等。

汽车消费信贷是指汽车消费信贷机构以个人、机构和其他消费群体为对象，以其获取未来收益的能力和历史信用为依据，通过提供贷款，实现其或者其客户对交通工具的购买和使用。汽车消费信贷是消费信贷的一种。汽车消费信贷属于消费信贷中的封闭式信贷，一般采用分期付款。在分期付款的具体业务中，汽车零售商一般与消费者签订汽车分期付款零售合同（汽车分期付款零售合同是指汽车零售商和消费者之间签订的零售商保留所售汽车的所有权），以作为买方担保的一种买卖合同。

汽车消费信贷起源于美国，从国外汽车消费信贷发展来看，汽车消费信贷已经成为汽车购买的主要方式之一。2006年，美国汽车销售额中靠分期付款方式销售汽车的占70%，日本和德国分别占50%和60%。

2. 汽车消费信贷的特点

汽车消费贷款对国内银行来说是一项非常有发展前途的业务。汽车消费贷款除具有一般贷款的特点外，还具有如下独特的特点。

（1）贷款对象分散，出险率高

汽车消费信贷多数为多笔小额贷款，这无疑会给银行及汽车金融公司的业务操作和管理增加工作量，对银行提出更高的要求。贷款所购车辆（抵押物）及借款人（大部分是车辆的车主）流动性大，出现风险概率高，要求银行单位具有较高的风险防范的能力。

（2）资金来源多元化

长期以来，我国汽车信贷的主体基本上是国有商业银行。这一格局随着2003年10月《汽车金融公司管理办法》的颁布而被专业汽车金融公司所打破。从2004年开始，国际汽车公司利用资金优势与公关优势，率先建立汽车金融公司。目前在我国出现了八大汽车金融公司，它们是：上汽通用汽车金融公司、大众汽车（中国）金融服务公司、丰田汽车金融（中国）有限公司、福特汽车金融有限责任公司、戴—克服务集团汽车金融公司、东风标致雪铁龙汽车金融有限公司、沃尔沃汽车金融公司、现代汽车（金融）服务公司。他们共同的特征是：风险控制比较严格，业务发展不尽如人意。至此，我国已经形成国有商业银行、汽车金融公司、汽车经销商等多方资金参与的汽车消费信贷格局。

（3）资信调查和审查困难，信用风险较大

目前我国尚未建立完备的个人信用制度，银行获取个人信用信息较为困难。此外，社会信用观念差、信用意识淡薄是我国目前的现实。近年来，经济发展的不平衡，使我国社会信用体系遭到极大的冲击，居民的个人收入水平也相对不稳定，而且收入来源和负债的透明性较差，这些都会对银行贷款形成信用风险。因而该项贷款又呈现出贷前调查难、调查材料的可靠性低和信用风险高的特点。

（4）汽车消费贷款是一项全新的业务，银行缺乏经验，社会配套措施不健全

该项业务由于有保险公司的参与，借款人以购买保险公司的合同履约保险和以所购汽车抵押的形式，获得保险公司的担保和对保险公司担保的反担保，表现出了与其他贷款种类不同的特点。按法律规定，汽车消费贷款中的汽车抵押，需经当地车辆管理部门的登记才能有效，而目前有的地区车辆管理部门尚未开办此项业务，使该项业务难以顺利开展。

（5）汽车消费信贷服务的延伸度不足

汽车消费信贷服务的含义并不止于将车卖出，还必须将售后服务等纳入这一系统中。我国提供汽车消费信贷的机构，均以自营或联合等不同的形式提供汽车销售“一条龙”服务和售后服务，但在售后服务的深度与细致度方面，与国外相比还有一定差距。

10.1.2 汽车消费信贷的主要方式

近年来，以银行为主体的买方贷款和以经销商为主体的卖方贷款，是我国汽车信贷市场中主要的信贷模式。随着我国汽车信贷市场的逐渐发展，这两种模式都显现出了各自的缺

点，汽车信贷市场需要新的模式。2004 年 8 月，通用汽车金融公司首先开始营业，随后几个月内，大众汽车金融公司及福特汽车金融公司也陆续在国内开业，这标志着我国汽车信贷市场正在逐渐走向成熟。

目前，在我国提供汽车信贷业务的服务主体主要有三类：商业银行、汽车经销商和非银行金融机构，其中以商业银行为主。根据服务主体的不同，中国的汽车信贷市场上有三种经营模式。

（1）以银行为主体的信贷方式

该汽车信贷是由银行、专业资信调查公司、保险、汽车经销商四方联合。银行直接面对客户，在对客户信用进行评定后，银行与客户签订信贷协议，客户将从银行设立的汽车贷款消费机构获得一个车贷的额度，使用该车贷额度就可以在汽车市场上选购自己满意的产品。在该模式中，银行是中心，银行指定律师行出具客户的资信报告，银行指定保险公司并要求客户购买其保证保险，银行指定经销商销售车辆，风险由银行与保险公司共同承担。虽然各家银行所提供的服务程序不完全一样，但都是采用银行、保险、专业资信调查公司、汽车经销商合作的方式。

（2）以汽车经销商为主体的信贷方式

该模式的汽车信贷是由银行、保险、经销商三方联手，由经销商为购车者办理贷款手续，负责对贷款购车人进行资信调查，以经销商自身资产为客户承担连带责任保证，并代银行收缴贷款本息，而购车者可享受到经销商提供的“一站式”服务。这种信贷模式的代表是北京亚飞汽车连锁总店。由于经销商在贷款过程中承担了一定风险并付出了一定的人力、物力，所以通常需要收取 2% ~4% 的管理费。

目前，以经销商为主体的信贷方式又有新的发展，从原来客户必须购买保险公司的保证保险到经销商不再与保险公司合作，客户无须购买保证保险，经销商独自承担全部风险。比如亚飞与光大银行推出的“三省模式”汽车信贷服务，由亚飞进行资信调查，负责贷前、贷中、贷后的信用管理，并对贷款进行全程担保。

（3）以非银行金融机构为主体的信贷方式

该模式由非银行金融机构组织进行购买者的资信调查、担保、审批工作，向购买者提供分期付款服务。目前国内的非银行金融机构通常为汽车生产企业的财务公司。上汽、一汽、天汽等都有自己的财务公司。其中，上汽的财务公司于 1997 年开始进行个人消费信贷业务，具体的模式如下：由经销商出 30% 的款项从上海大众提车，其余 70% 由上汽财务公司提供，该类车辆只能以消费信贷的形式售出。客户购买保险公司的保证保险，律师行出具资信文件，由经销商提供车辆，上汽财务公司提供汽车消费信贷业务。一旦出现客户风险，由保险公司将余款补偿给经销商，经销商再将其偿还给上汽财务公司。

10.2　汽车租赁服务

汽车租赁业起源 20 世纪 30 年代的美国，目前已经成为全球性的独立行业，年营业额达千亿美元。虽然我国起步较晚，却已表现出巨大的发展潜力和良好的发展前景。它对于汽车工业、汽车销售业、汽车出租业、汽车运输业、旅游业以及其他相关行业起着十分巨大的带动、促动作用。

10.2.1 汽车租赁的定义及分类

1. 汽车租赁的定义

租赁是指将资产使用权从拥有权中分开，出租人拥有资产所有权，承租人拥有资产使用权，承租人与出租人双方订立租赁合同，以交换使用权利的一种交易形式。

汽车租赁是指在约定时间内，租赁经营人将租赁汽车交付承租人使用，但是不提供驾驶劳务的经营方式。汽车租赁业的核心思想是资源共享、服务社会。汽车租赁作为一种全新、高效的消费形式，从一开始进入我国起，就经历了一个迅猛的发展历程。汽车租赁业在我国的发展证明，作为一种全新的消费方式它已经日益被广大消费者接受，随着消费者日益转变的消费理念以及日趋成熟的汽车市场，汽车租赁业在我国存在着巨大的发展空间。

2. 汽车租赁的分类

（1）按经营目的分类

汽车租赁可以分为融资租赁和经营性租赁。

汽车融资租赁，是承租人以取得汽车的所有权为目的的租赁行为。经营者是以租赁的形式实现标的物所有权的转移，其实质是一种具有“边租边卖”性质的销售业务，一定程度上带有融资服务的特点。

汽车的经营性租赁，是指汽车消费者通过与汽车销售者之间签订各种形式的付费合同，来取得约定时间内汽车的使用权，经营者则通过提供车辆功能、税费、保险、维修及配件等服务，来实现投资增值的一种实物租赁形式。

（2）按租赁期的长短分类

汽车的经营性租赁按租赁时间可分为长期租赁和短期租赁。

长期租赁，是指租赁企业与用户签订长期（一般以年计算）租赁合同，按长期租赁期间发生的费用（通常包括车辆价格、维修维护费、各种税费开支、保险费及利息等）扣除预计剩存价值后，按合同月数平均收取租赁费用，并提供汽车功能、税费、保险、维修及配件等综合服务的租赁形式。

短期租赁，是指租赁企业根据用户要求签订合同，为用户提供短期内（一般以小时、日、月计算）的用车服务，收取短期租赁费，解决用户在租赁期间的各项服务要求的租赁形式。在实际经营中，一般认为15天以下为短期租赁，15～90天为中期租赁，90天以上为长期租赁。

10.2.2 汽车租赁的经营模式

1. 汽车租赁企业与汽车厂密切合作模式

汽车租赁公司要扩大规模、降低经营成本，一个不容忽视的方面是必须要加强与汽车生产厂商之间的合作。从汽车租赁业的发展历史看，自20世纪初汽车租赁行业诞生以来，汽车租赁企业就一直与汽车生产厂商保持密切的合作关系。各大汽车厂商以收购或入股的形式直接参与一些汽车租赁公司的经营。以世界第一家也是目前规模最大的汽车租赁公司赫兹

(Hertz) 公司为例，该公司自 1918 年创建之初，便专门使用福特汽车公司的 T 型汽车。1926 年赫兹公司被美国通用汽车公司购买；后来，它又被美国福特公司、瑞典 Volvo 汽车公司共同拥有，成为福特汽车公司的全资子公司。大众汽车则拥有欧洲最大的汽车租赁公司——Europcar。而在日本，丰田汽车租赁公司仅在本国就拥有 130 多个营业站点，雇用员工有 1 300 多人。在德国，1996 年全国租赁汽车总保有量为 230 万辆，由汽车制造企业建立的汽车租赁公司的保有量就有 147 万辆，占 64%。其中，大众汽车租赁公司有 47.9 万辆；欧宝汽车租赁公司有 20 万辆；宝马汽车租赁公司有 13.9 万辆；奔驰汽车租赁公司为 13.6 万辆。除此以外，世界其他几家著名的租赁公司也出于经营的需要，与汽车制造厂商保持着良好的合作关系。

通过合作，厂商一方面为汽车租赁公司提供了融资上的支持，这样有利于汽车租赁公司扩大规模获取规模经济效应；另一方面，租赁公司还可获得来自厂商直接的技术支持，为出租车辆提供专业维护和维修质量担保，提高了车辆整体技术状况，降低了出租车辆在整个使用寿命中的使用成本，从而在一定程度上保证汽车租赁企业资产投资的有效性和收益能力。除了获得资金和技术上的支持以外，像 AVIS 与通用汽车公司的这种战略联盟式的合作，还直接增强了企业市场推广力度，降低了企业的营销活动的成本。由此可见，汽车租赁企业与汽车制造厂商的合作是租赁企业发展到一定规模后必须做出的战略选择。

2. 特许连锁经营模式

连锁经营是指经营同类商品和服务的若干企业，在核心企业或总部的领导下，通过规范化经营，实现规模效益的经营形式和组织形态。连锁系统的分店像锁链似的分布在各地，形成强有力的销售网络。它的主要特征是受许人使用特许人的商标、企业标记及广告宣传，按照特许人的企业管理及推销方法销售特许人的产品；受许人完全以特许人企业在公众中的形象出现，接受特许人的培训、监督和一定程度的控制；特许人为受许人提供培训、管理、广告和后续支持。汽车租赁行业集中体现了特许经营的特点。

世界知名的汽车租赁企业无一不采用连锁经营的方式，其连锁经营网点遍布各地，大型租赁公司的连锁租赁站点都在 1 000 个以上，连锁经营的汽车租赁企业通过统一的管理标准和运营体系还在其车辆型号、车辆技术管理、服务质量管理等方面不断优化提高，从而赢得大量稳定的客户。

世界领先的汽车租赁企业的经营实践说明，汽车租赁企业实行连锁经营，通过建立广泛的网络，统一管理，统一调配资源，能带来经营上的很多优势。首先，在构建连锁网络的同时，由于经营规模的扩大，使得企业统一采购的车辆和服务数量大大增加，提高了连锁企业与汽车厂商和相关服务企业的议价能力，从而易于获得优惠价格。其次，连锁经营的汽车租赁企业通过统一管理标准和统一调配资源，大大提高了客户在租车的时间、地点上的方便性和使用中出现故障时进行施救的及时性，简化了客户租赁的手续，完善了客户的信用管理体制进而提高了企业整体的服务水准和客户满意程度；同时，也能够在更高的层次上实现企业各项资源的优化配置，提高各种设备、设施的利用效率。对于全国性或区域性的汽车连锁租赁企业，其大面积的市场覆盖允许其统一运作各种形式的媒体工具，从而提高市场推广的效果和效率。另外，在租车的客户中，有很大一部分是经常出差的商务人员，他们流动性大，经常往返于不同城市之间，而连锁经营的企业可以通过各个网络成员共享这些客户的信息而向他们提供方便快捷的标准化服务，进而提高自己的收益。针对我国目前汽车租赁行业发展情况，特许经营的发展规模应考虑市场需求、加盟店单店的营利性以及特许人的整体实力和经验几个重要因素，要确定公司的发展规模及发展计划，应重点考虑以下两点。

（1）市场需求

汽车租赁的市场需求决定了汽车租赁企业在当地的发展规模。对一个城市来说，租赁客户可分为两个大的方面：本地客户和外地客户。而影响本地客户的主要因素包括当地经济发展水平、人均收入、企业实力、消费习惯等；影响外地客户的主要因素包括当地的地理位置（是否是重要交通汇聚点）、交通状况、城市特点（是否是省会城市或旅游城市）等。

（2）特许人的管理结构和管理能力

只有在特许人的管理风格或经营理念与受许人的管理风格或经营理念一致的情况下，特许经营的优势才能体现。否则，盲目地扩大发展规模只会损坏自身的品牌。

当前在汽车租赁业通行的经营方式是特许经营方式。特许经营是汽车租赁公司授予某一候选人特许经营权，使其加入租赁公司的服务网络，使用租赁公司的品牌和标识，按照租赁公司的统一规范进行业务运作。租赁公司对特许经营点的经营进行监督和指导，并收取特许经营权使用费。

3. 会员制模式

由汽车租赁公司出面组建俱乐部，广泛征求吸收客户加入俱乐部成为会员，会员可享受价格优惠和满意的服务，还可以享受由消费累积而给予的奖励。其目的是吸引更多的客户，稳定服务对象，扩大经营业务。

4. 多元化经营模式

对于经营性汽车租赁企业，除了开展主营业务外，还可同时开展融资租赁、二手车销售、车辆保险等与之相关的多种业务，这可起到相辅相成的链式作用。特别是二手车销售业务的开展，可以消化租赁业淘汰的二手车，从而有效地扩展了车辆更新的空间和速度。

10.2.3 汽车租赁业务流程

汽车租赁是一种服务产品，为了提高服务质量、控制运营风险，业务运行中的过程管理十分重要，因此汽车租赁企业应制定和实施合理、严格的业务流程。汽车租赁企业日常业务流程主要包括三个部分，即租车流程、还车流程和车辆救援流程。

1. 租车流程

客户到达汽车租赁站点后，应由业务人员负责接洽，简要介绍租赁业务情况，解答客户提出的有关价格、车辆使用限制、信用担保、交还车程序等方面的疑问；根据客户的租车目的、用途、所需车型、所用时间等具体情况为客户制定租赁方案，尽可能满足客户需求（对有预约的客户可简化接洽程序）。其具体流程如图 10－1 所示。

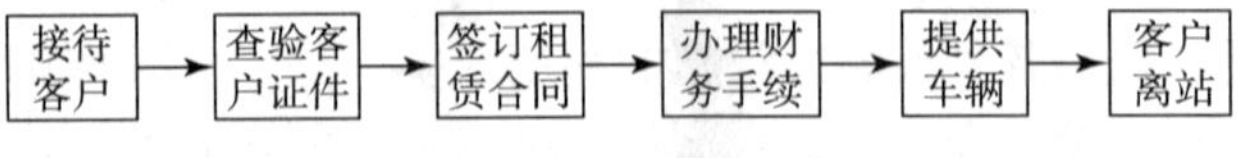

图 10－1　租车流程图

各流程的具体工作如下：

①接待客户。主要工作是简要介绍租赁情况，解答客户疑问，详细询问客户租车目的、

用途、所需车型、租用时间；查阅备车情况，若无客户所需车辆，则提出建议车型；对预约的客户应简化手续。

②查验客户证件。业务员应按照公司有关制度仔细查验客户所提供的身份证、驾驶证。经严格确认、留存客户证件复印件，一旦有疑，及时上报领导，协同保安处理。

③签订租赁合同。详细解释合同内容，明确双方的权利和义务，合同签订后双方各执一份。

④办理财务手续。业务员应陪同客户到财务部，协助客户办理缴纳押金，预付租金的手续。

⑤提供车辆。业务人员陪同客户到车辆管理部门试车、验车，并填写交接单，交客户签字确认。

⑥客户离站。客户试车满意后，双方共同在租赁车辆交接单上登录验车情况，并签字确认，客户驾车离站。

2. 还车流程

还车流程如图10－2所示。当客户到租赁公司交还承租车辆时，业务员应给予客户主动热情的接待，和顾客一起迅速查验汽车租赁合同、车辆交接单等相关单据及其租车时所用证件、证明，会同车管部门对照车辆交接单对车主交还的车辆进行现场勘验；验车结果经车管部门和承租方共同确认后，双方签字验收。然后，由业务人员引导顾客至财务部门进行账务结算（若有车损情况，双方应相互协商，由技术部门出具合理赔偿单据，承租方依单据缴纳赔偿金后，方可进行账务结算），财务部门出具结算证明，还车手续结束，汽车租赁合同终止。

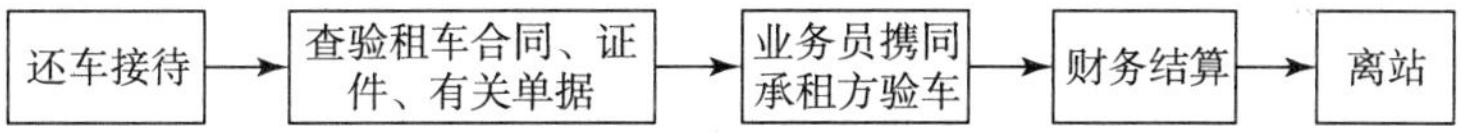

图10－2　还车流程图

3. 车辆救援流程

车辆救援流程如图10－3所示。当收到客户要求救援的信息后，业务员应及时建立与客户的联系，并询问顾客所在具体地点、车辆状况、车损程度、是否需要替换车辆的情况；然后通知车管、技术等部门安排救援（包括救援车辆、替换车辆的派遣，随车修理工具、通信工具的准备，或准备拖车）；及时提醒或协助客户向公安交管部门和保险公司报案，并会同本公司自己的车管人员迅速赶赴现场；到达事故现场后，应仔细进行检查，与客户和公安交管部门一起确认事故原因、责任方及车辆损坏程度；协助保险公司进行定损，双方在救援单据上记录情况并签字确认；然后由工作人员进行维修及必要的车辆替换，并跟踪办理保险理赔手续。

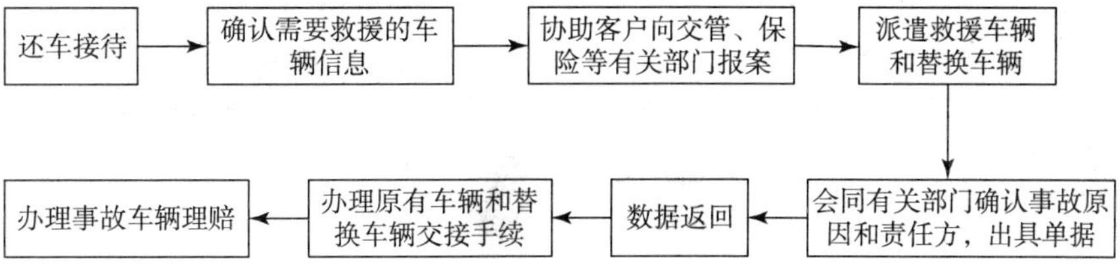

图10－3　车辆救援流程图

10.3 汽车驾驶培训服务

汽车驾驶员培训服务是指以培训学员的汽车驾驶能力或者以培训道路运输驾驶人员的从业能力为教学任务，为社会公众有偿提供驾驶培训服务的活动。包括对初学汽车驾驶人员、增加准驾车型的驾驶人员和道路运输驾驶人员所进行的驾驶培训、继续教育以及机动车驾驶员培训教练场经营等业务。下面以从事普通汽车驾驶员培训业务进行阐述。

10.3.1 汽车驾驶培训应具备的基本条件

申请从事普通汽车驾驶员培训业务的，应当符合下列条件。

1. 有健全的培训机构

包括教学、教练员、学员、质量、安全、结业考试和设施设备管理等组织机构，并明确负责人、管理人员、教练员和其他人员的岗位职责。具体要求按照行业标准《机动车驾驶培训机构资格条件》（JT/T 433）相关条款的规定执行。

2. 有健全的管理制度

包括安全管理制度、教练员管理制度、学员管理制度、培训质量管理制度、结业考试制度、教学车辆管理制度、教学设施设备管理制度、教练场地管理制度、档案管理制度等。具体要求按照行业标准《机动车驾驶培训机构资格条件》（JT/T 433）相关条款的规定执行。

3. 有与培训业务相适应的教学人员

①有与培训业务相适应的理论教练员。

理论教练员应当持有机动车驾驶证，年龄不超过 60 周岁，具有汽车及相关专业中专以上学历或者汽车及相关专业中级以上技术职称，具有两年以上安全驾驶经历，熟练掌握道路交通安全法规、驾驶理论、机动车构造、交通安全心理学、常用伤员急救等安全驾驶知识，了解教育学、教育心理学的基本教学知识，具备编写教案、规范讲解的授课能力。理论教练员总数的 80% 应当经全国统一考试合格，持有《中华人民共和国机动车驾驶培训教练员证》（以下简称《教练员证》）。

②有与培训业务相适应的驾驶操作教练员。

驾驶操作教练员应当持有相应的机动车驾驶证，年龄不超过 60 周岁，具有汽车及相关专业中专或者高中以上学历，具有一定的安全驾驶经历和相应车型驾驶经历，熟练掌握道路交通安全法规、驾驶理论、机动车构造、交通安全心理学和应急驾驶的基本知识，熟悉车辆维护和常见故障诊断、车辆环保和节约能源的有关知识，具备驾驶要领讲解、驾驶动作示范、指导驾驶的教学能力。具体要求按行业标准《机动车驾驶培训机构资格条件》（JT/T433）相关条款规定执行。驾驶操作教练员总数的 90% 应当经全国统一考试合格，持有《教练员证》。

③所配备的理论教练员数量应当不少于教学车辆总数的 10%；每种车型所配备的相应驾驶操作教练员应当不少于该种车型车辆总数的 110%。

4. *有与培训业务相适应的管理人员*

管理人员包括理论教学负责人、驾驶操作训练负责人、教学车辆管理人员、结业考核人员和计算机管理人员。具体要求按照行业标准《机动车驾驶培训机构资格条件》（JT/T433）相关条款的规定执行。

5. *有必要的教学车辆*

①所配备的教学车辆应当符合国家有关技术标准要求，并装有副后视镜、副制动踏板、灭火器及其他安全防护装置。具体要求按照行业标准《机动车驾驶培训机构资格条件》（JT/T433）相关条款的规定执行。

②从事一级普通机动车驾驶员培训的，应当配备大型客车、通用货车半挂车（牵引车）、城市公交车、中型客车、大型货车、小型汽车（含小型自动挡汽车）、低速汽车（含低速载货汽车、三轮汽车）、摩托车（含普通三轮摩托车、普通二轮摩托车、轻便摩托车）、其他车型（含轮式自行机械车、无轨电车、有轨电车）等九类车型中三种（含三种）以上的车型，所配备的教学车辆不少于 50 辆，且每种车型的教学车辆不少于 5 辆；从事二级普通机动车驾驶员培训的，应当配备上述九类车型中的两种车型，所配备的教学车辆不少于 20 辆，且每种车型的教学车辆不少于 5 辆；从事三级普通机动车驾驶员培训的，应当配备上述九类车型中的一种车型，且所配备的教学车辆不少于 10 辆。

6. *有必要的教学设施、设备和场地*

具体要求按照行业标准《机动车驾驶培训机构资格条件》（JT/T 433）相关条款的规定执行。租用教练场地的，还应当持有书面租赁合同和出租方土地使用证明，租赁期限不得少于 3 年。

10.3.2　汽车驾驶培训的流程

根据《中华人民共和国道路交通安全法》及实施条例、《中华人民共和国道路运输条例》、《机动车驾驶员培训管理规定》、《机动车驾驶证申领和使用规定》等要求，报考汽车驾驶证的基本流程如图 10－4 所示。

10.3.3　汽车驾驶培训的内容

为了加强机动车驾驶培训与考试管理工作，规范驾驶培训机构教学行为，提高驾驶培训质量，根据《中华人民共和国道路交通安全法》及实施条例、《中华人民共和国道路运输条例》、《机动车驾驶员培训管理规定》、《机动车驾驶证申领和使用规定》，每个学员的理论培训时间每天不得超过 4 个学时，实际操作培训时间每天不得超过 4 个学时。

培训教学部分分为三个阶段，每个教学阶段结束后，应当对学员本阶段的学习进行考核，考核员由二级以上教练员担任；阶段考核合格后，进入下一阶段学习；阶段考核不合格的，由考核员确定应当增加复训的内容和学时。

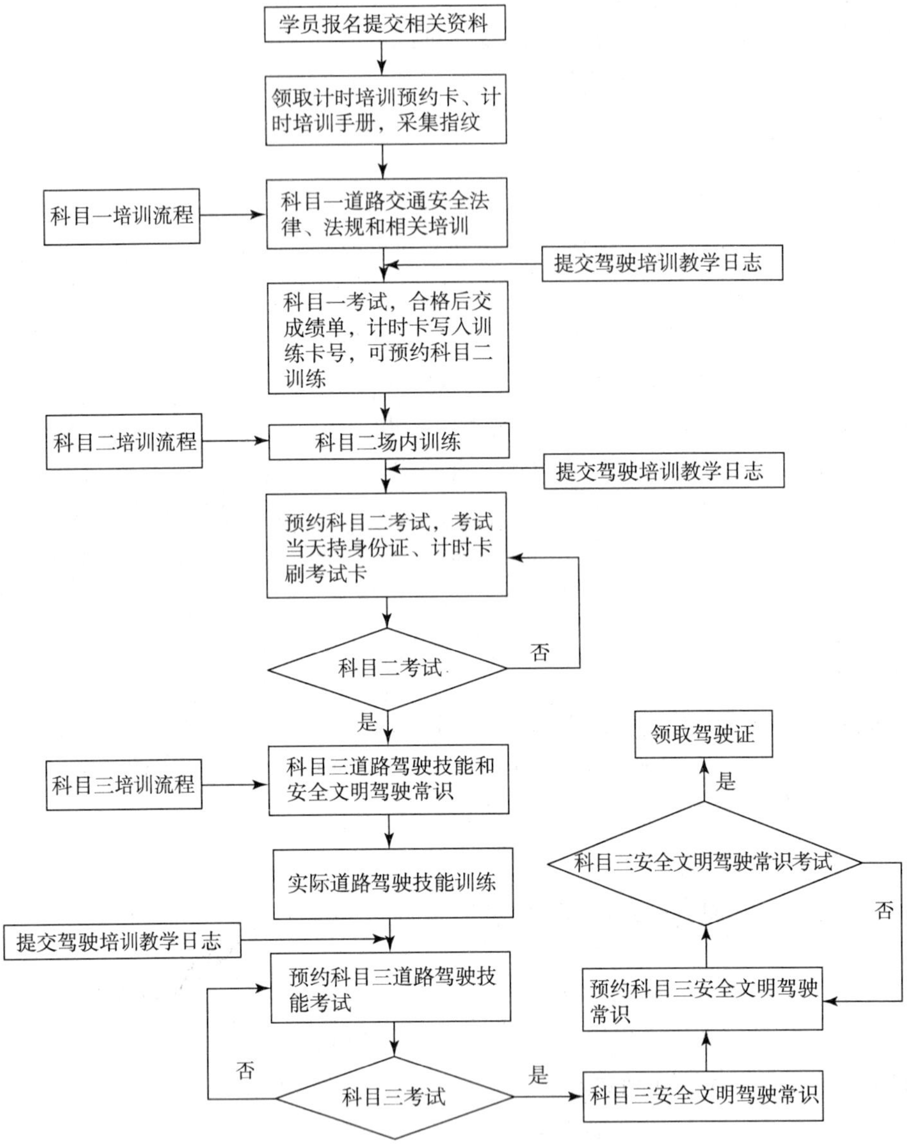

图 10－4　汽车驾驶培训流程

考试部分分为三个科目，考试由公安机关交通管理部门组织，考试顺序按照科目一、科目二、科目三依次进行，前一科目考试合格后，可以参加下一科目的考试；前一科目考试不合格的，继续该科目考试。

1. 第一阶段（科目一）　道路交通安全法律、法规和相关知识

本阶段主要了解机动车基本知识，掌握道路交通安全法律、法规及道路交通信号的规定。培训内容见表 10－1。

表 10－1 科目一培训内容

教学项目	教学内容	教学目标
机动车基本知识	车辆结构常识	了解车辆的基本构成
	车辆主要安全装置	熟悉各主要安全装置的配置；掌握仪表、报警灯的作用； 掌握安全头枕、安全带、安全气囊、灯光、喇叭、防抱死制动系统的作用
	驾驶操纵机构	掌握转向盘、加速操纵装置、制动操纵装置、变速器操纵杆、驻车制动操纵装置及其他操纵装置的作用
		掌握离合器踏板的作用
	车辆性能	了解车辆性能与安全行车的关系； 了解制动性能对行车安全的影响
	车辆检查和维护	掌握日常检查和维护的基本内容
	车辆运行材料	了解燃油、润滑油、冷却液、风窗玻璃清洗液等运行材料的使用常识
法律、法规及道路交通信号	机动车驾驶证申领与使用	熟练掌握机动车驾驶证申领与使用的规定、考试标准、记分标准
	道路通行规则	熟练掌握道路交通信号的种类、识别和作用； 熟练掌握各类道路条件下的通行规则； 熟练掌握变更车道、跟车与限制超车、会车规定、避让行人和非机动车、掉头与倒车的规定
	驾驶行为	熟练掌握正确驾驶的行为要求
	违法行为处罚	掌握主要交通安全违法行为情形、法律责任的基本知识、驾驶机动车禁止行为
	机动车登记	掌握机动车登记的有关规定
	交通事故处理	了解道路交通事故现场处置方法
综合复习及考核	道路交通安全法律、法规及相关知识	熟练掌握道路交通安全法律、法规、交通信号等相关知识； 考核不合格的，可根据实际情况增加相应的内容和学时

2. 第二阶段（科目二） 场内驾驶

本阶段主要使学员掌握基础的驾驶操作要领，具备对车辆控制的基本能力；熟练掌握场地和场内道路驾驶的基本方法，具备合理使用车辆操纵机件、正确控制车辆运动空间位置的能力，能够准确地控制车辆的行驶位置、速度和路线等。具体培训内容见表 10－2 理论培训部分和表 10－3 实际操作部分。

表 10－2 科目二理论培训内容

教学项目	教学内容	教学目标
基础驾驶	基础驾驶操作规范	掌握基础驾驶操作的要求、作用
场地驾驶	场地驾驶知识	熟知速度控制、转向控制、空间位置控制对安全行车的影响

表 10-3　科目二实际操作培训内容

教学项目	教学内容	教学目标
基础驾驶	驾驶姿势	掌握正确的驾驶姿势要领
	操纵装置的操作	掌握转向盘、变速器操纵杆、驻车制动装置、行车制动装置、加速操纵装置的安全操作方法；掌握照明和信号及其他操纵装置的操作方法
		掌握离合器踏板的安全操作方法
	行车前车辆检查与调整	掌握调整座椅、头枕、后视镜和系、松安全带的正确方法；掌握检查操纵装置、起动发动机、检查仪表、停熄发动机的正确方法
	上车、下车动作	掌握正确的上车、下车动作
	上车前的观察	掌握上车前观察，确认安全的正确方法
	下车前的观察	掌握下车打开车门前观察，确认安全的正确方法
	起步、停车	掌握安全平稳起步、停车的操作方法
	变速、换挡、倒车	掌握加速、减速行驶和换挡、倒车的安全操作要领
	行驶位置和路线	判断安全状况，保持车辆沿正确的位置和路线行驶
	倒车入库	在运动中操纵车辆从两侧正确倒入车库
	坡道定点停车和起步	准确地判断停车位置；正确地选择挡位，平稳起步
	侧方停车	在运动中操纵车辆正确停入道路右侧车位（库）
	曲线行驶	熟练操纵转向装置，控制车辆曲线行驶
	直角转弯	在急转弯路段正确操纵转向装置，准确判断内外轮差
	模拟城市街道驾驶	掌握通过人行横道、路口、学校区域、居民小区、公交车站、医院、商店、铁路道口等操作要领
	跟车速度感知	掌握 50km/h 或 70km/h 跟车行驶的方法
	独立驾驶	独立在场内安全驾驶车辆
综合驾驶及考核	基础驾驶； 场地驾驶	综合运用本阶段的所学内容，熟练完成场地驾驶科目； 考核不合格的，可根据实际情况增加相应的内容和学时

3. 第三阶段（科目三）　道路驾驶技能和安全文明驾驶常识

本阶段使学员掌握安全文明驾驶知识，具备对车辆综合控制能力；了解行人、非机动车的动态特点及险情的预测和分析方法；熟练掌握一般道路和夜间驾驶方法，能够根据不同的道路交通状况安全驾驶；形成自觉遵守交通法规、有效处置随机交通状况、无意识合理操纵车辆的能力等。具体培训内容见 10-4 理论培训和 10-5 实际操作部分内容。

表 10－4 科目三理论培训内容

教学项目	教学内容	教学目标
安全、文明驾驶	安全驾驶	熟练掌握车辆安全检查与调整的方法；熟练掌握起步、汇入车流、跟车行驶、变更车道、会车、超车、让超车、停车、掉头和倒车的安全驾驶方法；熟练掌握通过弯道、路口、人行横道、学校区域、居民小区和公交车站的安全驾驶方法；掌握保护行人（尤其儿童）、非机动车和乘车人的安全要领
	文明礼让	培养优先通行权与安全礼让（尤其校车）的道德意识；养成安全、文明的驾驶习惯；杜绝不文明行为和违法行为
	常见交通标志、标线和交警手势辨识	具备实际道路驾驶时辨识、遵守各类道路交通信号的能力
恶劣气象和复杂道路条件下的安全驾驶	雨天驾驶	掌握雨天灯光、刮水器的正确使用方法；掌握雨天行驶路面选择、速度控制方法；掌握雨天跟车、会车、制动和停车的安全驾驶方法
	冰雪道路驾驶	掌握冰雪道路灯光的正确使用方法；掌握冰雪道路行驶路面选择、速度控制方法；掌握冰雪道路跟车、会车、制动、停车的安全驾驶方法
	雾天驾驶	掌握雾天灯光的正确使用方法；掌握雾天行驶路面选择、速度控制方法；掌握雾天跟车、会车、制动、停车的安全驾驶方法
	大风天气驾驶	掌握大风天气灯光的正确使用方法；掌握大风天气行驶路面选择、速度控制方法；掌握大风天气跟车、会车、制动和停车安全驾驶方法
	泥泞道路驾驶	掌握泥泞道路的路面选择、速度控制、方向控制方法；了解侧滑、驱动轮空转打滑的处置方法
	涉水驾驶	熟悉通过漫水桥、漫水路及其他情况的安全涉水驾驶方法
	施工道路驾驶	掌握安全通过施工路段的方法
	通过铁路道口	掌握安全通过铁路道口的方法
	山区道路驾驶	掌握山区道路跟车、超车、会车、停车、坡道和弯道行驶的安全驾驶方法
	通过桥梁	通过立交桥、公路跨线桥、山区跨涧公路大桥及跨江、河、海大桥及简易桥梁的安全驾驶方法
	通过隧道	熟悉通过隧道的明暗适应知识；掌握通过隧道时灯光的使用、速度控制方法及禁止行为
	夜间驾驶	掌握夜间灯光的使用、路面的识别与判断、会车、跟车、超车、让超车、通过交叉路口、通过坡道、通过人行横道、转弯的安全驾驶方法及车辆发生故障时处置方法
	高速公路驾驶	掌握安全驶入高速公路、加速车道行驶、行车道的选择、行车速度控制的正确方法；掌握控制高速公路安全跟车距离、变更车道、通过隧道、减速车道行驶、驶出高速公路的方法；掌握高速行驶减速不让路的安全驾驶方法

续表

教学项目	教学内容	教学目标
紧急情况下的临危处置	险情的预测与分析	了解跟车、会车、超车、变更车道、转弯、倒车、掉头等不同行驶状态下险情的预测与分析方法；了解山区道路、桥梁、隧道等典型道路环境下驾驶险情的预测与分析方法；了解雨天、雪天、雾天、风沙等恶劣气象条件下驾驶险情的预测与分析方法；了解高速公路驾驶险情的预测与分析方法；了解夜间驾驶险情的预测与分析方法
	紧急情况避险知识	熟悉轮胎漏气、突然爆胎、转向突然失控、制动突然失效、发动机突然熄火、雨雪天侧滑、泥泞路面侧滑、碰撞、连续倾翻、着火、落水、突然出现障碍物、行人突然横穿、遇险时对乘员的保护等临危应急处置方法；掌握紧急情况下的避险原则
	高速公路驾驶紧急避险	熟悉高速公路行驶发生“水滑”、雾天遇事故、意外碰撞护栏、遇到横风、紧急情况停车的应急避险方法；掌握高速公路紧急避险的原则
发生交通事故后的处置	事故处置原则；事故现场处置	了解事故现场急救的原则、基本要求；掌握昏迷不醒、失血、烧伤、中毒、骨折伤员的自救、急救方法；掌握常用的伤员止血方法
典型事故案例	违法行为综合判断与案例分析	分析道路交通典型事故案例，判断事故发生原因

表 10－5　科目三实际操作培训内容

教学项目	教学内容	教学目标
起步	起步操作	掌握起步前检查、调整、观察的要领和安全平稳起步的驾驶方法
直线行驶	直线行驶、行驶速度与安全距离控制	掌握根据道路情况合理控制车速、使用挡位，保持直线行驶，跟车距离适当，行驶过程中适时观察内、外后视镜的驾驶方法
换挡	加、减挡操作	掌握根据道路交通状况和车速，合理加减挡，及时、平顺换挡的驾驶方法
跟车	跟车距离和跟车速度控制	掌握合理控制跟车速度、保持安全跟车距离的驾驶方法
变更车道	安全变更车道	掌握变更车道时观察、判断车辆安全距离，控制行驶速度，使用灯光信号的驾驶方法
靠边停车	顺位停车、S形倒车入位、L形倒车入位	掌握靠路边顺位停车、倒入路边车位（S形倒车入位）、倒入车库（L形倒车入位）的操作方法
通过路口	直行通过路口	掌握路口合理观察交通情况，减速或停车瞭望，直行安全通过路口的驾驶方法
	路口左转弯、路口右转弯	掌握路口合理观察交通情况，减速或停车瞭望，正确使用转向灯，左、右转弯安全通过路口的驾驶方法

续表

教学项目	教学内容	教学目标
通过人行横道	安全通过人行横道	掌握安全通过人行横道、合理控制车速、礼让行人的驾驶方法
通过学校区域	安全通过学校区域	掌握安全通过学校区域，文明礼让，避让学生和校车，确保安全通过的驾驶方法
通过公共汽车站	安全通过公共汽车站	掌握通过公共汽车站提前减速，观察公共汽车进、出站动态和上下车乘客动态及预防行人横穿道路的驾驶方法
会车	安全会车	掌握正确判断会车地点，会车有危险时，控制车速、提前避让、调整会车地点及与对方车辆保持安全间距的驾驶方法
超车	同向超车、借道超车	掌握同向超车、借道超车的要领，以及观察被超越车辆的动态，保持与被超越车辆的安全间距，观察左侧交通情况，选择合理超车时机的驾驶方法
掉头	安全掉头	掌握降低车速，观察交通情况，正确选择掉头地点和时机的驾驶方法
夜间驾驶	夜间安全驾驶与灯光的使用	掌握夜间起步、会车、超车、通过急弯、通过坡路、通过拱桥、通过人行横道或者没有交通信号灯控制的路口时正确使用灯光的驾驶方法
行驶路线选择	自行选择行驶路线	按照自行选择的行驶路线，在一般道路上独立地安全驾驶
模拟驾驶	驾驶行为综合分析与判断	能够对常见驾驶陋习和违法行为进行综合分析与判断
	恶劣条件下的驾驶	掌握在雨天、雾天、冰雪路面、泥泞道路、涉水等恶劣条件下安全驾驶的要领和方法
	山区道路驾驶	掌握山区道路安全驾驶的要领和方法
	高速公路驾驶	掌握高速公路安全驾驶的要领和方法
综合驾驶及考核	实际道路驾驶； 安全文明驾驶常识； 模拟驾驶	在实际道路上熟练地驾驶所学准驾车型；掌握安全文明驾驶常识和驾驶行为综合分析与判断方法；考核不合格的，可根据实际情况增加相应的内容和学时

10.4 汽车救援服务

据公安部交管局的最新统计数据，截至2012年年底，全国机动车保有量约为2.4亿辆。其中汽车保有量1.2亿辆，年增长1 510万辆，增长量超过1999年年底全国汽车保有量，18个大中城市汽车保有量超过百万；机动车驾驶人数量已达2.6亿人，其中汽车驾驶人首次突破2亿人，年增长2 647万人。3年以下驾龄的驾驶人有9 471万人，占全国机动车驾驶人总数的38.33%。其中，驾龄不满1年的驾驶人有2 701万人，占全国机动车驾驶人总数的10.93%。从中可以看出，随着汽车保有量的增加，驾驶员人数急剧上升，汽车驾驶已经变成一种必须掌握的基本技能。然而值得注意的是，驾驶经验不丰富的人员占有很大比重。一般汽车驾驶员，特别是大量的新手，在汽车发生故障、事故或遇到不可预见的困难时，往往束手无策，根本无法依靠自己的能力对汽车进行施救；就连经验丰富的驾驶员，碰到如汽车翻落沟渠，陷入泥潭，或者发生交通事故等状况时，也是无法凭借个人力量解决问题的。为此，建立汽车维修救援组织，帮助车主解决车辆突发性故障是非常有必要的。经验表明，汽车救援的数量大体在汽车保有量的8% ~10%为科学合理。

10.4.1 汽车救援的现状

1. 定义

汽车救援：指汽车道路紧急救援，为故障车主提供包括诸如：拖吊、换水、充电、换胎、送油以及现场小修等服务；同时也指交通事故道路救援，包括伤员救治、道路疏导等。一般来说，道路救援都是要收费的，只是收取的方式略有差异。

2. 国内汽车救援的主要形式

目前我国开展汽车救援业务的组织主要有以下类别。

（1）公安交警部门

交警部门所进行的一般都是公益性道路交通事故紧急救援。交警部门的汽车救援具备非常明显的优势：数量多，辐射范围广，到达及时。然而，汽车遇到故障停驶，或是陷落沟坎，掉下湖泊、河流、台阶等非公益性事故，基本上是民众自发处置，各种机构都参与，愿意给官方救援打电话求助的还在少数。基于这种情况，官方救援虽然拥有绝对优势资源，但却不能培育起自己的忠实用户。

（2）汽车俱乐部

汽车俱乐部定位在私家车，以会员制方式吸纳客户，客户交纳会费，便可得到俱乐部各种专业的无偿或优惠的服务。服务范围很广，主要有汽车救援、保险代理、规费代办、车辆年检等。一般汽车俱乐部没有抢修、急修设施，主要还是跟修理厂合作。汽车俱乐部一般采用会员制形式，车主要成为会员，必须定期交纳一定费用，如果会员人数不够，汽车俱乐部的生存就存在很大问题。

（3）汽车4S店

汽车4S店包括汽车销售、汽车维修、配件销售和信息反馈。汽车救援服务是其售后服务内容之一，4S店主要针对本车型汽车的抢修、急修。4S店服务对象主要是本品牌的车辆，由于受网点少和人员等因素制约，只能提供市内近距离的救援维修服务，如果距离太远，就鞭长莫及了。

（4）汽车综合修理厂

为了更好地开展维修业务，汽车综合修理厂把汽车救援作为业务延伸，有修理技术和零配件供应等优势，是目前汽车救援的主力军。综合修理厂虽然面向所有车辆，但是发展参差不齐，有些不规范经营行为造成车主难以抉择，同样受制于网点少，不能保证按时到达现场。

（5）汽车拖车公司

拖车公司主要承担拖车服务，将抛锚车辆迅速拖离现场，做到及时清障、恢复交通，而车辆的抢修还是要到修理厂去解决。

（6）马路汽车修理工

近年来，马路汽车修理工的数量呈上升趋势。他们大多骑着摩托车在公路上“打游击”，只要发现故障车就马上紧紧粘上，而他们的救援工具就简单到一个小小的工具箱。这些修理工的救援质量非常低下，但是因为与被救援车的接近性和低廉的价格，还有能及时让车主摆脱车辆坏在主干道的尴尬境地，所以也常常能让一些车主动心。

（7）保险公司

车险的价格不断攀升，这让车主们很生气，为了不造成严重的后果，保险公司也开始在服务上追求升级。保险公司为客户提供相关救援服务，大多与专业汽车救援俱乐部联姻。凡是购买了相关保险的车主，只需拨打保险公司的客服电话，就可以免费获得包括送油、搭电、轮胎更换、现场简单维修等在内的多项免费救援服务。保险公司、专业救援公司双剑合璧，实现了双赢。

以上这些汽车救援形式都存在明显的局限性，所以靠单一汽车维修救援组织根本不足以形成规模化的救援能力，只有建立覆盖全市的汽车维修救援网络，才能发挥社会化、规模化救援服务功能，达到资源和规模的整合效果。

3. 汽车救援现状

我国的汽车救援服务始于1995年，至今汽车救援已走过了近20年的历程。汽车救援行业在我国发展迅速，目前在全国范围内，已经出现许多大大小小开展汽车救援服务的机构。汽车救援在我国起步的时间很晚，由于发展迅速，目前还处于幼小时期，各省汽车救援业务的开展情况参差不齐，开展汽车救援业务的企业实力、技术水平、服务量、专业人员及设备的拥有情况差别非常大，故有必要对国内的汽车救援市场进行分析，找出问题的关键，以寻求合理的解决方案。

（1）汽车救援市场呈现“小”“乱”“差”等现象

汽车救援行业是一个专业性很强的行业，需要一定数量的救援工，这些救援工应具备汽车修理等级证书，要有丰富的修理经验以及诊断故障能力，并且要熟悉道路；另外，还需要配置一定的专业救援车并配备精良的故障诊断与维修设备、通信设备等。要达到这样的水平，必须有雄厚的资金和先进的管理模式作为后盾。然而，目前注册的汽车救援机构中，一般为中小型规模，缺乏专业的汽车救援人员和救援设备，汽车遇到突发情况时，经常出现救援不及时、现场排障率低等现象，从而使驾驶人安排被打乱，而若是交通事故，则会造成堵塞交通、人员伤亡情况加重等后果。另外，有些不规范的救援公司“看车吃饭”“看天吃饭”，遇到雨、雪、雾等恶劣天气，就随意涨价、漫天要价，天价拖车的现象屡见不鲜。总的来说，我国汽车救援市场现阶段的状况就是“小”“乱”“差”状态。

（2）汽车救援行业无主管部门

目前汽车救援行业没有主管部门，主要由工商主管部门、交通主管部门、商业主管部门、公安交通主管部门实行多头交叉管理。汽车救援机构为了取得拖车服务许可，必须到当地交通主管部门申请取得“道路运输经营许可证”；为了购买拖车，在全国许多地区必须取得公安交通主管部门的批文；而在救援价格方面，工商物价部门还没制定统一收费标准，仅要求做到明码标价。多头交叉管理又没有行业规范的限制和行政法规的约束，在一定程度上导致了行业内的恶性发展。市场发展到现在完全竞争的阶段，就需要一个“管家”来规范市场，引导汽车救援市场向良性方向发展，而政府部门、行业机关目前在这方面做得很不够。

（3）汽车救援无健全的法律法规标准

汽车救援市场具有广阔的发展前景，然而政府在法规政策方面的支持做得很不够。目前涉及汽车救援的法规是交通部2005年颁布的第7号令《机动车维修管理规定》。在该《规定》中，“维修救援”被确定为一二类机动车维修企业的许可经营项目，但是具体到汽车救援企业的开业条件、收费标准、服务规范、技术标准、场作业规范、救援车辆和设备条件、救援程序、从业人员培训、职业资格考试和认可、救援信息调度系统建设规范等方面，国家并没有出台相应的法规或文件，这是汽车救援市场的一大缺陷。政府有关部门应认识到此问题的严重性，加紧规范化的步伐，减少汽车救援纠纷，防止黑救援和陷阱的发生。

（4）多头救援，资源浪费巨大

拖车公司、汽车俱乐部、汽车维修企业等在实施救援业务中形成了多头救援。而为了保证最起码的救援服务承诺的兑现，专业机构必须具备最低的资源是一辆拖车、相应的救援设备与工具、通信设备、4~6位救援人员。这样的投入约需25万元/年。据有关部门统计，目前这类救援机构，其闲置率高达60%，即每年有15万元的投入是闲置的。由此可见，多头救援造成的资源浪费是非常巨大的。

10.4.2 紧急救援体系的建立

1. 紧急救援体系的目标

紧急救援体系的目标是控制事态发展，保障生命财产安全，恢复正常状态。由于各种公路交通事故情况复杂，突发性强，覆盖面大，紧急救援活动又涉及从高层管理到基层人员各个层面，从交通、公安、医疗到环保等不同领域，这都给紧急救援日常管理和紧急救援指挥带来了许多困难。解决这些问题的唯一途径是建立起科学、完善的紧急救援体系和实施规范有序的标准化运作程序。

2. 紧急救援体系的构建

一个完备的交通事故紧急救援体系由四个部分构成，如图10-5所示，分别是法律基础、组织机制、运作机制和支援保障。

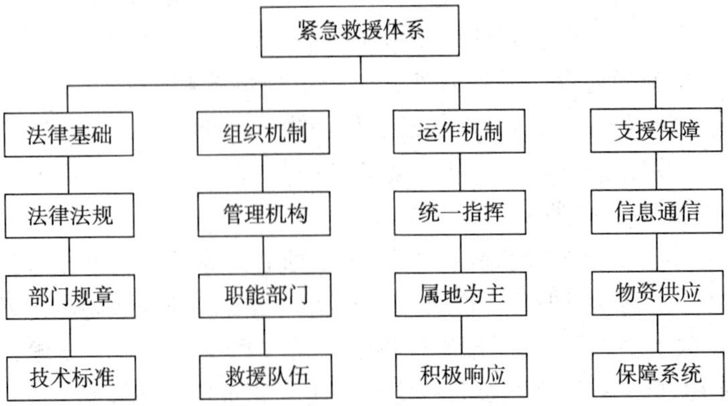

图10-5 紧急救援体系组成

（1）法律基础

紧急救援的法制化是我国紧急救援体系建设的重要内容，在当前我国重特大交通事故不断频发的情况下显得尤为重要。可以说法律法规体系的建设是紧急救援体系的基础和保障，也是开展各种紧急救援工作的依据。

我国目前已经颁布了一些涉及应对公共安全事件的法律、行政法规以及部门规章，但详细针对交通事故处理及紧急救援方面的还没有，比如国家颁布的《道路交通安全法》也只是在第七十条、第七十二条对交通事故处理做了粗略的规定：

第七十条　在道路上发生交通事故，车辆驾驶人应当立即停车，保护现场。造成人身伤亡的，车辆驾驶人应当立即抢救受伤人员，并迅速报告执勤的交通警察或者公安机关交通管理部门。因抢救受伤人员变动现场的，应当标明位置。乘车人、过往车辆驾驶人、过往行人应当予以协助。

第七十二条　公安机关交通管理部门接到交通事故报警后，应当立即派交通警察赶赴现场，先组织抢救受伤人员，并采取措施，尽快恢复交通。

我国现行的重大交通事故紧急救援制度还不够完善，如紧急预案编制、审核和备案制度、报告与信息发布制度、紧急救援的分级响应制度、紧急救援演习制度、紧急救援的资金补偿制度等一系列急需要建立的制度尚未通过法律法规形式确定下来。在已经建立的重大事故救援法律制度中，有的是由部门规章或者规范性文件确立的，其规范性不强、效力有限。有的法律法规中，对各级政府采取的紧急措施规定得不具体，当前的重大交通事故紧急救援管理工作还存在许多问题，也急需要用法律手段加以解决。

（2）救援组织机制

紧急救援管理作业，涉及诸多的业务部门，主要包括公路管理局、交通警察部门、医疗急救部门、消防部门、特种物品（如化学物品等）处置部门。

救援组织机制包括管理机构、职能部门及救援队伍。其中管理机构是指维持日常紧急救援管理的负责部门；职能部门是指包括与紧急救援相关的各类组织机构；救援队伍是指装备精良的、专业的交通事故救援队。

上述部门紧密配合、协调工作是圆满处理各种事故的基本条件。如果没有一套完善的组织体系支撑，整个救援工作就会非常忙乱，救援的高效性和及时性就没有办法得到保障。一旦发生交通事故，伤亡人员比例升高和经济损失加大，甚至由于一些危险化学品的泄漏引起环境污染加重等后果就难以避免。

（3）救援运作机制

紧急救援活动一般可以分为救援准备、救援执行和救援恢复三个阶段。救援运作机制与这些救援活动都密切相关。紧急救援机制主要由统一指挥、属地为主、分级响应这三个基本机制组成。

1）统一指挥。统一指挥是紧急救援活动的最基本原则。救援指挥一般可分为现场指挥或场外指挥两种形式，但无论采用哪一种指挥形式都必须实行统一指挥的模式。无论应急救援活动涉及单位的行政级别高低和隶属关系有何不同，都必须在紧急救援指挥部的统一组织协调下行动，有令则行，有禁则止，统一号令，步调一致。

2）属地为主。属地为主是强调“第一反应”的思想和以现场应急、现场指挥为主的原则。它有助于调动各级各地的行政力量和资源，是一种应对灾害、危机管理的有效手段。

在紧急救援工作中坚持属地为主的原则就是要求把救援管理纳入到国家安全事故、灾害、危机管理的体系中来，形成统一规划、统一管理。

3）分级响应。分级响应是指在初级响应到扩大应急的过程中实行分级响应的机制。扩大或提高应急级别的主要依据是：事故灾难的危害程度、影响范围和控制事态的能力，而后者是“升级”的最基本条件。扩大应急救援主要是提高指挥级别，扩大应急范围等。

（4）支援保障系统

1）信息通信保障。位于支援保障第一位的是信息与通信保障。构筑集中管理的信息通信平台是紧急救援体系的最重要的基础建设。应急信息通信系统要保证所有预警、报警、警报、报告、指挥等活动的信息交流快速、顺畅、准确，以及信息资源共享。信息通信保障包括交通事故发生时的监控信息保障与通信沟通保障。

监控系统是迅速发现交通事故、清理事故、减少事故对交通流影响的基础。监控系统主要有电子监视、闭路电视、航空监视、救援装置和紧急电话、民用频道无线电、巡逻车等。根据目前我国的经济实力及道路建设情况，在近期内采用闭路电视、紧急电话、驾驶员互助系统以及高速公路巡逻车发现事故更为经济有效，而且完全可以利用现有的高速公路监控系统。一旦事故被发现，在尽可能短的时间内清除其危害后果便成为保证高速公路正常运营的关键。

在现实的救援活动中，采用各种手段、仪器装置向现场的救援人员传送各种事故发展趋势、异常动向等方面的信息，都是为了让救援人员及时了解现场的情况，保持适当的警戒心理状态。但是，有时也会因为危险信息未及时捕捉到，而导致灾害后果的进一步扩展。如何有效沟通危险信息，直接或间接地影响到事故救援的效果。

2）物资装备保障。交通事故的偶然性、伤亡大及夜间事故多的特点决定了紧急救援物资装备保障的重要性。物资装备保障就是要求紧急救援管理部门根据处理各种不同类型交通事故的需要配备好各种物资与装备。它是紧急救援工作的物资基础。

3）救援预案保障。紧急救援预案的编制是紧急救援管理工作的核心内容。交通事故的发生既有人为因素，也有非人为因素，完全避免事故是不可能的，必须为重大交通事故的出现做好各方面的准备。紧急救援管理部门应根据可能发生的各种类型的交通事故，制定具有可操作性的应变计划和救援预案。

10.5 汽车广告与展览服务

10.5.1 汽车广告服务

过去50年中，我国的汽车工业获得了长足的发展和进步。我国汽车业，尤其是轿车的发展，为汽车广告的起步和发展奠定了必要和坚实的产业基础。随着汽车业的发展，汽车广告逐渐为人们所重视，从被认为无需做到开始做直至大量做，广告额大幅增加。在数量增长的基础上，汽车广告的质量也在不断发展变化。

1. 汽车广告的定义

汽车广告是以企业为立足点，向广大费者宣传展示汽车的功能和质量，树立企业形象的一种商业手段。在这种商业手段的运营中，企业和消费者都将各自受益——企业靠广告来推销产品，消费者则靠广告来指导自己的购买行为。

2. 汽车广告的分类

就汽车广告的载体而言，可分为以下几类。

（1）报纸广告

就报纸上的汽车广告的种类而论，有整车、车类商标及车胎、汽油、蓄电池等各种车用零配件的广告；有轿车、出租车、运货车、搬场车、农用车等各种整车广告；还有明星汽车广告。就其表现形式而论，大多为图文并茂式，其文体一般以说明性居多，注重特点介绍，但其语言往往缺乏艺术感染力。

（2）杂志广告

这类广告一般多在杂志的封面或封底。这种广告除若干专门性的汽车杂志，如《远东汽车杂志》、《汽车世界》等外，其他的以《交通杂志》、《道路月刊》等居多。

（3）广播广告

自美商开洛公司在1925年将播音机运到上海，到1928年设立了广播电台以后，一些外国汽车商开始利用无线电来发布汽车广告。20世纪30年代中期，上海各出租汽车公司为争夺业务，纷纷在广播电台上大做广告，宣传自己公司的“车辆新型、安全舒适、服务周到、车价便宜”。

（4）路牌广告

1911年以后，上海经营出租车的外国车行，除在报刊上刊登汽车广告以外，还在闹市区广场和重要道口竖立大型广告牌，突出地显示汽车照片，宣传“名牌汽车、质量优良、声誉昭著”，大肆宣传“出租汽车快速服务，敏捷到达，坐出租汽车，乃习以为常”，等等。

（5）电影广告

20世纪20年代，上海电影院在放映外来无声电影时，即有电影广告。一些外国汽车制造厂家曾用电影来宣传自己的汽车制造和车辆性能概况。1935年10月和12月期间，南京国民政府在南京、南昌两地组织的两次公路交通安全展览会期间，曾日夜放映安全电影来宣传行车安全常识。

（6）电话广告

1935年至抗战爆发几年间，上海出租汽车行业特别发达。各公司为了争夺业务，除在报刊、广播电台上大登广告外，还掀起了一股接装易记电话的热潮，使用电话号码谐音，招揽顾客。如云飞汽车公司电话是30189，谐音为“岁临宴杯酒”（另有“三人一杯酒”之说）；银色汽车公司电话为30030，新闸汽车行装了30003，南方汽车公司装了80008；祥生汽车公司则抓住当时人们的民族自尊心和爱国心理，利用公司的电话号码40000，宣传“爱国同胞，请坐同胞自营的汽车”“四万万同胞，拨4万号电话”“中国人要坐中国人的汽车”“坐华商汽车，利权不外溢，国家自富强”，结果使祥生汽车的营业额大增。

（7）邮递广告

亦称“直接广告”或“传单广告”，一般是由汽车经销商将有关汽车或车用零配件的详细情况制成印刷品，然后雇人分发给一些长途汽车公司或富有人士；或者将印刷品装在信封内，直接通过邮局寄递。

（8）霓虹灯广告

1928 年，有葡萄牙人开始在上海开设“丽耀霓虹灯厂”，之后，霓虹灯广告逐渐流行于沪上，在沪的一些外国汽车公司也开始用霓虹灯宣传汽车。1931 年 12 月初，祥生汽车股份有限公司刚一成立，就在市中心闹市区装设霓虹灯广告来开拓业务。

（9）车上广告

车上广告即在汽车上登载广告。此种广告据说始于 1910 年英国利物浦一家皮鞋公司，因其宣传效力巨大，后流行于欧美各国。汽车风行于近代中国的沿海大都市后，国人也利用汽车来制作各种商业广告。

上述 9 种汽车广告，有的旨在推销汽车或车用零配件，有的主要宣传行车安全常识，有的是在拓展出租业务。尽管主要目的不一，但都使人们不同程度地增长了对汽车的了解和认识，引起了人们对汽车的兴趣和热情。

3. 汽车广告策划

汽车广告的策划主要由以下几个过程。

（1）汽车广告调查和市场分析

①分析环境。应掌握系统的汽车销售企业内部资料和汽车销售外部资料，并明确汽车销售企业整体营销对汽车广告提出的要求，以摆正其在市场上的位置。

②分析广告的车型和服务。对广告的车型和服务进行深入了解和研究，目的在于掌握其个性。

（2）确定汽车广告目标

①根据以上分析提出汽车广告应在本计划期内达到的目标。

②在汇总汽车广告环境和汽车广告类型和服务的有关情况的基础上，由汽车销售企业的最高决策层会同营销部门负责人一起确立汽车广告目标。

③确定在汽车广告目标中的最重要内容。

（3）制定汽车广告策略

汽车广告策略是汽车销售企业为实现汽车广告战略目标而采取的对策与方法，是保证实现汽车广告目标的一种谋略思想。汽车广告策略包括汽车广告定位、汽车广告创意、汽车广告文案等内容。

（4）选择汽车广告媒体

选择汽车广告媒体是根据不同媒体的特点，选择相应的媒体或媒体组合策略，有效地传播特定的汽车广告内容。

（5）确定汽车广告预算

汽车广告预算的确定是汽车广告目标确定之后更为重要的实际工作。它要求汽车销售企业营销部门、财务部门一起确定汽车广告预算总投资，进而对汽车广告费进行具体的预算分配。

（6）实施汽车广告计划

为了将汽车广告主题和汽车广告创意付诸实施，并取得理想的汽车广告效果，必须对各种媒体、表现方式、地区、时机等进行多方面的研究，从而选择最合适的汽车广告媒体、汽车广告方式、汽车广告的范围及合时的汽车广告时机，从而更好地实现汽车广告的目标。

（7）预测和监控汽车广告道德效果

在汽车广告策划以及实施的过程中，要及时地进行信息反馈，经常对汽车广告效果进行科学准确的分析，以调整汽车广告整体策划。

10.5.2　汽车展览服务

从 1889 年汽车首次亮相于巴黎世界博览会以来，车展文化已经从形成、正规化过渡到了成熟化阶段。各类汽车展示活动，凭借其盛大的规模和成功的组织，将汽车文化的触角深入到世界各个角落。它将小小车轮上的无穷变化呈现在人们眼前，让人们不禁感叹汽车工业技术的脚步之快。

1. 定义

汽车展览是由政府机构、专业协会或主流媒体等组织，在专业展馆或会场中心进行的汽车产品展示展销会或汽车行业经贸交易会、博览会等。

2. 汽车展览的作用

（1）传播汽车信息、知识、观念、促进汽车贸易、沟通交流

汽车行业展览会属于服务业，具有服务业的共性，是企业之间以及企业与消费者、公众之间的一个有效的商务平台和交流中介，但同时它又不同于其他服务性行业，具有自身的个性。企业通过参加会展进行新技术、产品推广，可起到传播信息、知识、观念、促进汽车经济贸易、沟通交流的作用，同时可为企业带来可观的经济效益和树立品牌形象，具有其他服务媒介不可比拟的优越性。

（2）提高主办城市知名度、带动地方汽车经济发展

事实上一次国际汽车展览会不仅带来可观的经济效益，还能带来无法估价的社会效益，这些社会效益有的是立竿见影的，而更多的是潜移默化、逐步发挥作用的。汽车会展活动的开展可以提高主办城市知名度，从而吸引更多投资，带动地方经济发展。如 2005 国际汽车展会在上海的成功举办，有力地提升了上海的国际知名度，提高了上海汽车业地位，带动了以上海为中心的长江三角洲地区的汽车经济发展。

（3）带动相关产业发展

每一次汽车会议或展览的举办都会吸引大量的商务客和游客，即必然会带动交通、旅游、餐饮等第三产业的发展。而且汽车展览业自身也很多元，不仅仅局限于汽车的展示，汽车周边的产业也随之发展，比如汽车电子、汽车零件、汽车维修等。汽车会展业的继续发展，也将使展览、会议场馆的数量增加，从而加快对基础设施的直接投入，带动第一、二产业的发展。

3. 汽车展览的策划

汽车展览会的策划过程主要有以下几个步骤。

（1）确定时间、地点

展览会时间依据内容和规模而确定。展览会地点可以在室内或露天，室内展览显得较为隆重，且不受天气影响，时间相对不受限制，但布局较复杂、费用较大。

（2）确定展览会内容

展览会可分为综合性展览会和专项展览会。综合性展览会可容纳多家不同品牌、车型同

时展销；专项展览会即围绕单一品牌、车型而举办。

（3）确定展览会工作人员及责任

①安排好车辆介绍人员。车辆介绍人员应对展览车辆有较全面的了解，还要有一定的语言表达能力，在服务中应着装整齐、仪容端庄、面带微笑、尊重每一位顾客，可以戴着绶带，绶带上印有厂家名称，亦可佩戴标签。

②安排接待预定顾客的业务人员。接待预定顾客的业务人员应热情接待客户，主动介绍预定规定及优惠政策。

③安排迎宾礼仪小姐。礼仪小姐要热情迎客，并做好引导工作。

④广告及新闻报道。新闻报道工作人员安排展览会的广告制作，要策划各种车辆及展览会的广告内容形式，确定新闻发布的内容、时机、范围和形式。

⑤领导机构。展销会领导机构应分工明确、责任到位。

（4）确定展览会的费用预算

具体列出展览会的各项费用，进行核算，并有计划地分配资金。

（5）公关活动安排

采用一些公关技巧，使展览会办得生动活泼、别具一格。举行展览会开幕式，应邀请有关知名人士出席，并为消费者签名，应设法以一些新奇事物来吸引客人。

（6）做好展览会的效果测定

每举办一次活动都应做好事后效果测定工作，可采取问卷调查、统计参观人数和销售利润、有奖回答等多种方式进行该项工作。

10.6 汽车智能交通服务

工业化国家在市场经济的指导下，大都经历了经济的发展促进汽车的发展，而汽车产业的发展又刺激经济发展的过程，从而超前实现了汽车化。汽车化社会带来诸如交通阻塞、交通事故、能源消费和环境污染等社会问题的日趋恶化，交通阻塞造成的经济损失巨大，使道路设施十分发达的美国、日本等也不得不从以往只靠供给来满足需求的思维模式转向采取供、需两方面共同管理的技术和方法来改善日益尖锐的交通问题。这些建立在汽车轮子上的工业国家，在探索既维护汽车化社会，又要缓解交通拥挤问题的办法的过程中，逐步形成了旨在借助现代化科技改善交通状况达到“保障安全，提高效率、改善环境、节约能源”目的的智能交通 ITS（Intelligent Transportation System，ITS）概念。

1. 智能交通的基本概念和特点

（1）概念

智能交通是将先进的电子、信息、传感与检测、自动控制、系统工程等技术综合运用于地面交通，建立起安全、实时、准确、高效的地面运输系统。其实质是利用高新技术改造传统运输系统而形成的一种信息化、自动化、智能化、社会化的新型运输系统。

（2）智能交通的特点

智能交通系统具有以下两个特点：一是着眼于交通信息的广泛应用与服务；二是着眼于提高既有交通设施的运行效率。与一般技术系统相比，智能交通系统建设过程中的整体性要求更加严格，这种整体性体现在：

①智能交通系统建设涉及众多行业领域，是社会广泛参与的复杂巨型系统工程，从而造成复杂的行业间协调问题。

②技术领域特点。智能交通系统综合了交通工程、信息工程，通信技术、控制工程、计算机技术等众多科学领域的成果，需要众多领域的技术人员共同协作。

③政府、企业、科研单位及高等院校共同参与，恰当的角色定位和任务分担是系统有效展开的重要前提条件。

④智能交通系统将主要由移动通信、宽带网、RFID、传感器、云计算等新一代信息技术做支撑，更符合人的应用需求，可信任程度提高并变得“无处不在”。

2. 智能交通的子系统

（1）车辆控制系统

该系统指辅助驾驶员驾驶汽车或替代驾驶员自动驾驶汽车的系统。该系统通过安装在汽车前部和旁侧的雷达或红外探测仪，可以准确地判断车与障碍物之间的距离，遇紧急情况，车载电脑能及时发出警报或自动刹车避让，并根据路况自己调节行车速度，人称“智能汽车”。美国已有3 000多家公司从事高智能汽车的研制，已推出自动恒速控制器、红外智能导驶仪等高科技产品。

（2）交通监控系统

该系统类似于机场的航空控制器，它将在道路、车辆和驾驶员之间建立快速通信联系。哪里发生了交通事故，哪里交通拥挤，哪条路最为畅通，该系统会以最快的速度提供给驾驶员和交通管理人员。

（3）车辆管理系统

该系统通过汽车的车载电脑、高度管理中心计算机与全球定位系统卫星联网，实现驾驶员与调度管理中心之间的双向通信，来提高商业车辆、公共汽车和出租汽车的运营效率。该系统通信能力极强，可以对全国乃至更大范围内的车辆实施控制。行驶在法国巴黎大街上的20辆公共汽车和英国伦敦的约2 500辆出租汽车已经在接受卫星的指挥。

（4）旅行信息系统

该系统是专为外出旅行人员及时提供各种交通信息的系统。该系统提供信息的媒介是多种多样的，如电脑、电视、电话、路标、无线电、车内显示屏等。无论在办公室、大街上、家中、汽车上，只要采用其中任何一种方式，都能从信息系统中获得所需要的信息。有了该系统，外出旅行者就可以眼观六路、耳听八方了。

3. 智能交通系统组成

（1）先进的交通信息服务系统（ATIS）

ATIS是建立在完善的信息网络基础上的。交通参与者通过装备在道路上、车上、换乘站上、停车场上以及气象中心的传感器和传输设备，向交通信息中心提供各地的实时交通信息；ATIS得到这些信息并处理后，实时向交通参与者提供道路交通信息、公共交通信息、换乘信息、交通气象信息、停车场信息以及与出行相关的其他信息；出行者根据这些信息确定自己的出行方式、选择路线。更进一步，当车上装备了自动定位和导航系统时，该系统可以帮助驾驶员自动选择行驶路线。

（2）先进的交通管理系统（ATMS）

ATMS 有一部分与 ATIS 共用信息采集、处理和传输系统，但是 ATMS 主要是给交通管理者使用的，用于检测控制和管理公路交通，在道路、车辆和驾驶员之间提供通信联系。它将对道路系统中的交通状况、交通事故、气象状况和交通环境进行实时的监视，依靠先进的车辆检测技术和计算机信息处理技术，获得有关交通状况的信息，并根据收集到的信息对交通进行控制，如信号灯、发布诱导信息、道路管制、事故处理与救援等。

（3）先进的公共交通系统（APTS）

APTS 的主要目的是采用各种智能技术促进公共运输业的发展，使公交系统实现安全便捷、经济、运量大的目标。如通过个人计算机、闭路电视等向公众就出行方式和事件、路线及车次选择等提供咨询，在公交车站通过显示器向候车者提供车辆的实时运行信息。在公交车辆管理中心，可以根据车辆的实时状态合理安排发车、收车等计划，提高工作效率和服务质量。

（4）先进的车辆控制系统（AVCS）

AVCS 的目的是开发帮助驾驶员实行本车辆控制的各种技术，从而使汽车行驶安全、高效。AVCS 包括对驾驶员的警告和帮助，障碍物避免等自动驾驶技术。

（5）货运管理系统

这里指以高速道路网和信息管理系统为基础，利用物流理论进行管理的智能化的物流管理系统。综合利用卫星定位、地理信息系统、物流信息及网络技术有效组织货物运输，提高货运效率。

（6）电子收费系统（ETC）

ETC 是世界上最先进的路桥收费方式。通过安装在车辆挡风玻璃上的车载器与在收费站 ETC 车道上的微波天线之间的微波专用短程通信，利用计算机联网技术与银行进行后台结算处理，从而达到车辆通过路桥收费站不需停车而能交纳路桥费的目的，且所交纳的费用经过后台处理后清分给相关的收益业主。在现有的车道上安装电子不停车收费系统，可以使车道的通行能力提高 3 ~5 倍。

（7）紧急救援系统（EMS）

EMS 是一个特殊的系统，它的基础是 ATIS、ATMS 和有关的救援机构和设施，通过 ATIS 和 ATMS 将交通监控中心与职业的救援机构联成有机的整体，为道路使用者提供车辆故障现场紧急处置、拖车、现场救护、排除事故车辆等服务。具体包括：①车主可通过电话、短信、翼卡车联网三种方式了解车辆具体位置和行驶轨迹等信息；②车辆失盗处理：此系统可对被盗车辆进行远程断油锁电操作并追踪车辆位置；③车辆故障处理：接通救援专线，协助救援机构展开援助工作；④交通意外处理：此系统会在 10 秒钟后自动发出求救信号，通知救援机构进行救援。

3. 智能交通系统发展状况及趋势

（1）发展状况

1）发展现状。

面对当今世界全球化、信息化发展趋势，传统的交通技术和手段已不适应经济社会发展的要求。智能交通系统是交通事业发展的必然选择，是交通事业的一场革命。通过先进的信息技术、通信技术、控制技术、传感技术、计算器技术和系统综合技术有效的集成和应用，使人、车、路之间的相互作用关系以新的方式呈现，从而实现实时、准确、高效、安全、节能的目标。

交通安全、交通堵塞及环境污染是困扰当今国际交通领域的三大难题，尤其以交通安全问题最为严重。采用智能交通技术提高道路管理水平后，每年仅交通事故死亡人数就可减少30%以上，并能提高交通工具的使用效率50%以上。为此，世界各发达国家竞相投入大量资金和人力，进行大规模的智能交通技术研究试验。很多发达国家已从对该系统的研究与测试转入全面部署阶段。智能交通系统将成为21世纪交通发展的主流，这一系统可使现有公路使用率提高15%~30%。

美、欧、日是世界上智能交通系统开发应用最好的国家，从它们的发展情况看，智能交通系统的发展，已不限于解决交通拥堵、交通事故、交通污染等问题。经30余年发展，ITS的开发应用已取得巨大成就。美、欧、日等发达国家基本上完成了ITS体系框架，在重点发展领域大规模应用。可以说，科学技术的进步极大地推动了交通的发展，而ITS的提出并实施，又为高新技术发展提供了广阔的发展空间。

随着传感器技术、通信技术、GIS技术（地理信息系统）、3S技术（遥感技术、地理信息系统、全球定位系统三种技术）和计算机技术的不断发展，交通信息的采集经历了从人工采集到单一的磁性检测器交通信息采集到多源的多种采集方式组合的交通信息采集的历史发展过程，同时国内外对交通信息处理研究的逐步深入，统计分析技术、人工智能技术、数据融合技术、并行计算技术等逐步被应用于交通信息的处理中，使得交通信息的处理得到不断的发展和革新，更加满足ITS各子系统管理者、用户的需求。

2）发展特征。

①信息采集与处理方式的多样化。

交通信息采集的方式分为人工采集方式和自动采集方式。自动采集方式包括磁性检测器（包括感应线圈检测器、磁阻传感器等）、光学检测器（包括视频检测器、激光检测器）、微波检测器（包括微波检测器和雷达测速仪）、路面情况及测重传感器（雨雾检测器，路面结冰检测器，轮、轴重仪等）。随着科学技术的发展，自动采集技术得到了不断的发展和应用。各种采集技术都有各自的优点和缺点，利用多种采集方式进行的组合采集交通信息是国内外研究的热点和焦点。

质量控制技术、多源交通信息融合技术、信息的多时间尺度预测技术、信息集成技术、信息压缩技术和存储技术等的开发应用，大大提高了信息的精度及信息提供的种类。

②信息的内容及地理范围广。

不同的交通采集方式采集的参数种类有限，例如感应线圈只能采集到交通流量、占有率、速度等固定地点的截面交通参数；视频检测器只能采集到交通流量、速度、占有率、排队长度等固定地点的交通参数。随着多种交通采集方式的组合，可以获得交通流量、速度、占有率、排队长度、行程时间、区间速度等截面和路段交通参数，丰富了交通信息的采集内容的同时也提高了采集地理范围的广度。

随着交通数据获取源的增加，交通信息用户对海量交通信息实时性的需求逐步提高。近几年，国内外逐渐将分布式并行计算技术、高性能计算服务器以及高性能的数据处理算法应用于海量交通信息的处理之中，改善了信息的处理速度。

③信息采集的精度和经济性提高。

随着磁性和光学传感器工艺的提高、图像处理技术和定位技术的发展，交通信息的采集精度也不断得到提高。同时，随着近几年对交通检测器配置优化技术的不断深入研究，在保证信息全面性和动态性的前提下，交通信息采集的经济性也得到提高。这为 ITS 系统的开发和应用奠定了基础。随着人工智能、统计分析、模糊逻辑、混沌理论等的逐渐成熟，一些基于这些理论及方法的交通信息处理方法被逐渐开发出来，大大提高了信息处理的精度及质量。

（2）新趋势

智能交通是当今世界交通运输发展的热点和前沿，它依托既有的交通基础设施和运载工具，通过对现代信息、通信、控制等技术的集成应用，以构建安全、便捷、高效、绿色的交通运输体系为目标，充分满足公众出行和货物运输多样化需求，是现代交通运输业的重要标志。

在国外，日本的智慧道路系统、欧洲绿色智能交通、美国智能驾驶战略都是智能交通发展的有效实践。电子站牌、动态导航仪、电子不停车收费系统等智能交通应用也逐渐走进中国人的生活。

从战略性新兴产业发展形势来看，我国手机用户超过 10 亿，其中智能手机用户 2.5 亿，手机首次超过计算机成为第一大上网终端。移动互联的迅速发展也为智能交通提供了新的手段和发展机遇。

根据《2013—2017 年中国智能交通行业深度调研与投资战略规划分析报告》，2012 年中国城市智能交通市场规模保持了高速增长态势，包含智能公交、电子警察、交通信号控制、卡口、交通视频监控、出租车信息服务管理、城市客运枢纽信息化、GPS 与警用系统、交通信息采集与发布和交通指挥类平台等 10 个细分行业的项目数量达到 4 527 项；市场规模达到 159.9 亿元，同比增长 21.7%。

从企业规模看，目前国内从事智能交通行业的企业有 2 000 多家，主要集中在道路监控、高速公路收费、3S（GPS、GIS、RS）和系统集成环节。目前约有 500 家企业在从事监控产品的生产和销售。高速公路收费系统是中国非常有特色的智能交通领域，国内有 200 多家企业从事相关产品的生产，并且国内企业已取得了具有自主知识产权的高速公路不停车收费双界面 CPU 卡技术。在 3S 领域，国内有 200 多家企业，一些龙头企业在高速公路机电系统、高速公路智能卡、地理信息系统和快速公交智能系统领域占据了重要的地位。

通过上述新趋势可以总结出我国智能交通发展的发展方向：在支撑交通运输管理的同时，更加注重为公众出行和现代物流服务；在为小汽车出行服务的同时，更加注重为公共交通和慢行交通出行服务；在关注提高效率的同时，更加注重安全发展和绿色发展；在借鉴国外技术跟踪的基础上，更多面向国内需求等。

思考与习题

1. 简述汽车消费信贷的概念及特点。
2. 汽车消费信贷的主要方式有哪些？
3. 阐述汽车租赁的模式及业务流程。
4. 画图说明驾驶培训流程。
5. 汽车救援的主要形式有哪些？
6. 简述汽车广告的类型。
7. 简述智能交通系统的组成。

参 考 文 献

[1] 储江伟. 汽车再生工程 [M]. 北京：人民交通出版社，2007.
[2] 鲁植雄. 汽车服务工程 [M]. 北京：北京大学出版社，2010.
[3] 谭德荣，董恩国. 汽车服务工程 [M]. 北京：北京理工大学出版社，2007.
[4] 储江伟. 汽车维修工程 [M]. 北京：人民交通出版社，2008.
[5] 张国方，等. 汽车服务工程 [M]. 北京：电子工业出版社，2004.
[6] 刘树伟，郑利民. 汽车服务企业管理 [M]. 北京：清华大学出版社，2012.
[7] 卢燕，阎岩，等. 汽车服务企业管理 [M]. 北京：机械工业出版社，2009.
[8] 庄继德. 汽车技术法规与法律服务 [M]. 北京：机械工业出版社，2011.
[9] 李景芝，赵长利. 汽车保险理赔. [M]. 北京：机械工业出版社，2009.
[10] 杜建. 汽车评估 [M]. 北京：人民交通出版社，2008.
[11] 苑玉凤. 汽车营销 [M]. 北京：机械工业出版社，2010.
[12] 鲁植雄. 汽车美容 [M]. 北京：人民交通出版社，2011.
[13] 王生昌. 汽车服务企业管理 [M]. 北京：人民交通出版社，2007.
[14] 张国方. 现代汽车营销 [M]. 北京：电子工业出版社，2005.
[15] 倪嘉薇，等. 汽车信贷与保险 [M]. 上海：上海大学出版社，2005.
[16] 王云鹏，鹿应荣. 车辆保险与理赔 [M]. 北京：机械工业出版社，2003.
[17] 梁军. 汽车保险与理赔 [M]. 北京：人民交通出版社，2004.
[18] 刘仲国，鲁植雄. 旧机动车鉴定与评估 [M]. 北京：人民交通出版社，2006.
[19] 刘仲国，等. 汽车服务工程 [M]. 北京：人民交通出版社，2004.
[20] 赵英勋. 汽车检测与诊断技术 [M]. 北京：机械工业出版社，2012.
[21] 董恩国，陈立辉. 汽车保险与理赔 [M]. 北京：北京理工大学出版社，2008.
[22] 马钧，等. 汽车金融服务 [M]. 北京：北京理工大学出版社，2007.
[23] 白建伟. 汽车碰撞分析与估损 [M]. 北京：机械工业出版社，2011.
[24] 徐向阳. 汽车市场调查与预测 [M]. 北京：机械工业出版社，2008.
[25] 陈安全，王鹤隆. 汽车美容实用教程 [M]. 北京：机械工业出版社，2012.